U0936392

■ 主 编　王胜三

一带一路名胜志

YIDAI YILU MINGSHENGZHI　下册

阮文斌　胡　洋　卞慧芹 等　编著

人 民 出 版 社

丝绸之路经济带南线名胜古迹编

一、中国

（一）重庆市

1. 白帝城

（1）地名由来

白帝城是西汉末年公孙述所建的一座古城。西汉末年，公孙述占蜀为王，筑城自卫，因城中一古井白雾升腾，犹如白龙献瑞，便于公元25年自称“白帝”，称此城为“白帝城”。因公孙述字子阳，故又名子阳城。

（2）地理概况

白帝城位于重庆市奉节县瞿塘峡西隘口长江北岸的白帝山、马岭山上，东依夔门，西傍八阵图，三面环水，雄踞水陆要津，得此能东控荆楚，西扼巴蜀，南道滇黔，北通秦晋，历来为兵家必争之地。据近年的考古发掘，古白帝城包括白帝山及其附近的两三个山头和山间平地，汉代的子阳城，刘备托孤的永安县及宋代的瞿塘关城址皆居其内。

现已发掘的白帝城遗址多为宋以后所建。2001年至2002年，重庆市文物单位在这里考古发掘面积达5000平方米，清理宋、明、清时期房址19座。宋、明房址多由正房、厢房、院墙、排水沟等组成。其中的一段宋代城墙，由墙体，内、外护坡三部分组成，城墙依山势蜿蜒起伏约7000米，平面略呈马形。城门6处，东、西、北各一门，靠近长江的南方还有大小不同的两座城门，另有水门一座。在宋白帝城东城外百米的擂鼓台上有一个几万平方米的小城。西门外的宝塔坪附近有一坞堡。白帝城南边的水门处，始建于南北

白帝城

朝时期的偷水孔栈道仍在使用。江边有南宋所立锁江铁柱和附近崖壁上镌刻的《铁锁关题刻》。瞿塘峡口的古象馆上方有保存完好的南宋烽燧，南岸有一宋代古城。

白帝庙在瞿塘峡口的白帝山上，内有明良殿、武侯祠、观星亭等明清建筑。明良殿内塑刘备、诸葛亮像，殿两侧的碑林陈列隋以后石碑七十余通。武侯祠内中间供奉诸葛亮坐像，两旁站立着琴童和书童，两边分别是诸葛亮的儿子诸葛瞻和孙子诸葛尚，形象生动逼真。观星亭位居武侯祠之前，传说为诸葛亮夜观星象之地。亭高 15 米，上层挂有大钟一口，底层设有石凳、石桌。观星亭旁边有望江亭，长江自山下滚滚东流去。此外，白帝城内还有三峡木石艺术馆、竹枝园碑刻、白帝城索桥、观音洞、托孤堂等景点。

（3）历史文化

白帝城为公元 25 年据蜀称帝的公孙述所建，前称鱼复。东汉献帝建安十八年（213 年），诸葛亮领兵溯长江而上，驻扎白帝。222 年，刘备为报关羽之仇，和东吴在彝陵开战。蜀军伤亡惨重，刘备退守白帝城，在永安宫里，染病不起。223 年，刘备以抱病之躯，将幼子刘禅相托，成就了刘备托孤白帝城的千古史话。

刘备退守白帝城时，白帝城又名永安县，属巴东郡。晋时称鱼复县。南朝宋置三巴校尉，齐置巴州，梁置信州，皆治白帝城。大致在六朝时期，“白帝城”三个字已经由一座专有的城名泛化成了一个地名，指白帝山及其附近的三四个山头，四五平方千米的一片范围。此后，每当政局动乱，兵事兴起，这里都将修建一座叫“白帝城”的军事城堡，镇守三峡，拱卫巴楚。隋时隶属巴东郡，唐贞观年间，改称奉节，武德二年，复为信州，旋改称夔州，治奉节县。宋时，置都督府。明洪武四年（1371 年），复为夔州，治瀼西，另设瞿塘关，驻白帝城。明清两代，西南关税设在夔州，分为上、中、下三关。白帝城即为下关所在地，故白帝城又叫下关城。

白帝城自古也是观“夔门天下雄”的最佳地点。李白、杜甫、白居易、刘禹锡、苏轼、范成大、陆游等著名诗人都曾登此眺望夔门，留下数百首诗篇。如杜甫在《夔州歌十绝句》中吟“中巴之东巴东山，江水开辟流其间。白帝高为三峡镇，瞿塘险过百牢关。”李白的《早发白帝城》更是冠绝千古。诗云：“朝辞白帝彩云间，千里江陵一日还。两岸猿声啼不住，轻舟已过万重山。”

1998 年至 2005 年，三峡工程文物保护工作正式启动后，重庆市文物考古所在白帝城范围内连续开展考古工作，经过多年来的考古调查、勘探和发掘，初步确立并复原了南宋白帝城的基本面貌。2006 年，白帝城作为明至清古建筑，被国务院批准列入第六批全国重点文物保护单位。

（4）旅游资源

白帝城与壮丽的大山大水融汇成一体，组成了一幅气势磅礴的山水图。它和帝王将相的龙争虎斗联系在一起，流传下无数让人荡气回肠的传奇故事。它不仅是三国时期的重要历史遗迹，也是历代重镇，有源远流长的古巴人文化遗迹，三国文化以及摩崖石刻、石碑林和古诗文三大瑰宝。白帝城作为长江三峡上一处闻名遐迩的人文景观，雄踞水路要津，是丝绸之路的重要节点。

2. 大足石刻

（1）地名由来

大足石刻为唐末宋初时期的宗教摩崖石刻，因位于重庆大足区而得名，大足为“大丰大足”之意。大足石刻，以佛教题材为主，儒、道教造像并陈，是著名的艺术瑰宝，有“东方艺术明珠”之称。

（2）地理概况

大足石刻位于重庆大足区境内，县城依山傍水，群山环抱。东北有宝顶山，东南有石门山，南有广华山，西南有妙高山，石篆山，北有舒成岩、龙岗山。大足石刻的艺术作品，就珍藏在这青山翠岭之中。

大足石刻是大足区境内主要表现为摩崖造像的石窟艺术的总称，是中国石窟艺术的一个重要组成部分，包括石刻造像75处，总计10万余尊，共有87类题材，石刻铭文10万余字。“横融儒、释、道，纵贯千余载”，“凡佛典所载，无不备列”。石刻中最早的作品是建于唐初永徽和乾封年间的尖子山摩崖造像，最晚的是清朝末年。造像内容有80%是佛教题材，12%是道教题材，5%是三教题材，3%是历史人物题材。大足石刻中，有北山、宝顶山为代表的佛教造像，有南山为代表的道教造像，有石门山、峰山为代表的佛、道二教合一的造像，有石篆山、妙高山为代表的佛、道、儒三教合一造像。大足石刻在艺术上神的人化与人的神化也达到了高度统一。其中，以宝顶山、北山的规模最大、刻像最集中、造型最精美，被誉为“唐宋石刻艺术圣殿”，成为中国晚期石窟艺术的优秀代表作品。此外，还有历史人物的纪念性雕刻。如：存汉礼之制的文宣王之遗像，唐靖南军使韦君靖及百余节级将校之遗像，还有为我国历代劳动人民所热爱和传颂的、春秋战国时代的建筑大师鲁班及其弟子的雕像。

如今，大足石刻包括全国重点文物保护单位5处，即北山石刻（包括北塔）、宝顶山石刻、南山石刻、石门山石刻和石篆山石刻，也称“五山石刻”，是世界文化遗产，也是大足石刻中最具规模、最有价值、艺术最精美的石刻造像代表；重庆市文物保护单位有4处，即尖山子石刻、舒成岩石刻、妙高山石刻、千佛岩石刻；大足县文物保护单位有66处，有西山石刻、圣水寺石刻、三教寺石刻、青山院石刻、老君洞石刻、舒成岩石刻、七拱桥石刻、普和寺石刻、陈家岩石刻等。

（3）历史文化

现存大足石刻作品中，最早的为唐高宗永徽和乾封年间的宝山乡尖山子摩崖造像和宝山建廓村造像，共10龛80多尊造像，距今已有1350多年，其后200多年间仅新开凿圣水寺摩崖造像一处。直到885年昌州迁治大足后，摩崖造像方渐大兴。唐景福元年（892年），韦君靖在县城北龙岗山（今北山）营建“粮贮十年，兵屯数万”的永昌寨的同时，也在北山凿造佛像。此后，当地士绅、平民、僧尼等相继效法。这时期的石刻虽然数量有限，水平亦不高，但却是大足石刻的开端。

五代十国时期，巴蜀地区为蜀国，史称前蜀、后蜀，此间营造佛像不断，形成大足石刻史上第一个造像高潮。两宋时期为大足石刻造像史上的巅峰时期，出现了数量巨大、艺术水准相当高超的杰作，极度繁荣，是同时期全国石窟艺术的代表作。两宋晚期，在蒙古军队进攻四川的过程中，大足遭受极度摧残，出现了“狄难以来……存者转徙，仕者退缩”的形势，这时宝顶造像被迫中止。至元代州县俱废，石刻造像从此衰落。明永乐年间，摩崖

大足石刻

造像方渐复苏，一直延及晚清。这一时期共有摩崖造像39处，其中虽不乏佳品，但是多为小型造像区，造像数量也不足今大足石刻造像总数的20%。就艺术造诣而言，已经日薄西山，大不如前了。

“五山”摩崖造像建成后，除世俗装绚、培修外，未遭受大的人为和自然灾害的破坏。直到19世纪末至20世纪初，当地民众才在造像区旁增刻观音、山神、天公地母等少数几个小龛，因此，大足石刻现基本上保持了唐、宋时期造像的规模和风貌。大足石刻从开山造像的大唐高宗永徽元年（650年）算起，历五代、宋、元、明、清，足足绵延了1200多年。在这漫长的历史长河中，大足的石窟艺术不仅自身的形式在不断变化，而且把社会发展中文化观念、经济状态、审美情趣的变迁都融会在那千姿百态的形象之中，从而涌现出不同时期艺术典型的高峰。1961年国务院公布为第一批全国重点文物保护单位。1999年大足石刻经联合国教科文组织世界遗产委员会审议通过，被列入《世界遗产名录》。2007年，大足石刻景区经国家旅游局正式批准成为5A级旅游景区。

（4）旅游资源

大足石刻是中国文化史上的一大奇观，是研究从唐朝至清代哲学、宗教、文化、美术形象和文字资料的重要宝库。走进大足，可以观赏到数万尊气势磅礴和细腻、精美、典雅的雕塑，可以瞻仰中国宗教文化独树一帜的重要里程碑，可以触摸到中国石窟艺术变化发展的脉络。

3. 丰都鬼城

（1）地名由来

丰都鬼城旧称酆都鬼城，又称“幽都”“中国神曲之乡”，是集儒、道、佛教文化为一体的民俗文化艺术宝库。相传在汉朝时期，有人在此修道升天，因此，道家将这里作为72福地洞天之一。此地以阴曹地府的各种建筑和造型而著名，建有传说中的阴司、地狱为主题的庙宇，故世人将其称为丰都鬼城。

（2）地理概况

丰都鬼城位于重庆市濒临长江的丰都县县城后的平都山上，前临长江，后靠“五鱼”，东与青牛山对路，西与双桂山相邻，距离重庆市 172 千米，是一座景色秀丽、神秘诱人的古老江城。鬼都景区分鬼城名山风景区和鬼王石刻风景区，区内崇楼杰阁，临河矗立，山上有大雄殿、天子殿、灵霄殿和二仙楼、奈何桥、望乡台等建筑和古迹。

大雄殿又称寥阳殿，在丰都名山正中，面向鹿鸣寺，由前后两殿和门厅三部分组成，呈两进四合院布局。正殿为穿斗式结构，施装饰斗拱，宽 3 开间 24. 5 米，进深 17.9 米，高 8.9 米，面积 4485 平方米。脊上有人物、龙凤等彩塑，造型生动优美，古朴典雅。殿内正中供释迦牟尼佛像，左为阿难，右为迦叶佛，其正前面还有卧佛一尊。后殿为重檐歇山式顶，面阔 5 间 17.6 米，进深 3 间 9.2 米，通高 9 米，面积 616 平方米。殿正中供三世佛像，其左为观音、文殊像，右为势至、普贤像。两侧为十八罗汉像，上面有二十四诸天像，这些塑像比例适度，容颜逼真，有较高的艺术价值。

天子殿坐西向东，全殿占地 2431 平方米，由牌坊、山门、殿堂三部分组成，并相对称地排列在一条中轴线上。牌坊是木石结构的三重檐坊，高约 10 米，山门为重檐歇山式屋顶，两侧的钟、鼓楼均为四角攒尖顶，殿堂为砖

丰都鬼城

木结构。该殿是鬼城的核心部分，也是名山上面积最大、保存最为完整的一座庙宇。二仙楼位于天子殿之后，建筑面积 580 平方米，为三重檐楼阁式，八角攒尖顶，通高 15.7 米。楼梯蜿蜒曲折，可旋通达顶。登楼俯览长江，云雾茫茫，飘飘然有凌虚之感。楼第一层塑有光华大帝坐像一尊。门上挂有“五云深处”匾额，为清嘉庆时知州周景福所书。二层楼塑飘海观音像，知县崔颉题“水天一色”匾额。三楼有王、阴二仙对弈塑像，旁塑俯视下棋的渔、樵二夫。左侧有清末刘麒义题的诗：“绝顶登临放眼宽，江山可作战枰看。残局收拾非容易，说到神仙下手难。”除此之外，鬼城内还有位于名山半山腰的奈何桥、财神殿、报恩殿、哼哈祠等，每一处景点都演绎着“惩恶扬善”这一鬼城民俗文化真谛。名山上还有苏轼、陆游、范成大等历代名人的碑刻题咏。

（3）历史文化

西汉武帝时，涪陵、长寿共为枳县，东汉和帝永元二年（90 年）划出一部分置平都县，三国蜀汉延熙十七年（254 年），平都县并入临江县。至隋恭帝义宁二年（618 年）复置时，改为豐都县。明洪武十三年（1380 年），朱元璋下诏改称酆都县。1958 年，在周恩来总理的建议之下，酆都县改为丰都县。

鬼曾经作为古老部落及方国的名称出现，古巴蜀氐羌的两支“鬼族”部落，皆信鬼巫，其后，两者产生的共同的原始宗教神——土伯，成为居于幽都的第一代鬼帝。巴蜀故地积淀了浓郁的巫文化、鬼文化，丰都也就成为了鬼巫文化的中心。汉代时，黄老之学和巫术结合逐渐形成道教。东汉末年，道教三大支派之一的五斗米道在传教之初，吸收了氐羌的巫术，借助驱鬼治病的手段吸引信徒，被称为“鬼道”，初入道者也被称为“鬼卒”。传说，西汉的王方平和东汉的阴长生都在平都山得道成仙。至唐时，将两人之姓连在一起，合称“阴王”，进而转讹成“阴间之王”，并将两人成仙的仙都观讹为“阴曹地府”，最终将平都山说成鬼国幽都的所在，是人死之后的最终归宿。此后，随着中国古代佛、道、儒及鬼巫混合而成的神鬼思想的发展，丰都鬼城成为人们最后归宿的精神王国。明清时期的《西游记》《聊斋志异》《钟馗传》等神鬼作品的极度渲染，使丰都的鬼城之说达到极盛，历代诗人、官吏和学士等，前往览胜者，络绎不绝。

在漫长的演变过程中，历代相继在丰都山和丰都城建造起许多寺观庙宇，累计达75座之多，塑造了数以千计的道、佛、儒各家神像，或慈善，或狰狞，或怪异，或丑恶，千姿百态，惟妙惟肖。凡人间的诉讼、法庭、监狱、酷刑等，应有尽有，构成一套完整的幻想的“阴间政府”的专政机构。名山便成为观赏的主要集中地，号称“鬼国京城”——幽都。

每年农历三月三日的“鬼城庙会”，车船满是，游人如织。“阴天子娶亲”“城隍出巡”“鬼国乐舞”“钟馗嫁妹”等民俗游行表演，惊奇谐趣，令人目不暇接。2014年“丰都庙会”被正式列入第四批国家级非物质文化遗产项目。

（4）旅游资源

丰都鬼城，历史悠久，冠绝天下，是长江黄金旅游线上最著名的人文景观之一。在这里仿佛置身于传说的鬼神之所，黄泉路、奈何桥、鬼门关、十八层地狱等景点集中反映了中国人的神鬼、天堂和地狱观念，山上还有历代名人的碑刻题咏见证这所城市的久远风采。每年的庙会时期，还可欣赏到精彩非凡的鬼神表演。

4. 长江三峡风景名胜区

（1）地名由来

长江三峡是瞿塘峡、巫峡、西陵峡的总称，西起重庆市的奉节白帝城，东至湖北省的宜昌南津关，全长192千米，以其险峻的地形、磅礴的气势、绮丽的风光和众多古迹遗址著称于世，构成享誉世界的长江三峡风景名胜区。

（2）地理概况

长江三峡风景名胜区位于我国中、西部地区交界地带，东临国家级风景名胜区武汉东湖，南近国家森林公园张家界，北靠湖北神农架自然保护区，西有巴蜀地区丰富的风景旅游资源，由瞿塘峡、巫峡、西陵峡三段构成。

瞿塘峡西起奉节县白帝山，东迄巫山县大溪镇，总长8千米，有“西控巴渝收万壑，东连荆楚压摹山”的雄伟气势。两岸山峰高耸、怪石嶙峋，形成“夔门秋月”“赤甲晴晖”“白盐曙色”等胜景。巫峡西起巫山县大宁河口，东至巴东县官渡口，绵延40余千米，以幽深秀丽著称。巫峡内有三台八景十二碑以及孔明碑等景点，其中最享盛名者为巫山十二峰，尤以神女峰最具魅力。西陵峡东起香溪口，西至南津关，约长 70 千米，以滩多水急闻名。有崆岭峡、兵书宝剑峡、牛肝马肺峡、灯影峡四个景区，以及青滩、崆岭滩、泄滩、腰叉河等险滩。

长江三峡在地质构造上属新华夏构造体系隆起带的一部分，为四川沉降块川东褶皱带。地貌上主要有中山、低山、丘陵和平坝，以前两种为主。这里属中亚热带暖湿季风气候，沿河谷地带平均温度 18℃，相对湿度平均为 75%，该区云雾多、日照少、年平均降水量为 1263 毫米，年径流深 702.6 毫米，年径流量 207.23 亿立方米，每平方千米产水模数 70.28m^3。

（3）历史文化

三峡区域是亚洲人种诞生地，具有悠久的人文历史和深厚的文化积淀。1985 年，在巫山县发现了龙骨洞，并发掘具有 200 万年历史的“巫山猿人”化石，有力地证明了长江流域是古人类的发源地之一。旧石器遗址、井盐文化、丰都烟墩堡旧址皆彰显着巴蜀文化和荆楚文化的交汇融合。

春秋时期，西陵峡内修建了古皇陵庙，以纪念治水英雄大禹。东汉末

长江三峡风景区

年，诸葛亮经此地，写《皇陵庙记》。西汉末年，公孙述割据四川，建白帝城。李白诗赋“朝辞白帝彩云间，千里江陵一日还，两岸猿声啼不住，轻舟已过万重山”，成为千古流传的佳句。蜀汉末年，在长江南岸建祠宇，纪念三国名将张飞，为今日之张飞庙。唐元和十四年（819年），白居易、白行简、元稹在彝陵不期而遇，结伴至西陵山北峰的洞穴内探幽，白居易作《三游洞序》记其事。北宋嘉祐元年（1056年），苏洵、苏轼、苏辙父子进京赴试，也慕名至此一游，并留有墨迹，自此，三游洞声名益振。长江北岸的涪陵园相传是北宋程颐六载著《易传》之所，程氏理学也由此发祥，园西壁上刻有“点易洞”字迹。明万历年间，石宝寨建于长江北岸，明末谭宏起义，据此为寨，后成为著名的景点。

大自然的鬼斧神工、数亿年的天地造化，成就了三峡独步天下的立体天然山水画廊。这里江流奔腾湍急，山势奇险峻，夹岸峰插云天，古往今来，闪烁着迷人的光彩，形成了众多的文化景观，成为闻名遐迩的游览胜地。北魏郦道元在《水经注》中云：“自三峡七百里中，两岸连山，略无阙处。重岩叠嶂，遮天蔽日，自非亭午夜分，不见曦月，至于夏水襄陵，沿溯阻绝。”东晋袁山松在《宜都山川记》中也赞咏三峡的壮景：“其叠嵴秀峰，奇构异形，固难以辞叙。树木萧森，离离蔚蔚，乃在霞气之表……山水有灵，亦当惊知己于千古矣。”唐李白诗颂三峡“巫山夹青天，巴水流若兹。巴水忽可尽，青天无到时。”苏轼于《念奴娇·赤壁怀古》叹“大江东去，浪淘尽，千古风流人物……”毛泽东以雄浑的笔墨抒写豪情壮志和革命情怀：“钟山风雨起苍茫，百万雄师过大江”。1982年，长江三峡风景名胜区被列为国家重点风景名胜区。2006年，国家在宜昌市三斗坪建成三峡水利工程。2007年三峡大坝景区成为首批国家5A级旅游景区。

（4）旅游资源

长江三峡集游览观光、科考怀古、文化研究、民俗采风、艺术鉴赏、建筑考察于一体，瞿塘峡以“雄”名世，巫峡以“秀”见长，西陵峡以“险”著称；大溪文化遗址、万州老棺丘墓群、商周遗址、魏家梁子遗址闪耀着奇光异彩；白帝城、三游洞、嫘祖庙、屈原祠、昭君故里、丰都鬼城声名远播；长江之峡以秀丽的风光、多彩的文化、众多的古迹，融汇了神奇的自然风光和悠久的历史文化，奏响了远古文明与当代文明的交响曲。

（二）云南省

1. 圆通寺

（1）地名由来

圆通寺建于唐代南诏时期，初名“补陀罗寺”，意为观音道场。元大德五年（1301 年）重修之后，改名圆通寺。“圆通”为观音法号，意为“明白”。佛教典籍《普门品》云：“南无观音如来，号圆通，名自在，寻声救苦，能除危险”。又因圆通寺院的建造运用了典型的江南园林建筑风格，故又有“水院佛寺”之称。

（2）地理概况

圆通寺位于云南省昆明市内东北隅的螺峰山南麓，前临圆通街，后接圆通山，寺院坐北朝南，以圆通宝殿为中心，由圆通胜境坊、八角亭、水榭曲廊、铜佛殿等建筑组成，背依山岩，随坡而下，层层建制，巍峨壮观。由寺院山门沿坡而下，为圆通胜境坊。过前厅至八角亭，亭中供奉有千手观音，四周以石廊环绕，南北有石桥相连，亭北之石桥可通往寺内主要建筑——圆通宝殿，又称大雄宝殿。

圆通宝殿建筑面积达 600 余平方米，殿前立明代铸造铜香炉一个，左右有石砌花坛，栏柱上雕有 108 个小狮子。圆通宝殿为一重檐歇山式宫殿，由五个整间组成，宽约 30 米，高约 17 米，进深约 21 米。大殿中有两根高达 15 米的圆柱，刻有盘旋的青赤二龙。大殿正中有塑造于元代的三身佛，居中者为释迦牟尼佛，左为圆满报身卢舍那佛，又为清净法身毗卢遮那佛，三佛并排趺坐，背有火焰形光圈。大殿内的左右两壁塑有十二圆觉像和护法诸天，左壁有诸天十九身，右壁有诸天十八身，另有罗汉、人鬼、地祇、护法宰官及修行者等。后殿塑像，居中结跏趺坐者为观世音菩萨，左为文殊菩萨，右为普贤菩萨。正中的观音像塑成男性像，是云南十方丛林中唯一的男性观音像。

铜佛殿居于圆通宝殿之后，门前立有一对石雕独角兽。墙面浮雕题材丰富，或牛或鹿，或花或草。殿内供奉有泰国赠送的铜制释迦牟尼像。铜像为砖石结构，高3.13米，重4.7吨，是融合了中国、泰国、印度建筑风格的叠檐交错的尖顶建筑。坐像的两旁有彩图四幅，诠释了释迦牟尼修行成佛到涅槃的全过程。殿后右侧是盘坤岩，石壁上有前人摩崖刻石题咏。在螺山峭壁下，有一砂石观音像碑，为清人摹刻的唐吴道子手笔。普陀岩还有观音造像一龛。

云南圆通寺

（3）历史文化

唐永泰元年（765年），南诏王阁罗凤遣其子凤伽异在滇池北岸筑拓东城，并建造了一批具有南诏佛教特色的寺院。当时的圆通山潮音洞有蛟龙为患，为镇蛟龙，取名“补陀罗寺”。后来附近的“潮音”“幽谷”两洞出水，因而潮湿。“补陀罗寺”存在了400余年，毁于元世祖南征期间兵燹，此处成为“蓬藋之墟，蛇冢之家”。元大德五年（1301年），云南行中书省左丞阿昔思大兴土木，于“盘坤岩”上重建寺宇，至延祐六年（1319年）建成藏经阁、观音大士殿、圆通宝殿、钟鼓楼、两座佛塔以及东西并列的方丈室，云堂等佛寺建筑群。此后“补陀罗寺”更名圆通寺，并延请圆照、佛日二僧主持。史载当时的圆通寺“常住有田，汤沐有室，卉木篁竹，果林蔬圃，前后映带”，螺峰山也因之得名为圆通山。

明成化年间，圆通寺得到重修，藏经阁改为接引殿。日本来滇和尚曾在寺内建翠微轩、古木楼以及回岩楼。清康熙七年（1668年），平西王吴三桂大规模扩建圆通寺，将大门移至街前，建圆通胜境坊、天王宝殿。修葺八角弥勒殿东院客堂，重修西面悬崖峭壁中的松鹤堂、文昌阁、雷祖阁等道观建筑群。清康熙二十四年（1685 年），总督蔡毓荣重修圆通寺。“文化大革命”期间，圆通寺被昆明市人民防空办公室占用。1977 年，国家拨巨款翻修大殿，修补佛像，堆山垒石，历时 3 年之久，使圆通寺的面貌焕然一新。1983 年，圆通寺移交佛教协会管理，被国务院确定为汉族地区佛教全国重点寺院。1985 年，于寺内修建铜佛殿。

圆通寺内有大乘佛教、上座部佛教和藏传佛教三大教派的殿宇，现已成为昆明市内宗教活动的最大场所。每年正月初一的弥勒会、七月十五的盂兰盆会、八月初一的盘龙祖师会、九月十九的观音会等集会，皆是人数众多、盛况空前。

（4）旅游资源

圆通寺以雕梁画栋和精美的佛教造像而著称，圆通宝殿后数百米长的石壁上，保留有许多古人刻写的诗文和题字，是一座重要的古代石刻艺术宝库。圆通寺内有被列为昆明八景的“螺峰叠翠”，还有热门景观——“圆通樱湖”，每当阳春三月，数千日本樱花、云南樱花和垂丝海棠争相竞艳开放，红白交映，灿若霞海。

参考文献

1. 鄂尔泰：《云南通志》，人民出版社 2007 年版。

2. 李孝友：《昆明风物志》，云南民族出版社 1991 年版。

3. 高介华主编，喻学才、贾鸿雁等著：《中国历代名建筑志》，湖北教育出版社 2015 年版。

2. 路南石林

（1）地名由来

路南石林位于云南省路南彝族自治县，路南为彝族的音译，意为“黑色的石头”。该地石灰岩由于长期风化形成一片片石柱、石牙等喀斯特岩溶地貌，散布于 270 千米的地域，怪石林立，千姿百态，犹如茫茫林海，人们将其称之为石林。

（2）地理概况

石林分布在路南盆地的东侧，北起站屯，南至大村、清水塘、豆黑村及维则一带，有的独立成景，有的纵横交错，连成一片，占地数十亩至上百亩不等，奇石拔地而起，参差峥嵘，巧夺天工。路南石林景区由大石林、小石林、乃古石林、大叠水、长湖、月湖、芝云洞、奇风洞 7 个风景片区组成。

大石林区的大门，人称“石屏风”，有莲花峰、剑峰和“双鸟奇石”“象居石台”“鸳鸯戏水”“小羊依偎”“母子携游”“犀牛望月”等石景。位于石林之西北约 3000 米处的芝云洞，洞内有洞，大者可容千人，四壁布满石钟乳，击之有声，另有石床、石田、石浪、石秤等物，谓之“仙迹”。奇风洞在大小石林 5000 米处，由间歇喷风洞、暗河、虹吸泉三部分组成。石林往东 10 千米的乃古石林有“古城堡”“十八相送”“天南栈道”“地下转”“峰上望”等绝观。景区内还有地下溶洞，人们称之为地下天宫或水晶宫。

路南石林是一处有着坚硬石灰岩的区域，它经地壳运动抬升断裂后，部分岩石被水溶解、冲刷而形成。据科学鉴定，在距今 2.7 亿年前，石林地区还是一片汪洋，海底沉积有厚厚的石灰岩，经中生代地壳的运动，海底上升露出水面形成陆地，200 万年来，在强烈的溶蚀和风化作用下，海水和雨水沿着构造裂隙运动，久而久之形成石芽，继而形成千百万座拔地而起的石峰，

路南石林风景区

与众多石柱和石笋连片成群，形成石林。

石林地层由元古界、下寒武统、志留系、泥盆系和石碳系、下二叠统梁山组、茅口组、栖霞组、上二叠统峨眉山玄武岩组、第三系和第四系组成，其中发育石林喀斯特的主要是栖霞组和茅口组。石林形状有塔状石林、剑状石林、蕈状石林、残柱林几种，各种石林形状不同，高度有差，且产于不同的地形部位。塔状石林和蕈状石林主要形成于岭脊或高原面，剑状石林主要形成于洼地、沟谷地和落水洞，残柱林则主要形成在斜坡、大型洼地和石丘附近。

石林地区海拔1500—1900米，属亚热带季风气候，“冬无严寒，夏无酷暑，四季如春”。石林景区植被生长良好，森林覆盖率为30%，风景区有小型的哺乳动物、爬行类动物、鸟类和昆虫等。

（3）历史文化

石林入口有一处碧波粼粼的石林湖，是1956年周恩来总理来此观光时建议开挖的人工湖，湖中有几柱石峰伫立，名为“出水观音”。1962年朱德游路南石林时，题词“群峰碧立，千嶂叠翠”。

位于石林边缘的阿诗玛峰，从特定角度观看，宛若一个身背花篮、亭亭玉立的少女，她就是彝族史诗《阿黑与阿诗玛》中的勇敢少女。传说阿诗玛为反抗恶霸热布巴拉抢占其为妇，与相爱的阿黑哥历尽千辛万苦逃出虎穴，当他们逃至此处，热布巴拉勾结崖神变出滔滔洪水，淹死阿诗玛，后来她就变成了这尊巨大的阿诗玛石峰。据说对着石峰高喊阿诗玛，还有回声。

路南石林除典型的地貌景观之外，还随季节的变换呈现不一样的风光。雨季来临之季，覆于岩石表面的藻类和苔藓，由于水分充足，呈现一种墨绿色，远看如一幅水墨画。冬季寒冷无雨时，苔藓和藻类干枯，呈现一片灰白色。1982年，路南石林风景区被国务院批准列入第一批国家级风景名胜区名单。

每年农历六月二十四日，当地的哈尼族人在此欢度火把节，白天摔跤、比武、爬竿、骑射、斗牛，夜晚燃篝火，耍龙、舞狮，表演民族歌舞。阿细跳月、大三弦舞狮是最受欢迎的传统节目。

（4）旅游资源

路南石林享有“天下第一奇观”的美名，景区囊括大石林、小石林、外石林、紫云洞、地下石林、石林湖、狮子池、莲花池、剑峰池、藏湖、大叠水瀑布、天生桥、长湖、月湖等景点，是一座“石林博物馆”。壮丽的自然风光、彝族的特色舞蹈以及石林卤腐、乳饼、彝家豆腐宴、石林汤锅、汽锅鸡等独特的云南风味美食相结合，吸引无数游客前来观赏。路南石林还与附近名声不凡的小石林和海口镇的石城形成亮丽的风景线，《徐霞客游记》载，“抵其处，辟曲折，层沓玲珑、幻化莫测、钟灵独异”，“犹令人一步一回首”。

3. 丽江古城

（1）地名由来

丽江古城始建于宋末明初，是元代丽江路宣抚司、明代丽江军民府及清朝丽江府的驻地。丽江古城在明代时称“大研厢”，清代称“大研里”，民国称“大研镇”，因古城地处青山环绕的丽江坝子中心，像一巨砚而得名。近代以来，以“金生丽水”之意，始有丽江之称。其纳西语名为“巩本知”，“巩本”为仓廪，“知”为集市，由此可知，丽江古城曾为物品集散之地。

（2）地理概况

丽江古城位于云南省丽江市古城区，西枕狮子山，北依金虹山、象山，东南临数十里的良田阔野，可谓“三山为屏，一川相连，三河穿城”。古城海拔2400余米，面积约3.8平方千米，四周无城墙环绕，以四方街为中心向周围辐射，延伸出诸多大大小小的街巷，包括大研镇、束河古镇、白沙古镇三个独立城镇以及木府、黑龙潭、万古楼、古桥、五凤楼等古迹。

木府原系丽江世袭土司木氏衙署，据《丽江府志》记载：“木府殿堂巍峨、建筑宏伟、布局严谨，仅中轴线就有369米长，两侧房屋罗列，雕刻精美；楼台亭阁，构件玲珑，数不胜数；花园回廊，绘画璀璨，风格别致”。木府占地约46亩，坐西朝东，沿中轴线依次建有忠义坊、义门、前议事厅、万卷楼、护法殿、玉音楼、配殿、戏台、走廊、宫驿等15幢，大小房屋共计162间。衙内挂有明清两代皇帝钦赐的一块匾额，上有“诚心报国”“忠义”“辑宁边境”等字。

五凤楼位于黑龙潭公园的北端，建于明万历二十九年（1601 年）。楼高 20 米，地基呈亚字形，屋担八角，楼台三叠，三层共 24 个飞檐。全楼共有 32 根落地柱子，其中四根中柱各高 12 米，柱上部分以斗架手法建成，楼尖为贴金的实顶。天花板上绘有飞天神王、太极图、龙凤呈祥等图案，线条流畅、色彩绚丽。

丽江古城的北部还有束河古镇和白沙古镇。束河古镇民居屋舍错落有致，中有青龙河穿流而过，丽江最大的石拱桥——建于明代的青龙桥横跨青龙河上。桥东还有宽 27 米、长 32 米的四方广场。白沙古镇建筑群则分布在一条南北走向的主轴上，中有一梯形广场，四条巷道从广场向四周延伸。白沙古镇也为后来大研古城的布局奠定了基础。

除此之外，丽江古城还有锁翠桥、万千桥、南门桥、仁寿桥、大石桥等 300 余座建于明清时期的桥梁以及七一街、新义街、五一街、新华街等街道，街巷相连，四通八达。

（3）历史文化

据考古文献记载，丽江在距今 10 万—5 万年前至汉代就与西北方的藏区、

丽江古城

东北方的四川、南方的大理、楚雄甚至滇池区域有着文化交流，是滇藏和滇川间文化联系的通道。宋理宗宝祐二年（1254 年），忽必烈出兵占领丽江并于当地设察罕掌管民官。元世祖中统四年（1263 年），丽江坝的木氏先人任民官职位。元世祖至元八年（1271 年），设察罕章宣慰司，治所在今丽江古城，此后，木氏势力在丽江坝崛起。丽江坝也逐渐成为纳西族的政治和经济中心。

明初，洪武十六年（1383 年），土官知府木得修建大研厢，作为丽江府治。明崇祯年间，丽江古城已经成为一个聚居区。《徐霞客游记》载，“居庐骈集，萦坡带谷，是为丽江郡所托矣”。此后，丽江古城因其独特的地理优势，逐渐由聚居区发展成为茶马古道上一个区域性集市。雍正年间，古城得到扩建，规模日益增大。雍正元年，云贵总督高其倬在《丽江府改设流官疏》中言：“丽江府素无城池，既设仓库、监狱，宜建筑围墙，以资防范。应俟新守到日，将该府与经历箝、千、把总衙署、兵丁营房一并估计，公捐盖造”。改土归流后，丽江流官杨铋任职期间，在古城东北面的金虹山下建流官知府衙门、兵营、教署等。当时的丽江古城四方街为“府城市”，与白沙市、東河市、七河市并列为市肆。乾隆三十五年（1770 年），丽江军民府下置丽江县，衙门建于古城南门楼旁。此时的古城“四面皆店铺”，“在城西三里”光绪时期“在城西里许”。作为集市的丽江古城的发展速度，可见一斑。

民国二年（1913 年）丽江废府留县。民国三十年（1941 年），在丽江设丽江县政府。1961 年，设丽江纳西族自治县。古城由原始的自然村落，经元明清近 700 余年的扩建，形成至今居民 6000 余户的城市。1986 年，丽江被国务院列为历史文化名城。1997 年，丽江撤地建市，经联合国教科文组织批准列入《世界遗产名录》。1998 年，木府改为古城博物馆。

（4）旅游资源

丽江古城有龙神祠、玉皇阁、五孔桥、得月楼、五凤楼等古建筑，并与周围的玉龙雪山、黑龙潭、狮子山、虎跳峡等自然景观完美地融合在一起，也是集纳西、白、汉、傈僳、苗、藏、回、普米族于一体的杂居地。丽江古城有纳西古乐、占卜文化、东巴仪式、火把节等民族习俗和娱乐活动，有鸡豆凉粉、丽江粑粑、麻补、五色菜、糯米饭等纳西族风味美食，是旅游、寻古、体验民俗的绝佳场所。

4. 崇圣寺三塔

（1）地名由来

崇圣寺三塔又称三塔寺，是指位于原崇圣寺正前方的以千寻塔为主塔的三座塔，是南诏国和大理国时期一组颇具规模的佛教建筑。崇圣寺建于公元9世纪，寺中立塔，故以塔名。根据张锡禄先生考证，崇圣之名是大理佛教密宗对观音菩萨的敬称，以此命名王畿内最大的佛寺，反映了佛教密宗在大理国的盛行。

（2）地理概况

崇圣寺三塔位于大理古城北约1千米处，西靠苍山，东对洱海，三塔由一大二小组成，呈鼎足之势，矗立于原崇圣寺前。大塔又称千寻塔、中塔，全名为“法界通灵明道乘塔”，千寻塔处于南北两座小塔前方中间，呈平面方形，为16层密檐式空心砖塔，高69.13米。塔基二层，上层高2米，边长21米，用砖砌成须弥座状，周边铺砌阶条石。东面正中矗立着刻有“永镇山川”四字的石照壁，长8.23米，高约5米。照壁后有云南省人民政府立的《重修三塔记》。下层台基边长33.5米，青石压面上设有钩阑望柱，望柱上雕有宝珠，四角望柱还刻有坐狮。塔身宽9.85米，1层是整个塔身最高的一级，高13.45米，墙厚3.3米。第2至15层结构基本相同，高约2米，宽约10米。塔身东西两面正中设有佛龛，内放佛像一尊。龛两侧有亭阁式小龛、莲花座等。南北两面，中间有一直通塔心的券形窗洞，第16层为塔顶。塔身内壁设有贯通上下的木质楼梯，游客可由此登入塔顶。

千寻塔两旁的两座小塔，平面均为八角形楼阁式空心砖塔，共10层，高42.19米。两塔相距97.5米，均由塔基、塔身、塔刹三部分组成。塔基为八角形，塔基之上是直径5.36米的塔身，塔身上共嵌造塔时的石碑七通，其中南塔四通，北塔三通。塔身文字已斑驳不清，仅南面南侧的碑身残留少数文字，上刻“日只你莎诃室喇莎伽咤”等字，是《陀罗尼经咒》的内容。另外北塔塔身一层还嵌有一块明代李元阳重修三塔碑，碑宽62厘米，高44厘米，厚3厘米。南北小塔第二层塔身每面中辟券形佛龛，内置佛像一尊。第三至

崇圣寺三塔

九层塔身每面正中砌出一座凸出的屋形龛，多为单层建筑，也有高达三层的楼阁式。塔顶为金属宝刹，总高 4.85 米，由覆钵、宝珠、伞盖和宝瓶等组合而成，其中心刹柱为实心铁柱，其余部件以扁铁做骨架，外裹鎏金铜皮结构，伞盖下有八根用紫铜捶打而成的拉条，每根拉条上悬挂铜铃五只。两座小塔的顶部各有三层石条，每条长 1 米、宽 0.6 米，重达 300 公斤，三石条之间的距离为 56—60 厘米。两座小塔保留了早期空筒式的特点，塔内建有方室，室顶直抵第八层塔身平座，室内四壁垂直，中间竖有直径 2 厘米的木柱一根。

（3）历史文化

南诏和大理都是以儒治国、以佛治心的国家，在 7 世纪之前佛教就已传到此处，因获得了王室的支持而蓬勃发展。《南诏野史》记载："伽蓝殿阁三千堂，般若宫室八百处"。至大理国时，除密宗外，禅宗和华严宗等教派纷纷传入，寺院遍地，僧众接踵。伴随佛教的繁荣，崇圣寺、玄化寺等寺院应运而生。

崇圣寺主塔的具体建造年代至今尚无定论，但毫无疑问的是其为唐代佛塔，是佛教在南诏发展的结果。《重修崇圣寺记》载，崇圣寺为"贞观尉迟敬监造”；《云南图经志书》言：“唐玄宗开元元年癸丑，大匠恭韬、徽义所造”；《南诏野史》载：“开成元年，嵯颠建大理崇圣寺，基方七里，圣僧贤者定立三塔，高三十丈，自保和十年至天启元年功始完。匠人恭韬、徽义、徐立”。而南北二小塔的建造年代晚于主塔，约为后唐明宗长兴四年（933年）。三塔修建后，又修建了崇圣寺。据《南诏野史》载，当年崇圣寺及主塔建造时“基方七里，周三百余亩，为屋八百九十间，佛一万一千四百尊，用铜四万五百五十斛”，有“三阁、七楼、九殿、百厦”。《大理县志稿》载：“崇圣寺，又名三塔寺，在城西北小岑峰下。其方七里，周三百余亩，寺有雨铜观音像，高二丈四尺，统计为佛一万一千四百尊，为屋八百九十一间……”

经历代扩建，至宋代“大理国”时，崇圣寺达到鼎盛时期。大理国22位国王皆信佛，其中9位国王至崇圣寺“逊位为僧”。1056年，暹罗国王耶多曾两次到此迎佛牙，大理国王段思廉还以玉佛相赠。元至清中期，崇圣寺始终为皇室所重视。13世纪中叶，元世祖忽必烈征服大理后，封段氏为大理总管。第一代大理总管段实在位时期，大规模建造佛教寺院，并自费修缮崇圣寺，绘制塑像，购置经书，舍田供僧。明嘉靖二十年（1541年），大理前监察御史李元阳告老还乡之后，三十年间捐募资金重修崇圣寺，使得殿堂宏丽，高楼百尺。其在《翠屏草堂记》言：“自嘉靖壬寅葺崇圣寺，垂三十年始得竣工。”明代时，崇圣寺还以三塔、极大钟、雨铜观音像、佛都匾、三圣金像著称于世。明末成书的《徐霞客游记》云：“是寺在第十峰下，唐开元中建，名崇圣寺，前三塔鼎立，而中塔最高，形方，累十二层，故今名为三塔。”

清咸丰六年（1856年），崇圣寺遭受历史上最大的一次浩劫，云南回民起义领袖杜文秀率兵攻克大理，混战之中，大多数宫殿被烧毁，只有三塔尚且完好。民国时，崇圣寺成为军营，除三塔和雨铜观音殿外，其他建筑一片废墟。1961年，国务院将崇圣寺三塔公布为第一批全国重点文物保护单位。1978年，国家拨款对其进行历时三年的加固维修。在维修中出土了写经、舍利葫、刻字铜片、青铜镜、瓷玉石、银鎏金铜、水晶、经卷、金塔模等文物近700件，是迄今发现南诏、大理国时期文物最丰富的一批。2003年被国家旅游局评定为国家AAAA级旅游区。2005年，以三塔为核心，按主次三轴线，八台九进十一层进行规划重建的崇圣寺全部竣工，成为西南地区最大的仿古建筑群落。

（4）旅游资源

崇圣寺三塔形象迥异，见证着古代云南和中原地区的文化交流。寺内的三塔博物馆、唐代极铜钟以及建成的佛殿可供游人参观，还有各种扎染、大理石等民间工艺作坊和摊点，形成一条颇具特色的“大理石街”。其南的“三塔倒影公园”，更是一处名景。崇圣寺三塔以恢弘的建筑群和盛大的佛事活动吸引海内外众多游客和香客，成为我国西南边陲一道亮丽的风景。

参考文献

1.（明）徐弘祖著，朱惠荣等译注：《徐霞客游记全译》，贵州人民出版社 1997 年版。

5. 元谋人遗址

（1）地名由来

元谋人遗址是迄今为止在中国境内发现的最早古人类遗址，因发现于云南省元谋县而得名。元谋在宋大理国时为威楚府华竹部，又名环州，元世祖至元六年（1269 年），设元谋县。元谋系傣语，“元”意为“飞跃”，“谋”意为“骏马”。

（2）地理概况

元谋人遗址位于云南省元谋县上那蚌村约 500 米的山腰上，距县城 7 千米。上那蚌处于云南北部元谋盆地的东缘，为一个棕褐色黏土组成的小山丘，四周被冲沟所包围，南有那蚌河经此流入龙川江。

在这个棕褐色黏土层中，出土有两枚猿人牙齿化石、石制品、带有人工痕迹的动物骨片、烧骨和大量动物化石。这两枚牙齿化石为右上内侧门齿和左上内侧门齿，齿冠保存完整，长度分别为 11.5 毫米和 11.4 毫米，宽度为 8.6 毫米和 8.1 毫米。经测查，两枚牙齿同属一个成年男性。牙齿化石粗硕，齿冠部分显著，齿冠扩展指数达 141.9，齿冠唇总体较为平扁，有明显的汤姆氏线，齿根末梢有残缺，表面有碎小的裂纹，舌面的底结节发达，占舌面二分之一。该处还发掘出少量石制品、大量碎屑和哺乳动物化石。先后出土石器 17 件，其中底层出土 7 件，地表采集到 10 件。石器中有刮削器、尖状器和石核，是元谋人制作和使用的工具。炭屑多掺杂在黏土中，少量在砾石凸镜体里。炭屑分为 3 层，每层间距 30 至 50 厘米，炭屑里有泥河湾剑齿虎、云南马、中国犀等哺乳动物化石。此外还发现两块疑似被火烧过的黑色骨头，可能是人类用火的痕迹。

（3）历史文化

中国境内的直立人类是从古猿进化而来的。根据远古人类体质形态的进化过程，将这一时期的人类分为直立人、早期智人、晚期智人，而元谋人则为中国境内发现的最早的直立人，生活在距今约 170 万年。

1965 年 5 月 1 日，中国科学院地质工作者在上那蚌村进行第四纪地质考察时，意外发现了两颗猿人牙齿化石。经古地磁法测定生存年代为早更新世，即生活在距今约 170 万年的男性元谋人，形态特征与“北京猿人”相似，为直立人 · 元谋亚种。与这两枚牙齿化石同时出土的还有 7 件脉石英石核与刮削器。

1972 年，新华社将这一发现公之于世，引起国内外的广泛关注，各考察队纷纷前往元谋化石产地进行科学考察和发掘。1973 年冬，中国科学院古人类脊椎动物研究所的人类学家林一璞、周国兴等从含元谋人牙齿化石的原生层中，发现了打制石器、哺乳动物化石以及大量碎屑。1975 年，在距元谋人遗址不远处的禄丰镇发现了距今 800 万年的禄丰古猿。元谋人的发现，把我国发现最早人类化石的年代前推了 100 万年，我国的历史也将从元谋人开始写起。1982 年，云南元谋人遗址被列为国家重点文物保护单位。1989 年，元谋县建立元谋人陈列馆。

（4）旅游资源

元谋人遗址处建有纪念碑，不远处有元谋人陈列馆，收藏有众多元谋人牙齿化石标本和古生物化石，是研究人类学发展和科普教育的必访之地。元谋人遗址还与元谋土林、物茂土林等元谋县自然景观一起，带给游客丰富而全面的旅游体验。

参考文献

1. 袁振新、林一璞等：《元谋人化石产地发掘报告》，《元谋人》，12—22页，云南人民出版社1984年。

2. 李普等：《用古地磁方法对元谋人化石年代的初步研究》，《中国科学》1976年第6期。

6. 三江并流风景名胜区

（1）地名由来

三江并流风景名胜区位于中国云南省西北部的崇山峻岭之中，怒江（萨尔温江上游）、澜沧江（湄公河上游）、金沙江（长江上游）自北向南奔流近170千米，形成“江水并流而不交汇”的自然奇观，故名“三江并流”。三江并流风景名胜区汇聚了众多的陆地地貌类型和自然及人文美景，堪称北半球生物生态环境的缩影，现已被列入《世界遗产名录》。

（2）地理概况

三江并流流经迪庆藏族自治州、怒江傈僳族自治州及丽江地区在内的云南省西北部，总面积40000平方千米，核心区域约10000平方千米。其中怒江和澜沧江空中最短直线距离仅18.6千米，澜沧江和金沙江仅66.3千米。三江并流风景区由怒江、金沙江、澜沧江3个风景片区和高黎贡山片区、白茫—梅里雪山片区、哈巴雪山片区、千湖山片区、红山片区、云岭片区、老君山片区、老窝山片区8个中心景区组成。

三江并流大约形成于距今4000万年前，喜马拉雅地区的造山运动使得印度板块与欧亚板块相互碰撞，在板块的挤压过程中，青藏高原隆起，担当力卡山和高黎贡山等巨大山脉在与三江相互挤压之后，形成今日之并流景观。该地区完整地保存了从元古宙到早古生代、从晚古生代到三叠纪、从晚三叠纪到早白垩纪以及新生代的地质演化痕迹，也是世界上压缩最紧、最窄的巨型复合造山带。地形地貌的多样性、典型性和特有的高原峡谷、丹霞、冰川地貌及溶蚀峰丛、钙化沉积等地貌演化过程使其成为世界上蕴含最丰富的地质地貌博物馆。

三江并流风景区地处东亚、南亚和青藏高原的交汇处，区域内受印度洋

三江并流－金沙江

西南季风气候、太平洋东南季风气候以及高寒气候等影响，云集了北半球南亚热带、中亚热带、北亚热带、暖温带、温带、寒带等各种气候环境类型，共拥有 20 余种生态系统。三江并流区域有高等植物 210 余科，1200 余属，6000 种以上，其中的 2700 个中国特有种里有 600 种为该地域特有种，还有国家珍稀濒危保护植物 33 种。是欧亚大陆生物群落最丰富的地区，有 10 个植被型、23 个植被亚型和 90 余个群系。该地区动物资源也很丰富，有哺乳动物 173 种，鸟类 417 种，爬行类 59 种两栖类 36 种，淡水鱼 76 种等，这些动物总数占中国动物种数总数的 25% 以上。

（3）历史文化

三江并流奇观伴随着青藏高原的形成诞生，至少已有 340 万年的历史，由于地形险峻、突兀跌落，早期少有地理学家光顾。直到明万历年间，著名的旅行家徐霞客才来到这里，由于地理测绘等技术限制，他虽然没有发现和提出“三江并流”，但首次提出了金沙江是长江正源之说。清代时出现了关于金沙江的记载，“金沙江，由西域入丽郡，破雪山而行。两岸壁立，江贯其间，奇险万状。至阿昌谷，从半空坠下，声闻数十里，瀑布之观，不数匡庐，相传为禹所劈。”

直到 20 世纪，英国植物学家金敦・沃德数次来到藏东南、滇西北、川西南考察，并在其地理著作《神秘的滇藏河流》中首次提出“在某个地点，三条河流相互间的距离当在 80.5 千米以内，中间的湄公河（澜沧江）与长江相距 45 千米，而与萨尔温江（怒江）相距 32 千米，这是世界地理上的奇观之一。”并于 1913 年至 1914 年对金沙江、澜沧江、怒江的年径流量进行了比例估算，大致结果为 5 :3 :2。美国《国家地理》特约撰稿人约瑟夫・洛克更是数十年沉迷其间，耗尽一生进行科考和资料收集。

三江并流地处中原文化、东南亚文化、南亚文化、青藏高原文化的边缘地带，生活着包括藏族、纳西族、彝族、普米族、怒族、独龙族、白族等 14 个少数民族，并有天主教、基督教、东巴教、达巴教、毕摩教等宗教信仰。各民族之间相互交流，形成了藏族村落、傈僳大寨、怒族村镇等独具特色的民居建筑形式和民族村落，创造了器物、制度、宗教、口传、节日、居室、饮食、服饰等多种灿烂的民族文化。

其中的藏族锅庄舞、热巴舞、弦子舞，纳西族阿卡巴拉舞，彝族葫芦笙舞，傈僳族对脚舞等颇具特色。民族节祭的登巴节、格科节、赛马节、阔什节、二月八、火把节更是吸引无数游客，三江并流区还是一部活生生的文化基因库。1988 年经国务院批准，被列为国家重点风景名胜区。2003 年 7 月，联合国科教文组织将其列入《世界遗产名录》。

（4）旅游资源

三江并流区除其独有的三江并流世界奇观外，又集雪山峡谷、高山湖泊、冰川草甸、珍稀动植物、丹霞泉华等自然景观于一体，雄、险、秀、奇、幽、奥等各类景观齐备。还有原始宗教的遗存、古老的本教仪轨、藏传佛教的寺庙塔林、年代久远的摩崖石刻、色彩斑斓的风土民情等具有神秘性和诱惑力的文化景观，这些都是三江并流风景名胜区旅游的核心价值。三江并流的中游河道还有与西南丝绸之路相伴相随的河流背景，高峡深谷中蜿蜒流去，勾勒出西南丝路的原型。怒江道是“博南道”，澜沧道是“茶马道”，而金沙江作为长江的上游，为长江航运注入了能量。

（三）广西壮族自治区

1. 左江岩画

（1）地名由来

左江岩画，亦称花山岩画、左江崖壁画、左江岩画廊，因分布于左江两岸的悬崖峭壁之上而得名。左江是西江水系上游支流郁江的最大支流，因是郁江的南源，古以南北为左右的方位命名法，称之为左江。左江岩画是战国至东汉时期壮族先民骆越人的创作，现已被列为世界文化遗产。

（2）地理概况

左江岩画位于广西壮族自治区左江流域，绵延近 300 千米，大多画在桂南左江流域的宁明、龙州、崇左、扶绥等壮族聚居地区的江河转弯处宽大、平整、垂直的石壁上。现已发现有岩画 81 个地点 180 处，可辨认画像 4500 余幅。其中崇左县 28 个地点 67 处，龙州县 21 个地点 39 处，扶绥县 32 个地点 44 处，宁明县 8 个地点 29 处，大新县 1 个地点 1 处。其中以宁明花山岩画图像最多、规模最大，堪称左江岩画的代表作。

花山岩画以赤铁矿和动物胶、血混合调制的颜料绘制，呈红色。画面宽 170 余米，高 40 余米，面积约 8000 多平方米，除模糊不清的外，可数的图像尚有1800余个，大约可分为110组图像。画面从山脚2米开始绘制，以5—20 米高的中间部分的画像最多；龙州棉江岩画的画面连绵近 100 米，有各种图像 300 多个，一幅完整的图像范围达 20 米，人像身高 1 米左右，最大的人像高达 3 米。岩画以人像构成主体，人像一般作正面、侧身两种姿式，皆裸体跣足，作举手曲膝的半蹲姿势，辅以马、狗、铜鼓、刀、剑、钟、船、道路、太阳等图像；每一组正中或上方位置者多为腰挂刀剑、头上有兽形装饰，配有坐骑的数米高巨人，威风凛凛地居高俯视着击鼓弄乐、纵舞狂欢的人群，应为部族首领或活动的指挥者。

（3）历史文化

左江流域地处我国南部边陲，自古以来是壮族及其先民聚居之地。先秦时期，僻处岭南西部的广西一直被中原人视为荒蛮之地，尤其是广西西南地区，群山绵延，峰峦叠嶂，溪流纵横，森林蔽野，瘴气浓重，交通闭塞。秦汉时期，中央王朝虽然统一了岭南，设置郡县，但其统治势力并未深入僻远的广西西南部地区，直到隋唐时期，这里仍被中原人视为畏途，少有人涉足此地。因而，左江及其支流沿岸数量众多、规模宏大的岩画，并未为外人所知。

历代史籍对左江花山岩画记载的年代较晚，使得这一璀璨的历史文化艺术瑰宝长期“藏在深山无人知”。直至宋代，左江岩画才被记载入籍。李石《续博物志》卷八有“二广深溪石壁上有鬼影，如澹墨画。船人行，以为其祖考，祭之不敢慢”的记载。据学者考证，该书中所说的“二广深溪”，很可能是指今广西左江。因为目前“二广”地区发现有岩画的，唯有左江沿岸。这是有关左江花山岩画见诸史籍的最早记载。明清时期，有关左江花山岩画的记载逐渐增多。明代张穆《异闻录》中说：“广西太平府有高崖数里，现兵马持刀杖，或有无首者。舟人戒无（毋）指，有言之者，则患病。”清朝末年编纂的《宁明州志》云：“花山距城五十里，峭壁中有生成赤色人形，皆裸体，或大或小，或执干戈，或骑马。未乱之先，色明亮；乱过之后，色

左江岩画

稍黯淡。又按沿江一带，崖壁如此类者多有。”

新中国成立后，逐渐有专家学者涉足对岩画的研究。“根据专家考证，花山岩画的绘制年代可追溯到春秋战国时期，距今已有2000多年，历经了战国、西汉、东汉等多个历史时期的不断完善，才形成这震撼人心的鸿篇巨制。”2014年，法国考古学家让·克劳兹教授实地考察花山遗产区后，对花山岩画的雄奇大加赞赏。他认为，花山岩画大部分选在临江或江水拐弯处，这在世界范围内非常罕见，岩画所呈现的图像、舞蹈、铜鼓和现在的传统文化紧密相连。更为重要的是，岩画规模宏大，保存完整，没有受到人为破坏，并且岩画周边自然景观漂亮、壮观，与岩画自成一体。

花山岩画是古骆越民族的根祖文化，包括了壮族文化发展中的巫文化、铜鼓文化、歌墟文化和山水文化等各个阶段，体现了骆越先民从渔猎经济到农耕经济的生活风貌，是骆越后裔朝觐的圣地。1988年由国务院公布为全国重点文物保护单位；2016年7月15日，左江花山岩画文化景观经联合国教科文组织第40届世界遗产大会审议，成功被列入《世界遗产名录》。

（4）旅游资源

左江岩画作为人类文化遗产，是两千多年前骆越先民的智慧结晶。其周围有陇瑞自然保护区、独木成林、蓉峰塔、花山古都、宁明花山温泉国际度假村、蝴蝶谷生态公园等景点，还有由壮族土司官、苗王、瑶寨等数幢木楼旧居组成的独具特色的民族山寨，记录着壮族先民的社会生活状况、独特神奇的艺术审美观念以及具有浓厚民族风情的生活习俗和宗教信仰，是体验民族风情和自然风光的旅游胜地。

参考文献

1. 覃彩銮：《试论左江花山岩画文化资源的挖掘与开发》，《百色学院学报》2017年第1期，第38—44页。

2. 肖波：《 1949年以来国内左江岩画研究历史回顾》，《民族艺术》2015年第1期，第156—162页。

2. 真武阁

（1）地名由来

真武阁原名经略台，又名武当宫，始建于唐代，为唐朝著名诗人元结在容州担任容管经略使期间，用以操练兵士之所。明代初年，为奉祀真武大帝，以镇火神，于经略台上建真武庙，明万历元年（1573 年），将真武阁庙增建成三层楼阁，即为现在的真武阁，真武阁之称由此而来。

（2）地理概况

真武阁坐落在广西容县城东绣江北岸，是一座完全木质结构的建筑物，整个楼阁共有三层，通高 13.2 米，面宽 13.8 米，进深 11.2 米，全阁不用一件铁器，而是用近 3000 条格木构件，凿榫卯眼，斜穿直套，以杠杆结构原理，串联吻合，彼此扶持，互相制约，合理协调组成一个优美稳固的统一整体。

真武阁二十根笔直挺立的巨柱中，八根直通顶楼，是三层楼阁全部荷载的支柱。柱之间用梁枋相互连接，柱上各施有四朵斗拱，上面承托四根棱木，有力地把楼阁托住。二层楼的四根大内柱，虽承受上层楼板、梁架、配柱和阁瓦、脊饰的沉重荷载，柱脚却悬空离地 3 厘米，是全阁结构中最精巧、最奇特的部分。这种“杠杆原理”所造成的悬柱奇观，就是将从底层通到二层的八根通柱，变成二、三层的支点，在通柱上分上下两层横贯七十二根（每柱九根，共七十二根）挑枋，这些挑枋像天平上的横杆一样，外面长的一端挑起宽阔的瓦檐，里面短的一端挑起二层的内柱，使它头顶千斤，脚不落地。这种方法在我国的古建筑中应用较多，而真武阁则用得特别巧妙奇绝。

真武阁旁有用青铜铸造的景子铜钟，是广西现存最大铜钟之一。据铸于钟身的文字所载，此钟是唐代河南人房儒复任容管经略使时于贞元十二年（796 年）铸造的，那年是农历丙子年，为避唐高祖之父李丙名讳，以“景”字替代“丙”字，称为景子铜钟，至今已 1200 余年。此钟原铸于唐代容州开元寺内，该寺早毁，铜钟历经沧桑，幸存至今。景子铜钟色泽光润，造型浑厚庄重，钟身浮雕的纵横弦线条流畅，体现了我国古代高超的冶铸技艺，也富于历史研究和观赏价值。

真武阁

（3）历史文化

经略台建于唐代，真武阁建于明代。唐乾元二年（759 年），容州刺史、御史中丞、容管经略使元结在容州城东筑经略台，用以操练兵士，游观风光，取“天子经营天下，略有四海”之意而得名。明朝初年在经略台上建真武庙，明万历元年（1573 年），对真武阁庙进行增建，渐成今日之规模。

此后历年，真武阁几经维修、改建。万历四十八年（1620 年），杨际熙的《重修武当宫记》碑记载：“万历元年，泓与龚承恩等复憾前修之未备，思以旧贯而扩充之，会首三十余人，传劝广收，募就多金，于是大兴工役。其时县令伍公临俯从臾，群心竞跃，扩基寻丈，筑土坚乔；创造楼阁三层，隆栋蜚梁。斗窗云槛，辇神像，安置仙人。好楼居将，帅列傍侍；而钟磬，而鼎炉，而廊舍，而垣墙，而庖厨，巍于其有成也，为一邑具瞻。”

据《容县志》记载，真武阁经历过明万历三十三年、清康熙元年、乾隆元年、咸丰十年、光绪五年的 5 次大地震和 3 次大台风的袭击。在全城民房倒塌，丈七厚的城墙开裂，大树和旗杆连根拔起时，真武阁却岿然不动，稳如泰山。这其中的奥秘，体现了“静为躁君”“柔弱胜刚强”“无为而无不为”的道家哲学思想。1982 年，真武阁被国务院定为全国重点文物保护单位。

（4）旅游资源

真武阁在建筑结构、造型布局和技巧上具有高度的科学性、艺术性和浓郁的民族风格，充分显示了我国古代劳动人民的智慧和创造力，是我古建筑中的明珠，被誉为“天南杰构”。真武阁轻盈秀美，“隆栋蜚梁，斗窗云槛”，结构之精巧，令游客叹为观止。

参考文献

1. 陈久金：《容县真武阁考源》，《广西民族学院学报》（哲学社会科学版），2001 年第 5 期，第 60—64 页。

3. 灵渠

（1）地名由来

灵渠，又名湘桂运河、兴安运河，于秦始皇二十年（前 219 年）至二十三年（前 215 年）修成。灵渠初名秦凿渠，后因漓江的上游称为零水，故又称零渠、澪渠。唐代以后，方改名为灵渠，也俗称为陡河。

（2）地理概况

灵渠位于广西壮族自治区东北部兴安县境内，距桂林市区 57 千米，全长 36.4 千米，由湘江上的渠首工程、引向漓水的南渠和重新连接湘江的北渠三部分组成。

渠首又称分水塘，由铧嘴、大天平坝、小天平坝、南北水道及南北陡门组成。铧嘴位于大、小天平坝的前端，屹立于分水塘中，由于前锐后钝，形如犁铧，故称“铧嘴”。长、宽、高分别为 90 米、22.5 米、3.6 米。铧嘴的作用一是分洪，二是导航，大、小天平坝位于铧嘴的尾部，是建于湘江上游、以抬高水位导水于灵渠之中的人字形拦河滚水坝。斜向北渠的长 334 米、宽 26.9 米的一段称为大天平。斜向南渠长 130 米、宽 22.7 米的一段称为小天平。大、小天平长度的比例大致为三七开，故有“三分入漓，七分入湘”之说。南陡、北陡分别为南北渠的进水口。南陡位于小天平的左端，宽 7.3 米，渠底高程 212.08 米。北陡位于大天平的右端，宽 10 米，渠底高程

211.8 米。

南渠指从渠首的南陡口始到大榕江的灵河口止，长 33.15 千米，是将湘江之水引入漓江的渠道。按渠道的性质，可分为 3 段：第一段从南陡口到始安水，为人工开凿的渠道，长约 4.5 千米。第二段则从始安水口到清水河入口，它是在始安水原窄小河道的基础上人工挖扩而成，因此称为半人工运河渠道。第三段水流在榕江镇附近的灵河注入漓江，为自然河道，渠宽平均已达 10 米，下游可达数十米，河道弯曲段较少，航行条件很好。

北渠指的是自渠首向北过北陡后的河道，全长约 3.25 千米，宽 10—15 米，水深 0.35—1.58 米。河水从分水塘向北至观音阁，折而向西复转东流，作一环形，后复向北流。北渠穿行于湘江冲积平原的沃野间，头尾的直线距离仅仅 2 千米。

（3）历史文化

公元前 221 年，秦始皇统一北方六国之后，即刻对浙江、福建、广东、广西地区的百越发动了大规模的军事征服活动。秦军在战场上节节胜利，唯独在两广地区苦战三年，毫无建树，原来是因为广西的地形地貌导致运输补

灵渠

给供应不上。所以改善和保证交通补给成了这场战争的成败关键。秦始皇运筹帷幄，命令史禄劈山凿渠。史禄通过精确计算终于在兴安开凿了灵渠，奇迹般地把长江水系和珠江水系连接了起来，使援兵和补给源源不断运往前线，推动了战事的发展，最终把岭南的广大地区正式地划入了中原王朝的版图，为秦始皇统一中国起了重要的作用。

秦始皇开凿灵渠的事迹，史书也多有记载。司马迁的《史记》记载："及至秦王，蚕食天下……欲威海外……又使尉屠睢将楼船之士南攻北越，史监禄凿渠运粮"。刘安《淮南子·人间训》中也提到秦始皇统一中原之后："又利越之犀角、象齿、翡翠、珠玑，乃使尉屠睢发卒五十万为五军：一军塞镡城之岭，一军守九嶷之塞，一军处番禺之都，一军守南野之界，一军结余干之水，三年不解甲驰弩，史监禄无以转饷。又以卒凿渠而通粮道，以与越人战"。灵渠通运后，粮运这一问题得到了解决，国家很快就取得了统一。

从汉代起，灵渠就已成为连接中原与海上丝绸之路的重要通道，是中外文化、经济交流必经之地。此后经南北朝到唐宋，灵渠不断修整与完善，并且伴随着政治中心的南移、岭南经济的日益兴盛、造船技术、航海技术的提高，这条从兴安灵渠到合浦港口、番禺（广州），以漓江、桂江、西江、南流江、北流江为主线的对外交流的航道也越来越兴盛，而灵渠在连接中原与海上丝绸之路中的作用也日益重要。

1982 年灵渠被评为国家重点风景名胜区，1988 年 1 月被国务院批准为全国重点文物保护单位，2006 年被评为 4A 级景区，2006 年及 2012 年两次被列入 "中国世界文化遗产预备名单"。

（4）旅游资源

灵渠水利工程既是一个历史转折点，也是一种历史文化现象，已成为湘漓文化最独具特色的地方性水利工程文化，灵渠工程处处体现着建设者的聪明睿智，蕴藏着巨大的科学价值、观赏价值以及历史文化价值。灵渠两岸风景优美，文物古迹众多，有状元桥、陡门、四贤祠、飞来石、铧嘴、大小天平、泄水天平和秦文化广场等景点，景区内还建有二战美国飞虎队遗迹纪念馆，是一处备受欢迎的综合旅游景区。

参考文献

1. 宾光楣：《灵渠保护与发展的思考》，《广西水利水电》2016 年第 6 期，第 68—71 页。

2. 苏倩：《灵渠的保护、利用与申报世界文化遗产对策研究》，广西师范大学 2017 年硕士学位论文。

4. 漓江风景名胜区

（1）地名由来

漓江历史上曾名桂水，或称桂江、癸水、东江。《水经注》称："湘漓同源，分为二分，南为漓水，北则湘川"。即漓江是在灵渠天平坝相互分离，"相离"与湘漓谐音，往北的得名"湘"称湘江，往南的得名"漓"称漓江。据《集韵》解释：漓"音离，水渗入也。"

（2）地理概况

漓江风景名胜区位于广西壮族自治区的东北部，以桂林市为中心，北起兴安灵渠，南至阳朔，由漓江一水相连。百里漓江，依据景色的不同大致分为三个景区，即上游景区、中游景区和下游景区。风景区游览胜地繁多，其中以一江（漓江）、两洞（芦笛岩、七星岩）、三山（独秀峰、伏波山、叠彩山）为代表，是桂林山水的精华所在。

上游景区为桂林市区至黄牛峡，两岸奇峰林立，城镇、农舍和田园错落分布，是观赏远山近水与人文民风的佳处，有叠彩山、伏波山、七星公园、象鼻山、芦笛岩、水月洞、普贤塔、云峰寺、夫子岩、大圩古镇等景点。中游景区为黄牛峡至水落村。两岸石山连绵不断，奇峰围峦映带，是漓江风景的主体，有斗米滩、草坪、冠岩、绣山、桃源赏月、杨堤、九马画山、黄布倒影、兴坪古镇等景点。下游景区自水落村至阳朔，两岸土岭青葱，翠竹、茂林、山庄、渔村随处可见，有古严关、碧莲峰、鲤鱼翅、秀才看榜等景点。

漓江流域为典型的岩溶峰林地貌，也是规模最大的岩溶山水游览区。该地动植物资源也十分丰富，约有 1593 个动物种类，隶属 60 目 259 个科。植物种类繁多，共有维管束植物 202 科 691 属 2120 种。其中蕨类植物 30 科 51

属 80 种，裸子植物 6 科 8 属 12 种，被子植物 152 科 567 属 1344 种。在各种植物中，属国家一级珍稀濒危保护植物的有红豆杉、南方红豆杉、银杏、钟曹木等 5 种。

（3）历史文化

漓江属桂江上游，是珠江流域西江水系之北支，全长 437 千米，发源于广西桂林兴安县和资源县交界的猫儿山老山界的八角田铁杉林，称为潘家寨江，漓江主源乌龟江在南流中西接龙塘江，南纳黑洞江，三江汇合后称为六峒河，又叫华江。南流至兴安县司门前附近，东纳黄柏江，西汇川江，三江相汇后称大榕江，至榕江镇汇灵河，始称漓江。流经资源、兴安、桂林市区、临桂、阳朔、平乐六县一市，是桂林人民的母亲河。

历史上对漓江的发源地，有三种说法：（一）《水经注》称："漓水亦出阳海山"，"湘漓同源，分为二分，南为漓水，北则湘川"。宋·范成大《桂海虞衡志》称："湘漓二水，皆出灵川之海阳，行百里，分南北而下。北曰湘……，南曰漓，……"。（二）清乾隆五至八年任兴安知县的黄海则说，漓水发源于县南之双女井。（三）唐兆民在《灵渠文献粹编》的《引言》中说：

漓江风景区

“……离水（漓水），实际上就是源出今兴安县西的严冈，上游称源江、中段称石龙江、下游称清水河、水流三十多里的一条溪河，也就是历史上著名的溹水（零水）”。“可知溹（零）水即是离（漓）水”。

漓江山水久负盛名，自中唐开始即为风景胜地，文人骚客慕名而来，留下众多诗文。宋代诗人邹浩将九马画山比作天公醉时的杰作：“应是天公醉时笔，重重粉墨尚纵横”。清代学者阮元作诗《清漓石壁图歌》云：“天成半壁丹青画，皤然高向青天挂……清漓一曲绕山流，来往何人不举头”。叶剑英元帅在《由桂林舟游阳朔》中吟道：“春风漓水客舟轻，夹岸奇峰列送迎”。景区内有2000余处石刻，分布于各景点之中。还有秦堤灵渠、秦汉古严关遗址、明靖江王城等文物古迹。漓江风景名胜区于1982年荣获首批“国家级风景名胜区”称号；2007年，荣获首批“国家5A级旅游景区”称号；2009年，桂林漓江风景区以83千米岩溶水景入选世界纪录协会世界最大的岩溶山水风景区。

（4）旅游资源

漓江风景名胜区是世界上规模最大、风景最美的岩溶山水游览区之一。奇秀俊美的点点孤峰四立，云山重叠，漓江、桃花江、灵剑溪、小东南溪、望夫石、象鼻山、冠岩、黄布倒影、榕湖、杉湖等水景与奇峰相映衬，构成一幅绝妙的泼墨画。唐代诗人韩愈以“江作青罗带，山如碧玉簪”来称赞漓江的秀美风光。

参考文献

1. 苏振：《旅游风景区生态风险分析与评价研究——以桂林漓江风景名胜区为例》，广西大学2006年硕士学位论文。

二、越南

（一）文庙

1. 地名由来

河内文庙全称为文庙——国子监，是一座典型的中国式建筑群，其命名和建筑格局，均受到中国儒家文化的深远影响。文庙是纪念孔子的祠庙建筑的统称。清朝时，顺治皇帝至北京太学行祭祀孔子，孔子被加封为“大成至圣文宣先师”，此后，孔庙也被统一称为“文庙”。

2. 地理概况

河内文庙坐落于越南河内还剑湖西侧，坐北朝南，四面临街，占地54331平方米。其四周环绕着高大围墙，院深350米，宽75米，皆以大号宫砖砌成。文庙仿照中国山东曲阜孔庙所建，前后共五进庭院，中轴线上的建筑依次为大门、中门、奎文阁、天光井、大成门、大拜堂、正寝殿、启圣祠等。五进院落的设置也代表中国文化中“水木火金土”五行及“仁义礼智信”五德。

文庙前是文湖，湖中有一金洲岛，岛上是“文湖亭”。庙门名文庙门，门前临街处立有四根柱子，两侧是下马碑。昔日，公侯卿将们经过两座下马碑时，必须步行进入。文庙门后为中门，其两侧是侧门成德门和达才门。大中门后是奎文阁，处在文庙的中心位置。它的整个木质构架在4根石柱上，上层为格木建造，阁上四道门向四方，象征着魁文星光芒四射。阁下设门为通道，东西各有一座侧门，名璧文门和蓄文门。奎文阁和大成殿之间有一“天光井”，两侧建有碑廊，有历代进士碑82块，东西两廊各41块。碑上记录了自大宝三年（1442年）至景兴四十年（1779）年337年间82届科举考试的时间和碑文的撰写者、书写者、雕刻者以及1306名进士姓名与籍贯。

文庙

位于文庙第四进院落的是大成殿，也是文庙的正院。它是由大拜堂、正寝殿及两者间的一座重檐方亭组合而成，顶为歇山庑殿式，皆宽9间，深3间。其中的正寝殿中摆有神位神龛，是供奉儒家先祖的地方。文庙的最后一个院落是启圣祠，供奉着孔子的父母亲，即叔梁纥和颜氏，这里也是越南历代封建王朝的国子监、太学院所在地。

3. 历史文化

公元前214年，赵佗被秦始皇任命为龙川县令，统辖南海郡。公元前206年，赵佗被拥立为王，辖漓江、珠江、红河地区，以儒家思想、礼仪制度教化臣民。公元前196年，赵佗臣服汉朝，越南北部即是西汉版图中的交趾郡，从此，孔子思想传入越南。公元1010年，李公蕴称帝后，欲将国都自华闾城迁至大罗城。在其颁布的《迁都诏》中引用了中国盘庚迁殷、周朝三徙的史例来阐明迁都的必要性，饱含了儒家的天命观。

1070年秋，李圣宗便开始在升龙城建造雄伟的文庙。《大越史记全书》载："庚戌年，李朝圣宗皇帝圣武二年（1070年）八月秋建文庙，立孔子、周公及四配塑像，画七十二贤像，四时供祭，并让皇太子前来学习。"1076年，李仁宗时，在文庙后建国子监，作为太子和朝臣子弟的学府。1156年，文庙内的孔子、周公被分祀，在现今的独柱寺附近另建寺庙供奉孔子。1253年，孔子庙迁回国子监。陈圣宗还将其扩建为国学院，作为官吏子弟和全国乡试中选拔出来的优秀士子学习之所。

1483年，文庙被重建，并于次年完工。“作文庙大成殿并东西庑，更服殿，书板库、祭器库、明伦堂、东西讲堂，东西碑室，三舍生学房及诸门、四围缭墙”。黎圣宗又将文庙易名太学院，拥有四个大讲堂，150间学生宿舍和一个木刻书本储藏库。1511年，文庙再次重修。“命阮文郎重修国子监崇儒殿及两庑、明伦六堂、厨房、库房，并新构东西碑室，左右每间置一碑”。其后，南北朝交战，莫郑纷争，国子监和文庙年久失修。1662年，在范公等人的主持下，文庙和国子监被重修。1802年，阮朝初年，阮世祖废河内国子监，改太学院为启圣祠。1805年，增建奎文阁。1863年，重建进士题名碑廊。20世纪，在抗法、抗美战争期间，文庙遭到严重破坏，1947年被毁，进士题名碑也基本无存。1954年，文庙的东西两庑被重建，1994年以来的全面大修复，使文庙基本恢复了历史面貌。

4. 旅游资源

文庙所在的河内不仅是东西方贸易的集散地，更是多元文化交会的枢纽站，而作为越南文化及其悠久历史的代表性遗迹，越南文庙既是中越文化友好交往的产物，亦是东西方文明融合的见证者，其体现了越南民族尊师重教、贵德重才的传统，一直是越南人民和国际游客参观、了解和学习的地方。每逢春节，河内市政府都要在文庙举行隆重的祭孔典礼、书画展、象棋比赛以及斗鸡等传统文化活动，是当地的文化中心。

（二）桑寺

1. 地名由来

桑寺，又称为延应寺、法云寺、禅廷寺、古珠寺等，是越南最古老的佛教圣地。该地区最初是一望无际的桑田和孕育这片土地的桑河，桑寺一名源于“擅长种桑养蚕的地方”。公元2世纪，佛教从中国传入越南，当地人民将在这片土地上辛勤劳作、采桑种田的“桑女”们与佛教诸菩萨一起供奉，桑寺之名由此而来。

2. 地理概况

桑寺坐落于越南北部的北宁省顺城县清姜乡康祠村，坐北朝南，距离首都河内市约30千米，是一座规模宏大的庙宇。寺院内部采取东亚传统的“内宫外阁”建筑风格，整体格局为长方形，山门及前堂、善香和上殿三座大殿均沿中轴线前后相接，两旁建有鼓楼、钟楼以及四十余间厢房，四周以高大坚固的围墙相环绕。

大殿又称正殿，殿内供奉着观音等佛界诸神，塑像雕刻手法细腻，惟妙惟肖，是罕见的艺术珍品。大殿前的石阶两旁，刻着两条身作五曲的石龙，龙的头部长着两支分叉的长角，嘴里含着龙珠，前脚张爪，龙目圆睁，极为传神。大殿前面建有一座和风宝塔，俗称和风塔，为13世纪陈朝所建，至今已有700余年历史。塔身为四方形，塔脚周长27.4米，每边长6.85米。塔身原为9层，现存3层，高17米。塔以方形砖砌筑而成，通体呈深棕色，给人以庄严肃穆之感。和风塔前栏杆处有两只石雕松鼠，松鼠作卧伏状，项上挂有圆铃，鼠以狮鼻，鼠目圆溜，现已在游客的多次抚摸后变得圆滑、锃亮。此外，桑寺内还保存着数量众多的古雕刻佛像，如金童、玉女石雕像，是桑寺悠久佛教历史的见证。

3. 历史文化

越南地区在古代曾长期隶属中原统治，公元前214年，秦始皇统一中国后，在岭南地区建立南海、桂林和象郡，象郡即是今越南的北方和中部。公元前207年，南海郡龙川令赵佗建立南越国，在今越南北方设立交趾、九真二郡。公元前111年，汉武帝灭南越国政权，在原越南地域内设立九郡，北宁地区属交趾郡。公元2—3世纪，越南北方地区经济和文化得到新的发展，种桑养蚕业迅速发展起来，佛教也在该时期经由中原传入交趾地区。

东汉末年，士燮任交趾郡守，羸楼（即今清姜乡）都市开始形成，一些僧侣即在此时随印度商团而来，沿商路传教，羸楼成为佛教中心。据史书和寺里的碑文记载，士燮于187年开始主持修建桑寺，直至226年建成，历时39年。最早来羸楼传教的是印度人叩驮罗，桑寺即是2世纪末叩驮罗的修道院，叩驮罗与一位同在寺庙修行的14岁女子——蛮娘生下一个女儿，蛮娘也就成了越南民间信仰的四大女神之一，被尊为佛母。

当时的羸楼成为最大的佛教中心，寺院众多，据《大南禅苑传灯录》载：“交州一方道通天竺，佛法初来；江东未被，而羸楼又钟创兴宝刹二十余座，度僧五百余人，译经一十五卷。”法云、法雨、法雷、法电四座寺庙是当时的主要佛教寺院，而法云寺即为桑寺。佛教由羸楼都市开始最早传入交趾并落地生根，此后逐渐向越南中南部传播，僧侣日众。

6世纪后，交州僧团逐渐形成。隋朝时，隋文帝将舍利函送至交州，置于桑寺的法云塔中，并分送给封州、爱州、长安、欢州等地的寺庙供奉。7—9世纪，安南佛教传播更广，寺院遍布各地。10—14世纪，佛教成为维系政权的重要支柱。自939年吴权称王，至丁朝和前黎朝，僧侣和武将成为政权的主要掌握者，国王重用僧人并赋予特权，僧人参与朝政，制定律令和文书。

1313年，陈英宗对桑寺进行了大修。今日的桑寺是17至18世纪越南黎朝后期维修后的建筑。经过多次维修，桑寺至今仍保留着具有特殊历史和文化价值的珍贵文物，如1752年的《古珠法云佛本行语录》雕刻和阮朝明命、嗣德、启定三位皇帝统治时期颁布的六件晋封谕旨。2013年12月，桑寺荣获越南国家特殊遗迹称号。

桑寺至今仍传承着祭祀四镇、护法、金刚、阎王十殿、佛与菩萨和诸罗汉等黎朝佛教祭祀风俗。旨在祈求风调雨顺、农业丰收的桑寺庙会于每年农历四月初八举行。庙会期间还举行多项民间娱乐、丰富多彩的演唱活动，吸引四方游客、僧众信徒前来上香和参加。“无论南来北往，看到桑寺塔，请回来；无论做什么生意，每逢初八，请回桑寺。”更是越南京北地区广为流传的一句民谣。

4. 旅游资源

桑寺是越南境内最古老的寺庙，距今近两千年之久，被历史学家认定为越南佛教的发祥地。桑寺与北宁其他的众多寺庙一起构成了系统的佛教建筑群，呈现了京北地区往日的繁荣。庙内供奉的佛像造型既有浓烈的宗教色彩，又保留了鲜明的民族特色。体现出多元文化交融并存的魅力。如果说古老的海上丝路传播的是绫罗珠宝和千年友谊，那么佛教由中入越，传播的是千年佛音，不朽信仰。

参考文献

1. http：//cn.nhandan.com.vn/multimedia–tt/item/39801.

2. 越南社会科学院历史研究所：《越南古都市》（越文），越南社会科学院1989年。

3. 韩锋、赵江林:《列国志·越南》，社会科学文献出版社 2012 年版。

4. 陈继章、兰强等编著:《越南概况》，解放军外语音像出版社 2010 年版。

（三）会安古城

1. 地名由来

会安（Hoi An）古称“大占海口”，曾是古代东南亚最重要的贸易交流中心，会安为“和平会议之所”的意思。会安又称会庯，在英语和其他欧洲语言中被称为 Faifo，一般认为 Faifo 是由 Hoi An Pho（会安庯）或 Hoa Pho 音变而来。

2. 地理概况

会安位于越南中部的广南省，距岘港市 30 千米，其地处秋溢江（The Bon）入海口处，临近大门河口，既是河港，也是海港，且处于当时东南亚与东北亚、印度洋与太平洋的国际航海商路上，交通极为便利。

古城基本保持传统的格局，沿秋溢江的走向布局，街道以东西走向为主，南北走向为辅，将河道与内街相连。现保存较为完整的区域东西长约 900 米，南北宽 250 米。城中有一处由 1107 座木结构建造的建筑群，砖墙或木墙建造，包括建筑纪念碑、商业建筑、民居、开放市场、渡船码头以及一些宗教建筑。这些房屋多以瓷砖砌成，木制构件雕刻有传统的图案，基本为一层或二层的建筑，面宽小而纵深大。民房基本为前店后宅的布局形式，由前屋、中庭、后屋和后庭组成。临街的三开间，分屋顶、屋身、台阶三部分。底层商店与中国南方地区的建筑极为相似，立面形式上分木构瓦顶和土石质感的西洋式立面两种不同倾向。

会安古城还反映了本土文化和外来文化的融合，尤以中国式和日本式的建筑风格居多。城内还有华人聚居的街道，按中国不同地区划分为福建帮、海南帮、潮州帮、广东帮、客家帮五个区，建有福建会馆、琼府会馆、广肇会馆、潮州会馆及作为五帮会馆统领的中华会馆。会馆保存完整，金碧辉煌，馆内分别供奉着妈祖、关公、伏波将军等，终年香烟缭绕。会安古城还有一处日本风格的带顶石桥，始建于 1593 年，桥西置有两尊精美的狗雕像，桥东置有两尊猴雕像。古城内除中式建筑外，还有为数不少的法式古典建筑和庭院式建筑群，这些法式建筑大多线条优美，外形美观，装饰着欧洲文艺复兴时期的人物塑像，颇具艺术价值。

3. 历史文化

根据会安沙丘发掘的沙兄文化晚期的瓮墓遗址显示，在公元前 2 世纪至公元 1 世纪，会安曾是沙兄居民的居住之所，并起着重要的港市作用。中国汉朝时期，会安为日南郡所辖县象林之地，乃著名的香料贸易港口。后汉时期，广南之地为林邑所占，占婆地处“日南郡以迄真腊之地，即其领域约在今广平、广治省至南越的地方”。至15世纪以前，会安一直是占婆国的领土，公元初年至 15 世纪的这段历史也被越南学者陈国旺称为“前会安”时期，是会安最初的黄金时代。

广南地区自然资源丰富，会安位于国际航海商路附近，北可达中国、日本，南可抵印尼，东至菲律宾等地，16 世纪以后，其海上交通枢纽的地位优势日益凸显。中国、日本、英国、美国、西班牙、葡萄牙、印尼、泰国等国船只纷至沓来，会安的货栈里高档丝绸、布料、瓷器、茶叶、胡椒、象

会安古城

牙硫黄等货物堆积如山。释大汕在《海外纪事》中言："盖会安各国客货码头，……人民稠集，鱼虾蔬果，早晚赶趁络绎焉。"这是由于"凡升华、奠盘、归仁、广义、平康等府及芽庄营所出货物，水陆船马咸凑集于会安庯"。

日本人是最早抵达会安进行商业贸易的外国商人，1585年就有白宾显贵在此经商。1636年后，日本德川幕府颁布"锁国令"，禁止日本人出国，日本与会安之间的贸易渐趋衰落。此后，华商渐渐兴起，据鲍耶尔估计，该时期每年从中国广东、日本、柬埔寨、暹罗、马尼拉等来会安进行贸易的中国商船有10至12艘。17、18世纪随着华商力量的壮大，会安的唐人街也愈加繁荣。1695年，释大汕《海外纪事》即载有当时会安大唐街的盛况："沿河直街长三四里，名大唐街，夹道行肆，比栉而居，悉闽人，仍先朝服饰，饬妇人贸易。凡客此者，必娶一妇，以便交易。"各国商人还在此建立会馆，或传播基督教。17世纪来此的亚历山大·罗德传教士还设计了越南语拉丁化拼音文字——国语字。

18世纪末，西山农民起义爆发，郑军占领广南营和会安，会安城遭到严重破坏，商业活动一度停滞。至19世纪，由于秋溢江带来的泥沙淤积，造成河流改道、干涸，会安港的贸易中心地位逐渐被岘港所取代。在法国殖民统治时期，会安成为行政中心。在越南战争中，会安得以安然保存。1999年，联合国将会安古城确定为世界文化遗产，现已采取了较为完善的措施保存古城的独特性。

4. 旅游资源

会安古城因历史、传统建筑和手工艺而成为闻名遐迩的旅游胜地，其保存完好的众多古街道、古建筑，体现了中国、日本、越南和欧美国家文化与建筑风格的有机结合。街道的布局及建筑的式样，既展现了中国建筑的古朴和优雅，又融入了当地人的自然审美观和生活情趣。古城周围还有美山遗址、占婆岛、历史文化博物馆、艺术走廊等景点，游客在此既能欣赏到古老的文化传统，又能感受到浓郁的地域气息。

参考文献

1. http：//whc.unesco.org/en/list/948/.
2. 林洋：《会安港的兴衰及其历史地位》，郑州大学2001年硕士学位论文。

3. 释大汕著，余思黎点校：《海外纪事》，中华书局 1987 年版。

（四）笔塔寺

1. 地名由来

笔塔寺建于 12 世纪，初以所在村命名为亚侣寺，后更名雁塔寺，17 世纪，寺内修建报严塔。1876 年，阮朝嗣德皇帝驾临此寺，见报严塔耸立，形如笔状，故赐名“笔塔寺”。笔塔寺又名宁福寺、少林寺，是越南佛教复兴时期的重要寺院，也是中越文化交流的见证。

2. 地理概况

笔塔寺坐落于越南北宁省顺城县祖亭乡笔塔村的都河岸边，“连三岛而跨长江，挟安子以带卧云”。笔塔寺整体建筑布局严格遵循东方传统的“内方外圆”原则，寺庙呈长方形，坐北朝南，中轴线贯穿南北，山门、上殿、积善庵、中殿、祀府、报严塔、尊德塔等依次分布。

山门居于寺庙中轴线的最南端，由一大二小三道门构成，是寺院的起点。山门为一座牌坊式高大门楼，门楼与周围的红墙相映，显得庄严而高大。上殿是笔塔寺最大的建筑物。上殿内由若干根金柱作为支撑，每根柱基均刻有马莲瓣。大殿的三面台基上有石栏杆环绕，栏杆外侧刻有 26 幅精美的浮雕。殿内供奉着 50 尊大小不一的佛像，包括释伽牟尼、药师佛和南无阿弥陀佛及三世佛，还有在一只蓝色狮子上的文殊菩萨像以及在一头白色大象上的普贤菩萨像。佛像中最引人注目的是千手千眼观音菩萨像和苦行僧像，其中，菩萨像诞生于 17 世纪，高 3.7 米，是越南雕刻工艺的集大成之作，代表了 17 世纪越南手工业的最高水平。

上殿之后是积善庵，两殿之间以石拱桥连通。积善庵进深三间、面宽五间。内有一座木制九品莲花塔，塔高九层，呈平面八边形，每级均设有莲花座，每个莲花座内都雕刻有精美的佛像。九品莲花轴柱下设可以旋转的铜托，外刷油漆，饰以金银，美观非常。

笔塔寺的北面有一座建于 1660 年的尊德塔，是明行禅师的墓塔，塔分四层，高约 10 米，呈四方形，内置明行禅师石像。报严塔建于 1647 年，是供奉拙公和尚之塔，又称笔塔。塔高 13.05 米，塔底层高 2.46 米，宽 3.31 米，有八角 5 层，各八角有拱形门洞，上刻飞禽花草。2—5 层每隔一角于石窗内刻有石佛一尊，塔的各层皆有短檐，塔尖呈毛笔状，被称为“越南的比萨斜塔”。

3. 历史文化

北宁省是越南最早的佛教中心，早在 2 世纪时，佛教由商路传入越南，位于越南北宁的羸楼就与中国河南省的洛阳、江苏省的彭城并称三大佛教中心。此后羸楼建有法云、法雷、法雨、法电 4 座寺院，并相继有叩驮罗、康僧会、支疆梁、毗尼多流支等名僧前来弘法。11—14 世纪，越南佛教兴盛，并一度被推崇为国教，至陈朝时“百姓大半为僧，国内到处皆寺”。

笔塔寺即建于 1278 年的陈圣宗绍隆年间，初建时规模较小。后黎朝圣宗时，推行抑佛重儒的政策。17 世纪的阮、郑纷争时期，兵燹连年，人们深感世事无常，而阮、郑皆欲借佛教巩固统治，17 世纪的越南佛教得以复兴。约在 1642 年，在拙公和尚和明行禅师的推动下，越南皇宫贵族纷纷捐资捐物，对笔塔寺进行了一次大的整修，奠定了今日笔塔寺的规模。重修后，拙公和尚应邀前来主持该寺，至 1644 年圆寂，成为越北地区传播临济宗的始祖。两年后，拙公在该寺圆寂，弟子明行禅师继其衣钵，成为笔塔寺第二任住持。1647 年，明行禅师为隐藏师傅肉身于寺东建造报严塔，竣工之后，亲自撰写《重修宁福禅寺碑记》，碑铭曰：“宁福古刹，少林别名，乃圣贤之旧基，实地形之超类……腰石舂米，磨衲在兹。续焰非谢家之宝树，实释氏之渊源。一道有自，二谛双融，五蕴以不空之空，四众怀不归之归。”

1659 年农历三月二十五，明行禅师在笔塔寺圆寂，越南黎朝皇帝追封他为“成等正觉大德禅师化身菩萨”。1660 年，其得法弟子妙慧为纪念明行禅师，于寺北建尊德塔，塔外刻有碑铭，高度评价了明行禅师的弘法事迹。碑铭曰：“行善戒严，道高德垂；说法度人，石默点头；作福随缘，莲开咒口；梵宫广建，变南国以西天；瑞相庄严，铸金容而满月；贵贱同宗，教主豚鱼，悉格中孚。”尊德塔塔内供有他的木像和石像，并留存至今。

中国高僧拙公和尚和明行禅师以深厚的佛法造诣和崇高的德修吸引了众多王室成员到笔塔寺参禅修行，使其成为 17 世纪越南的贵族寺院，享有“国寺”的崇高地位。此后的笔塔寺经多次灾难而屹立不倒，成为北宁地区标志性的佛教寺院。

4. 旅游资源

笔塔寺与周围环境融为一体，完美体现了人与自然和谐共存的理念。寺庙内随处可见栩栩如生的雕刻作品，从石桥上神兽的形态到宝殿内佛像的造型，都能感受到艺术与信仰相结合而产生的无限魅力。笔塔寺既是具有重要历史和文化价值的物质遗产，同时也凝结了一代代高僧宝贵的精神遗产。300年前拙公禅师沿着海上丝绸之路南下传法，300年后世人将继承他的精神，在新丝路上传播新时代的华美乐章！

参考文献

1. 谭志词：《中国高僧与越南 “少林寺”》,《东亚纵横》2005年第5期。

（五）顺化古建筑群

1. 地名由来

顺化旧称富春，且有神京、京畿、京都、长安等名。在汉代称卢容，属日南郡。13世纪为占城的乌州、哩州。1306年，占城国王制旻将此二州作为聘礼送予陈英宗，翌年易名为顺州、化州。15世纪初，中国明朝政府将顺、化二州合二为一，意为 “顺而化之”，并设顺化府，隶交趾布政使司，顺化作为专名沿用至今。

2. 地理概况

顺化古建筑群位于越南中部的平治天省顺化市，北距河内600余千米，南距西贡1000多千米，西靠长山山脉，东临海滨，中有香江穿城而过，将其分为南北两区，庞大的顺化古建筑群就坐落在香江两岸。顺化古建筑群以皇城、皇陵、天姥寺为主，周围有慈航寺、祥云寺、南郊天坛、万年渡口、静心湖、耀帝寺、保园寺等古迹。

顺化皇城也称 “故宫”，越名 “夫内”，始建于1805年，是越南阮氏王朝的皇宫。建筑样式仿中国北京故宫而建，有周长2000余米、高6米、厚20米的方形城墙，四周以宽22米、深4米的护城河环绕。皇城设午门、显仁门、和平门、彰德门4城门，午门有宽阔的 “大朝仪”，是举行重大典礼

顺化古建筑群

的地方。宫内有文明殿、勤政殿和太和殿。其中的太和殿是皇城规模最大的建筑物，殿基高 2 米，殿内铺花石地面，有朱红描金大柱。勤政殿和文明殿则是皇帝上朝议政的场所。皇城内还有一座紫禁城，被高约 4 米、厚约 1 米的城墙环绕。城内有皇帝居住的乾城殿、养心殿，皇后居住的坤泰殿以及嫔妃居住的端和院、端祥院和商徵院等，还有御厨、戏台和御医院。

皇陵是阮朝皇帝的陵墓，分布在顺化城的郊区，香江东西两侧的山岭上。皇陵共有 6 座，即嘉隆陵、明命陵、绍治陵、嗣德陵、同庆陵、启定陵。每陵占据一两个山头，山上青松蓊郁。陵上，华表耸峙，拜祭殿前两侧立有翁仲和石兽，后为墓穴所在地。另内还有碑亭，石阶两旁有大量精致的石龙浮雕和数处莲池。皇陵中除嗣德陵较大之外，其余各陵布局和规制基本相同。

天姥寺位于香江北岸安宁村的高坡上，系为黎朝弘定二年（1601 年）阮朝始祖阮淦次子阮潢所建造，寺前有福缘塔，塔共 7 层，为平面八角形楼阁式，每层内祀佛一尊，塔临天姥荷花潭，塔身倒映于潭中，波光塔影，景色绮丽。

除此之外的南郊天坛、钱场桥、社稷坛、祥云寺、顺化旗台等古建筑散布于香江两岸，与主建筑交相辉映，为历史名都顺化城增光添彩。

3. 历史文化

顺化于 14 世纪初由占城国转入越南版图，15 世纪初更名顺化，1428 年黎朝时，改名新平路和顺化路。1490 年和 16 世纪初，又先后更名顺化处和顺化镇，郑阮纷争时期成为广南阮主的统治中心。1635 年至 1687 年，广南阮氏领主阮福澜（神宗）、阮福濒（太宗）在此地建立金龙城作为都城。后经阮福溱（英宗）、阮福阔（世宗）两代扩建，改名富春。《清史稿》载，“(阮）福皎……分通境为三十省：曰富春，国都也。”《越南历代疆域》云：“阮朝建国……以富春为都城。”

1771 年，阮氏三兄弟（阮文岳、阮文侣、阮文惠）在广南国境内发动西山起义，盘踞越南北部的郑氏趁机遣将军黄五福攻打广南阮氏。黄五福西山叛军合作，在 1774 年攻陷富春，此后富春曾成为西山朝的都城。1802 年，阮福映在法国传教士百多禄主教的帮助下复国，建立阮朝，定都顺化，并于嘉隆十七年（1805 年）四月开始营建京城。京城仿中国故宫形制，由黎质、范文仁、阮文谦设计建造，1832 年竣工。竣工之后的富春改名为顺化，定为京师承天府。

阮氏定都顺化后，顺化成为政治中心，此后建造了皇陵、旗台以及奉祀阮朝历代皇帝的太庙、兴庙、世庙等，并对原有寺庙进行扩建和维修，形成了规模宏大的建筑群。顺化古建筑群曾在 1885 年、1947 年的法越战争和 1968 年的越南战争中遭到严重的破坏，越南统一后，越南社会主义共和国修复了皇城太和殿等一部分有代表意义的古建筑。1993 年，根据文化遗产遴选标准 C(Ⅳ)顺化古建筑群被列入《世界遗产名录》。

4. 旅游资源

顺化古建筑群以防护城、紫禁城、帝王城等组成部分按照连续闭合的原则分布，借南北中轴线保证建筑及其功能的均衡对称，花园与果园浑然一体，充满东方哲学和越南传统的特征，是建筑和风景园林设计的杰作。城外散布的古迹与自然地理位置和谐地统一在一起，与皇城相伴而存，是旅游和探古的绝佳胜地，被美国《国家地理杂志》评为“一生中必须看一次的 50 个地方之一”。

三、老挝

（一）琅勃拉邦古城

1. 地名由来

琅勃拉邦（Luang Prabang 或 Louangphrabang）也称“銮佛邦”，其名称源于老挝国内的一座国宝级佛像。1359 年，法昂王统一了澜沧（老挝）王国之后收到了岳父——高棉的国王赠送的勃拉邦（PhraBang）佛像，随后修建寺庙将其供奉起来，并以佛像之名将国都改为 Luang Prabang，意为“勃拉邦佛之都”。

2. 地理概况

琅勃拉邦古城位于老挝北部的琅勃拉邦省南康河与湄公河汇合处的半岛上，距离万象大约有 500 多千米。这里地势较为平缓，平均海拔约 300 米，四周群山环绕、森林茂盛。东有蒲苍山、西有蒲陶山，市区中央矗立着景色秀丽的普西山，南康河穿城而过，与湄公河一起将市区轻轻托起，形成“L”形半岛，城依水建，水绕城流。这里寺塔林立，主要有香通寺、维苏纳拉特寺等。

香通寺自 1560 年修建以来，一直都是王室举办各种重要仪式的场所。其中的主殿代表了经典的琅勃拉邦寺庙建筑风格，八根巨大的支柱支撑着覆盖有法轮的庙顶，无论是墙壁还是支柱，都布满了黄金刻成的图案，或是佛像、仙女，抑或是婀娜多姿的枝蔓，间或其中的深蓝底色，更让这些壁画看上去颇像蜡染。位于琅勃拉邦城中心的维苏纳拉特寺，始建于 1512 年。寺中供奉着唤雨佛像，每年新年泼水节的闭幕式就在此举行。如今寺前的大莲花佛塔也称西瓜塔，是 1932 年重建的，1504 年由维逊腊王后修建的老塔，已于 1914 年因雨水浸淫、年久失修而轰然倒塌。西瓜塔内发现的水晶佛和金佛像，现已保存于王宫博物馆。据说西瓜塔与万象的塔銮相呼应，塔銮象征男性，而大莲花塔象征女性。

琅勃拉邦城依山傍水，花木繁茂，到处有花园，景色如画。除古寺古塔外，还有著名的普西山风景区和旧王宫等，是一个内涵丰富、建筑庞大的古城。

3. 历史文化

据考古发掘出来的许多珍贵文物证实，琅勃拉邦一带很早就居住着老挝的先民，该城周围溶岩洞还发掘出旧石器、新石器、青铜器和人类化石。早在公元前 2 世纪时，这里成为地方政权的都城。公元八九世纪以前，居住在这一带的斯瓦人以琅勃拉邦为中心建立了孟斯瓦国（Muang Sua）。隶属于柬埔寨真腊王国的管辖区域。公元 9 世纪，吴哥王朝管辖此地时，改名为香通（XIeng Thong）。11 至 12 世纪，来自中国南方的佬族和傣族迁徙至此，逐渐成为这里的主要民族。

14 世纪中期，法昂王在吴哥王朝国王的帮助下，经过连年征战，建立了老挝历史上第一个统一的多民族国家——澜沧王国，都城设于香通。此后，

琅勃拉邦古城

法昂王自吴哥引进小乘佛教。1359 年，吴哥王朝派 2 名高僧、3 名精通巴利三藏的佛学家以及 20 余名僧侣，前来老挝弘扬小乘佛教，并带来了一座高达 83 厘米、重约 50 公斤的纯金勃拉邦佛像。此后，法昂王将香通改名为琅勃拉邦，将佛教立为国教，小乘佛教在老挝得到广泛传播。

1479 年，越南黎朝圣宗黎灏亲督大军入侵老挝，破川扩，陷川铜，“获宝物”，“掳其民”，洗劫了这座古城。1563 年，澜沧王国赛耶谢塔第拉王迁都万象。1707 年澜沧王国分裂，京吉拉以琅勃拉邦为都建立琅勃拉邦澜沧王国，与赛翁会的万象澜沧王国分庭抗礼。1779 年，琅勃拉邦国沦为泰国大成王朝的属国。

1893 年，琅勃拉邦沦为法国“保护国”式的殖民地。1945 年 9 月，琅勃拉邦王国副王、政府首相佩差拉宣布老挝重新统一，10 月 12 日，老挝爱国者发起独立运动，成立独立临时政府，宣布万象为老挝王国首都（王室所在地），到 1975 年 12 月老挝人民民主共和国成立时，随着君主制被废除，琅勃拉邦由王都降为省城。

经联合国专家组考察，琅勃拉邦全市有 679 座有保存价值的古老建筑物。1995 年 12 月，琅勃拉邦古城被联合国教科文组织列入《世界文化遗产名录》。

4. 旅游资源

琅勃拉邦旅游资源丰富，人文景观主要集中于市区，自然景观则分布于郊区。普西山作为全城的制高点，是观赏日出、日落的最佳地点。登顶俯视，精巧雅致的法式别墅、古朴肃穆的宗教建筑、静静流淌的湄公河，一切美景，尽收眼底。位于北郊的唐丁古洞，被誉为湄公河的灵魂，洞中藏佛像上千座。位于南郊的光西瀑布和东郊的达塞瀑布，周围是大片的原始森林，景色颇为壮观，是游客追求的“世外桃源”。

参考文献

1. 贝波再：《老挝古都琅勃拉邦城的遗产保护与发展》，《城市规划》2004 年第 8 期。

2. 蔡文枞：《老挝古都琅勃拉邦》，《东南亚》1985 年第 4 期。

3. 李达：《老挝历史名城——琅勃拉邦》，《印度支那》1986 年第 3 期。

（二）瓦普寺

1. 地名由来

瓦普寺（WatPhou Themple）又名瓦普石宫，老挝语意为“石庙”。该寺因全部用雕有各种图案的石块砌成而得名。瓦普寺是高棉帝国（公元9—13世纪）最重要的婆罗门教圣殿之一。因其与柬埔寨吴哥古迹的建筑风格和雕刻图案非常相似，故又被誉为“小吴哥”。

2. 地理概况

瓦普寺坐落在老挝南部占巴塞省海拔1200米的普高山山腰上，位于巴色市以南约45千米处，东北距湄公河西岸城镇占巴塞8千米，其主要建筑包括最高层的一座主殿，中层的六座神龛以及下层的两个宫殿以及一座神牛殿。

瓦普寺的主体建筑平面呈长方形，宽8米，长约30米。坐西朝东，以铁矾土十块砌筑而成，今仅存断壁残垣。石宫由屋前过厅、诵经厅、神像供奉厅三部分组成。过厅的山形墙上配有装饰精美的图画和花纹的框缘，两侧门墙有穹降。南北门楣上绘有毗湿奴等图像。入门台阶两旁安放着一对石雕狮子。诵经厅内排列着两行石柱，窗户为直棂式，正面墙中间有骑坐三首像的帝释，还有执月或美观的花纹；北面有神主坐像，悬足于执月之上。神像供奉厅原是大自在天神或湿婆神像供奉处，仅有一门出入，其他三面墙饰以假门。后墙中间有执月像，其上有三个梳椭圆形发髻的人头像；北侧有坐于执月之上的神主，南侧坐有手拿念珠的湿婆。除此之外，石宫后墙外侧穹隆内还有“三相神”像，湿婆居中站立台上，五面十手；梵天居其右，毗湿奴居其左，以蹲坐姿势，手势显示着向湿婆致敬之意。

主体建筑高踞山上，背后的山洞有一股清泉流出，被视为圣洁之水。山坡下的南北两侧还有配宫，据说是男宫和女宫，屋顶均已荡然无存。仅残留着墙壁、拱门，也有不少石雕刻花纹和图像。石宫北侧山坡上还另有一群古石雕，包括未完成的白石雕、形象逼真的巨蟒雕和阴刻鳄鱼雕。瓦普庙院内有很多石人石兽，多数已残缺不全，散落在院中各处。在石宫遗迹正南有一个东西长300米、南北宽200米的小湖，人们称它为“圣湖”。在湖心偏西的地方建有一座水榭，有小桥与湖西岸连通。湖西岸还有3座殿堂的废墟依稀可见。

3. 历史文化

公元 2 世纪以后，在今老挝下寮和柬埔寨的北部地区出现了一个由吉蔑人建立的国家——真腊，其统治中心在今老挝占巴塞地区。而此时，位于柬埔寨南部地区的扶南国称雄中南半岛，真腊也隶属扶南国统治。5 世纪以后，真腊日益强大，兼并了扶南。8 世纪初，真腊分裂为水真腊和陆真腊两国，水真腊领土基本在今柬埔寨地区，陆真腊在今老挝地区。9 世纪中叶，水真腊和陆真腊重新合并成一国，仍称真腊国。

12 世纪以前，老挝地区主要是在吉蔑人的势力范围之内，使用起源于印度梵文的文字，故在相当长一段时间内，老挝和柬埔寨一样，深受婆罗门教的影响。公元 6 世纪，婆罗门教已传入老挝，占巴塞省的瓦普寺即为该时期的婆罗门教遗迹。相传，瓦普寺的营建者为帕耶甘玛他，时暹罗僧人正修建帕侬佛塔，双方竞赛，约定先竣工者鸣锣报捷。结果暹罗僧人获胜，甘玛他听到锣声后拍胸身亡，工程因此而中断，一直没有建完。至今，人们在石宫甬道的北边，仍能看到一座大型石雕人像，右手高举火把，左手挥起捶胸。

瓦普寺最初只是一座婆罗门教湿婆庙。此后不断得到扩建和修缮。9 世纪前后，瓦普寺圣殿内修建一间内堂，供奉一尊神圣的林伽。约 11 世纪，修建了四方形亭阁，风格类似于柬埔寨的高盖。14 世纪初，婆罗门教逐渐衰落下去，被小乘佛教所取代，瓦普寺也逐渐发展成为佛教圣地。2001 年，瓦普寺被列入《世界文化遗产名录》。

老挝人民为纪念瓦普庙的修建和披耶卡马塔王的功德，于每年阴历第 3 月的满月日（通常是在公历 2 月）举行瓦普寺节。一行僧人于清早接受信徒施舍，晚上在下神殿举行烛光绕佛仪式。节日的三天里，香客攀爬山坡，敬献鲜花和熏香供品。还有拳击赛、斗鸡、斗牛以及大型的歌舞表演，热闹非凡。

4. 旅游资源

瓦普寺是著名的佛教胜地，老挝人将其与柬埔寨的吴哥寺并称为印度支那的两大胜迹。游客于此可参观寺内众多圣殿和佛像、石雕、绘画，探索婆罗门教南传的足迹，还可游览附近的西达妃殿、鬼王庙、方低砖砌塔等高棉建筑。瓦普寺，体现了古印度文明中天人合一的文化理念，为研究老挝历史和佛教文化提供了实证资料。

参考文献

1. 钟美玲：《老挝国际旅游市场开拓研究》，广西大学硕士学位论文，2007。

2. 邓海霞：《老挝佛教建筑艺术风格探讨——以万象、琅勃拉邦、占巴塞地区为例》，《法音》2016 年第 1 期。

（三）万象塔銮

1. 地名由来

塔銮为“皇塔”之意。1566 年，赛耶些他蒂拉王于万象小塔基础之上修起一座大塔和周围的三十个小塔，以纪念佛祖的三十种恩泽，修建工程历时六年。塔建成后，赛耶些他蒂拉王将其命名为“帕舍利罗加朱拉玛尼”，意为佛祖骨塔。但因塔为国王所建，人们惯称为“塔銮”。

2. 地理概况

万象塔銮位于老挝首都万象市以北的瓦塔銮寺，距市区 5 千米，是一座砖石结构的佛教建筑群，其整体呈四方形，占地 8400 余平方米，由一个主塔 30 个卫星塔组成。

塔銮的最外层是一道呈正方形的围墙，东西长 91.75 米，南北长 90.75 米，高约 2 米，上面盖有廊檐。主塔底部由 3 层巨大的方座构成，四边正中皆有膜拜亭，分 3 层，意比佛说三界。第一层塔基东西长 69 米，南北宽 68 米，每边正中央有亭，东亭为重檐尖顶建筑，内供一小塔，传说是古塔模型，第一层拟比欲界（尚处于各种欲念、烦恼之中的世界）。

第二层塔基呈正方形，边长 48 米，由 120 个雕形莲瓣围绕，各边中央有拱形小门，此层建有 30 座，高 3.6 米的陪塔，代表佛祖的 30 种恩德，每一座陪塔内都有金铸小塔，各重四铢（约 60 克），同时藏有铭刻佛法核心内容或四谛核心内容的金板，长约“肘拳”（约 0.5 米）。第二层拟比色界（脱离欲念，但还处于有形的世界）。

第三层矗立主塔，顶端贴有金箔，塔体金光闪烁。塔高 45 米，宽 54 米，边长 30 米，在半圆球泡形屠波式台座上耸立着主塔，上部是长方形莲苞状宝

万象塔銮

匣和相轮，下部为复莲、仰莲状台座。地面塔尖高 45 米，台座有 24 瓣大型莲花瓣围衬。塔体四周建有回廊，各边长 91 米，陈列有一些古佛像和文物，主要供远道而来膜拜的僧侣歇息。四周几十米宽的草地之外是方形围廊，构成塔銮。塔銮西门外有赛塔提腊国王的铜塑座像，南、北门外分布有南塔銮寺和北塔銮寺，且有常住僧侣。第三层拟比无色界（不再由世间物质领导的世界）。

3. 历史文化

传说，万象塔銮始建于公元 3 世纪的阿索卡·马哈腊国王时期，初为一座小骨塔。1566 年，万象的赛耶些他蒂拉王于小塔的基础之上修建起了一座中央大塔及其周围的 30 座小塔，并将其命名为“帕舍利罗加朱拉玛尼”。1641 年，苏里雅翁萨王和他的大臣还曾在这座金碧辉煌的塔銮前接见东印度国王的使者荷兰商人范·乌斯道夫。范·乌斯道夫这样描述塔銮的主建筑：“院子建有装有望孔和壁坑的围墙，中间耸立着巨大的金字塔，其顶部覆有总重量达一千磅的金片。此纪念塔表达了对神的敬意，老挝人皆怀着深深的敬意来此朝圣。”

18 世纪下半叶，经过几次外族入侵，塔銮主塔上端已被破坏。1896 年，塔銮的一个子塔遭到雷击，损坏严重，古老砌体的废墟内发现了几件金银物品。1929 年，塔銮由法国工程师负责进行第一次修复。1935 年，再次修复，并建造了塔銮新相轮，塔銮具有了最初的形状。老挝民族独立后，不断扩宽塔銮广场的面积，并增添新的佛教建筑，使塔銮成为老挝人民精神力量的中心和对外宣传国家形象的代表。1957 年，这里举行盛大的佛诞 2500 年祭礼。

每年佛历十二月（公历 11 月）是老挝传统佛教节日塔銮节，为期半个月左右。届时全国各地的僧侣络绎不绝地前往塔銮朝拜。佛教徒也携带各种食物、鲜花、香烛等至此斋僧礼佛，聆听高僧诵经讲法。国家政要还要在塔銮的佛像前举行宣誓仪式、饮圣水仪式及参加游神活动。夜间的持烛绕塔仪式更是节日的高潮。节日期间，塔銮广场还举行国际博览会，邀请友好国家举行商品展览，除老挝本国展品外，还有中国、印尼、越南等国种类繁多的日用品、工艺品和农产品等，为塔銮节增添了异域色彩。

4. 旅游资源

万象塔銮被视为老挝人精神和灵魂的圣地，也是老挝国民团结一致、热爱民族独立和自由的标志。这里有富丽堂皇的佛塔建筑群以及珍贵的古佛像和壁画等文物，附近还有腊普、考顿、皮阿、糯米饭等特色风味美食。每逢塔銮节，人山人海，热闹非凡。

参考文献

1. 卫颜雄：《略论佛教对老挝社会的影响》，《东南亚纵横》2010 年第 6 期。

2. 才文举：《老挝的塔銮与塔銮节》，《印支研究》1983 年第 3 期。

（四）老挝王宫

1. 地名由来

老挝王宫又名琅勃拉邦王宫，因是老挝历代国王居住的寝殿而得名。老挝（Laos），又称寮国，意为“老挝人的国土”。老挝王宫建于 1904 年，为西萨旺·冯国王的寝宫，此后也一直为历代国王所沿用。1975 年，君主制废除，老挝人民共和国成立，该宫被改为国家博物馆，供国内外游客参观。

2. 地理概况

老挝王宫位于琅勃拉邦市湄公河畔与西萨旺·冯路之间，占地6公顷，分为三大建筑群，呈“品”字形结构。《清史稿·南掌传》中记载“王宫在城之北，背山建屋，规制壮丽”。王宫中央的大宫殿为尖塔形，是原国王接待国宾、举行庆典和仪式的场所。后边分左、中、右三宫，中宫为原国王宿舍，左宫为国王办公室，右宫为陈设室。王宫建筑主要以金色为主，支撑宫殿的柱子和大梁选用的是千年的檀香木，宫内的家具也多为檀香木和楠木制品，还有许多制作精美的檀香木工艺品陈列其间。

现在的王宫博物馆主要由西萨旺皇宫、琅勃拉邦像安置祠、普西会议厅和西萨旺·冯国王雕像组成，由于原来作为国王的行宫，所以宫中现在依旧可见昔日的大殿、议事厅、书房、收藏室、起居室等，里面展出了很多澜沧王国的遗迹及勃拉邦金佛等国家级的珍贵文物。

王宫内陈列分为四个部分，第一室内陈列着数对大象牙及许多有文物价值的佛像。第二室墙壁上有一幅巨型壁画，描绘了琅勃拉邦人民从清晨到夜晚的生产、生活和文化活动。室内还陈列着自曼塔杜腊至西萨旺·冯几代国

老挝王宫

王的木雕胸像，形态逼真，栩栩如生。第三室陈列着包括苏联、中国、日本、尼泊尔、印度、美国等各国政府和领导人赠送给老挝王国国王的礼品，其中有中国瓷器、绣品和一面锦旗。第四室原为国王会见各国使节和国内官员的正殿，四周墙面上有关于老挝起源传说、琅勃拉邦传说以及民俗风情的镶嵌画。

3. 历史文化

老挝王宫位于琅勃拉邦中央，始建于 1904 年，是由法国人设计建造，1909 年建成，最初是作为国王西萨旺·冯（Sisavang Vong）的府邸，是国王起居和处理国务活动的地方，后来成为历代国王的寝宫。1930 年，王宫大修，使屋顶更具有老挝建筑风格。1959 年国王去世后，他的儿子西萨旺·瓦达纳继承了王位。1975 年，老挝国内发生革命，废除君主制，成立了老挝人民民主共和国。1976 年 3 月 16 日，老挝王宫正式改为国家博物馆，并对外开放，里面珍藏一些国家包括中国赠送的礼品供国内外游客参观。

老挝国宝勃拉邦佛像也被安放在这里，其全名为“勃拉邦铁瓦拉”，据说是公元 874 年由帕朱拉那伽长老在楞迦洲出家时铸造。勃拉邦佛像双腿并拢站立在佛台上，双臂曲肘上举，双掌五指并拢伸开，掌心朝前，取戒止争斗姿势，这尊佛像重 54 公斤，高 83 厘米，是 1356 年由高棉国王赠送给老挝法昂王的。

4. 旅游资源

老挝王宫呈十字形，建在多层平台上，气势宏伟，是一座奢华的大宫殿，也是老挝国内最大的博物馆，同时老挝千年的文化沉淀与法国殖民地时留下的欧洲建筑风格在这里争奇斗艳，在古典与现代交融中，王宫更具别样风采。如今的老挝王宫作为世界文化遗产——琅勃拉邦古城的一部分，是“一带一路”沿线一缕美丽的文化风景。

参考文献

1. 蔡文丛：《老挝》，世界知识出版社 2008 年版。

四、柬埔寨

（一）吴哥窟

1. 地名由来

吴哥窟（Angkor Wat）又名吴哥寺、小吴哥，因是吴哥王朝时期建造的庙宇而得名。“Angkor”为真腊的都城和王朝名，系从梵语 nagara 一词演变而来，原意为“城市”，吴哥为其音译。Wat 则是高棉语中的“寺庙”之意。吴哥窟的原始名字为 Vrah Vishnulok，意为“毗湿奴的神殿”，中国佛学古籍称其为“桑香佛舍”。

2. 地理概况

吴哥窟位于东南亚中南半岛的柬埔寨西北方暹粒省境内，距首都金边约 310 千米。其坐东朝西，平面呈长方形，建筑面积达 195 万平方千米，外围由一条宽 190 米的护城河围绕。护城河内有双重石砌墙，外墙长 1025 米，宽 800 余米。护城河的正西、正东各有一堤，通向外墙的门。在外墙西面中段是 230 米的柱廊，中有三座塔门，正中的西塔门即为吴哥窟的正门，通过二重双排石柱画廊与左右两塔门连通。画廊的外侧石柱顶部的天花板，装饰着莲花和玫瑰花的图案。各塔门之间的通道呈十字形纵横交错，其中三座塔门的纵通道特别宽阔，可容大象通过，故又称象门。

主殿建于一个巨大的台基之上，由三层须弥座构成，随高度的增加，面积渐次减少。第一层台基东西长 215 米，南北宽 187 米，朝外的部分依墙有回廊，壁上布满浮雕，描绘高棉民族与外族的战争场面及印度教神话。第二层台基东西长 115 米，南北宽 100 米，四角之上各有一佛塔式建筑，沿台四周是一圈门洞状建筑，其外是依墙而建的回廊。在门洞墙刻有 1500 余个“阿普撒拉”舞神。第三层台基呈正方形，边长 60 米。在第三层须弥座上，矗立着 5 座尖顶宝塔，排成梅花形，其中以中央佛塔最高，达 42 米。其余 4 座较低，分立于须弥座四角。五塔之间以游廊相连接，并设有神龛。

3. 历史文化

8 世纪末，阇耶跋摩二世（802—850 年在位）自爪哇回到水真腊，被拥立为王。802 年，他宣布独立，并定都于今吴哥东北的考伦山上。由于此后的数百年间国都一直在吴哥附近，因此，人们习惯称这一时期为吴哥王朝。9—10 世纪末是吴哥王朝的前期，国内保持了稳定繁荣的局面。陀罗跋摩一世（877—889 年在位）时，开始建造规模宏大的巴肯石寺和波列戈石寺，标志着以砖石结构为主体的高棉古典建筑艺术的开端，后来的吴哥建筑也是在此基础上发展起来的。

11 世纪初，吴哥王朝进入极盛时期，并持续到 12 世纪上半叶。这一时期的柬埔寨是中南半岛最强盛的国家，以印度教和大乘佛教为主导的思想文化也发展至顶峰。1113 年，苏利耶跋摩二世即位后，率领大军东征西讨，占领了湄公河流域的广大地区，版图“东到海，西按蒲甘，南抵加罗西”。12 世纪中叶，为彰显自己的罕世功绩，苏利耶跋摩二世还征调大批劳力在平地

吴哥窟

兴建了举世闻名的吴哥窟，作为吴哥王朝的国都和国寺，历时35年建成。据说，吴哥窟是依据印度对世界的想象而建的，三层须弥台象征印度神话中居于世界中心的须弥山；顶端5座宝塔象征须弥山的5座山峰；外围的护城河，象征环绕须弥山的大海。

12世纪下半叶，由于吴哥窟的大规模修建和苏利耶跋摩二世的穷兵黩武，国内生产力遭到破坏，占婆一度攻入吴哥王朝的腹地并进行短暂的统治。阇耶跋摩七世继位后，吴哥王朝得以复兴，但至其下任继任者时，王朝又迅速衰落下去。阇耶跋摩八世（1243—1295年在位）统治期间，南传上座部佛教成为柬埔寨占统治地位的宗教。元成宗铁穆尔在元贞二年（1296年），派遣周达观出使真腊。他和使团驻吴哥一年，回国后著有反映真腊风土民情的《真腊风土记》。《真腊风土记》称吴哥窟为“鲁班墓”，并说国王死后，有塔埋葬，可见吴哥窟也用作皇陵。1330—1339年，元代航海家汪大渊曾游历吴哥，他将吴哥称为“桑香佛舍”，说明当时吴哥已改为佛寺。他还提及吴哥窟有“裹金石桥四十余丈”。1431年，吴哥再次被暹罗占领。1433年，柬埔寨国王将都城迁至金边，吴哥王朝结束，吴哥窟也被遗弃，掩盖于莽莽丛林中数百年，直到19世纪60年代年才被法国人发现。

4. 旅游资源

吴哥窟有机地融合了吴哥王朝极盛时期建筑艺术中的宝塔、回廊、祭坛等要素，体现了丰富的印度教思想；数百余座精美的石刻浮雕分布在内外的各处，栩栩如生，是高棉古典建筑艺术的高峰。吴哥窟的造型现已成为柬埔寨的国家标志，是今天研究吴哥历史与文化最为重要的遗迹，也是四面八方的游客来访此地区的主要游览地。

参考文献

1.（元）周达观，《真腊风土记》，商务印书馆2013年版。

（二）女王宫

1. 地名由来

女王宫（Banteay Srei）又称班迭斯雷寺，为“女人的城堡”之意。其名字来源有两种说法，一说因其建造者是女人。女王宫石头上精雕细琢的花纹被认为是出自心灵手巧的女人之手。二说因其是一座后妃居住的宫殿而得名。在吴哥王朝时期，柬埔寨经常与邻国发生战争，因此在远离吴哥王城的地方建造的宫殿，作为众多后宫妃嫔的藏身处。

2. 地理概况

女王宫坐落于柬埔寨的暹粒省暹粒市区以北 30 余千米处的暹粒河上游，在荔枝山旁，距吴哥城约 25 千米。宫寺坐西朝东，长 200 米，宽约 100 米，周围有护城河。殿堂呈沿中轴线布局，主殿、门厅又通过短廊和门廊连通起来，自内而外由红砂石砌成的三层围墙环绕，其中外围墙周长约 410 米。从大门至中门 50 米左右的大道两旁矗立着两排对称的朱红石柱，总高度达 2 米多。在第二道围墙的正东面有 3 个石拱门。中门两侧分列有一个石柱，中门之上是一个山形的门楣，雕刻着诸多的武士造像，描绘的是一幅战争的画面。第三道围墙内是女王宫的最核心区域，其正东面有 3 个拱门，拱门之间有两扇窗户。

石门之内是女王宫的中心，由朱红色的钟形殿塔呈南北向排列，共计三座。殿塔并列建造在 1 米多高的台基上，其东、北、南三面各有一门，在仅 1.2 米的门上雕刻着具有 7 个头的那迦蛇，时刻翘首警戒。朝圣者在过此门时也必须屈腰而入。各门的前面都有一组石雕的守护神守卫，在两侧的墙壁上也都有武士和仙女的浮雕。这些钟形寺塔中，中间一座最高，约 10 米，里面供奉着湿婆神。而南北两侧的塔，高约 9 米，北面供奉着毗湿奴神，南面供奉着梵天神。遗憾的是，这三座殿塔中的神像已不知所终。在三座殿塔的东面附设了两座经堂，组成侧翼延伸之势。与其他吴哥神庙一样，中心塔殿寓意孕育种子的胎室，蕴含着无穷的生殖力量，为婆罗门举行仪式的场所。

3. 历史文化

据碑文记载，女王宫原名“湿婆宫”。公元 5 世纪婆罗门教自印度传入柬埔寨，并迅速发展起来。公元 9—10 世纪达到鼎盛时期。968 年，阇耶跋摩五世继承王位。在他统治时期，实行兼容并蓄的宗教政策，尊奉印度教湿婆派为官方宗教，并于 10 世纪中叶建造了这座雄伟壮丽的宫寺。也有人认为，这一时期，妇女被允许参与政治和宗教活动且在商业贸易中发挥着重要作用，女王宫的修建也有可能是为了凸显当时妇女的社会地位，这也与阇耶

女王宫

跋摩五世政治上重视妇女的政策相吻合。

女王宫的兴建始于约967年的罗真陀罗跋摩（Rajendravarman）王朝，工程由大臣纳瓦拉阿主持，历时三十余年，于1002年的阇耶跋摩五世（Jayavarman V）王朝时期完工，是当时吴哥唯一一所非国王建造的重要庙宇。纳瓦拉阿是罗真陀罗跋摩二世和阇耶跋摩五世两代君主的宫廷教师，根据奠基石的记载，他不仅是一位学识渊博的学者，还是一位乐善好施的慈善家，颇为关心民间疾苦。11世纪时，女王宫在国王的要求下被进一步扩建和改造。在某段时间内，国王管辖了寺庙并改变了其最初供奉的神祇。1119年桑达山的碑文显示，寺院被移交给了祭祀提婆迦罗（Divākarapaṇḍita），以重新供奉湿婆。而根据1303年的最后一通碑文，寺庙至少沿用到14世纪。

14世纪以后，柬埔寨屡遭邻国侵扰，被迫迁都龙韦，此后，这座宫寺就一直深藏于丛林之中达数百年之久。直到1914年，一位名为马瑞克的法国军官在勘察地形时发现了它。1923年，法国作家马尔罗自女王宫偷走了四件女神像，这场沸沸扬扬的艺术品盗窃事件，反而激发了世人对女王宫的兴趣。1930年，法国远东学院使用原物归位的方法对女王宫进行修复，并取得了很大进展。1975年，女王宫被重修，但1979年1月越柬战争时又一次遭到破坏。1992年，女王宫作为吴哥古迹的一部分被列为世界文化遗产。

4. 旅游资源

女王宫以精致小巧的建筑、艳丽的色彩和奇巧幽深的雕刻著称于世，是古代高棉人的社会生活和艺术创造力的集中体现。同时，它还见证了数百年王朝的兴衰，并以其独特的方式参与到社会的沿革之中，是切实的历史体验者。女王宫还与吴哥窟、巴戎寺、吴哥城、涅槃宫、巴肯山等组成蜚声国内外的吴哥古迹群，是游客游览柬埔寨的主要旅游线路。

参考文献

1. 雷琳：《吴哥古迹女王宫建筑雕刻艺术探析》，《南京艺术学院学报》2015年第1期。

（三）通王城

1. 地名由来

通王城（Angkor Thom）又称大吴哥、吴哥城、洲城，由阇耶跋摩七世建于12世纪末，是吴哥王朝的首都。Thom音作“通”，是“大”的意思，Angkor来自于梵语Nagara，为“城市”之意，合而为一，Angkor Thom意为“大城”。

2. 地理概况

通王城位于今柬埔寨洞里萨湖北侧，在暹粒市以北，距吴哥窟约4千米。王城以巴戎寺为中心，平面呈正方形，各边长约3000米，占地面积9平方千米。城墙皆以赤色石块砌成，高达7米，厚3.8米。全城共有5座城门，其中4座位于各边城墙的正中，高20米，城楼顶上皆有一尊四面的湿婆神像，露出神秘安详的微笑。另一座是直接通往王宫的“胜利门”。在王城的每个城角，都有一个用砂岩建造的神龛，神龛和中心高塔都是十字形的，指向东方。城池的四周环绕着护城河，护城河宽达100米，有15米宽的大石桥跨越护城河之上，桥的两侧各有27尊2米高的石雕神像，54个石神各握一条石蛇，分别跪坐两旁，构成栏杆。

通王城

巴戎寺位于通王城的中心，又名“大金塔”，建于高出地面3.5米的两层台基上，共分3层，下两层为正方形，顶层为圆形。周围有16座10米高的配塔环绕，代表当时王国的16个省。塔身布满雕刻，中心3座涂金的两层台基的四周排列着48座犹如群山起伏的石塔，塔顶四边均有巨大的四面佛雕像，佛身各有一张微笑面孔，据说是建造巴戎寺的神王阇耶跋摩七世的面容，这也是令吴哥城蜚声世界的“高棉的微笑”。佛塔的两层台基外围皆有方形回廊，刻着大量浮雕，内层回廊浮雕的题材主要是取材于印度教的传说和佛祖释迦牟尼生活的神话故事；外层回廊的浮雕则充满了清新的生活气息，题材有战争、耕作、狩猎、集市、斗鸡、婚宴、杂耍等场景。

3. 历史文化

根据考古发掘显示，在公元前4000年左右就有人类在今柬埔寨居住，他们也是高棉人的祖先。他们逐渐自高原和山地向以洞里萨湖和湄公河下游为中心的平原地区迁徙，并从新石器时代过渡到金石并用时代。公元1世纪，扶南王国建立，到3世纪时成为中南半岛南部的一个强盛国家。6世纪中叶，高棉人自扶南国脱离，建立了真腊，并于7世纪左右建立了统一的高棉王国。

8 世纪初，真腊分裂于内乱。802 年，阇耶跋摩二世重新统一真腊，建立吴哥王朝，并定都于今吴哥东北约 30 千米的考伦山。

9—15 世纪初叶的吴哥王朝是柬埔寨历史上最强盛的时期，其疆域宽广，东临南海、西达缅甸中部、南抵马来半岛，老挝、占婆、泰国的一部分都曾处于吴哥王朝的控制之下。890 年，耶输跋摩一世迁都到吴哥地区的耶输陀罗补罗，建立第一个吴哥城。他还开疆拓土，疆域面积赶上了极盛时期的扶南。11 世纪初，吴哥王朝进入极盛时期，并持续至 12 世纪上半叶。苏利耶跋摩二世（1113—1150 年在位）时，吴哥王朝的影响深入马来半岛，成为东南亚最强盛的国家。此时的城墙也被修筑得高大而坚实。在吴哥王朝的鼎盛时期，这里人口百万，佛寺众多，一派繁荣。苏利耶跋摩二世还征调大批劳力开始建造举世闻名的吴哥窟。苏利耶跋摩二世去世后，因连年战争和大规模营建导致的国力消耗，吴哥城于 1177 年被占婆攻陷。

阇耶跋摩七世（1181—1219 年在位）继位后，征服占婆并再次在东南亚建立了一个空前强大的帝国。方圆约 12 千米的通王城就是阇耶跋摩七世赶走占婆人后重修的，故而其又被称为“第四次吴哥”。他还在城中修建了巴戎寺，寺庙墙上的浮雕展示了普通市民的生活场景。他还笃信佛教，自诩是释迦牟尼转世，命人在南城门上雕刻了以自己样貌为蓝本的四方微笑佛，成为高棉文化的杰出代表。1431 年，阿瑜陀耶的军队占领并洗劫了吴哥。次年，柬埔寨国王蓬黑阿·亚特迁都至湄公河东岸的巴桑。此后，通王城被遗弃，繁华一时的吴哥就此湮没于丛林榛莽之中，16 世纪时已成一片废墟，渐被世人遗忘，直到 19 世纪 60 年代被法国人重新发现。如今的通王城作为柬埔寨吴哥王城的典范，已于 1992 年被列为世界遗产并得到了很好的保护。

4. 旅游资源

通王城是阇耶跋摩七世在驱逐占婆人之后建立起来的，其集防御、生活、宗教功用于一体，是吴哥王朝再度繁盛的象征。王城中尤为人所称道的是那“高棉的微笑”雕刻，仿佛是看透红尘俗世的通透与豁达，又像是穿越历史长河的永恒与神秘。在这里，你会惊慕于它那岁月难掩的炫目光彩，于无声处陶醉于那恍若隔世的嬉闹和繁华。

参考文献

1. 梁英明等：《近现代东南亚（1511~1992）》，北京大学出版社 1994 年版，第 73 页。

（四）金边王宫

1. 地名由来

金边王宫（Royal Palace of Phnom Penh）始建于 19 世纪末，是位于金边市的一组金色屋顶皇宫建筑群。金边初名札多木，又译作百囊奔。相传当地曾有一名叫东奔的老妇人，在水中捞起 5 尊佛像，堆山立寺供奉。14 世纪末，此寺经改建，称“法百囊东奔”意为“奔老夫人山寺”。地名亦因之称白囊东奔，华侨称之为金奔，后讹化为金边。

2. 地理概况

金边王宫位于柬埔寨金边的东面，面向湄公河、洞里萨河、巴沙河交汇而形成的四臂湾，是典型的高棉式建筑。自空中俯瞰，长方形的王宫屋顶中高耸的尖塔、两端翘起的屋脊，造型美观，金碧辉煌。宫内包括银殿、凯马琳宫、加冕厅、拿破仑三世亭等大小宫殿 20 余座，宫外有黄墙环绕。

银殿又名玉佛寺，是一座寺庙式建筑，也是王室进行佛教活动的场所。银殿的地板由纯银的砖块铺成，大厅中央置有一座 18 克拉金打造成的佛像，重 90 公斤，佛身镶有 9584 颗钻石，最大的一颗镶在佛身胸前，重达 25 克拉，其次为额上的一颗钻石，重 20 克拉。殿内还有银佛、铜佛以及众多价值连城的艺术品及世界各国领导人赠送柬埔寨国王的纪念品。在银殿的院内，东北面有诺罗敦国王的骨灰塔，东南面是安东国王的骨灰塔，西南面是一座西哈努克女儿甘达帕花公主的小骨灰塔。银殿的北面有一座藏经楼，里面珍藏着许多贝叶经以及有三只眼睛的神牛塑像。神殿的围墙回廊的墙壁上，还绘有历代王朝功绩和宗教故事的壁画。

此外，王宫中著名的建筑还有加冕厅、拿破仑三世亭、检阅台等。加冕厅有很高的穹顶，大厅的中央摆放着国王和王后的宝座，定期在此举行一些仪式。加冕厅入口的台阶两侧是七头蛇那迦的雕塑，它是柬埔寨神话传说中神通广大的守门神和庇护神灵；拿破仑三世亭建造于埃及，是 1869 年法国人

金边王宫

赠予柬埔寨的，现在是陈列王室肖像、印玺和徽章的地方。

3. 历史文化

金边原是湄公河岸边的一个小渔村，它正式走向历史舞台是在 15 世纪。1431 年，由于屡遭泰国大城王朝的侵扰，吴哥王朝的最后一位国王本哈·亚放弃了原来的吴哥都城，于 1434 年迁都金边，建立金边王朝。此后，本哈·亚国王在金边修筑了王宫，建造了 6 座佛寺，使城市初具规模。但由于王室成员内部矛盾的激化，仅 73 年之后，金边都城便被废弃，金边王朝辗转于各地建造王宫。

1863 年，国王诺罗敦的长子与法国签署了《法柬条约》，柬埔寨成为法国的保护国。此时金边宫殿遗址的北部设有一个临时的木制宫殿。1866 年，诺罗敦·安·吴哥国王将首都从乌东迁至金边，使其成为金边王朝的永久性首都。这里建造的第一座皇家宫殿是由建筑师尼克·欧哈纳·泰普尼米斯·马克设计，由法国主持建造的。在此后的十年里，又增建了一些建筑和房屋，其中许多现已拆除，包括早期的检阅台和王座厅。1871 年，皇宫内建造了皇家法庭，并于 1873 年建立了围绕庭院的城墙。这一时期的建筑兼具高棉传统建筑和泰国建筑的风格，且融入独特的欧洲设计风格，是中西文化交融的例证。法国于 1879 年赠送给柬埔寨的拿破仑三世亭也得以幸存至今。

西索瓦国王（1904—1927 年）统治时期，对王宫建筑做了大规模的重建和翻修。1907 年，扩建御宴厅。1913—1919 年，拆除了几座旧建筑，并以现在的建筑取代了古老的检阅台和王座厅。尽管仍存在一些欧式建筑元素，这些建筑大多采用了传统的高棉艺术风格和吴哥设计风格，尤其是王座厅。再次的扩建是在 20 世纪 30 年代的莫尼旺国王统治时期，增加了皇家礼拜堂，并建造了凯马琳宫，至今仍是国王接受百官朝见、接见外国贵宾、接受外国使节递交国书等重大活动的场所。2000 年 11 月江泽民主席访问柬埔寨时，就是在凯马琳宫与西哈努克国王会见的。

4. 旅游资源

金边王宫形成于法国作为保护国时期，故而融合了高棉建筑、吴哥建筑和欧式建筑的设计风格，是柬埔寨本土文化和外来文化完美结合的典范。同时，王宫内主殿和附属建筑的错落分布还将王室的奢华与宫殿的功用体现得淋漓尽致，是今人了解金边王朝的一面镜子。王宫附近还有乌那隆寺、塔普伦庙、塔山、金山古庙、中央广场、国家艺术博物馆等景点，是体现和传承金边文化的集中地。

五、泰国

（一）三宝宫寺

1. 地名由来

三宝宫寺（Wat Phanan Choeng）又名巴南清庙，位于泰国大城府，是为了纪念明朝三宝太监郑和而建并因此得名的。郑和下西洋时，他作为明王朝的使者与沿途各国都建立了外交和商贸关系。郑和曾于1407年到达当时的暹罗首都大城，与暹罗进行经商贸易和文化交流。为纪念郑和的到访，后人便将这座寺庙更名为三宝宫寺。

2. 地理概况

三宝宫寺位于泰国大城历史公园内，大城岛外东南10千米处，濒临湄南河东岸。寺前有一座高约15米的白色圆尖塔，寺门的对联写着“七度使邻邦有明盛纪传异域，三保驾慈航万国衣冠拜故乡”。寺庙内的匾额上有“三宝佛公”四个大字，对联为“三宝灵应风调雨顺，佛公显赫国泰民安”。

寺内大殿的装潢以红色为主，在佛像的周围有四根用来支撑屋顶的圆柱，柱上刻有金色花纹。大殿内供奉的主佛像名为帕拉昭帕那空（Phrachao Phananchoeng），高19米，宽20.17米，两膝间距14米，由水泥浇筑而成，外镀黄金，呈现出降伏邪恶的姿态，是泰国最高大的坐佛之一。这尊佛像建于1352年，泰国人称为“銮抱多”，意思是“很大的佛像”。门口的石碑说明华人尊崇这尊佛像为三宝佛公，能保佑出海者。巨佛的身后有一条84000尊佛像组成的长廊，这些佛像全部供奉在墙壁的凹龛里，都是由信众捐献的。

在为神职人员授任的大厅里有三尊佛像，中间是乌通佛像，两侧为素可泰佛像。它们建于1357年，左右两边的佛像以合金铸成，左边的佛像高1.9米，宽1.45米，右边的佛像高2.28米，宽170米。中间的佛像高2.56米，宽 1.82 米，表面镀金。祭坛后面的壁画描绘了佛教中的天堂、人间和地狱。祭坛对面的墙上则绘有一位人间女神从长发中拧出洪水，为佛祖冲走魔鬼的传说。

此外，三宝宫寺内还有一座小型的传统中式建筑，是为了纪念一位从中国来的公主而修建的祠堂。传说是泰国王子与中国公主相恋，王子为了纪念逝世的公主而建的。

3. 历史文化

三宝宫寺在 1324 就已经建成，但一直寂寂无名。1350 年，乌通王在大城建都，建立阿瑜陀耶王朝（又称大城王朝），大城成为当时东南亚最大的国际化城市。王朝建立不久，中国的明朝取代了元朝的统治。1370 年，明朝派使团访问大城王朝，大城王朝也立即派使携带 6 头驯象回聘。此后，两国使臣互访络绎不绝。1377 年，大城国王侄子访问明朝，明太祖派使赐予大城国王“暹罗国王之印”。大城王国遂称暹罗国。大城国王频频遣使与明朝进行朝贡贸易，获取生丝、丝绸、瓷器等物品。

15 世纪初，郑和曾七下西洋。1407 年郑和经过古暹罗，来到大城进行访问，为两国的文化和技术交流做出了贡献，人们为了纪念郑和这位中国友好使者的到访，便将这座原本寂寂无名的寺庙改名为三宝宫寺。从此以后，三宝宫寺不但作为佛教的祭祀场所，更承载了华人对家乡的深情。

每年 10 月在三宝宫寺都会举行礼佛盛会，而参拜的多为当地华人。传说大城遭缅甸攻占时，缅甸军队进入三宝宫寺大肆抢掠，此时寺内 19 米高的佛像竟流下眼泪，人们受到感召而停止抢掠。这也使得三宝宫寺内供奉的大佛深受当地人的崇敬，信众繁多。

4. 旅游资源

三宝宫寺隶属于泰国皇家寺庙，常年香火不断，遇到宗教节日或宗教活动时更是人头攒动。三宝宫寺所属的大城府历史公园作为世界文化遗产举世闻名，而三宝宫寺则是其中最受欢迎的旅游景点之一，其周围还有菩斯里善佩寺、马哈泰寺、邦芭茵夏宫、树缠佛头等景点。游客可至三宝宫寺礼佛，或感受中泰交流的友好历史，或泛舟湄公河欣赏两岸美景，或至国家博物馆观赏大城王朝时期的珍贵艺术品，还可游览大城水上市场及品尝地道的泰式小吃。

参考文献

1. The Royal Chronicles of Ayutthaya – Richard D. Cushman（2006）– page 10 / Source：Luang Prasoet.

2. A Traveler in Siam in the Year 1655：Extracts from the Journal of Gijsbert Heeck – Barend Jan Terwiel（2008）– page 65.

3. Richard D. Cushman（David K. Wyatt Ed.）：The Royal Chronicles Of Ayutthaya. The Siam Society，Bangkok 2000.

（二）大皇宫

1. 地名由来

大皇宫（Grand Palace）又称大王宫，也被称为“故宫”，是泰国查库里王室的皇宫。大皇宫被誉为泰国建筑、绘画、雕塑和装潢艺术的瑰宝，也是查库里王朝的象征，从拉玛一世王在曼谷建都，至拉玛八世，一直都居住在这座宫殿内。因其占地宽广、建筑宏伟壮观，以及作为世代王族的居所，故被称为“大皇宫”。

2. 地理概况

大皇宫位于泰国首都曼谷市中心，紧依湄南河，由律实宫、节基宫、阿玛林宫3座宫殿及玉佛寺等一组布局错落的建筑群组成，占地面积约21.84万平方米。外围筑有白色的宫墙，高达5米，总长1900米。建筑风格主要为暹罗式，以白色为主。

律实宫位于最西端，建于拉玛一世王时期，坐落在一个蓝色矮花墙环抱的庭院内，呈十字形，高约50米。律实宫的外墙呈乳白色，屋顶用绿色琉璃瓦覆盖，紫红琉璃瓦镶边，门身与门顶塔形饰物都为金色。顶部共有4层，层层相叠。楼正中是一座7层尖塔，尖塔基部的四面分别饰有4个半蹲半立的托塔大力神。律实宫内陈列着国王的柚木宝座，宝座上有九层华盖，华盖的最上层代表国王，下八层代表全国的国土及臣民。宫殿四壁上绘有数千尊五彩小佛像，画工十分精细。律实宫的东面仍保存着一个高约3米的古代御象台，台顶上有数座金塔。

节基宫位于律实宫的东面，是大皇宫的主要宫殿。“节基”含有“神盘”“帝王”的意思，也是拉玛王朝的正称。大殿共有三层，建筑主体皆为意大利文艺复兴时期的建筑风格，殿顶为典型的泰国建筑形式，金边红琉璃瓦，以及三座金碧辉煌的尖顶浮屠，而石灰岩制作的墙壁则是古典中国式。节基宫的大门是一座凸出的亭式建筑，宫内主要有3个大厅，两侧的大厅内挂着查库里王朝各代君主的画像。中间的接见大厅中放着专供国王用的宝座，宝座下有九级平台，象征着最高权力。宝座的后面和两旁竖着3个华盖，中间的华盖为9层，旁边两个只有7层。

阿玛林宫位于最北，建于拉玛一世王时期，宫门是用泰式贴金雕漆建成的，异常高阔。宫殿是君主举行大典和接见臣民的场所。

除律实宫、节基宫、阿玛林宫三座宫殿外，大皇宫内还有被称为“镇国宝刹”的玉佛寺以及招待外国元首的宝隆皮曼宫等建筑，如星罗棋布般分布于大皇宫内，共同形成“曼谷标志”。

3. 历史文化

在15世纪早期，大皇宫所在的曼谷市，只是湄南河东岸的一个小渔村。

大皇宫

但因处于湄南河口附近，战略和贸易地位日益凸显。1767 年，历时 400 余年的大城王朝被缅甸贡榜王朝所灭，大城王朝的旧将郑信高举义旗，打败缅甸人，收复失地，并于 1769 年在湄南河西岸的吞武里建立政权，开始了吞武里王朝的统治。

1782 年，郑信麾下将领昭披耶却克里，将郑信罢黜，自己加冕为国王，史称拉玛一世，曼谷王朝的统治随即拉开序幕。拉玛一世登基后，为防御缅甸人，于 1782 年将国都从吞武里迁至湄南河东岸的曼谷，同年，在此修建岛屿，建造王室宫殿——大皇宫，并将著名的玉佛像移至大王宫的玉佛寺内供奉至今。1784 年，大皇宫的第一座宫殿——阿玛林宫落成，拉玛一世即迁入宫内主持政事。此后又重建了 1789 年遭雷击焚毁的律实宫。1876 年，拉玛五世王亲自主持修建节基宫，大皇宫逐渐形成今日之规模。拉玛七世时，还于大皇宫内作出了实行君主立宪的决议，开启了泰国民主政治的先河。

自拉玛一世至拉玛八世，历代继任者均于大皇宫内办公和居住，大皇宫作为泰国政治、经济、文化的决策之地，历经近二百年的时间。1946 年，慑于拉玛八世在宫中遭到刺杀，拉玛九世便搬至城北新建的集拉达宫内居住。现在，泰国的枢密院、财政部、宫务处等部分国家机关仍设在大皇宫内，大皇宫除用于宫廷庆祝活动、加冕典礼等仪式和活动外，平时对外开放，成为泰国著名的游览场所。

大皇宫内保存有众多题材丰富的壁画以及猴神像、奇那瑞鸟神像、金翅鸟神像、夜叉神像等众多神像，宫殿内还有两个 200 多年前由中国运去的大彩瓷花瓶和景泰蓝花瓶，院内放置几尊高达数米的中国古代文臣武将的石雕和许多以中国古典小说《三国演义》为题材的屏风画，显示出中泰两国人民友好交往的悠久历史。

4. 旅游资源

大皇宫是历代王宫保存最完美、规模最大、最具有民族特色的王宫，已被列入世界著名建筑群之列。它汇聚了泰国建筑、绘画、雕刻和装潢艺术的精粹，其风格具有鲜明的暹罗建筑艺术特点，深受各国游人的赞赏，被誉为“泰国艺术大全”。它以浓厚的文化底蕴和精彩的景色，与玉佛寺合称为曼谷的标志，是泰国旅游必到之地。

参考文献

1. 吴珹：《金碧辉煌的泰国大皇宫》，《文物春秋》1997 年第 3 期。

（三）母旺尼域寺

1. 地名由来

母旺尼域寺（Wat Bowonniwet Vihara），泰语意为“崇高的住所”，是泰国小乘佛教的一个重要的中心。母旺尼域寺又名僧王寺，因为该寺自建成以来，共出现过三任僧王，现在的泰国第十九任僧王崇迪帕山卡拉仁桑翁也出自此庙。泰国的三世皇、四世皇、七世皇及当今的九世皇也都是在母旺尼域寺举行剃度授戒仪式的。

2. 地理概况

母旺尼域寺位于泰国曼谷的大城区内，占地约 5 公顷，周边有纵横交错的运河以及葱郁的植被，整个建筑群充满了东西方建筑艺术的融汇风格，环境幽雅，淡泊清新。

寺门由三座建筑组成，中间有一座大门，屋顶有多层房檐，以红色为主。寺门左右两座建筑物是中间寺门的陪衬，没有门，只有落地大窗，屋顶为红色，窗框为绿色。大门里面还有一座更加高大的“T”形建筑，建造形制与寺门建筑相同，上半部屋顶是泰式陡坡三角形，高 2 层，由数十根白色大理石柱撑起屋檐，墙上没有窗户，墙和石柱之间是宽阔的回廊。屋顶上铺有黄色琉璃瓦，整座建筑金瓦、白柱，层次分明。

母旺尼域寺大殿内供奉着素可泰式的释迦牟尼佛的坐像，它是素可泰时期佛像的完美典范之一。与一般佛像造型不同，在同一莲台之上有两尊佛像前后紧贴，佛像的底座下还保存着拉玛九世的骨灰。莲台旁边有若干姿态各异的立佛，或双手合十，或两手垂立。莲台的下一层还有三尊阿罗汉像，姿势与佛像相同。大殿墙壁上的壁画是由泰国著名的僧侣画家库英空所作。库英空将西方艺术风格运用到泰国的传统壁画中，有的描绘泰国传统的奉佛场景，有的描绘西方人士赛马的场面，有的描绘中国《三国演义》中的故事。寺内还藏有许多珍贵的中国瓷器，有瓷瓶、瓷盘、瓷牌坊等。

大殿两边建有两座阿拉伯风格的钟楼，与主体建筑相互呼应。大殿后面有一座呈倒钵型的佛塔，主塔高 50 米以上，塔顶像一根竹笋，反映了竹子在泰国人民日常生活中的地位。整座塔体镀金，塔身饰有狮子、大象、马等各种动物。主塔周围又有数座小塔环绕。塔群后面是僧侣居住的院子，以白色围墙与外面隔开。

3. 历史文化

佛教传入泰国是在阿育王时代，自此上座佛教得以流传。13 世纪中叶，素可泰王朝建立，国王坤兰甘亨修建了阿兰若寺，并整顿僧制，建立僧王、僧伽尊长、大长老、上座四级僧官制，该时期是泰国上座部佛教最兴盛时期。此后的大城王朝时期，佛教也得到了长足的发展。1782 年，曼谷王朝建立，佛教也因此走向繁荣和成熟。至拉玛四世时（1851—1868 年），他创立了严守戒律的贵族僧团“法宗派”，敕修母旺尼域寺作为法宗派的总部，并把“法宗派”传播到柬埔寨。

19 世纪初，曼谷王朝拉玛四世即位之前，曾一度出家修行，1826 年，母旺尼域寺修建，属皇家寺院。拉玛四世成为该寺的第一任住持，在此驻锡 27 年，开创了皇室成员以僧侣身份住在这所寺院里的先河。1851 年，拉玛四世继任王位，从此母旺尼域寺成为历代国王贵族皈依奉佛的场所，曾先后有 4 位僧王在此长期居住。

1893 年，母旺尼域寺内成立玛哈蒙固佛学院，作为高级佛学研究中心。次年，学院创办佛教刊物《法眼》，为泰国佛教史上的第一份佛教杂志。1946 年，玛哈蒙固佛学院改为佛教大学。1956 年，拉玛九世至母旺尼域寺出家为僧 15 天。每逢佛教庆典和节日，国王和其他王室成员都到佛寺礼佛，以祈求国运昌盛。1993 年 6 月，母旺尼域寺第六任住持，泰国第 19 代僧王崇迪帕山卡拉仁桑翁曾首次到中国访问，僧王的祖先是华人，因此该寺也承载了中泰两国的友谊。

4. 旅游资源

母旺尼域寺是泰国佛教著名的坐禅中心，作为皇家寺院以及泰国法宗派的全国总部，这座寺庙具有极高的地位。每年的节日及法会期间，会有许多信徒不远万里来到该寺进行朝拜，祈求保佑和祝福。母旺尼域寺内的众多佛像、满绘的壁画以及珍藏的中国瓷器体现了融会贯通的多元风格，每位远道而来的游客都会被极具包容性的泰国文化和博大精深的佛教文化所折服。

（四）玉佛寺

1. 地名由来

玉佛寺又称护国寺，是泰国曼谷王族供奉玉佛像和举行宗教仪式的场所。玉佛寺全称“嘉愿纳瑟沙拉南佛院”（Wat Phra Si Rattana Satsadaram），意思是“神圣宝石佛的住所”，因寺庙的正殿内供奉着一尊玉佛像而得名。该佛像于18世纪被带到泰国，1782年被供奉在玉佛寺，它也标志着泰国查库里王朝的开端。

2. 地理概况

玉佛寺位于泰国曼谷大王宫的东北角，占地面积超过6公顷，约为大王宫的四分之一。玉佛寺由四座主要建筑构成，即供奉玉佛的大雄宝殿、乐达纳舍利塔、藏经楼和碧隆天神殿。

大雄宝殿为典型的泰国三重檐式建筑，坐落在白色大理石砌成的高台基上。殿顶呈三角形状，分为三层相叠，以金黄色和深蓝色为主调，两旁金色飞檐上饰有凤头，八角廊柱上镶嵌着彩色瓷片。佛殿山墙上有拉玛一世时所绘的178幅图画，讲述古典名著《罗摩衍那》的故事，山墙前有一座神鸟卡鲁达驮着那莱神的大型木雕，四周墙基座部也有神鸟卡鲁达的金属塑像。门、窗都是方形尖顶状，框上贴满金箔和彩色玻璃，门板及窗板则镶嵌着贝壳。大雄宝殿内四周的墙壁上，绘有以《三界经》和《佛本生故事》为题材的巨幅壁画，前后为拉玛一世时完成，左右两面则是三世、四世时的作品。殿内的玉佛用整块碧玉雕琢而成，宽48厘米，高66厘米，供奉在纯金神龛中。祭坛高11米，玉佛前的左右两边各有4尊镀金佛像，其中两尊三米高的雕像代表着查库里王朝的一世王和二世王，每一尊所用的黄金重量为38公斤。

在大殿旁边，有一座贴满浅绿色瓷片的钟楼，楼顶为佛塔尖样式，古铜色的大钟悬挂在佛塔的下面。钟楼边是一座斯里兰卡风格的乐达纳舍利塔，也称金色舍利佛塔，塔为八角形，立在白色的三层底座上，舍利塔内还有一座金色的小塔，里面供奉着释迦牟尼的一块佛骨。

大雄宝殿北部的大台基宽28米，长48米，上有先王殿若干小型佛殿和小塔。先王殿又称碧隆天神殿，呈十字型，殿顶有一座高棉塔，神殿四周环绕着12个角柱，柱头皆以莲花装饰。先王殿完全仿吴哥建筑风格而建，是泰

玉佛寺

国王室的祖庙，里面陈列着泰国拉玛一世至五世的纪念像，仅于每年4月6日开放。殿前的两座金色佛塔是拉玛一世为纪念双亲所建，每座塔基各刻有20个托塔的神猴。

寺庙内的藏经阁是泰国建筑风格，里面供奉着一部纯金的佛经，屋顶为方形尖顶，屋檐呈锯齿状，两头各有6根白色柱子支撑，四个门口都有夜叉驻守。藏经阁内陈列着用珍珠镶嵌的雕漆橱柜，里面珍藏着历代王朝传下来的佛经手稿。阁前有一座类似皇家墓地的白色寺庙，存放着历代国王和王族成员的骨灰。

3. 历史文化

据说，雕刻玉佛的碧玉产于临近中国的边境地区，玉佛雕像则出自泰北雕刻工匠之手。据泰国史料记载，1434年，玉佛在泰国北部清莱府被发现，藏在一尊裂开的大石膏佛像里面，后被运到泰国各地和老挝、万象等地，供信徒顶礼膜拜。1780年由泰国郑王（郑信）将其运回国内，供奉在郑王寺殿内。1782年，朱拉洛王登基，建立曼谷王朝，将玉佛像从旧都吞武里王宫移至大王宫的玉佛殿内并供奉至今，玉佛寺由此得名，后经历代王朝的改建和修葺，成今日之规模。

玉佛初时并没什么装饰，后曼谷王朝一世王为其制作了雨、热季两套金缕衣，三世王又制作了一套凉季金缕衣，供玉佛季节变换而更替。三套金缕衣款式不同，热季是镶嵌着宝石的金缕衣，雨季是缀有点点蓝色珠宝袈裟式金缕衣，凉季则是饰有网状花纹图案的纯金衣。随着每年季节的变化，泰王每年三次亲自为玉佛换穿不同的金缕衣，并举行隆重的更衣仪式，以保国泰民安。

玉佛寺作为镇国宝刹，也是曼谷王朝历代王室举行宗教仪典的庄严圣地。泰国历届新政府的全体内阁成员都要在玉佛寺向国王宣誓就职。每年的维莎迦节和守夏节时，泰国国王还会亲自参加这里的宗教仪式并布施。第九世国王普密蓬曾于1956年剃度为僧，并守戒于玉佛寺。1978年，邓小平访问泰国，时值王储哇栖拉隆功在此出家，邓小平还应邀见证了这一隆重的剃度仪式。

4. 旅游资源

玉佛寺博采西方国家建筑之精华，融暹罗和西洋风格于一体，凝聚着泰民族的智慧和创造力，是泰国建筑、雕刻、绘画的艺术瑰宝。玉佛寺紫红色的琉璃瓦屋顶和溢彩流光的金色飞檐与大王宫相映生辉，浑然一体。寺内的郑和下西洋所带来的彩瓷绘制的宝墙和许多中国古代文臣武将的石雕以及中国式凉亭，是中泰友好交流的见证，也为研究丝绸之路和佛教文化提供了实证资料。

参考文献

1. 竟昕：《佛国采香——近观曼谷玉佛寺》，《建筑欣赏》1996年第7期。

（五）素可泰历史公园

1. 地名由来

素可泰（Sukhothai）曾是13—15世纪泰民族建立的第一个独立国家——素可泰王朝的都城，古城今天成为遗址公园。素可泰王朝历时200年，出现过泰国历史上最光辉灿烂的文化。其泰文原意为“幸福的黎明”，又被译为“宋加禄”，也称“他呢”，中国史籍称暹罗国。

2. 地理概况

素可泰历史公园位于现在的泰国首都曼谷市北部，整体呈长方形，面积约 116.5 平方千米，周围有 3 层土墙、护城河及城墙，城内有 4 个大水池。城内外分布有 193 处古迹，包括 1 座王宫、35 座佛庙以及大量的佛塔、佛像、石碑、池塘、堤坝和古瓷窑等。素可泰历史公园内的佛塔多数呈长方形，造型各异，底座有八角形、钟形、莲花形和大象形等。佛塔前后多有青铜佛像。

玛哈泰寺（Wat Mahathat）位于素可泰古城的中央，是该城的中心佛寺，属于皇室宗庙。寺中原有 209 座佛塔、10 处僧院，但大部分都仅剩地基。入口处有一座闭目含笑的佛像，其佛头被菩提老树根缠绕，是泰国七大奇迹之一。寺内中央有一座纯素可泰式的主塔，使用红土建成，外涂灰泥粉饰，塔顶为莲花花蕾状。主塔四周有 4 座带有佛龛的小佛塔和 4 座高棉式小塔。此外还有位于南北两侧的两座供奉有 9 尺立佛的庙宇，以及大雄宝殿和素可泰主僧院。玛哈泰寺附近有一金池，池中有岛，岛上建有金池寺（Wat Trapang Thong），古时泰王登基时，必须取金池中的水用于誓礼。与金池相连还有一银池，比金池小，但也建有佛寺和佛塔，佛塔的四面祀有佛像。

派銮寺（Wat Phra Phai Luang）是重要性仅次于玛哈泰寺的寺庙。它是一座典型高棉风格的浮雕建筑群，一般被认为建于 13 世纪中期。寺庙主要分成四部分，三座高棉式佛塔、大佛殿、一座被佛像环绕的佛殿及最里面的两座小佛殿。寺内原有的 3 座高棉式佛塔现在仅存北部的一座。佛塔表面饰有精致的浮雕，描绘了各种佛陀的姿态。派銮寺的遗迹在一座岛上，外面是护城河，据说水是清净的象征，佛殿建在水中的小岛上是为了表示佛殿的神圣。

素可泰王朝的王宫位于古城中央，地基由红砖铺成，其上仍有断壁残垣。城中还立有素可泰王朝兰甘亨（Ramkhamhaeng）大帝的铜像，高约 5 米，大帝手持书本端坐在平凳上，眼睛平视前方。

3. 历史文化

公元 11、12 世纪，泰国地区仍处在部族、部落国家割据分立的状态。当时有清盛国、帕耀国、罗斛国等诸国，在吴哥王国强大时，大都隶属于吴

素可泰历史公园

哥王朝统治。13 世纪初，西境的掸族人入侵清盛国，泰族的柴西里亲王被迫逃亡。一支由柴西里亲王亲自率领，到达佛统地区，于 14 世纪中叶创立了阿瑜陀耶王朝；一支向素可泰地区发展，于公元 1238 年建立了素可泰王国。邦克朗刀成为新兴王国的第一任统治者。

作为 13—15 世纪泰国的首都，素可泰的历史便是泰国历史的开端。素可泰王国建立初期，着手修建王宫。至第三代国王兰甘亨统治时期，他积极引进经锡兰改造后的上座部佛教，并大兴土木，兴建了许多千姿百态的寺庙。兰甘亨在位时期还引进中国的制陶业，并与元朝保持友好的关系。在他统治的 40 年间，曾 6 次遣使访问中国。1299 年，元朝还送给兰甘亨国王 “金缕玉衣”，送予王子 “虎符”，这是中泰历史上最早的官方关系。第五世王里泰（Loe Thai）时期的雕刻和建筑艺术达到繁荣的顶峰。第六世王马哈塔马拉查根据佛经故事写出了泰国历史上第一部文学作品。因此，素可泰是泰国文化艺术的重要发源地。

公元 15 世纪上半叶，大城兴起，素可泰渐趋衰落。1793 年，罗摩一世（Rama I）时期，素可泰城被弃用，从此成为废墟。20 世纪 20 年代，泰国政府将素可泰古城列为重点保护的文化遗址。1953 年开始修复工作。1975 年又将古城周围 70 平方千米划为国家保护区，制定了 10 年修复计划。1976 年联合国教科文组织发起了“国际保护与修复素可泰运动”，并从国外派来一批专家帮助修复。经过多年努力，素可泰古城终于又重放光彩。1988 年 7 月，素可泰历史公园正式开放。1991 年，素可泰历史公园被列入世界文化遗产。

4. 旅游资源

素可泰作为泰国的历史名城，有“泰国文化摇篮”之称，也是泰国最有名的世界遗产之一，每年都会有上万名游客来参观这个具有历史意义的公园。素可泰见证了中泰历史上最早的政治、经济和文化交流，是丝路文化传播途经的重要地区。由于古城内外有大量古代佛塔和佛寺，素可泰历史公园也成为了佛教徒的朝拜圣地，除了虔诚的朝拜信徒外，还随处可以见到穿着黄袍的僧人在古城内行走和朝拜。

参考文献

1. “Sukhothai Historical Park”. Thailand's World. Retrieved 2008-10-25.

2. Terwiel，Barend Jan（1983）. “Ahom and the Study of Early Thai Society”. Journal of the Siam Society. Siamese Heritage Trust.

3. Betty Gosling：Sukhothai Its History，Culture，And Art，S. 23.

六、缅甸

（一）仰光大金塔

1. 地名由来

相传，公元前 6 世纪，印度发生饥荒，一对名叫科迦达普陀的兄弟载了一船稻米前去救济。他们在印度巧遇了释迦牟尼，向他敬献了蛋糕，佛祖于是赐给了他们 8 根头发。两人自印度回来之后，在大光的新固达罗山冈修建了一座佛塔，以供养佛发。该塔被命名为瑞大光塔（ShweDagonPagoda），Shwe 在缅甸语中意为“金”，DagonPagoda 就是“三岗村的金塔之意”。1755 年，贡榜王朝的雍籍牙（Alaungpaya）重新统一缅甸，为庆祝胜利，将大光（Dagon）改为仰光（Yangon），意为“平息战乱”。此后，瑞光大金塔也随城市名的改变渐称仰光大金塔。

2. 地理概况

仰光大金塔位于缅甸仰光市北部茵雅湖畔海拔 51 米的新固达罗山冈，与周围翠绿的景色熠耀相照。塔基周长 433 米，塔身高 99 米，连同塔基高 113 米。塔基为十字折角形，装饰有无数水平线脚。塔底以砖块砌成，并覆以金块。塔底之上是寺庙的梯台，只有僧侣和男性才能入内。梯台之上是其钟形的部分，钟形之上则是经幡和倒转的钵、莲花瓣及蕉的花蕾。

塔身遍贴金箔，上面的黄金重达 7000 千克。塔身铺以真金将塔的砖石结构覆盖，真金由缅甸上下各阶层的人们捐赠而得。塔内壁龛供奉着玉石佛像。大金字塔的顶端覆以做工精细的金属罩檐，并镶嵌有 5448 颗钻石和 2317 颗红宝石，其中有一颗钻石重达 76 克拉。塔的周围悬挂着 1065 个金铃和 420 个银铃，由缅甸人民捐赠。大金塔的东西南北四方皆开有大门，门前立有一对高大的守门石狮。门内有长廊式的石阶可直接借此登至塔顶。阶梯之上是以大理石铺成的平台，主塔位居平台中央。塔内供奉着一尊玉石雕刻的坐卧佛像和罗刹像，技艺精湛，刻工细腻。

大金塔的东北和西北角各有一口18世纪的缅甸王捐建的色彩斑斓的古钟。塔之左方有一座清光绪年间由华侨捐款建造的中国庙宇，名“福惠宫”。金塔之南侧还建有一个专门陈列佛教信徒和香客们捐赠物品的陈列馆。宝塔的周围还环绕着64座小塔和4座中型塔，这些小塔以木料或石块建成，有的似钟，有的似帆，形态各异，远处观之，金塔如林，蔚为壮观。

3. 历史文化

2000多年以前，仰光是孟族居住的一个芒草丛生的小渔村，因村子建在三个山岗上，称三岗村（大光）。仰光大金塔的具体建造年代目前尚无明确定论，相传为公元前6世纪。传说佛发被迎回大光后，天降旱雷，地动山摇，宝石如雨般从天而降，佛发显现神灵自空中降下金砖，于是众人以金砖砌塔，大金塔形成。但实际上，大金塔为砖塔，只是外部贴金。一些学者认为，佛教是在公元前3世纪时传入缅甸。公元前242年，印度孔雀王朝阿育王在华氏城举行第三次佛经结集，此后向9个地区派遣传道法师，其中的郁多罗和

仰光大金塔

须那两位法师到了被称作“黄金地”的杜瓦纳补米地区，即现在以直通为中心的下缅甸，传播佛教，为佛教最早传入缅甸的记载。

1044年，阿奴律陀建立缅甸历史上第一个统一的封建王朝——蒲甘王朝，立上座部佛教为国教。蒲甘王朝统治时期，前来大光的朝圣者不绝于途。大金塔初建时高度不足9米，1300年，勃固王频耶陀努（Binnya U）重建该塔时增高至18米。15世纪时，国王德彬瑞蒂王曾用相当于他和王后体重4倍的金子和大量宝石，对此塔做了一次修整，该时期塔高达98米。1608年，葡萄牙探险家菲力佩·德·布里在大金寺内抢掠，为铸炮将重30吨的大钟带走，但掉落勃固河，后在复原佛塔时打捞出来。现今的112米高的仰光大金塔则是1774年阿瑙帕雅王的儿子辛漂信王修建的，此次修建时，还在塔顶还安装了新的宝伞。1775年，雍籍牙重新统一缅甸，结束了东吁王朝末年的混乱局面。收复大光后，他登临瑞大光塔，礼佛祭祀，以祈求和平，消弭兵灾。

1768年，大金塔塔顶被地震震毁，而新的塔尖则在1871年英国入侵南缅后，由缅甸王敏东敏（Mindon Min）捐建。1824年，第一次英缅战争时，英国登陆仰光并占领了城市的制高点大金寺作为英军的要塞和司令部，给大金塔造成了严重的破坏。1946年，昂山将军在大金寺前聚集的人群面前向英国政府发表了表达独立要求的宣言。1988年，昂山素季在仰光金塔前举行集合和演说，向政府表达民主诉求。

4. 旅游资源

仰光大金塔供奉了四位佛陀的遗物，即拘留孙佛的杖、正等觉金寂佛的净水器、迦叶佛的袍子和佛祖释迦牟尼的8根头发，是缅甸最为神圣的佛塔，与印度尼西亚的婆罗浮屠、柬埔寨的吴哥窟合称为“东南亚的三大古迹”。其附近还有世界和平塔、苏雷宝塔、乔达基卧佛寺、卡拉威宫等著名景点，游客来此可品尝到鱼汤粉、掸族豆腐面、咖喱鸡肉等特色美食，还可在仰光体验内观禅修、缅式按摩、环线火车等娱乐活动。

（二）骠国古城

1. 地名由来

骠国古城（Pyu Ancient Cities）包括室利差旦罗（Sri Ksetra）、毗湿奴（Beikthano）、罕林（Halin）三座以砖石建造并被城墙和护城河环绕的古城，因是缅甸古骠国的古城遗址而得名。“Pyu”既是指4世纪缅甸骠族建立的国家，亦是种族名，意为“骠人”。

2. 地理概况

骠国古城位于缅甸中部，包括马圭省的毗湿奴、实阶省的罕林、勃固省的室利差旦罗三座古城遗迹，分布在伊洛瓦底江中游左岸干涸区域内的广大灌溉景观之中。《新唐书·骠国传》记载，“骠……在永昌南二千里，去京师万四千里。东陆真腊，西接东天竺，西南堕和罗，南属海，北南诏。地长三千里，广五千里，东北袤长，属羊苴咩城”。

毗湿奴城遗址在今马圭省东敦枝镇西约20千米处，略呈方形，面积8.5平方千米。三面被宽约2.5米的砖墙环绕，另一面则为水池。城墙的中部和西部设有两座木制的城门，中门外有一座砖墓，城外西北部有一座塔。城外北部还有一条渠的痕迹，系为护城河。在城中部偏西北是长方形宫殿，面积约1.6平方千米。隔墙将宫殿分为东、西两区，宫殿建筑群位于西区，较大的建筑物有3座，系为重大事件的决策地、仓库和祭祀大厅。毗湿奴城的北部有两个建筑群，一个是毗湿奴早期的佛教建筑群，由寺庙、大塔、神殿组成；另一个有祭祀大厅。塔、庙宇、交易所4个建筑物构成。城东部是种植区，南部没有建筑。城内外还有许多人工池、分流渠等水利设施构成的综合水利系统，具有引供水、排水和灌溉农田的作用。

罕林遗址在实阶省瑞波县委勒镇区，呈东西短、南北长的长方形，面积约4.3平方千米。东城墙外100米处，有第二道墙。迄今为止，在罕林遗址发现了3座木制城门，各开于南城墙、城墙的东南角和西北角。宫殿位于城中部偏东南，呈长方形。罕林城的南部有一个大人工池，城内有种植区以及纵横交错的人工池、水井和渠。这些水利设施用于提供居民用水和灌溉农田。

室利差旦罗遗址在勃固省东南8千米处，是骠国最大的城市。室利差旦罗城共 12 座城门，呈不规则的椭圆形，面积约 14 平方千米。城外北面有三条护城河，除防御功能外，亦可供排水调剂之用。长方形宫殿在城中部偏西南，四周围以砖墙，宫殿区外挖有沟壕。室利差旦罗内还发现了包枝塔和帕耶枝塔。城外西南部还发现了大片墓地和祭台，城东部和北部是种植区，分布有大量小块的水稻田，田间沟渠纵横交错。城东北部有一个小建筑群，包括瑞扎亚、帕亚玛塔、辛钦德因等建筑物。城北部西侧则是僧侣的居住区和居民区。

3. 历史文化

关于骠国的建立者骠人，中国古籍中很早就有记载。《汉书》载："亦利交易，剽杀人"。《新唐书》言："骠，古朱波也，自号突罗朱，阇婆国人曰徒里拙"，即骠人自称突罗朱或徒里拙。而关于骠人的族属，一般认为是藏缅语系的民族，但也有学者认为是高棉族的民族。

骠国大致形成于公元初。据冯苏《滇考》载："孟获计穷，复入骠国，驱象兽以战"，据此可知公元 3 世纪初骠国确已存在。而骠国的第一个中心城市毗湿奴可追溯至公元前 2 世纪，标志着骠国文明的开始。骠人进入缅甸后，主要活动于缅甸中部的干燥区，他们通过发展人工灌溉农业经济，不断壮大自己的实力，并建立了许多骠人之国。而根据考古发掘和中国史料记载，骠国的历史发展进程中，毗湿奴城、罕林城、室利差旦罗城 3 个城市则代表了不同的发展时期。骠国前期大约从公元前 2 世纪至公元 6 世纪，以毗湿奴城为中心。骠国中期以罕林为中心。骠国后期大约从公元 6 世纪至公元 9 世纪初，以室利差旦罗城为中心，也是骠国最强盛的时期。《旧唐书》还有关于室利差旦罗城的记载："其罗城构以砖瓷，周一百六十里，壕岸亦构砖"。

骠国时期社会经济和文化得到发展，并推动了与周边国家的交往。骠国地处西南丝绸之路的中段，商贸活动频繁，与中国、印度、东南亚各国和伊朗建立了贸易关系。4 世纪晚期，骠国的香料通过永昌郡输入中国。骠国还通过献乐等外交活动，改善了与唐朝的关系。《新唐书》载："雍羌亦遣第悉利移城主舒难陀献其国乐，至成都，韦皋复谱赐其声。以其舞容、乐器异常，乃图画以献"。唐贞元十七年（801 年），骠国王雍羌遣派舒难陀率领乐队及舞蹈家抵达长安，献乐器共计 8 类 22 种，献乐 12 首。

公元 8 世纪以后，南诏国势力不断向南扩张。832 年，骠国遭南诏之攻伐，

3000余骠人被掠至拓东，此后，随着缅人势力的崛起，骠国日趋衰落。公元13、14世纪的缅甸境内，一些较强的骠人部落或小国家仍在活动，但在此后的历史发展中，骠人渐与一些民族融合，不见于史籍记述。

近几十年来，随着缅甸考古工作的发展，骠国遗址不断被发现，这些遗迹见证了骠国在公元前200年至公元900年间1000余年的辉煌历史。2014年，联合国教科文组织将骠国古城列入《世界文化遗产名录》。

4. 旅游资源

毗湿奴城、罕林城及室利差旦罗城地处陆路商业枢纽，布局完善，既能满足生活需要又兼具军事防御的功能，是反映骠国不同历史时期社会文化的大观园。遗址内还发现大量的塔林、寺庙、手工作坊、水利系统等，是研究骠国古城和丝绸之路的重要资料。游客于此观之，恍若置身于千年之前的骠国时代，领略其精湛的建造工艺和高度发达的灿烂文明，是怀古和游览的绝佳之所。

参考文献

1. http：//whc.unesco.org/en/list/1444/.
2. 张江英：《骠国文明初探》，云南大学硕士学位论文2012年。

（三）阿难寺

1. 地名由来

阿难寺（Ananda Temple）由蒲甘王朝江喜陀王建于1090年，因仿印度奥里萨乌陀耶祇利山阿难大禅寺而建，故名阿难寺，“Ananda Temple” 在梵语中意为 “无尽的智慧”。Ananda则是一个流行于佛教和印度教的人名，他是佛陀的第一个表兄，也是其虔诚的门徒之一。后人为纪念佛陀无尽的智慧，建造佛寺多以Ananda之名命名，在巴利语以及其他印度语言中，Ananda为 “幸福” 之意。

2. 地理概况

阿难寺位于缅甸中部的蒲甘城，整个寺院呈正方形，占地近百亩，包括主殿、阿难塔等建筑。寺内有两条平行且高、窄的拱形走廊，走廊之间以低窄的街道相连，还有4条较宽的走廊横着穿过窄走廊，宽走廊里又有柱廊。走廊纵横交错，如同迷宫。寺的西面还有江喜陀王和高僧阿罗汉的等身塑像，跪于巨佛之前，以示对佛的虔诚。

寺庙的正中间有一个巨大的立方体建筑物，四边的墙上凿有又高又深的佛龛，佛龛里供奉着4尊处于涅槃境界的大立佛，高达9米。这4尊大立佛均站在2米多高的宝座上。寺内还矗立着70余米高的阿难塔，塔呈浅黄色，高大宏伟。主塔的周围还环绕着众多的小塔、佛像、怪兽和动物浮雕。阿难塔的四面与宽敞的双坡前厅相连，在平面图上，呈现古希腊“沙瓦士底卡”式的等边十字形。塔身设两层窗户，自主体部分往上叠置数层由大而小的坛台，顶端一层的坛台上面托着塔尖，塔尖的下半部是法冠形金字塔，上半部则是长圆锥形的尖顶，整个塔上冠以高达50米的镀金宝伞。

寺内外还刻有许多丰富多彩的石雕和彩陶浅浮雕。走廊的墙上有许多佛龛，安放着或坐或立、姿态各异的佛像，还刻着佛祖涅槃前的主要事迹。在走廊内的4个柱廊里，有描绘佛祖生平的60个雕像。在主塔的基座或坛台上，皆缀有上釉的彩色瓷砖。基座的浮雕刻有佛陀成道所必经的两个主要阶段，

阿难寺

即群魔向佛进犯的场面和佛战胜群魔以后众神顶礼膜拜的场面，分别刻于西墙和东墙之上。主塔上层的瓷砖上，还刻有 537 则《本生经》的故事画面和说明。上面几个坛台也有约 400 个描绘《本生经》中故事情节的浮雕。

3. 历史文化

阿难寺所在的蒲甘城，在公元 3 世纪时的王国并峙时期，是一个由十几个村落汇集而成的小镇。公元 849 年，蒲甘王国的国王频耶下令在蒲甘修建城池，并在建成之后，将国都迁至此地。此后，蒲甘也得到了迅速发展和兴旺。

1044 年，阿奴律陀（Anuruddha）建立起缅甸历史上第一个统一的封建王朝——蒲甘王朝。阿奴律陀是一个虔诚的佛教徒，他下令解散了之前在缅甸流行的纳特教和大乘佛教的支派阿利教，将上座部佛教定为国教，并拜高僧阿罗汉为国师。在征服了南部文化发达的直通王国后，他获取了 32 部上座部的佛教经典并俘获了 300 多名高僧和大批技艺精湛的工匠。阿奴律陀及其后继者将修建佛寺作为一生广积功德的伟大事业。蒲甘城内，先后修建佛塔 13000 余座。蒲甘也因此享有“万塔之城”的美誉，成为缅甸的佛教中心。

1090 年，蒲甘王朝的江喜陀王（King Kyanzittha）模仿印度奥里萨乌陀耶祇利山阿难大禅寺修建一座寺塔，并命名为阿难寺。关于其建造，传说，有 8 座僧侣向江喜陀王乞讨，并生动地向国王描述了他们进行冥想的喜马拉雅山的南达穆拉洞穴（Nandamula）的风景并展示了他们的技艺，国王非常兴奋，于是请求僧侣在蒲甘平原的中部建立一座环境清雅的寺庙。僧侣完成寺庙的建造之后，国王惊叹其独特性但又担心类似建筑的出现，于是处决了建筑师。也有传说，杀匠人以祭，并活埋一个婴儿于寺基之下，是以作为护寺之神。

1287 年，蒲甘王朝灭亡，缅甸很快陷入了分裂时期。蒲甘也遭到各朝代的冷遇，中心地位一去不返。数百年来，风雨的无情侵蚀、殖民主义的入侵以及地震的频繁发生，致使蒲甘的大部分建筑遭到毁坏和废弃。1975 年，阿难寺在地震中受损，后被修复，对墙壁进行了粉刷。1990 年，在阿难寺建造 900 周年的庆典上，寺庙的塔尖被镀金。2014 年，阿难寺所在的蒲甘古城被联合国教科文组织列入《世界遗产名录》。

4. 旅游资源

阿难寺在风格、结构、造型、装饰等方面，集缅甸古代建筑艺术之大成，是缅甸建筑艺术的精华。寺内的浮雕和石雕，刻工精细，栩栩如生。登寺内主塔，还可远眺伊洛瓦底江，俯视蒲甘塔林全貌。阿难寺附近还有瑞西光塔、达玛央吉佛塔、他冰瑜塔、瑞山都塔、摩诃菩提寺、考古博物馆等景点，对香客及游人皆具有极大的吸引力。

参考文献

1. 膳书堂文化编著:《世界著名佛教圣地》，中国画报出版社 2011 年版。

（四）勃固王宫

1. 地名由来

勃固王宫又名干邦沙底里皇宫（Kanbawzathadi Palace），由东吁王朝的莽应龙（Bayinnaung）国王建于1556年，因其所在地勃固而得名。勃固（Pegu），中国书称白古或摆古。得楞人原称霍沙瓦底，意为“婆罗门天鹅曾栖息之地”，后改称勃固，意为“被征服的（土地）”。

2. 地理概况

勃固王宫位于缅甸勃固镇郊外、著名的瑞摩都佛塔对面，原由 76 个宫室和大厅组成，但在 1599 年遭遇火灾，除城墙是 16 世纪遗留下来的唯一文物，现王宫基本是 1992 年在原王宫遗址上重建而成，是孟族建筑风格的集中体现。

勃固王宫是在依照考古发掘和史料记载的基础上按原图纸而建造的，宫殿和大厅皆仿古迹。巨大的观众厅因有狮子的坐像（Thihathana），又被称为皇家石狮王座厅，是宫殿内最大的建筑物，为国王接待大臣和官员的场所。在之前的考古发掘中，发现了 167 个柚木柱子，其中有 135 个都是用孟族语镌刻的，包括城镇、地区以及 16 世纪捐赠人的名字。厅的屋顶由一排排大柱子支撑，内部遍涂金色油漆，厅里展出着一些皇室用品和 16 世纪的柚木原木。皇家石狮王座厅是国王的住所，包括皇家的寝宫和起居室。这座宫殿很是华丽，顶部是一个 7 层的缅甸式屋顶。干邦沙底里皇宫曾经有 9 个不同的装饰皇家宝座，用于不同的场合。但在后来的火灾中，仅狮子座幸存。镀金的硬木王座现在国家博物馆展出。王宫内还摆放着缅甸历史上三位最著名的国王画像，也代表着历史上三个统一缅甸的王朝，分别是蒲甘王朝的阿奴律陀王，东吁王朝的莽应龙王和贡榜王朝的雍籍牙王，缅甸人从他们身上即能看到昔日的荣耀。

宫殿的庭院内还有南达瓦亚博物馆，陈列着发掘过程中出土的各种物品和文物，以及与东吁王朝有关的资料。还有 16 世纪的柚木柱子和用于商业贸易的度量衡、陶器、古代钱币、釉面罐子、刀剑和其他武器。该博物馆还收藏有众多 16 世纪的佛像。

3. 历史文化

勃固又译作白古,《明史》称为古剌。传说由直通王国两王子建于公元 825 年，后成为孟族王国京城。1057 年臣服于蒲甘王朝。1369 年勃固王朝频耶宇在此建都。1539 年被莽瑞体攻占，一度成为东吁王朝都城。莽瑞体和他的继承者凭借强大的军事力量，于 1555 年攻占阿瓦，基本结束了蒲甘王朝崩溃以来缅甸国内的分裂局面。

勃固王宫

东吁王朝定都勃固之后，便着手建造新首都，当时名称霍沙瓦底（Hanthawadi），即今勃固。据说东吁王朝强盛时，受其控制的藩属有 24 个。莽应龙建勃固城时，有 24 个城门，其名即以建造该门的藩属之名而定，如东吁门、清迈门、沙廉门、达拉门、阿逾陀门、土瓦门等。勃固作为一个海港，很多欧洲人来访于此，包括 16 世纪晚期的各斯帕罗·巴比尔，欧洲的游客在游记中描述富丽堂皇的霍沙瓦底宫殿的观众厅是用金盘子盖起的。

1581 年，莽应里（Nandabayin）即位后，多次发动对暹罗的战争，人民苦不堪言，一些封建主反叛，并于 1599 年攻占了勃固。这座宫殿也被洗劫并烧毁，此后渐被抛弃。1634 年，东吁王朝首都迁至阿瓦。1752 年，孟族军队攻占阿瓦，东吁王朝灭亡。1757 年，贡榜王朝的雍籍牙国王占领该城，再次统一除阿拉干和德林达依以外的广大地区。雍籍牙的第四子波道帕雅统治时期，重建勃固城，因为当时的河流已经改变航线，这座城市再也没有恢复以前海港的重要性。第二次英缅战争之后，英国于 1852 年吞并了勃固，城内众多的文物古迹也遭到了破坏。

1990 年，在勃固王宫遗址上挖掘出了 6 个土堆，展示了几座宫殿的砖砌地基。发现有近百个 16 世纪建造时的原始柚木柱子，其中许多刻有孟族的文字，还有 2000 尊佛像。20 世纪 90 年代初，缅甸当局为发展旅游业，在原宫殿遗址的基础之上按孟族风格重建了王宫，虽规模远不及当时辉煌气派，但依旧耀眼生辉、金光闪闪。

4. 旅游资源

勃固王宫仿原王宫建造而成，是东吁王朝时期留下的宝贵财富，也是研究缅甸历史和国家间往来交流的重要遗址。在此观光和考察的人们不需对着荒芜的古迹怀古伤情，而能在仿真的建筑中细细感受繁盛一时的王朝兴衰和灿烂文化。王宫附近还有瑞摩陀佛塔、瑞达良大卧佛、蛇庙、辛佗光塔、玉卧佛等景点，形成一道亮丽的风景线。

七、不丹

（一）虎穴寺

1. 地名由来

虎穴寺（Takstang Goemba）又称塔克桑寺、虎巢寺，建于1692年，是不丹国内最神圣的佛教寺庙。相传公元8世纪时，莲花生大师骑虎自西藏而来，降临此地，在一处洞穴内禅修三月，以其神力，化为愤怒尊的形象，镇服了占据山头的山神鬼怪，教化了巴洛山谷的众生们，并使此地渐化为一处佛教圣地。修建该地的寺庙，名虎穴寺。

2. 地理概况

虎穴寺坐落于不丹帕罗山谷900余米高的悬崖上，距离帕罗小镇10千米。此处有三条道路可通往险峻的寺庙，一是穿过松林和挂满经幡的小道，其他两条皆需要穿过“十万仙女”高原。虎穴寺的整个院落建筑群依山而建，由4个主殿堂和居住区域组成，鳞次栉比，精美绝伦。

寺院的山门前飞挂着一道瀑布，流水漫过层层岩石，流入数百米深的山坳，最后注入一口深潭。四周柏树达几十米高，上面垂有绺绺苔藓。各殿堂为覆有金色屋顶的白色建筑，多是依山据地的不规则修建，间以石阶相连，四周皆有阳台，可俯瞰帕罗河谷秀丽的自然风光。寺院之中有一祈祷轮，每天早上4点就开始旋转，僧侣以此纪念新一天的开始。

寺院的主佛堂位于一狭窄通道的尽头，为镀金圆顶，昏暗的洞穴内点有长明不灭的酥油灯。据说此处是当年莲花生大师修行的山洞，供奉着传说中的莲花生大师的怒形化身——多吉卓洛，其踏于一尊雌虎之上，栩栩如生。除此之外，这间佛堂中还藏有一幅优雅的千手观音图像以及数十个菩萨像。寺内众多殿堂皆不是很大，但内置铜雕佛像都极其高大，使人无法近距离完整地欣赏这些精美的佛像。殿堂内满绘壁画，绘制方式类似唐卡，皆是先绘于布上，再粘于墙上，图画细腻精致，内容多为普巴金刚之类的护法神。

3. 历史文化

佛教传入不丹的历史可追溯至约公元 7 世纪中叶。640 年，中国西藏王松赞干布在不丹中部的布姆塘河谷修建了贾姆帕寺院，佛教随之传入。649 年，松赞干布又在不丹西部的帕罗河谷修建了基楚寺院。747 年，印度著名佛教学者莲花生受当地众多部落首领的邀请，曾两次前往不丹讲经传教。相传他曾到今虎穴寺的一个洞穴中修行，并制服了附近的山神鬼怪，虎穴寺也因此得名。莲花生再次去往不丹后，视察了帕罗河谷新寺院的修建情况，并在布姆塘设立传教中心，使佛教在不丹得到了较快发展。

虎穴寺

12 世纪末，中国喇嘛教的噶举派和宁玛派传入不丹。1616 年，中国西藏宁玛高僧阿旺·杜贡完全统治这一地区，成为教王。他仿照中国藏传佛教管理制度建立了不丹宗教组织机构和教阶等级，形成了僧俗双重的神权统治政府，不丹地区的佛教得到了更为广泛的传播，众多大大小小的寺院修建起来。1692 年，在喜马拉雅山东麓的帕罗峡谷修建了虎穴寺，以纪念莲花生的到来，此后逐渐成为该地区乃至不丹的宗教中心。1998 年，虎穴寺遭遇一场来历不明的大火，对寺院建筑损坏非常严重，各种文物古迹焚毁或丢失，唯有一座传言曾开口说话的莲花生大师佛像，保存无损。此后，不丹政府出资，参照旧图案和照片，以举国之力复建虎穴寺。2005 年，复建完工，由丹增·拉布杰的转世灵童主持开光仪式，此后政府宣布开放此地为旅游区。所有国外友人均需由导游事先申请许可方能入内，除重要财物和护照外，其余随身杂物一律留在入口处，使寺内常保清幽的环境。

虎穴寺内可窥见不丹的文化信仰，即对生殖器的崇拜。寺庙的大殿里，除供奉佛像外，还摆放着与生殖崇拜相关的器物。寺内的主持还以木制的生殖器轻轻敲击参观者的头部，据说可以为其带来好运，且含有祝福一路平安之意。这种生殖器图案甚至悬挂于民居门口，生殖崇拜也渗入到民间艺术和文化当中。

4. 旅游资源

虎穴寺坐落于险峻的帕罗峡谷，远处观之，耸立于山谷之上的石砌寺院与山岩浑然一体，像是吸附于悬崖之上，被誉为世界十大超级寺庙之一，也是众多国外游人来访不丹的必去之地。游客于此不仅能在攀爬中惊叹寺院的雄伟奇峻以及建筑工艺的精湛，还能在寺庙建筑的游览中感受多元文化的碰撞和交流，并于各建筑皆留有的阳台处，欣赏帕罗河谷优美的自然景观，是一个集风光与艺术于一体的寺庙。

参考文献

1. 虎穴寺官网（http：//www.parotaktsang.org/）。

（二）普纳卡宗

1. 地名由来

普纳卡宗（Punakha Dzong）是阿旺·纳姆加尔于 1637 年下令修建的，其设计灵感来自建筑师措韦·培勒普的一个梦境，相传建筑师在佛塔下睡觉，通过梦境产生了设计蓝图。关于普纳卡宗的修建，传说佛教密宗传人西藏的莲花生大师（Guru RinPoche）曾预言一个名为纳姆加尔（NamgyaI）的圣人将会来到此处一个形状酷似大象的山丘。于是阿旺·纳姆加尔找到了这座山，并在此建造了城堡，命名为普纳卡宗，意为“幸福的王宫”。

2. 地理概况

普纳卡宗坐落于不丹普纳卡山谷的正中央，波曲（父亲河，Phochhu）与莫曲（母亲河，Mochhu）的交汇处，背后是绿意盎然的山林，海拔1300米，以一条长约55米的古老木桥和对岸相接。

普纳卡宗堡长180米，宽72米，沿石阶拾级而上，跨过极为厚重的大木门，就算入了宗。宗在平面布局上为三进两厢，相比一般的宗多了一个庭院。有两个开阔的大天井，因而在采光和通风上得天独厚。第一进庭院为普纳卡的行政中心所在地。庭院中有个白色的佛塔和壮硕的菩提树；在宗内还可见一身正装，甚至还携带佩剑的不丹公务员。这种政府机关和宗教场所相邻分布前后院的格局是受到西藏的影响。第二进庭院则是寺庙及僧侣的宿舍和活动空间等。宗的中央设有一座高达6层的长方形塔楼，名为乌策（Utse），长近183米、宽7米多。这座中央塔楼是宗里花费精力最多的建筑，供奉有珍贵的观音自生像，设有多扇雕工精美的门窗，并绘上各种细腻的吉祥纹

普纳卡宗

饰，十分华丽。同时，这里还收藏了大批的不丹佛教手稿、神圣的佛教名人名册、规格各异的宗教画和逼真的宗教名人肖像。第三进院落在不丹宗堡建筑中较为罕见，巨大的经堂中竖立着54根巨柱，饰以精美的纹饰。莲花生大师、阿旺·纳姆加尔和释迦牟尼的佛像立在这里，供不丹人民膜拜。

3. 历史文化

1616年，阿旺·纳姆加尔由西藏来到不丹，并统一了当时群雄割据的不丹，其当政期间为便于管理，曾兴修多座城堡。普纳卡宗建造于1637年间，仅一年的时间即宣布完工，是不丹历史上的第二座宗。宗堡建成之后，阿旺·纳姆加尔将其自西藏携带的一尊极为珍贵的观音自生像，供奉于宗堡的一个经堂内。后不丹的政治中心也由西姆托卡宗堡迁于此，普纳卡便成为了不丹的首府，长达300余年。

1651年，阿旺·纳姆加尔在普纳卡宗的一个僧房里净修至圆寂，其肉身被保存在院落之中。为避免引起社会动荡，此消息封锁长达40余年。阿旺·纳姆加尔逝世后，其继任者多次对普纳卡宗进行扩建。1676年，杰西·丹增·立杰（Gyalse Tenzin Rabgye）修建了高达6层的中央主塔乌策。悉喜饶·旺楚克（Sherab Wangchuck）在位时，又扩建了许多特色建筑，还绘制了描绘阿旺·纳姆加尔的巨大唐卡绘画。

19世纪中叶，随着《辛楚拉条约》的签订，不丹逐步沦为英国的殖民地。1907年，由大喇嘛、政府官员和人民代表组成的议会，共同推选乌颜·旺楚克为不丹王国的首位世袭国王。国王于12月17日在普纳卡宗加冕。1910年，英国强迫不丹签订《普纳卡条约》，不丹丧失对外主权，实际上成为英国的保护国。1961年，因普纳卡城疟疾横行，国王吉格梅·多尔吉·旺楚克下令将首都迁至廷布。普纳卡宗降为普纳卡城的政教中心，不过，因此地冬季气候温和，一直作为基堪布大主教喇嘛（即法王）的冬宫使用。每年的10月1日至翌年的4月1日（不丹历），基堪布喇嘛都要从廷布扎西却宗搬迁到普纳卡宗过冬。

2011年10月13日，不丹现任国王吉格梅·凯撒尔·纳姆耶尔·旺楚克（Jigme Khesar Namgyel Wangchuck）迎娶平民女子吉增·佩玛（Jetsun Pema）为后，婚礼于普纳卡宗举行，引起国内外的广泛关注。

4. 旅游资源

普纳卡宗位于两河交汇处的交通咽喉，风景如画，气势恢宏，是行政机构和寺庙的密切结合，被誉为“不丹最美的建筑”。若逢春天，还可看到蓝花楹树下，淡紫色的花朵随风起舞于白墙之侧。普纳卡宗附近还有彭措巴瑞宫、卡姆沙耶里纳耶佛塔等景点，游客在游览这些人文景观之余还可至山区谷地进行徒步探险，或采购当地一些颇具特色的手工艺品，品尝天然无公害的绿色食品和特色美食。

（三）扎西却宗

1. 地名由来

扎西却宗（Trashicho Dzon）即廷布宗，始建于1216年，是不丹现任国王的办公场所及内政、财政部门所在地，也是宗教首领和中央宗教机构的夏季驻所。扎西却宗又译作大西丘宗、扎什曲宗、扎西丘宗等，扎西却为“天府”之意，宗是“城堡”“寺院”的意思。

2. 地理概况

扎西却宗位于不丹王国首都廷布谷地中心旺楚河西岸，隔旺楚河与国王寝宫相望，海拔2500米，是不丹的皇宫，也是不丹首府集政教于一体的办公中心。

扎西却宗为一座四边形石砌建筑群，据说其建造未曾动用一颗钉子。城堡高达7层，每层高度4.5—6米不等，房间外面有一排由美观的柱子支撑的游廊，且围以近10米由白色石灰粉刷的高墙，从墙基到顶部，稍稍向内倾斜，兰墙处有一排阳台，在阳台的下面有些小窗。小窗皆为典型的藏式建筑，黑红相间，又雕刻一些宗教人物。宗的四角各由一座高出主体建筑的金顶塔楼组成，里面保存着不丹许多优秀的宗教画。位居宗内广场正中央的是高于外围建筑的佛殿，也是宗寺的政教分界线，左右两边的路都通往铺以平滑石子的大广场和喇嘛房间，周边分散的建筑中，一边是僧院，另一边是政府办公场所。这样的建筑层次使整个“宗”就如宫殿般巍峨雄伟，体现了宗教在不丹的崇高地位。

城堡内盖以冷杉木缓斜屋顶，衬有木板，其屋檐宽阔，寓意吉祥的神兽，

扎西却宗

分布在房檐的四角。南面和东面的两个入口可通外面的一段阶石，两扇大门以铁把手加固。其中一个出入口是廷布市政府办公场所，有士兵把守，游客不得入内。另一个出入口是扎西却宗的庙宇及其院落，可供游人参观，但必须等国王及大臣们下班后才能进入，进去前需先进行安检。不丹所有的政府部门、国民议会和国家最大的寺院都设在扎西却宗的100多间房屋里。

3. 历史文化

早在13世纪，不丹宗教之父帕角·杜冈·斯普戈（Phajo Dugon Shipgo）喇嘛就在廷布修建了一座较小的庭院，称东员城堡，又名蓝石城堡。1637年，阿旺·纳姆加尔（即中国西藏宁玛派高僧阿旺·杜贡）首次统一不丹，并创立了中央集权下的神权统治，史称沙布东一世。

1641年，沙布东一世下令对蓝石城堡进行扩建，并取名扎西却宗。宗堡建成后，一直是基堪布和中央寺院众喇嘛的“夏宫”所在地。此后的几百年间，由于遭受数次火灾和地震，扎西却宗除中心的三间殿堂以外，几乎所有的建筑物都被毁坏，剩余建筑也已倾斜、摇晃。而其周围也只是稀疏地散居着几户人家，十分清静。

1961年，吉格梅·多尔吉·旺楚克三世国王宣布将首都迁至廷布，并从各地抽调劳动大军，对扎西却宗进行大规模重建。他们依照古代的建筑传统，从深山密林中运来巨大的石板和原木，不使用设计图，也不用钉子，许多建筑都完整地再现了其原有样貌。扎西却宗历时五年修复完工之后，成为仅次于普纳卡宗堡的新首都的象征。目前，扎西却宗的100多间房屋里有不丹的政府部门、国民议会以及全国最大的寺院。另外这里还是基堪布（Je·Khenpo）和2000多名僧人的夏季总部所在地。3月30日到9月30日（不丹历），基堪布都要率领中央寺院众喇嘛从普那卡搬回扎西却城堡度夏。1974年6月2日，不丹国王在扎西却宗举行加冕仪式，来自世界各地的150名宗教界知名人士参加了这次为期三天的庆祝活动。

每年9月或10月在廷布市扎西却宗举行纪念佛教圣僧莲花生大师的戒楚节，这也是不丹最重要的节日，时间为4到5天。届时不丹人要举行祈祷仪式和面具剑舞表演。舞蹈由头戴各式宗教面具的僧人表演，内容为莲花生大士降妖除魔的故事或描述重大的历史事件，观看表演者也可以借此祈福和蒙受启示。每年都会吸引成千上万的当地居民和游客前往，场面相当热烈。

4. 旅游资源

扎西却宗是不丹久负盛名的佛教寺院，也是首都廷布的政府中心，白色的砖墙、朱砂红的屋檐、彩绘的窗棂、华丽的壁画、五彩斑斓的经幡交相辉映，为其增光添彩。其附近还有德钦曲林宗堡、昌岗卡拉康寺庙、多楚拉山口、国家邮政局等景点供游客揽胜抒情，游客还可至国家纺织博物馆欣赏不丹的民族编织工艺，或至国家手工艺学院参观不丹13种传统手工艺的制作过程，或至莫提塘羚羊保护区体验探险，或参加游泳、攀岩等项目。

八、孟加拉国

（一）毗诃罗遗址

1. 地名由来

毗诃罗遗址（Ruins of the Buddhist Vihara at Paharpur），全称为帕哈尔普尔的佛教毗诃罗遗址，又被称作大寺院。“毗诃罗”在梵语中意为“僧院、精舍”，其原义指散步或场所，后来转为指佛教或耆那教僧侣的住处。

2. 地理概况

毗诃罗遗址位于孟加拉国的瑙冈地区东北角，距离首都达卡西北约 200 千米。遗址坚厚的城墙上设有东、西、南、北 4 座大门，其中以北门最大。位居遗址正中的一座中央大佛堂，建于双重基座之上，并立有巨大的佛龛，佛堂的四面与大门相对。

一座名叫“索马普拉”的大型砖制寺庙是遗址的主体建筑，占地面积达 9 公顷。寺庙坐落于一个正方形的庭院之中，各边长约 274 米，环绕四周的围墙高度介于 3.66—4.57 米之间，厚约 4.88 米。中间的大佛堂呈“十”字形，以红黏土烧制的砖块砌建，佛堂装饰了精美的陶板画。这些陶板画是趁黏土板半干而迅速雕刻并烧制成的，具有帕拉王朝的艺术特色。画中大多是佛教菩萨，或坐或站，或行或蹲，舞姿婀娜飘逸，神情深沉若思，还有一些是动物、花草的图腾样式，诸如蛇、猴、花之类。陶板画的北面是一群精致的大门建筑体，并拥有 45 个单人房间，其余三面有 177 个房间，现今仅能看到的是这些房间的基座了。

寺内还发现了大量的装饰性雕刻，大多受风化侵蚀较为严重。在佛堂的四坛壁上有一块浅浮雕带，内容涉及神仙、英雄豪杰、平民百姓等，旁以大量植物、动物和妖魔鬼怪相衬托。在 2000 余块以素土烧制的嵌板上还排列

毗诃罗遗址

着 3 件浅浮雕，其中一些历史可追溯到毗诃罗之前。遗址处还建有一座小型博物馆，里面收藏了从这里发掘出来的有代表性的物品，包括装饰用的瓷片、陶器、硬币、碑铭、砖形物以及各种小巧玲珑的黏土制品。

3. 历史文化

南亚大陆是佛教的发源地，而毗诃罗遗址的主要建筑——索马普拉寺庙恰恰是大乘佛教在孟加拉地区兴起的见证之一，它是 7 世纪在位的帕亚国王修建的。7 世纪时，在帕亚王朝统治下的孟加拉地区的佛教大乘教派兴盛发展，至 17 世纪，帕哈尔普尔作为喜马拉雅山南麓最大的寺院，成为了一个极其著名的佛教中心。在接待大批朝圣者的同时，这里的僧侣也远游至中亚和远东各地。

公元 627 年，中国唐朝僧人玄奘大师为求得真经佛法，由长安出发只身前往天竺，历经艰难险阻后终于到达。在天竺的十余年间，玄奘拜访了当时所有有名的佛教寺院，并徒步考察了整个南亚次大陆。而作为大乘佛教重要兴起见证的索马普拉寺庙也留下了他的足迹。公元 643 年，玄奘大师携带着从天竺地区求来的 657 部佛经归国。后在唐太宗的支持下，在长安设立了国立翻译院，翻译佛经，并收纳了来自亚洲东部各地的翻译学生。这些佛经此后传播至朝鲜半岛和日本。直至今日，大量的日本国佛教信徒仍然把索马普拉寺庙当成圣地，每年都有若干日本佛教信徒前来拜访、敬祖，甚至捐财捐物，帮助当地的孟加拉人民。在遗址办公室内还存有数封来自日本国的信件。2002年，日本甚至专门发行了该遗址纪念邮票。

作为大乘佛教的重要象征之一，索马普拉寺庙修建之后，该地区成为了孟加拉地区重要的文化中心，然而在之后的几百年里，寺庙也几次遭洗劫，直到公元12世纪印度教徒接管该寺，情况才有所好转。不过随着时间的推移，索马普拉寺庙逐渐衰落、失修，直到被遗弃。19世纪初，帕哈尔普尔的毗诃罗遗址被发掘出来，这在当时是世界考古重大发现之一，1985年被列入《世界遗产名录》。

4. 旅游资源

毗诃罗遗址是南亚次大陆大乘佛教兴起直至衰落的象征，也是我们近距离感受佛教文化的绝佳场所。索马普拉寺庙的设计完美地满足了举行宗教仪式的需要，体现出与众不同的艺术成就，其建筑风格也影响至柬埔寨地区。寺院中充满异域色彩的精美壁画，造型优美奇特的大量雕刻品会给我们带来不一样的审美乐趣。而遥想一千多年前佛教兴盛时期的大寺院，香烟缭绕，经声阵阵，我们的思维也仿佛可以穿越时空，与彼时僧人一起感受佛性的光辉。

（二）巴凯尔哈特清真寺

1. 地名由来

巴凯尔哈特清真寺历史名城（Historic Mosque City of Bagerhat）最初被称为卡理法塔巴德（Khalifatabad），又称为“孟加拉湾的薄荷镇”，是孟加拉国一处大规模清真寺建筑遗存。15世纪，乌鲁格哈贾汗奉命管理这一地区，并修筑了大量的伊斯兰教建筑，形成了后世以清真寺闻名的巴凯尔哈特城。

2. 地理概况

巴凯尔哈特清真寺历史名城位于巴凯尔哈特城外的恒河和布拉马普特拉河交汇处，距离孟加拉行政区库尔纳15英里，距达卡行政区200英里，离海岸大约37英里，沿着古老的巴伊拉布河岸分布。它最初是由一名为乌鲁格哈贾汗（Ulugh Khan Jahan）的土耳其将军于公元15世纪建立的，特殊的地理环境造就了它特殊的城市构造，现今残存有包含了孟加拉穆斯林建筑最初发展时期最重要的建筑，其中包括360座清真寺、公共建筑、陵墓、桥梁、道路、水罐和其他由烤砖建成的公共建筑，是孟加拉地区中世纪城市的最好见证。而城内的建筑也体现出了一种独一无二的建筑风格，被命名为哈贾汗风格。

乌鲁格哈贾汗陵墓位于一个水槽的北岸，建造在一个45英尺（14米）的广场上。它拥有一个单一的圆顶结构，整体用砖墙砌成。用五层以上的装饰石头构成了地下室，地板上镶嵌着六角形的花砖，图案和颜色各异，不过，这种类型的瓷砖现在只能在陵墓本身的几个台阶上看到。墓穴的墙壁上刻有铭文，这些铭文记录了乌鲁格哈贾汗的生平。

城中的清真寺建筑明显分为了两个区域，其主体部分为圣塔贾拜得清真寺，另一部分则围绕着乌鲁格哈贾汗的陵墓建造。由于长期废弃，城中的清真寺受损严重，在经过一番抢修之后，目前可以修缮较为完好的清真寺有圣塔贾拜得清真寺、九圆顶清真寺、辛格拉清真寺等，其中尤以圣塔贾拜得清真寺（60个支柱清真寺）最为著名。

圣塔贾拜得清真寺极为坚固，被称为“神之要塞”，占地1500多平方米，长48米，宽32.5米。圣塔贾拜得意为“60个半圆形屋顶”，但实际上，它是由77个低矮的半圆形屋顶彼此相连而构成的，呈浅缓的弓形的屋檐线是模仿孟加拉传统的木制和竹制居民屋顶而制成的。在宽阔的祈祷厅中，东面装有11座拱门，南、北两面各有7座拱门，在纵向上，祈祷厅以一列纤细的石柱为界可划分为7个走廊和11个开间，这些石柱构成无数的拱形，支撑着圆屋顶。

3. 历史文化

孟加拉地区在13世纪受外来影响改信伊斯兰教，1338年建立了孟加拉苏丹国（德里苏丹国），定都于达卡。卡理法塔巴德（Khalifatabad）城也大约在此时得到了初步的建立。15世纪，乌鲁格哈贾汗（Ulugh Khan Jahan）奉命管理这一地区，有学者认为出于政治和宗教原因，德里苏丹人希望在印度偏远的印度地区建立伊斯兰教的前哨，所以授权乌鲁格哈贾汗完成这项任务。在他的带领之下，一群穆斯林信徒来到巴凯尔哈特滨海地区荒凉的红树林旁，开始在这里扎根并繁衍后代。此后，他开始着手筹划该城镇的建造，包括道路、桥梁和供水水槽，蓄水池，大量的清真寺和坟墓，以及宫殿和他自己的陵墓等。由于乌鲁格哈贾汗是一个虔诚的伊斯兰教徒并且是伊斯兰教在南方得到传播的发起人，因此他在进行城市建设时，修建了大量清真寺院，这也是该城市清真寺如此稠密的一个原因。

1459 年，乌鲁格哈贾汗去世，但他的坟墓在孟加拉国受到尊崇，吸引了大批朝圣者。而他的继任者也开始继续进行城市的建造。16 世纪后期，该地区被莫卧儿帝国吞并，卡理法塔巴德也逐渐走向衰落，并最终被树木藤蔓所掩盖。1895 年，当地政府对该地区进行了广泛的调查，并于 1904 年对圣塔贾拜得清真寺实施恢复。1907 年，清真寺部分屋顶和 28 个圆顶被修复。1982 年至 1983 年，联合国教科文组织制定了巴凯尔哈特地区的总体规划，并于 1985 年将其列入《世界遗产名录》。

4. 旅游资源

作为著名的失落之地，巴凯尔哈特城拥有着让人难以想象的魅力，在树木遮映之中，城中残留的断壁残垣跨过百年的长河仍留存着时代的印记。同时，作为一座以清真寺闻名的历史名城，伊斯兰文化的传播轨迹和所蕴含的宗教原理无疑会让游人和考察者眼前一亮。

（三）拜亚吉德比斯塔米神社

1. 地名由来

拜亚吉德比斯塔米神社（Shrine of Bayazid Bostami），位于孟加拉国的吉大港附近，据说其中存在着著名的伊斯兰波斯苏菲派圣人拜亚吉德比斯塔米的坟墓，因此而得名。

2. 地理概况

拜亚吉德比斯塔米神社建筑群坐落在吉大港附近纳西拉巴德的一个小山丘上，这里被认为是一个圣地，每天都会吸引大量的游客和朝圣者。

墓室和石棺最初是在 1831 年发现的，有一座 915 米高的围墙和 4.58 米高的城垛，每一个角上都有一根柱子高 0.61 米。在该地区的中心地带有一个大约 3.66 米的石棺，里面有一些贝壳和珊瑚。当时被一堵有保护性柱子的墙所包围，后来被更现代的建筑所取代。在陵墓山脚下，有一座古老的三圆顶清真寺，据说是在莫卧儿皇帝奥朗则布（1658—1707）时期建造的。这座清真寺中央穹顶比侧面的大，而在四个角上有四个八角形的塔楼，顶端有圆顶。这些塔的底座形状像花瓶。女儿墙饰有两排雉堞。正面有装饰的壁龛，凹槽和框架。清真寺的内部装饰得很少，而在朝向墙上的米哈拉布（祭坛）（指示麦加的方向）对面有一个相同的投影。

在墓前，有一个大池塘，里面有大量的黑色软壳乌龟，被称为比斯塔米卡斯姆（Bostami Turtle 或 Bostami Kachim），这是一种非常稀有和极度濒危的物种。传说这些乌龟是恶魔灵的后代，在恶魔访问这个地区的时候引起了拜亚吉德比斯塔米的愤怒，将其变成了乌龟。人们相信，邪恶的灵魂会被转化成乌龟，作为惩罚，注定要在这个池子里度过永恒。

3. 历史文化

拜亚吉德比斯塔米神社是拜亚吉德比斯塔米的坟墓所在，他是一位著名的伊斯兰教圣人，名叫苏塔诺·阿列芬，出生在波斯库米省比斯塔姆镇，公元 874 年去世。但历史并没有留下拜亚吉德比斯塔米到过吉大港的任何证据，也就更谈不上死在了吉大港，但也有人认为他很可能访问过这个地方。因为吉大港是一个海港，早在公元 8 世纪，阿拉伯人就乘商船来参观港口。因此，他在 9 世纪来到这个地方并非不可能。据传说，在他回国的时候，当地的追随者要求他留在吉大港。比斯塔米被他们的爱和忠诚淹没了，他刺穿了他的第五只手指，让几滴血滴在地上，并允许他的追随者在他的名字上建立一个神龛。但这是猜测和传说。一些 18 世纪的孟加拉诗人和吟游诗人，依靠口述传统，在他们的诗歌中记住了一个“沙苏丹王”。一些学者认为，诗歌的“沙苏丹王”是“sultanl – arefin”的缩写，因此沙苏丹王和拜亚吉德比斯塔米是相同的。19 世纪的历史学家哈米杜拉哈（Hamidullah）指出，在过去，穆斯林和流浪者来吉大港，并在山巅丛林中建造庙宇和坟墓，或许以拜亚吉德比斯塔米之名显得更为优雅。

4. 旅游资源

对于大部分的游客来讲，拜亚吉德比斯塔米神社是不是埋葬着拜亚吉德比斯塔米本人其实并不重要，其有没有到过吉大港实际上也是无所谓的。神社最具有吸引力的地方恰恰就在于它的神秘，流传在民间的传说和吟游诗人传颂的诗歌，为拜亚吉德比斯塔米神社平添了难以言说的魅力。除去神秘的拜亚吉德比斯塔米墓葬，这里又是感受伊斯兰文化的绝好场所，建于莫卧儿帝国时期的伊斯兰清真寺还可以让我们真切地体会到伊斯兰文化的厚重与生动。

九、尼泊尔

（一）加德满都谷地

1. 地名由来

加德满都（Kathmandu）谷地之名来源于当地的一所寺庙。相传，这里曾生长有一颗参天古树。公元10世纪，国王古纳卡马·德瓦以此树的木料建成了一座高达20米的寺庙，取名“加德满达普”，意为“全木寺庙”。此后，四周的人相继前来建房造舍，逐渐形成了一座以寺庙为中心的城市，而城市和河谷名皆以寺庙之名命名，后逐渐称加德满都。

2. 地理概况

加德满都谷地位于尼泊尔的中部，南侧是一马平川的德赖平原，北侧为白雪皑皑的喜马拉雅山脉，谷地处于两种地形的过渡区。其东西长32千米，南北宽25千米，海拔约1400米。当地人称其为“科特巴尔”，意为“剑劈出的峡谷”。谷地的四周有西瓦普利山、普乔基山、纳嘉郡山、钱德拉吉里山四山环绕，四山将谷地与外界隔离，人们仅通过几个小缺口与外界保持联系。谷地内部是典型的丘陵地形，除谷地内3座主要城市的老城区相对平缓之外，其他地区皆是高低起伏，特殊地形也极大地限制了当地的粮食种植业，大部分粮食需要德赖平原供给。多山、多林草的特点利于当地畜牧业的发展，这里养殖的牲畜主要是牛羊。

这片谷地的气候大体可分为3季。每年六月至九月是雨季，来自南部印度洋的季风给谷地带来持续性降雨，每天从早上开始降雨，可持续7—8个小时，到下午四、五点雨才会停息。漫长的雨季期间，谷地居民室外活动大大减少，基本在室内活动。十月至次年三月中旬是冷季，这段时间降雨量极少，早晚温差大，期间每日早晨温度在10℃左右，中午温度会上升至20℃左右，夜间最低温度在 0℃左右。三月下旬至五月是热季，印度洋季风尚未到来，但是会有少量降雨。这段时间天气炎热，早晨温度在 20℃左右，中午能达到 30℃左右。

3. 历史文化

加德满都谷地最早的历史都与神话故事有关。相传此处原是一座名为纳加哈达的湖，湖中居住着大蛇纳加，后来文殊菩萨来到此处，以手中利剑，将两侧湖岸劈开，大蛇纳加即随着湖水游去。四天之后，湖水倾泻一空，仅留一片谷地，文殊菩萨便携弟子于谷地中建一座城，名为“文殊帕坦”。

加德满都有文字记载的第一个王朝是公元前 14 世纪左右的乔帕罗王朝，王朝的八位国王统治谷地达五百余年，后来，来自印度的游牧民族阿毗罗人短暂统治谷地一百多年。公元前 8 世纪左右，谷地东部的基拉底人于此建立了强大的基拉底王朝。基拉底王朝第六位国王哈摩提统治时期，释迦牟尼来此布道，于谷地中的一座山洞中修行了三年。249 年，第十六位国王斯通克统治时期，古印度孔雀王朝阿育王造访谷地，在帕坦城四周修建了四座佛塔，并将自己的女儿嫁给了斯通克的一位王子。公元 3 世纪，印度东北部的李察

加德满都谷地

维人进入谷地，建立起李察维王朝。在此期间，谷地的农业、工艺品制作、艺术和贸易都得到发展。公元 8 世纪开始，李察维王朝开始没落，并于公元 12 世纪被马拉王朝取代，这段时间在尼泊尔历史上称为 “黑暗时期”。

公元 12 世纪左右，第一位马拉国王统一了加德满都谷地，建立了马拉王朝。马拉王朝第三任国王贾亚斯提提 · 马拉统治时期，马拉王朝空前繁盛。这位国王不仅统一了加德满都谷地，还修编了法典。第五任国王去世后，国王的三个儿子在加德满都、帕坦和巴德岗各据一方，分别建立王国，即便到了今天，这三座城市精美的建筑群大多数都是由这三位国王斥资修建的。

1768 年，加德满都谷地北部廓尔喀王国的君主重新统一了谷地，建立了强大的沙阿王朝，沙阿王朝一直持续到 2008 年。2008 年尼泊尔宣布废除君主立宪制，结束了沙阿王朝 280 多年的统治，正式成立尼泊尔联邦民主共和国。1980 年，加德满都被联合国教科文组织列入亚洲重点保护的 18 座古城之列。

4. 旅游资源

加德满都谷地以加德满都城为轴心，形成一处景色优美的游览观光区。加德满都市内名胜古迹众多，如故宫哈努曼多卡宫、新宫纳拉扬希蒂宫、中央政府大厦、狮宫、比姆森塔、烈士纪念碑等。城内印度教、佛教寺院更是比比皆是，形成庙宇多如住宅、佛像多如居民的景象，如古赫什瓦里庙、贾格纳特寺、太后庙、湿婆神庙、塔莱珠女神庙、三界魔力寺、湿婆帕尔瓦蒂庙、文艺女神庙、黑天神庙、斯瓦扬布佛塔等，加德满都东南 3 千米处的帕坦和东面 12 千米处的巴德岗，皆是有着悠久历史的古城，是全国著名的古迹。

参考文献

1. 周定国：《尼泊尔及其首都加德满都名称的由来》，《地理教学》2007 年第 5 期，第 5—6 页。

2. 王加鑫：《加德满都谷地传统建筑探究》，南京工业大学硕士学位论文，2015 年。

3. 汪永平、洪峰：《尼泊尔宗教建筑》，东南大学出版社 2017 年版。

（二）帕坦古城

1. 地名由来

帕坦（Partame）古城建于公元 299 年，是尼泊尔国内最古老的城市之一。“帕坦”在尼泊尔语中为“商业城”之意，这是因为从古代至中世纪马拉王朝，帕坦都是加德满都河谷的商业中心。帕坦又被称为拉利特普尔（Lalitpur），意为“艺术之城”，这是因为它自古以来就以发达的尼瓦尔式建筑和工艺而著称。

2. 地理概况

帕坦古城位于尼泊尔首都加德满都城南侧 5 千米处的巴格玛提河畔，与加德满都仅一河之隔。两座城市以巴格玛提河的公路桥梁相连接，来往十分便利。帕坦古城起初也是按照佛教经轮形状设计的，四面有 4 座城门，正中有覆式佛塔，城外的东西南北四方向的圆墓状土丘上，各耸立佛塔一座。

帕坦王宫广场是帕坦城的中心，其附近的街巷，分布着众多古老的宫殿、寺庙、尖塔、神像。据统计，约有 1300 余座寺庙和佛塔星罗棋布般分布在帕坦的大街小巷，其中最具代表性的多重式屋顶寺庙就多达 55 座。帕坦故宫及其附近的寺庙群是加德满都谷地一处宗教文化胜迹，被誉为“尼泊尔建筑艺术的杰出典范”。这些古迹中以御泉、黑天神庙、大觉寺、德古·塔莱珠庙、希拉尼亚·瓦纳寺最为著名。广场的东面是昔日尼瓦尔王朝的宫殿。广场西面则是一座座变幻奇妙、庄严秀丽的寺庙和祠堂。这些建筑远处观之，方圆不一，有木料搭构起来的，也有以石块堆砌而成的，还有一列列数不清的兽雕和人像。

3. 历史文化

帕坦在公元前 650 年已为居民点。公元前 265 年，印度阿育王携女儿查鲁玛蒂至尼泊尔佛祖诞生地蓝毗尼朝拜，并访问了加德满都。帕坦的佛塔就是阿育王所建，他还把女儿嫁给了一位名叫德瓦帕尔的王子。公元 3 世纪，帕坦古城建立，成为谷地早期的政治、经济、文化中心。李察维王朝（公元 2—12 世纪）的第一位国王统治时期，尼泊尔的政治中心从廓卡纳迁移到帕坦。此后，阿苏姆国王在帕坦修建了一座名为凯拉斯库特的王宫。据史料记载，该王宫是一座四层高的大厦，屋顶为铜质，散发金子般的光芒。柱子、

帕坦古城

走廊、窗口、阳台及天花板都雕刻着精美的图案，局部还镶嵌着五彩斑斓的宝石，议事厅内装饰了精美的雕像。宫殿的四角有鱼形铜质龙首，龙首在喷水时犹如彩虹飞天。公元651年，中国唐朝高僧道宣在《释迦方志》中对这座王宫进行了描述："城内有阁富二百余尺，周八十步，上容万人"。根据尼泊尔一块有600多年历史的碑铭记载，凯拉斯库特王宫的确切位置应该就是现在帕坦王宫北端的科特庭院，这里是李察维王朝早期宫殿所在地。李察维王朝统治时期，帕坦城市建设进入快速发展期。统治者是信奉印度教的雅利安人，在城内大量新建印度教神庙，一时间蔚为壮观。这段时间，大量移民进入帕坦，城市人口大幅增加。

马拉王朝初期，帕坦是谷地中最富裕的城市。印度与西藏之间的贸易为国家带来了巨大经济利益，统治者不断扩张城市，新建宫殿和神庙。根据尼泊尔历史文献记载，16世纪末，希瓦·辛哈·马拉国王打败帕坦国王之后，让其儿子前往帕坦掌管政务，王子首先在帕坦古代王宫遗址上修建了一座德古·塔莱珠女神庙，这大概是王朝初期修建的第一座神庙，现在该神庙也是帕坦王宫建筑群中最高大的神庙，连接着一座四层高的王宫庭院。1661

年，师利那瓦萨王在穆尔庭院的南侧修建了一座用于供奉阿加瓦迪女神的庙宇。1671 年，穆尔庭院北侧的塔莱珠女神庙完工。宫殿最北侧的克沙纳拉延王宫于 1734 年完工，同时还在附近修建了大觉寺。1737 年，在穆尔庭院的西面建造了一座塔莱珠大钟，自此，帕坦王宫广场格局基本成型，一直保持到今天。

沙阿王朝时期，帕坦的政治地位低于加德满都，城市建设也停滞不前，城内人口大量迁移至加德满都，帕坦几乎成为加德满都的市郊。正因如此，帕坦城内众多传统建筑没有遭到破坏，得以完好地保存至今。

4. 旅游资源

帕坦古城是加德满都河谷的商业中心和古代大乘金刚佛教中心，集中分布着帕坦故宫、黑天神庙、大觉寺佛塔、金庙、塔莱珠庙、四古塔、孔贝斯瓦尔寺等众多古迹。帕坦历来也是传统建筑和金属工艺的摇篮，元代应邀去西藏和北京修建佛塔的 80 余名尼泊尔工匠就来自帕坦，为中尼两国间文化交流做出了贡献。

参考文献

1. 王加鑫：《加德满都谷地传统建筑探究》，南京工业大学硕士学位论文，2015 年 6 月。

3. 周晶、李天：《加德满都的孔雀窗——尼泊尔传统建筑》，光明日报出版社 2011 年版。

（三）博克拉河谷

1. 地名由来

博克拉河谷（Plkhara Valley）是尼泊尔最负盛名的风景区，有“人间天堂”和“梦境”之称。在尼泊尔语中，博克拉为“湖泊”之意，因该地众多的湖泊而得名。

2. 地理概况

博克拉河谷位于喜马拉雅山脉南坡山麓地带、尼泊尔境内中西部，东南距加德满都约 200 千米。博克拉河谷在海拔 300—1000 米的低山丘陵地带，平均海拔约 900 米。一座座高耸的雪山环绕在河谷四周，这些山峰平均海拔高达 7000 多米，它们属于道拉吉里山系和安约普尔纳山系，其中鲁尼峰的顶部由两座山峰组成，两座山峰之间是凹下去的鞍部，看上去酷似鱼尾，因此称为“鱼尾峰”，是最有特色的一座山峰。

河谷内部宽广平坦，多湖泊，最大的为翡华湖，其最宽处近 10 千米，是淡水湖，湖水补给水源来自安纳普尔纳雪山冰川，湖中盛产鲤鱼、鳟鱼等，湖心的小岛上有巴拉希塔式寺庙，里面供奉着巴拉希神，是著名朝圣地之一。贝格纳斯湖和卢帕湖为河谷中第二、第三大湖，在此可游泳、可垂钓、可泛独木舟。河谷中最大的河流是色地河，“色地”在尼泊尔语中为“白色”之意，因它上游流经石炭岩地区，溶有大量碳酸钙物质，河水颜色似乳脂而得名。河谷以西有卡利甘大吉河，尼泊尔语意为“黑河”，上游流经黑色页岩和黏板岩风化地区，河水乌黑。这两条河流平行，相距不远，而水色黑白分明，为河谷奇观。被色地河所切割成的深邃峡谷亦为此间胜迹之一，峡谷最深处达 60 余米，但顶部仅宽一二米。河谷中有马亨德拉溶洞，为岩溶地貌一大奇景，洞内甚深，尚未完全探明，信徒视其为圣地。河谷中的德文瀑布飞

博卡拉河谷

流直下 30 米，颇为壮观。

博克拉河谷属亚热带季风气候，全年气温变化不大，年平均气温在 21.1℃左右。受亚热带季风的影响，全年雨季和旱季明显，每年的 5 至 9 月为雨季，降水量占全年总降水量的 90% 左右。每年的 10 月至次年 4 月为旱季，降水较少。

3. 历史文化

博克拉一直以来都是尼瓦人和古伦人的居住地，该地早期被卡斯基人统治。17 世纪时，博克拉处于卡斯基王朝的统治之下，来自中国西藏和印度的商人时常在这里进行贸易。18 世纪中后期，廓尔喀国王普利特维・纳拉扬・沙阿攻克加德满都，建立沙阿王朝。随后他开始向西部的土邦国联盟发起攻击，并于 1771 年顺利攻克了包括卡斯基在内的三个小土邦国。此后，博克拉正式纳入沙阿王朝的统治之下，成为腓尼基西部的重要城市，也是印度至西藏贸易线路上的重要环节。

19 世纪中叶，拉纳家族发动政变，篡夺了尼泊尔的军政大权，开始独裁统治，尼泊尔整个国家处于封闭和落后的状态。博克拉河谷的博克拉重镇作为其西部的城市，也处于拉纳家族的统治之下，经济落后，交通不便。20 世纪中叶，特里布文国王在印度政府的帮助下迫使拉纳家族交出政权，宣布国家实行君主立宪制，博克拉也迎来了新的发展机遇。来自西方的一些探险家和嬉皮士至博克拉，博克拉向世人揭开了它神秘的面纱。此后，气候温和、景色优美、生活悠闲的博克拉也逐渐成为令人无比向往的旅游胜地。1986 年，悉达多公路建成通车之后，博克拉的经济得到迅速发展，国内外游客常年不绝于途，被誉为“东方的瑞士”。2011 年 6 月 29 日，昆明市与尼泊尔博克拉市正式建立友好城市关系。

在博克拉市巴森哈拉公园内，每年的 4 月都要举行安纳布尔纳峰节（Annapurna Festival），期间人们载歌载舞，小摊出售风味土产。每年 8 月，博克拉的纽瓦丽社区都要庆祝除虎节，这个节日是为了纪念当地民众齐心协力除掉一只吃人的老虎。大约同一时间，古荣人庆祝驱鬼节（Tamu Dhee），人们敲锣打鼓，以期驱赶恶魔。8 月还有神牛节（Gai Jatra），人们用涂料和花环装饰奶牛，村民表演舞蹈，借此安抚逝者的灵魂。

4. 旅游资源

博克拉河谷以湖光山色闻名于世。有鱼尾峰、翡华湖、贝格纳斯湖、卢帕湖、色地河、卡利甘大吉河、马亨德拉溶洞、德文瀑布等自然景观以及博克拉老城（Old Pokhara）、毗瑟挐神（Varahi Mandir）庙、八臂神（Bhadrakali）庙、世界和平塔（World Peace Pagoda）等古迹。另外，博克拉河谷周围的雪山长期以来还一直是世界各国登山运动员攀登喜马拉雅山等几座海拔 8000 米以上雪峰前的重要准备基地与训练场所，并已成为许多条知名徒步线路的起点或终点，是世界各国旅行者公认的“徒步天堂”。

参考文献

1. 杨纪：《尼泊尔乡村小城博克拉——令人惊艳的“南亚小瑞士”》，《资源与人居环境》2015 年第 4 期。

（四）佛祖诞生地兰毗尼

1. 地名由来

兰毗尼（Lumbini）汉语又译作岚毗尼、腊伐尼林、林微尼、流弥尼等，梵文为“可爱”之意。相传，古印度拘利国天臂城善觉王的夫人兰毗尼是一位美丽温柔的女子，善觉王于此地为她建造了一座漂亮的花园，并以其夫人之名命名。此后，在这座花园的基础上逐渐形成一座城镇并沿袭原称名兰毗尼。相传佛祖释迦牟尼于公元前 623 年诞生于此，故兰毗尼又被称为佛祖的诞生地。

2. 地理概况

兰毗尼位于尼泊尔南部的特莱平原上，东距加德满都 290 千米，南部与印度接壤。现今的兰毗尼是一个绿树成荫、景色秀丽且拥有许多与释迦牟尼有关的历史遗迹的村庄。在释迦牟尼诞生处，建有玛雅黛维女神庙，也称摩诃摩耶夫人庙。神庙建于两层石砌高台之上，是一处白色的方形建筑。庙堂正面的壁龛里是一块石雕的释迦牟尼降生图，描绘着摩耶夫人手扶一株无忧树的树枝、初生的婴儿乔达摩・悉达多端立在近旁的莲饰台座上的情景。神殿旧址下 5 米处还发现了阿育王所立的一块纪念石碑。神庙之北是著名的阿育王石柱，为公元前 249 年所立。石柱上的铭文是："阿育王灌顶凡二十年，亲来恭敬。此乃释迦牟尼菩萨降生之处。"现石柱是后来重新竖立的，高出地面五米，深入地下四米，顶端有石马雕像。

庙南有新建的佛塔和佛寺，寺内有释迦牟尼的巨大塑像。佛堂墙上绘有反映释迦牟尼生平的彩色壁画。在玛雅黛维女神庙旁有一口数十平方米的方形水池，明澈如镜，相传是女神沐浴和释迦牟尼幼年时代洗澡的地方。池边原本长着一棵娑罗双树，树身粗大，原树在法显著作中曾有记载，唐玄奘来此取经时已经"枯悴"，可见现存此树是后人补种的。在兰毗尼以西 20 余千米处，还有一处古代的迦毗罗卫城古迹。这里还有释迦牟尼的父亲净饭王的王宫所在地，释迦牟尼出家前在这里度过了 29 个年头，已经发掘出来的宫殿遗迹有西门、出家门和东塔等。

3. 历史文化

兰毗尼所在的小村庄原本坐落于印度的北方邦。相传，公元前 623 年，迦毗罗卫国（Kapilavast）净饭夫人摩耶（Maya Devi）产期将至，按照当地习俗要回娘家分娩。经过兰毗尼花园时，摩耶夫人下车沐浴。当她上岸后，用右手攀住一颗无忧树的树枝略作休息时，王子乔达摩·悉达多（Siddartha Gautama）便从她的左腋下肋骨中降生了。乔达摩·悉达多于 35 岁那年，在一棵菩提树下觉悟成道，创立了世界三大宗教之一的佛教，他也被称为"释迦牟尼"，意为"释迦族的智者"。

佛祖诞生地兰毗尼

公元前 251 年，古印度孔雀王朝国王阿育王亲自来兰毗尼朝圣，并建造了尼加里瓦石柱和毕波罗瓦塔，说明此为世尊出生之地。此后，兰毗尼成为佛教圣地，修建了无数的寺庙和佛塔。公元 403 年，中国高僧法显到兰毗尼朝圣，他在兰毗尼曾见过佛陀诞生处的无忧树和摩耶夫人沐浴过的水池。公元 636 年，中国高僧玄奘法师来到兰毗尼朝圣，并在《大唐西域记》中详细记载了当时的情况，且见到了阿育王石柱以及石柱上所刻文字，只是石柱的顶部断了一部分。

至 19 世纪，随着英国对印度殖民统治的加深，印度人民掀起了反对殖民主义的浪潮。1857 年，印度各地发生了大规模反抗英国统治的军事冲突，当时的尼泊尔政府曾派军队援助英军。为表示回报，英国将尼、印边界包括兰毗尼的部分土地割划给尼泊尔。

1896 年，尼泊尔官员卡伽·桑雪（Khadga Sumsher）和考古学者博尔（Alois A.Feuhrer）博士根据玄奘法师《大唐西域记》的记载，并经多次勘查发掘，证实了兰毗尼园的地点并确认了它的历史地位。从此，世人得以亲临圣城，朝拜佛祖诞生之地。1970 年，尼泊尔政府开始正式开发兰毗尼，并成立了兰毗尼开发委员会。1978 年，受联合国教科文组织和兰毗尼开发委员会委托，日本建筑师丹下健三开始对兰毗尼进行规划。1997 年，联合国教科文组织将兰毗尼园列入《世界文化遗产名录》。2000 年，中国在兰毗尼建造的中华寺落成。目前，中国、韩国、日本、越南等国家的多个佛教组织已在兰毗尼建造了寺院。兰毗尼渐成世界佛教信徒向往的朝圣地之一。

4. 旅游资源

兰毗尼拥有许多宗教气息浓厚的建筑，有兰毗尼园、兰毗尼博物馆和中华寺等，是著名的佛教圣地，也是游客观光的青睐之所。与世界其他旅游胜地相比，兰毗尼是恬静安逸的，对于来到这座圣城的人们来说，除游览各处之外，在简单幽静的禅房里，盘腿打坐，静思冥想，让心灵安定愉悦，也是不错的体验。

参考文献

1. 赵崇辉：《兰毗尼中华寺》，《世纪行》2001 年第 1 期。
2. 潘明权：《尼泊尔之行》，《中国宗教》2000 年第 10 期。

十、印度

（一）那烂陀寺

1. 地名由来

那烂陀寺（Nalanda Temple），相传原为庵摩罗园，佛陀曾在此说法三月，涅槃后，摩羯陀国王铄迦罗阿迭多在此建寺。关于其名字的由来，据玄奘《大唐西域记》载，说法有二：一说那烂陀为龙之名称。“此伽蓝南庵没罗林中有池，池中有龙，其龙名为那烂陀，旁建伽蓝，因取为称”。义净亦言：“那烂陀乃是龙名。近此有龙，名那伽烂陀，故以为号”。第二种说法认为那烂陀意为“施无厌”，有“给予智慧”地方之意。

2. 地理概况

那烂陀寺位于印度东北部比哈尔邦境内，距巴特那市 90 余千米，该地位于恒河中游，是佛祖当年主要的弘法之地。关于那烂陀寺的构造，据《大慈恩寺三藏法师传》载，该寺“庭序别开，中分八院，宝台星列，琼楼岳峙，观竦烟中，殿飞霞上，生风云于户牖，交日月于轩檐，加以绿水逶迤，青莲菡萏，羯尼花树晕焕其间，庵没林森竦其外，讲院僧室皆有四重重阁，虬栋虹梁，绣栌朱柱，雕楹镂槛……印度伽蓝数乃千万，壮丽崇高，此为其极”。但因后于 12 世纪被毁，现仅存遗址约 100 万平方米。

遗址南北总长约 500 米，呈方形，遗址中央是一座四层的砖石结构的大殿，每层都有许多巨大的石柱，石柱之间的四壁刻有佛像。东边为僧房，室内有供休息的石床和安置佛像及经书的石龛；西边是佛塔及佛殿，东侧僧房院和西侧的高塔式佛堂之间有一条南北向的宽阔空场。西南有一大塔遗址。

据说南端高塔（舍利佛涅槃塔）是那烂陀寺的中心，以砖砌成，塔基平台的四角建有小高塔，小高塔下部各层为方形，上部各层是正八边形。中层有佛龛，龛楣有平顶、梯形等形状。塔顶的南半部有一座佛堂。大高塔的周围有数十座大小不一的供养砖塔，以婆罗朝晚期建造的居多。西侧的一列佛堂，形制相似，其中第十二佛堂保存最为完好，是一座五塔式高塔佛堂。佛堂台基中心是方形高塔，塔内中心是佛堂，内有主尊大佛像。遗址东侧共有相互邻接的6间僧房，僧房院向西开门，中间是宽大的露天庭院。只有南侧的一座僧房向北开门，所有僧房与佛堂形成互相抱合的格局。遗址内还出土了大量文物，除精美的佛像、菩萨像之外，还有带铭文的铜板以及印章和铜币、陶器等。

3. 历史文化

关于那烂陀寺的具体建造年代，历来说法不一。据说，那烂陀寺是公元前3世纪的阿育王所建。玄奘又在《大唐西域记》中载，那烂陀寺为佛陀涅槃后不久，帝日王在此建立。一般认为，那烂陀寺建于5世纪左右，在六位国王的扩建下，多所寺院连成一体，成就了空前的规模。据《大慈恩寺三藏法师传》载："如是六帝相承，各加营造，又以砖垒其外，合为一寺，都建一门，庭序别开中分八院……印度伽蓝数乃千万，壮丽崇高，此为其极"。

那烂陀寺

最盛时期的那烂陀寺方圆 48 里，南北有数十所寺院，常住僧侣 4000 人左右，加上客人，有万余人在此居住。

那烂陀寺兼有大、小二乘佛教，但以大乘为主。僧人在寺内学习大、小乘佛教，还兼学因明、声明、医方和术数等各种知识。寺内还有宝海、宝增、宝色三大图书馆，一些大乘有宗著名的论师如护法、德慧、月护、胜友、戒贤等曾在此讲学。5—12 世纪的那烂陀寺一直是印度佛教重要的教学和研究中心，世界各地的高僧云集于此，修持讲学，中国、日本、朝鲜等国的僧人也不远万里，负笈前来。632 年，中国高僧玄奘经长途跋涉，进入那烂陀寺学法，并经六年钻研，精通所学各门。641 年，那烂陀寺举行了一场大型辩论会，持续了 18 天，最后玄奘法师取胜，从此名震五印。后高僧义净复至那烂陀寺研学 10 年，满载而归，对中国佛学的发展做出了巨大贡献。那烂陀寺的印度僧人还对中国西藏佛教的建设起过重要作用，中兴西藏的印度僧人寂护、莲花生等皆为那烂陀寺僧。当时的中国僧人还在此建立了汉寺，爪哇的国王则捐施了爪哇寺。

13 世纪左右，那烂陀寺毁于穆斯林军队的战火，僧人大量逃亡国外，此后虽经一度恢复，但不久又遭毁灭，最终湮灭于丛林之中。1861 年，那烂陀寺遗址被发现。1915 年，印度政府考古局根据玄奘的记载，做了挖掘工作。新发掘出的遗址是一片红色砖石砌成的建筑群，包括佛塔、厅堂、僧房等遗址，并出土铜像、铜盘、印章等文物。1959 年，印度政府新建那烂陀寺，并开办了巴利研究院。20 世纪 50 年代，中印两国政府在此合建了一座中国式建筑——那烂陀大学，另外还建有 “那烂陀博物馆”。2016 年，世界遗产大会审议通过 “印度那烂陀寺考古发掘遗址” 入选《世界遗产名录》。

4. 旅游资源

那烂陀寺曾是闻名世界的高等学府，吸引着各国僧人前来研习佛学，现虽辉煌不再，但如一处文明宝藏，纵使被风沙掩埋许久，光芒却穿透尘埃射向四方，从未被世人遗忘。其附近还有灵山、竹林精舍、玄奘纪念堂等景点，可供游客和考古学家游览和凭吊。那烂陀寺虽跨越千年，断壁残垣依然时刻彰显着佛教文化的灿烂光辉，也是中印两国人民之间源远流长的传统友谊最有力的见证。

（二）泰姬·玛哈尔陵

1. 地名由来

泰姬·玛哈尔陵（Taj Mahal）是莫卧儿王朝第五代帝王沙贾汗（Shah Jahan）为纪念他逝去的王后而建造的。王后原名阿姬曼·芭奴，封号为泰姆泰姬·玛哈尔，意为“宫廷的王冠”，陵墓之名由此而来。

2. 地理概况

泰姬·玛哈尔陵位于印度阿格拉古城的亚穆纳河畔，距新德里200余千米。陵园占地约17公顷，总平面呈长方形，由殿堂、钟楼、尖塔、水池等构成，皆采用纯白色大理石建筑，以玻璃、玛瑙镶嵌而成，是伊斯兰建筑中的代表作。

陵园四周被一道红砂石墙围绕，正中央是陵寝，陵寝东西两侧建有对称均衡的清真寺和答辩厅。陵的四方各有一座尖塔，高达40米，内有50层阶梯，是专供穆斯林阿訇拾级而上的。大门与陵墓间以一条宽阔笔直并以红石铺成的甬道相连接，甬道两旁则是人行道，人行道中间修建有一个十字形喷泉水池。陵园分有两个庭院，前院古树参天，开阔而幽雅；后院占地面积最大，由一十字形的宽阔水道交汇于方形的喷水池，喷水池喷出的水柱交叉错落，如游龙戏珠。

后院的主体建筑即为著名的泰姬陵墓。陵墓的基座是一座高7米，长宽各95米的正方形大理石，陵墓的边长近60米。墓身以大理石铺筑，顶端为巨大的圆球，四角矗立着高达40.23米的三层呼拜塔，庄严肃穆。陵墓的正中为寝宫。寝宫的上部是一高耸饱满的穹顶，下部为八角形陵壁，上下总高74米，以黑色大理石镶嵌的半部《古兰经》的经文置于4扇拱门的门框上。寝宫共分5间宫室，宫墙上有以珠宝镶成的繁花佳卉。陵墓的中心为中央八角大厅，墙上镶嵌着浅浮雕和精美的宝石。中心线上安放着泰姬·玛哈尔的墓碑，国王沙贾汗的墓碑立于其旁。墓室的中央有一块大理石的纪念碑，上刻几行波斯文：封号宫中翘楚泰姬·玛哈尔之墓，后方草坪则为当时宫殿的葡萄园。

3. 历史文化

16世纪初，迫于中亚其他族群的威胁，帖木儿的蒙古后人巴卑尔在征服了印度的一大部分土地后，建立了莫卧儿帝国，并将印度置于其统治之下。第三代国王阿克巴统治时期，致力于为王朝开疆拓土，并为后代留下一个繁荣稳定的国家，使得莫卧儿王朝的政治、经济和文化得到了极大的发展。

1627 年，沙贾汗（Shah Jahan）王子继承王位，成为莫卧儿王朝的第五代国王。沙贾汗此前曾起兵争夺过父王的王位，兵败之后颠沛流离达 7 年之久。在此期间，他的妻子阿姬曼·芭奴（Arjumand Banu）常伴左右，与其共同进退。沙贾汗即位后，赐予其封号“泰姬·马尔哈”，意为“宫廷的王冠”。此后帝后伉俪情深，形影不离。然而好景不长，仅仅 3 年之后，在沙贾汗的一次出巡中，泰姬·马尔哈因难产而死于郊野军帐之中，终年 38 岁。沙贾汗遵循泰姬的遗愿，在亚穆纳河畔为其建造了一座纪念墓地，并以其名命名。他对泰姬哀悼达两年时间，每逢星期五，都要身披白衣，到泰姬的墓前念超度亡灵的祈祷文，头发也因悲痛而日渐泛白。

1631 年，沙贾汗征调了印度、波斯、土耳其等国众多建筑师和数万名工匠，耗费 4000 万卢比，选用了印度的大理石，中国的宝石、水晶和玉，阿拉伯的珊瑚，也门的玛瑙等，历时二十余年营造了一座举世无双的泰姬陵。

泰姬陵

他本来想在亚穆纳河的另一边为自己建造一座陵墓，与泰姬陵规模相仿，隔河相望，并以大理石桥相连。但陵基刚打好，帝位就被篡夺，沦为了儿子奥朗则布（Aurangzeb）的阶下囚，被囚禁于泰姬陵不远的亚格拉堡的八角宫内，最终忧郁而死，由他的女儿将其葬于泰姬陵中。

印度沦为英国殖民地期间，亚格拉的红堡曾被征用为军营，泰姬陵则改成了英国青年们娱乐的舞厅，遭到严重破坏，众多宝石也惨遭洗劫。二战期间，一架美国军用运输机险撞到泰姬陵上，在最后一刹那，驾驶员强行将飞机升起，使得泰姬陵幸免于难。1983 年，联合国教科文组织将泰姬・玛哈尔陵列为世界文化遗产。2007 年被评选为“世界新七大奇迹”之一。

4. 旅游资源

泰姬陵造型端庄，线条优美，正方形的台基，三角形的门洞，笔直的圆柱，圆形的穹窿，挺拔的呼拜塔等各种几何形体被巧妙地糅合在一起，是印度伊斯兰风格与古代波斯风格融为一体的建筑工艺与园林艺术的典范之作。在这里看不到游人为亡者哀悼，听到的只是对这巧夺天工的建筑发出的啧啧赞叹，以及口口相传的凄美爱情故事，著名诗人泰戈尔将其誉为“永恒面颊上的一滴眼泪”。

参考文献

1. 许政：《玉宇琼楼泰姬陵》,《世界建筑》1982 年第 2 期。
2. 魏新编著：《图说世界著名建筑》，北京工业大学出版社 2015 年版。

（三）阿旃陀石窟群

1. 地名由来

阿旃陀石窟群（Ajanta Caves）原被当地居民称为“莱那”，为古代巴利语“洞”的意思。1819 年，石窟被英国马德拉斯军团约翰・史密斯等几位军官在瓦哥拉山谷狩猎时意外发现，并以附近村镇阿旃陀为其命名。“阿旃陀”源于古代梵语“阿谨提耶”，意为“无想”“无思”。

2. 地理概况

阿旃陀石窟群位于印度马哈拉施特拉邦北部文达雅山的悬崖上，西距奥兰加巴德 106 千米。29 座石窟环布于高 100 多米、长 550 米的新月形山峰的山腰间，其中 25 窟为僧房（Vihar），4 窟为带门庭的佛殿（Stupa），前者称“毗诃罗”，后者称“支提窟”。佛殿类石窟一般比较深长，窟的正中有一座圆形佛塔，塔中供奉有舍利。第 19 号石窟是最大的佛殿，窟门之上有龙王携妻图，石窟至佛塔还有两排雕刻精致的石柱。僧房类石窟是专供僧侣们修道及居住的地方，中有广场，设有前廊，仅陈设着较为简单的石床、佛龛、石枕等器具，以第 4 号石窟为代表，窟内还有 28 根石柱。

29 座石窟按照开凿年代，大致可划分为四个时期。第 7 至 13 号石窟约开凿于公元前 1 世纪，为第一期。14 号至 19 号石窟为第二期，大约凿成于 1 世纪至 5 世纪。第 1 至 6 号未完工石窟约开凿于 7 世纪，为第三期。第 21 至 29 号石窟为第四期，约成于 4 至 7 世纪。

阿旃陀石窟内还有众多的雕像和壁画。雕像的代表作是第 19 号石窟门廊前庭左侧的《蛇王与王后》，是笈多王朝时期的高浮雕作品。除此之外，第 19 窟的支提窗上的药叉像、第 26 号洞窟的《佛陀涅槃》像以及第 6 号窟的高浮雕佛像，皆是印度佛雕的精品。阿旃陀石窟中绘有众多的宗教壁画，其中描绘了各具特色的五百罗汉像、降魔图、菩萨像等。还有部分壁画展现的是笈多王朝的宫廷生活。

3. 历史文化

佛教产生于公元前 6 世纪的古印度，因得到大批商人和多位国王的支持而迅速传播。公元前 5 世纪，释迦牟尼涅槃后不久，佛教徒便进行了首次结集，为后来的跨地域传播奠定了基础。公元前 327 年，马其顿国王亚历山大率军侵入印度西北部地区，佛教也从原来的恒河中游地区扩展到整个恒河流域及周围地方。

公元前 271 年，孔雀帝国的阿育王继位，该时期整个南亚次大陆也在历史上实现了空前统一。阿育王在征服南印度羯陵伽国之后，皈依佛教，并以佛教为国教，组织高僧对佛教经典进行再次结集。公元前 3 世纪，阿育王开创了凿山建窟的先例。阿旃陀因美妙绝伦的马蹄形地貌和地处西印度重要商道的绝佳地理位置，成为开凿石窟寺院之所。在此后 200 多年的时间里，共完成了 6 个石窟。但随后，古印度人突然停止了开凿，直到约 400 年后的笈多王朝强盛时，才再次掀起了开凿石窟的热潮。至 6 世纪时，阿旃陀石窟才完全竣工。

7世纪后，因印度教的复兴，佛教逐渐走向衰落。最后一次记载阿旃陀石窟的是中国唐代高僧玄奘。638年，玄奘至南印度摩可剌陀国，在《大唐西域记》中记载了阿旃陀石窟的全貌："国东境有大山，叠岭连嶂，重峦绝巘。爰有伽蓝，基于幽谷，高堂邃宇，疏崖枕峰，重阁层台，背岩面壑，阿折罗（唐言所行）阿罗汉所建……伽蓝大精舍高百余尺，中有石佛像，高七十余尺……精舍四周雕有镂石壁，作如来在昔修菩萨行诸因地事，证圣果之祯祥，入寂灭之灵应，巨细无遗，备尽镌镂。伽蓝门外，南、北、左、右各有一石象。"

至12世纪时，石窟惨遭废弃，之后逐渐掩埋于泥土流沙和崖壁攀缘植物的茎叶之下。19世纪初，英国军官约翰·史密斯至瓦古尔纳河谷丛林中狩猎，在阿旃陀石窟里发现了这些壁画。随后，印度、英国的学者开始临摹。时隔数年之后，印度古建筑学家吉姆斯·福格孙闻讯亲临这座石窟群，并在调研后发表《印度的石雕寺》一文，轰动世界。20世纪20年代，学者们公开发表了临摹的阿旃陀壁画，使得这些精美的壁画开始为世人所知。印度考古学家德什班德（Deshpande）还把这种凿岩为寺，融建筑、绘画、雕刻为一体的视觉艺术表现形式称为"阿旃陀主义（Ajantaism）"。1983年，阿旃陀石窟被联合国教科文组织列入《世界遗产名录》。

4. 旅游资源

阿旃陀石窟群将印度古建筑、雕刻和绘画三者融为一体，高处俯看，如一轮弯月静静地散落在陕谷中，星星点点，错落有致，是印度古代石窟艺术的精品。阿旃陀石窟还是闻名世界的壁画艺术宝库，被誉为"幽谷画廊"。"菩萨拈花""佛祖降魔""王后聚坐""仕女对镜梳妆""伎乐天歌舞"等壁画栩栩如生，宛若一幅幅浩繁绚丽的古代印度生活、民俗画卷，令人心驰神往。石窟壁画以佛的生平事迹为题材，真实反映了当时印度古代宫廷生活和社会的风貌，不仅对印度的美术产生了巨大的作用，而且对印度佛教所曾传播到的国家和地区产生了深远影响。

参考文献

1. 李利安：《阿旃陀石窟：印度佛教历史变迁的缩影》，《光明日报》

2013 年 10 月 31 日第 11 版。

（四）亚格拉古堡

1. 地名由来

亚格拉古堡（Agra Fort）又称红堡，是莫卧儿帝国时期遗存的重要堡垒。该地曾是莫卧儿帝国创始者巴卑尔王的驻地，1565 年，巴卑尔之孙阿克巴在此重新建城称为亚格伯拉巴德，意为“亚格伯之城”。莫卧儿帝国衰落以后，该城市受马拉地的影响，逐渐转讹称亚格拉，亚格拉堡也因此得名。

2. 地理概况

亚格拉古堡位于印度北方邦的亚穆纳河畔，距首都新德里以南 206 千米，马拉图以南 58 千米，与泰姬陵隔河相望。整座古堡呈现出不规则的八角形，墙高约 33.5 米，东西宽约 548 米，南北长约 915 米。城墙周长约 2500 米，西、南两边各有一座大城门，西门称德里门，南门称阿尔・辛格门（Amar Singh Gate），由于其他城门关闭，南门目前也是唯一的入口。此外古堡还有克什米尔门、阿兹末门、喀布尔门三座小城门。城墙上有用来防卫的高达 2 米的雉堞和塔楼，墙下是宽约 10 米、水深约 2 米的护城河。

亚格拉古堡内约有建筑 500 余座，所有宫殿皆以大理石及其他名贵石料铺砌而成。殿中柱间壁上雕刻人物、花鸟，大理石镂空的窗楼上还镶嵌着璀璨夺目的宝石。其中最华丽的当属以大理石铺就的枢密宫，这里是皇帝和大臣们议事的地方，其三面是由正方形柱组成的拱门，另一面则是绣雕方形窗户，雕刻的画面是典型的伊斯兰式建筑图案。古堡内还有珍珠清真寺（Moti Masjid）、女子集市（Ladies，Bazaar）、贾汗吉尔宫（Jahangir Mahal）等建筑。

古堡还分设内、外宫两部分，内宫为娱乐宫，是帝王、王妃和公主休息、游玩之场所；外宫主要建筑是觐见宫，是莫卧儿皇帝接待王公大臣和外国使节的地方。殿内正中间有一壁龛，前为国王的大理石宝座，高达 3 米，上刻花鸟、树木等浮雕。古堡内最富有特色的建筑是贾汗季宫殿，宫内四周环绕有二层小楼，宫墙则彩画似锦。亚格拉堡内还有一座八角形的石塔小楼，称茉莉宫（Khas Mahal），登临塔顶，可以远眺到与亚格拉堡遥遥相对的举世

亚格拉古堡

闻名的泰姬陵。相传当年沙贾汗王被幽禁时，就时常至此眺望泰姬陵，以诉衷肠。

3. 历史文化

亚格拉属于布拉杰文化区域，这座城市最早被提及是在史诗摩诃婆罗多（Mahābhārata）中，当时被称作 Agrevaṇa，该名称在梵语中意为“森林的边界”。11 世纪时，波斯诗人玛斯（Mas’ūd Sa’d Salmān）记述了被攻击的阿格拉要塞，然后，该城被苏丹・马哈茂德所控制。1506 年，苏丹希坝达尔・洛迪（Sikandar Lodī）将首都从德里搬至亚格拉，其统治时期，亚格拉一直发挥着第二首都的重要作用。

1526 年，巴卑尔在帕尼帕特战役中击败了德里苏丹，建立了莫卧儿帝国，并留在了易卜拉欣・洛迪的宫殿里。1530 年，巴卑尔死于亚格拉，长子胡马雍在堡垒中加冕。在意识到亚格拉的重要地位之后，胡马雍的后继者阿克巴（Akbar）将其作为统治时期的首都，并于 1558 年抵达亚格拉。历史学家阿布・法兹尔（Abul Fazl）还记录了这一砖砌城堡。1565 年，阿克巴派建筑师穆罕默德・盖西姆・汉负责在洛迪・德巴达尔高城堡旧址基础上重建古堡，内以砖砌，外以红砂岩覆盖，大约4000位建筑工人历时8年，于1573年将亚格拉堡建设成一座军事城堡。据《阿克巴律例》载，城堡初建时，共计有500余座孟加拉和古吉拉特式的红砂石楼阁。在阿克巴的建造下，亚格拉成为与德里、马尔瓦、阿瓦德、阿拉哈巴德齐名的12个亚哈（帝国最高省份）之一。

阿克巴的孙子沙贾汗统治时期，在亚穆纳河的另一岸建立了壮丽的泰姬陵，并摧毁了亚格拉堡先前的一些建筑，以白色大理石对其进行重建，使亚格拉古堡成为一座无比壮丽的皇家都城。沙贾汗的晚年被第三子奥朗则布（Aurangzeb）废黜并囚禁在古堡里。据传沙贾汗即死于亚格拉堡的茉莉宫。1638年，莫卧儿帝国的首都从亚格拉转移到德里。

1835年，英国统治印度时期，亚格拉堡成为政府的所在地，仅仅两年后，它就见证了1837—1838年的亚格拉饥荒。1857年的印度叛乱中，一群暴徒洗劫了这座城市，使古堡受到了严重损害，后在英国的重新统治中，亚格拉堡在1947年独立之前，得到了较好的保护。亚格拉堡是印度伊斯兰艺术巅峰时期的代表性建筑，1983年，联合国教科文组织将亚格拉古堡（Agra Castle）列入《世界遗产名录》。

4. 旅游资源

亚格拉古堡集印度教和伊斯兰教建筑艺术之大成，兼具宫殿和城堡的双重功能，坚固而庄严。堡内有威严的觐见宫、恬静的观鱼院、精巧的珍珠清真寺、华丽的枢密宫等，白色的大理石宫墙光彩照人，镀金的宫顶熠熠生辉，镶嵌宝石的柱子耀眼夺目，亭台楼阁相连，令人目不暇接。游客不仅能欣赏到古印度精湛的建筑工艺，还能在一次次的游玩中倾听其丰富多彩的历史事迹，陶醉于古老城堡历久弥新的文化魅力。

参考文献

1. 张发懋：《阿格拉红堡——印度古建筑赏析》,《中华建设》2013年第5期。

（五）德里胡马雍陵

1. 地名由来

胡马雍陵（Mausoleum of Humayun）是1562年由哈米达巴奴主持建造的，因是印度莫卧儿帝国第二代皇帝胡马雍的陵墓而得名。胡马雍为“幸运者”之意。

2. 地理概况

胡马雍陵位于印度德里东郊亚穆纳河畔，是一座以拱门、圆顶、繁复的几何装饰图案为特色且强调和谐对称的伊斯兰式的大型陵墓。整个陵区占地40余平方米，呈长方形，由入口门户、喷泉、前庭花园和陵墓主体几个部分构成。

陵墓坐北朝南，坐落在一个宽阔的“四分式庭园”内，院子被水路切割成“田”字形，每个田字格又被分割为更小的正方形。陵墓的四周环绕着长达2000米的红砂石围墙，四面各有大门。大门以灰石建造，为一个八角形的楼阁式建筑，门楣上方呈线条柔和的圆弧形，大门上装饰着由大理石、红砂石等拼凑出的小巧图案。

陵园正中为高约24米的胡马雍陵墓，四周分两层对称分布着8个相同的旁陵。胡马雍陵墓呈正方形，耸立在47.5米见方的高大石台上。陵墓皆以红砂石建造，四壁之上设有两层排列的小拱门，中央为白大理石圆顶，圆顶由两个单独的上下拱顶组成，拱顶之间留有缝隙。外层拱顶支撑着白色的大理石外壳，中央是一座黄色金属的小尖塔，内层则形成穹隆覆盖着下面的墓室。陵墓内有呈放射状的通道，经由这些通道可以到达两侧高约22米的八角形宫室，宫室上面各有两个八角顶的凉亭。宫室的两面，还建有翼房和游廊，相传当年胡马雍大帝就是从右侧翼房的藏书楼梯摔下而亡的。寝宫的中央放置着胡马雍和皇后的石棺，两侧宫室则安放着莫卧儿王朝5位帝王的石棺。

3. 历史文化

胡马雍是莫卧儿王朝的第二位帝王，他的父亲是1526年建立莫卧儿王朝的巴卑尔。巴卑尔一生忙于流亡和开疆拓土，无暇制定新的法律和整顿行政，留给胡马雍的是一个既不完善又不稳固的政权。1530年，巴卑尔死于亚格拉，长子胡马雍（Humayun）继承王位。此时莫卧儿对于北印的统治尚未巩固，皇族内部亦不团结，被拥戴为阿富汗贵族的新领袖舍尔汗成功地利用了他的困境及战略的失误，在乔萨和卡瑙季两次将胡马雍打败。1540 年，胡马雍逃亡拉合尔，开始了 15 年的流亡生活。

1539 年，舍尔汗自立为王，建立苏尔王朝。1554 年，胡马雍得到伊朗萨菲王朝的帮助，趁苏尔王朝内乱之机，自流亡地拉合尔卷土重来，并于 1555 年 7 月重回德里。不幸的是，次年 1 月，胡马雍从藏书楼掉下摔死，远在旁遮普的阿克巴继承父位，成为莫卧儿王朝的第三位帝王。胡马雍死后，被埋葬在德里的浦拉纳古城（Purana Quila）宫殿内，此后遭到破坏。1558 年，其后继者阿克巴来此祭拜。

1565 年，胡马雍的遗孀哈克·贝克姆（Bega Begum）主持修建胡马雍陵，由米拉尔·朱尔扎·吉亚斯（Mirak Mirza Ghiyas）设计。据印度文献记载，哈克·贝克姆自麦加朝圣归来之后，监督了陵墓的建造。帝后哈克·贝克姆投入毕生精力在亚穆纳河畔建造帝国最壮观的陵墓以悼念已故的胡马雍皇帝，当时的 150 万卢比，皆由其出资。1572 年，胡马雍陵完工，成为印度次大陆的第一座花园式陵墓。1611 年，英国商人威廉·芬奇（William Finch）

德里胡马雍陵

参观了这座古墓，描述了中央大厅华丽多姿的内部装饰，以及名贵的地毯，还有一个布天篷，纪念碑之上还有一个小帐篷，盖着一张纯白的床单，前面放着《古兰经》，胡马雍的剑、头巾和鞋子皆置于内。

胡马雍陵曾是著名的花园式陵墓，占地超过 13 公顷。至 18 世纪早期，曾经郁郁葱葱的花园已经被居住在围墙内的人们的菜园所取代。1857 年，在胡马雍陵内，威廉·霍德森抓获了莫卧儿帝国的末代皇帝巴哈杜尔·沙二世（Bahadur Shah Zafar）和他的儿子，随后英国完全占领德里。1860 年，莫卧儿时期的花园设计被英式花园设计取代，后在 20 世纪初被纠正过来。1882 年，花园被出租给一些皇室后裔，用以种植卷心菜和烟草。1947 年，印度分裂期间，胡马雍陵成为巴基斯坦穆斯林迁移的主要难民营，后归印度政府管理。1993 年，联合国教科文组织将胡马雍陵作为文化遗产列入《世界遗产名录》。

4. 旅游资源

胡马雍陵是印度教与伊斯兰教建筑模式巧妙融合的典范，其采用古代印度建筑空间模式构图，开创了古代印度花园式陵墓建筑的先例。墓内的红砂石、精细的镂花、花园式内景和四周墙壁上的拱形大门皆以精巧见长。园内石墙、廊柱上嵌着精美的雕刻镂花，弥漫着浓郁的异域古国风情。站在墓顶，还可远眺亚穆纳河、顾特卜塔、贾玛清真寺，是众多游客来访印度的必去之地。

参考文献

1. 胡马雍陵官网（http：//www.humayunstomb.com/）。

十一、巴基斯坦

（一）摩亨佐·达罗考古遗迹

1. 地名由来

摩亨佐·达罗在信德省方言中，意为“死亡之丘”，建于约公元前3000年，1922年被考古发掘，因城中遍布骷髅，故得此名。作为印度河流域哈拉巴文化的代表，摩亨佐·达罗考古遗迹（Archaeological Ruins at Moenjodaro）被称为“青铜时代的曼哈顿”，现已被列入世界文化遗产。

2. 地理概况

摩亨佐·达罗遗迹位于巴基斯坦信德省境内拉尔卡纳县城南20千米处，靠近印度河右岸，距卡拉奇约500千米。整个城市呈长方形，占地约8平方千米，皆以毛坯砖建造，是青铜时代的古城遗迹，包括一座卫星城，周围建有壁垒。摩亨佐·达罗的城镇街道大多为东西和南北走向的直路，呈平行排列或直线相交。主街道宽达10米，将城址分成东、西两区，西为城堡区，东为居民区。

城堡区设于东西长约200米、南北宽380米、高15米的人造平台之上，为高达15米余的圆形古堡，四周建有城墙，上有数处望楼。城墙内有大浴池、粮仓、庭院、大厅等。大浴池长12米，宽7米，深2.4米，由红砖和灰浆砌成，南北两面设有可下至浴池的阶梯，四周还有精巧的上下水道。众多学者认为这座大浴池可能是为宗教仪式服务的。

居东的居民区布局整齐，街道分成东西和南北走向，有12个区，各处均设有岗哨。住宅区有数千间房屋，每个住宅有6至10间房，通常为多间建筑，也有二层楼。房屋大小不等，有几套院落，也有简陋的单间茅舍。其中较为突出的是一幢包括多间大厅和一个储存库的建筑物，系当时国王或首领居住之地。房屋下有排水道，以拱形砖砌成，形成一独特的排水系统。住宅大都有水井和整洁的浴室，且有将废水引入公共排水渠之中的排水沟。大小住宅多在外墙装有专用的垃圾滑道，居民可以把日常生活产生的废物倒入滑道，然后滑入连接水道系统的街边小沟内。如此复杂的污水和污物处理系统，显示出古代印度人民的智慧和才能。除住宅之外，还有店铺、染布、制陶、贝壳加工等作坊的工商业区，已出土生活用品、生产工具、印章、塑像等文物。

3. 历史文化

古代印度河流域是人类文明的发祥地之一。距今6000年前，达罗毗荼人定居于河谷地区，耕种土地，驯养牲畜。公元3000年前，印度河流域的生产力已达到相当水平。人们用青铜斧和石斧砍伐森林，开垦田地，还会制造小刀、镰刀、锯、矛等青铜工具和武器。

约公元前2400—前1700年，古印度人民创造了灿烂的哈拉巴文化，以发现最早、遗址规模最大的哈拉巴城而命名。这一时期的遗址多集中在印度河流域。哈拉巴文化时代的居民主要从事农业，他们已学会拦河筑坝并驯养猪、狗、骆驼等各种牲畜。该时期，随着经济的发展，印度河流域形成了诸如哈拉巴和摩亨佐·达罗等城市。

摩亨佐·达罗分城堡和居民区。城堡周围有高墙、防御的塔楼以及宫殿、浴室、谷仓等建筑，还有完整的供水和排水系统，这在古代是极其罕见的。摩亨佐·达罗的繁荣经历了漫长的几个世纪，公元前18世纪中叶，哈拉巴文化突然衰落，印度河流域的很多地方也遭到了毁灭性的打击，尤其是摩亨佐·达罗。关于其毁灭的原因，众说纷纭。一说毁于特大的爆炸和大火等自然灾害；一说毁于外敌入侵。

1922年，印度勘察队员拉·杰·班纳等人偶然于佛塔废墟之内，找到几块刻有动物图形和令人费解的文字的石制印章等史前遗物。此后相继有考古学家来此考察和发掘。1925年，挖掘出土了城堡区的大浴池，进而使这座建于约4500年前的古城遗址逐渐现于世人眼前。在数次考古发掘中，摩亨佐·达罗遗址出土了棉花、麦类、瓜果等农产品以及骨刻、石雕像、绘画、人形陶俑、塑像等大量造型精美的艺术品，其中包括2000余枚护身符印章，体现了灿烂的印度河流域文明。1980年，联合国教科文组织将摩亨佐·达罗考古遗址列入《世界遗产名录》。

4. 旅游资源

摩亨佐·达罗考古遗址是印度古文明鼎盛期最具代表性的城市遗址，因其完善的城市规划、周密的设计水平、丰富的出土文物、宏大的建置规模而闻名于世，又凭借其惊人的古代文明、神奇的难解之谜，吸引着世界各地的学者和游客前来。

（二）拉合尔古堡

1. 地名由来

拉合尔古堡是拉合尔城一座历史悠久的堡垒式建筑。拉合尔（Lahore）之名的来源尚不清楚，早期的穆斯林历史学家记录为 Lōhār，中世纪的拉其普特人则称城市名为 Lavkot。一种说法认为，Lahore 是 Ravāwar 的变体，在梵语中 R 转换成 L 是极其常见的。另一种说法认为，Lahore 源于 Lohar 一词，意为“铁匠”。而在印度传统中，Lahore 据说是由拉瓦王子建立的，其名字来源于 Lavpur 或 Lavapuri，意为“拉瓦的城市”。

2. 地理概况

拉合尔古堡位于今巴勒斯坦拉合尔城东北部的旁遮普地区，地处富庶的印度河上游冲积平原。广义的拉合尔古堡包括一座带宫殿的城堡、镶嵌画装饰的巴德沙希清真寺以及由亭台、瀑布和池塘组成的沙利马尔花园。

城堡平面呈正方形，东西长 450 米，南北宽 330 米，四周是坚厚的城墙。城墙由小块烧制的砖砌成，并设有碉堡和枪眼。城内有 21 座建筑物，位居正中的是一座由 40 根圆柱撑起的宫殿，是皇帝的办公室兼书房。旁边是大理石筑的国王朝觐台，其前后两端分别是一个小广场和建于水池中间的小舞台。坐在高台宝座的国王，透过镂空的大理石屏风可检阅下面操演的军队或接见跪拜的臣民；若转向另一侧时又可欣赏水池里歌姬舞娘的曼妙表演。镜宫是莫卧儿王朝时期王后的住所，由迎宾厅、会议厅、寝室、娱乐室、喷水池、人工湖和象房组成。其穹顶和四壁粘贴着 90 万片红色、蓝色和褐色的玻璃镜片，在阳光和烛光的照射下，能反射出五彩斑斓的光芒，宛若一片浩瀚的星河。

沙利马尔花园方圆 20 公顷，四周环绕着高墙，院内有 3 个修有阶梯的平台，这里是王室的娱乐场所，也是皇帝及其部下在拉合尔的行宫。园中的亭台和避暑住所皆以大理石和红砂岩构成，以瀑布及 400 多个喷泉装饰成的大道和林荫小路纵横交错，布局精巧。在拉合尔古堡的对面，还有一座巴德沙希清真寺，可同时容纳 6 万人做祷告，建造者是莫卧儿王朝的第六代皇帝奥朗则布。清真寺的造型是蒙古式的，主体建筑分上、下两层，下层有教长和其他寺院宗教人士的居所；上层房间内珍藏着一批历史圣物，其中有先知穆罕默德的披风、阿里的手抄《古兰经》珍藏本以及先知女儿法蒂麦的绣花手绢。据说清真寺内的一个博物馆里还收藏着穆罕默德及其弟子们的圣骨。

3. 历史文化

尽管拉合尔地区已经有人居住数千年，但除一些神话传说之外，拉合尔堡的起源并不为人所知。历史上首次提及拉合尔的堡垒是在 11 世纪的迦兹纳维王朝统治时期，当时是一座用泥土筑成的军事要塞。1241 年，蒙古人入侵拉合尔时，堡垒被摧毁。1267 年，德里马穆鲁克王朝的苏丹巴尔班在这里建造了一座新堡垒，重建后的堡垒在 1398 年又被帖木儿的侵略军摧毁，直到 1421 年被穆巴拉克・沙・萨伊德重建。15 世纪 30 年代，拉合尔古堡被喀布

拉合尔古堡

尔的沙伊克·阿里占领。在1524年被莫卧儿皇帝巴布尔占领之前，拉合尔一直处在洛提王朝的普什图苏丹的控制之下。

1566年，莫卧儿帝国的皇帝阿克巴占领拉合尔并将其作为守卫帝国西北边境的哨所。为抵御外敌入侵，他下令在拆除旧城后修建了高墙环绕的砖石结构堡垒。随着拉合尔逐渐成为南亚次大陆的商业中心和夏都，莫卧儿王朝的皇帝不断在古堡内扩建、增修宫殿、花园和喷泉，使得原本仅具有军事功能的古堡成为一座金碧辉煌的皇家宫苑。至莫卧儿王朝第五代君主沙贾汗时期，拉合尔古堡进入了最辉煌的时代。古堡原先的红砂岩结构改成了白色的大理石，城墙之上还修建了敌楼、碉堡。沙贾汗还举全国之力为其皇后泰姬·玛哈尔在古堡内修建了一间豪华寝宫，名“镜宫”。不过遗憾的是，当镜宫在1631年完工时，泰姬已撒手人寰，并未能住进里面。

18世纪，莫卧儿帝国开始衰落，拉合尔也随之遭受了政治上的衰败和宗教上的耻辱。19世纪初，锡克教统治者指使军队破坏了拉合尔城许多壮丽的伊斯兰神殿，他们还把巴德夏希清真寺当作军火库，拉合尔城堡被用作锡克帝国创始人兰奇达（Ranjit Singh）的住所。1849年2月，在古杰拉特战役中，锡克教徒战败，英国殖民者吞并了旁遮普省并接管了拉合尔古堡。1940年，伊斯兰联盟正式要求在此建立伊斯兰教定居点。1981年，拉合尔古堡和沙利马尔花园（Fort and Shalamar Gardens in Labore）作为文化遗产被列入《世界遗产名录》。

4. 旅游资源

拉合尔古堡真实而完整地记录了巴基斯坦自阿巴克时期至洽赫·吉汉时期的建筑历史，是莫卧儿王朝灿烂文明的杰出代表。其不仅是一座皇宫，还是一座集古代绘画、雕塑、建筑于一体的博物馆，庄严肃穆的清真寺、清丽秀雅的花园、坚实的堡垒、凄美的爱情挽歌使其成为南亚次大陆地区共同认可的文化遗产。每年，它都吸引着来自不同民族、不同地区和不同宗教信仰的游客前来观光。

参考文献

1. 龙昌黄编著：《印度文明》，吉林美术出版社2012年版。

（三）费萨尔清真寺

1. 地名由来

费萨尔清真寺（Faisal Mosque）是巴基斯坦的国家清真寺，其始建倡议得到了当时访问的沙特国王费萨尔的支持，且其全部建造资金由沙特阿拉伯费萨尔国王基金会捐助，故名。

2. 地理概况

费萨尔清真寺坐落于巴基斯坦首都伊斯兰堡市区西北的马格拉山麓，背靠青山，通体以白色大理石砌筑。整座清真寺呈长方形，占地 19 万平方米，由礼拜殿、宣礼尖塔、回廊、院内广场、办公室、宿舍、沐浴室组成。建筑的主体结构是一个主祈祷厅和四个宣礼塔，中间处设一方形喷水池，左边是朝拜者沐浴的地方，地坪铺以白色大理石，东、北、南三面是宽阔的回廊和办公用房。祈祷殿、清真寺正面和两翼的回廊、庭院和空地可容纳 10 万人同时礼拜，其周围的广场则可容纳 20 万人。

祈祷殿的外形呈八角形，酷似一顶巨大的贝都因人沙漠帐篷，大殿的四面各呈三角形，具有很强的立体几何感。殿之四角各建有 200 米高的宣礼尖塔，塔尖顶端轻托着一勾银亮的新月。祈祷殿是一座大跨度无柱帐篷式结构，以钢筋水泥铸成，顶部和四壁修有状如蜂房的通气孔道，高 40 米，面积约 5000 平方米。大殿的两根下弓形十字交叉混凝土大梁，四端抵着 4 座灯塔的基根，4 片菱形殿脊呈对角分担在弓形梁上。祈祷厅的内部没有柱子，全部重量由 4 座 88 米高的宣礼塔承载。殿内部以马赛克装饰，地面铺以地毯，南北两面设有放置《古兰经》的巨大书架。拱形的圆顶中央悬挂着一盏 33 吨重的土耳其风格的球星吊灯，直径达 5 米，由近百根镀金管组装而成，并装有千只灯泡，灯火通明，耀眼夺目。殿内除设有可容纳数万人做礼拜之外，还设有可容纳 1000 余人的妇女专用礼拜厅。宣礼塔内设有电梯，可将游人送至 58 米的高处。

费萨尔清真寺广场前还有巴基斯坦前总统奇亚·哈克墓，附近还设置有伊斯兰研究院、印刷所、餐厅、博物馆和行政办公室等配套机构与设施。

3. 历史文化

修建清真寺的动力始于 1966 年，当时的沙特阿拉伯国王费萨尔·本·阿卜杜勒—阿齐兹（Faisal bin Abdul-Aziz）在访问巴基斯坦期间，表示支持巴基斯坦政府在伊斯兰堡修建一座国家清真寺的倡议。1969 年，来自 17 个国家的建筑师提交了 43 份设计方案，其中土耳其建筑师维达特·达洛克（Vedat Dalokay）以不同寻常的多边形设计方案赢得了巴基斯坦政府的一致认可，他还因此获得了阿加汗建筑奖。清真寺始建于 1976 年，由阿齐姆汗领导，沙特政府资助，耗资 1.3 亿沙特里亚尔，历时 10 年建造完成。

1975 年，费萨尔在利雅得被其侄子开枪刺杀，不幸逝世。作为主张和平、凭借石油在国际上发挥重大影响的政治家，费萨尔的离世引起了整个阿拉伯世界的哀悼。巴基斯坦政府决定以其名字命名这座国家清真寺，以感谢费萨尔的慷慨资助和伟大功绩，通往清真寺的道路也同样以此命名。虽然这座清真寺的设计最初因缺乏传统的穹顶结构，遭到了许多保守的穆斯林的批评，但最终独树一帜的成品还是赢得了世人的瞩目。1986 至 1993 年，费萨尔清真寺是世界上最大的清真寺，直到摩洛哥萨布兰卡的哈桑二世清真寺建成，它的排名才被打破。现在，费萨尔清真寺的规模则位居世界第六。

4. 旅游资源

费萨尔清真寺通体以白色大理石筑成，与 4 个耸立的宣礼塔一同掩映在葱郁的山麓之中，成为“清真之国”首都的主要象征。其设计新颖、充满现代气息而又保留有浓厚的伊斯兰文化特色，昭示着巴基斯坦尊重传统，又积极面向未来的姿态和决心。同时，作为跨国资助的项目，费萨尔清真寺还体现了伊斯兰文化的强大凝聚力和沙特阿拉伯与巴基斯坦源远流长的国家友谊。

（四）塔克西拉考古遗址

1. 地名由来

塔克西拉也称塔克沙西拉，根据印度史诗《罗摩衍那》的记载，塔克西拉城由罗摩的弟弟婆罗多建立，并以婆罗多之子、首代统治者塔卡沙（Takasa）名字命名。公元前 4 世纪，马其顿亚历山大大帝远征印度时曾在此驻留，古希腊文化开始在此扎根，在希腊语中，此城被表述为 Taxila，遂得名。唐代高僧玄奘在《大唐西域记》中将塔克西拉译作“坦叉始罗”，梵文意为“石雕之城”。

2. 地理概况

塔克西拉位于今巴基斯坦首都伊斯兰堡以西20余千米处，地处印度河支流哈罗河谷地带，在连接中亚和恒河平原以及新疆和阿拉伯海的古道上，曾一度是犍陀罗佛教艺术的核心地带。经过20世纪初的发掘，共发现皮尔丘、斯尔苏克、斯尔卡普3处城址以及詹迪亚尔庙、鸠那罗佛塔、莫拉莫拉杜、达摩拉吉卡窣堵波、喀拉宛等多处佛教遗迹，并出土有陶器、金器、青铜器、铁器、珠宝、货币、佛像、银册等文物多达上万件。

被认为是孔雀王朝时期城址的皮尔丘，布局极不规则，东西长12000米，南北宽730米。这里有孔雀王朝时期的两座房屋、两处院子、两口水井遗迹。皮尔丘东北方向是斯尔卡普城址，这里曾历经大夏、希腊人、塞人、安息人、贵霜王朝的统治，考古发掘有7层文物层，涵盖宫殿、寺庙、街道、铭文等。斯尔苏克在斯尔卡普东北向，地处伦第河对岸，城址平面呈不规则的方形，南北长约1500米，东西宽约1100米。墙体以粗糙的毛石修筑，外墙每隔90英尺为一处半圆形的堡垒，下有一条狭窄的甬道，在堡垒和墙体上设置有大量的观察孔。堡垒处还发现有大量的赫迈乌斯时期的铜币。

在塔克西拉遗址处还发现有众多的佛教遗迹，其中最大的佛塔是达摩拉吉卡窣堵波，四周环绕有众多的小窣堵波。佛塔中还出土了灰泥菩萨头像、钱币、滑石瓶、浮雕等。詹迪亚尔庙，长150英尺、宽80英尺，寺庙用大窗户取代了圆柱的列柱廊和两个爱奥尼亚式圆柱，中有一金字形塔，与常见的希腊式寺庙有明显区别。鸠那罗佛塔坐落在一个低矮的矩形底座上，底座有三层，东西长63英尺，南北长105英尺，北边尽头有台阶。

3. 历史文化

塔克西拉周围地区在新石器时代就已有人定居，其遗迹可以追溯至公元前3360年。公元前1000年左右，这里形成一个主要的定居点。公元前900年，这座城市就已经参与区域贸易，出土的陶器碎片揭示了城市与布色羯罗伐底之间的贸易关系。公元前7世纪，这里已是繁华城市。公元前6世纪，塔克西拉是阿契美尼德王朝的犍陀罗都城，也是王朝的学术和艺术中心。公元前5世纪，波斯大流士帝国占领了古城。公元前326年，亚历山大大帝占领这里，据说当时塔克西拉的奥姆斐斯王公曾为其提供了大量的军用物资。公元前324年，旃陀罗笈多建立了孔雀王朝，塔克西拉处于其管辖之下。第三代国王阿育王皈依佛教，促成了佛教的第三次结集，并在全国各地大兴佛塔和敕柱。在阿育王统治的前 10 余年间，塔克西拉也由原来流行的非雅利安湿婆信仰转变成佛教信仰。阿育王在塔克西拉修建了一所大学，汇聚了整个亚洲的朝圣者和学者，此地也成为了香火鼎盛的佛教圣地和学者云集的哲学、宗教、艺术中心。

公元前 180 年，来自中亚地区的希腊—巴克特里亚王国的统治促进了这一地区的发展。公元 1 世纪，大月氏人建立的贵霜王朝在这里修建了他们的都城锡尔开普。公元 405—411 年，法显访问此地，其时佛教兴盛。载曰："自此东行七日，有国名竺刹尸罗。竺刹尸罗，汉言截头也。佛为菩萨时，于此处以头施人，故因以为名"①。公元 520 年，中国朝圣者宋云来到此地时，西北印度大部分已被嚈哒人所统治，佛教被抑制。嚈哒统治者米希拉库拉出征幼日王失败后，在犍陀罗"毁窣堵波，废僧伽蓝，凡一千六百所"。公元 7 世纪，中国高僧玄奘造访该地，称其为"呾叉始罗"，书载："地称沃壤，稼穑殷盛，泉流多，花果茂。气序和畅，风俗轻勇，崇敬三宝，伽蓝虽多，荒芜已甚。僧徒寡少，并学大乘。"② 当时塔克西拉附属今克什米尔，虽自然环境优越，但佛教遗迹毁坏众多，塔克西拉的佛教文明衰落，众多遗迹也被泥沙掩埋，以至于在此后的数个世纪里不见于史载。

19 世纪，塔克西拉的佛教遗址被英国托马斯·迪恩·珀斯少校等人发现。1863—1864 和 1872—1973 年，印度考古先驱亚历山大·卡宁厄姆开始对塔克西拉进行考古发掘。20 世纪，英国人约翰·休伯特·马歇尔和莫蒂默·惠勒等人两次对犍陀罗地区的呾叉始罗古城遗址进行了大规模发掘，发现了大量犍陀罗佛教艺术品和其他文物。塔克西图及其灿烂的文明开始重见天日。

4. 旅游资源

塔克西拉城因地处三条重要商道的交叉点而繁盛起来，曾为王朝的都城、学术中心和佛教中心，波斯、希腊、佛教文明在这里交汇融合。现今，历史的风雨虽已消磨了古城的光彩，但多年繁华所酝酿的神韵依旧散发着光芒，宽达 10 米的主干路、街巷纵横的排水沟、城脚的深水井仍依稀可辨。坚固的城垣、精巧别致的佛塔、金碧辉煌的庙宇和形象逼真的人物浮雕，错落有致，彰显着这座城市昔日的盛况。

参考文献

1.（东晋）法显撰：《法显传校注》，章巽校注，中华书局 2008 年版，第 32 页。

2.（唐）玄奘、辩机撰：《大唐西域记校注》，季羡林等校注，中华书局 1985 年版，第 300 页。

3.［英］约翰·马歇尔著：《塔克西拉》，秦立彦译，云南人民出版社 2002 年版。

4. http：//whc.unesco.org/en/list/139.

5.（北魏）杨衒之：《洛阳伽蓝记校注》卷 5《城北》，范祥雍校注，上海古籍出版社 2011 年版。

十二、斯里兰卡

（一）佛牙寺

1. 地名由来

佛牙寺（Temple of the Tooth）又称佛齿寺、齿宫殿、达拉达·马利戛瓦（Dālada Maligawa），以供奉佛祖释迦牟尼的佛牙而得名。相传此佛牙原在南印度羯陵伽国弹多补罗城，4世纪时，为避战乱，印度公主稀摩梨将其藏于头发内带到锡兰（今斯里兰卡），存放在僧伽罗人国王的王宫里。此后佛牙辗转于阿努拉德普勒城、波隆纳鲁瓦，15世纪，佛牙被转到康提，此后修建寺院进行供奉，成今佛牙寺。

2. 地理概况

佛牙寺位于斯里兰卡的康提湖畔，四周有护寺河环绕，整个寺院建在高约6米的台基之上，分上下二层，厅堂相套，结构复杂。寺内主要建筑有大殿、鼓殿、长厅、大宝库、诵经厅等。其中最重要的建筑是中心大殿。大殿内有石雕、木雕、象牙雕、金银饰、铜饰、铸铁饰、赤陶等各种装饰，墙壁、梁柱、天花板上布满了彩绘。

佛牙寺的核心是上层的内殿。内殿正中供奉着一尊巨大的金色坐佛，佛前香火缭绕，供奉着四面八方的信徒们带来的五颜六色的朵朵莲花。大殿左侧暗室中立有七层金塔，金塔中空，每层中有一个小金塔，内藏有各国佛教徒供奉的珍宝。最后一个小金塔不足1米高，铃形塔顶饰有一枚钻石，塔内有一黄金莲台，花芯置一玉环，长约5厘米的佛陀左犬齿就安放在玉环的中间。7层金塔共有19把钥匙，平时由世袭的19位董事保管。存放大金塔神龛的木门，每天晨午昏定时打开2次。神龛对面是藏书阁，阁内珍藏有释迦牟尼的讲经手稿，其中的《贝叶经书》，字迹虽历经千年却依然清晰可辨。

佛牙塔四周有高墙围绕，围墙四角分别建有观音庙、摩柯庙、长多罗伽摩庙、帕蒂尼女神庙以保卫佛牙。沿护城河和布甘巴拉湖的砖墙上有用来点燃椰子油灯的洞。位于护城河上方的正门下有一块以康提建筑风格雕刻而成的月光石。

3. 历史文化

斯里兰卡古称狮子国、锡兰。公元前 6 世纪，来自印度的雅利安人到锡兰岛建立了僧伽罗王朝。公元前 2 世纪，印度孔雀王朝的阿育王派其子来岛弘扬佛教，在锡兰国王的支持下，僧伽罗人摒弃婆罗门教改信佛教。公元 4 世纪左右，南印度羯陵伽国公主为避战乱，将此国藏有的一颗佛牙藏于发

佛牙寺

内，携至僧伽罗交于国王斯里麦卡瓦纳。《大史》载：“在国王（摩诃舍那）即位的第九年（343 年），有一个婆罗门妇女羯陵伽（Kalivga）带来一颗佛牙。”“又把它带到天爱帝须王在王宫辖区所修建的‘转法轮’大厅里。从此以后，这里就成为佛牙寺。”《佛光大辞典》在“佛牙史”条下，亦述“佛牙”传至锡兰的故事：“印度羯陵迦国佛牙城王子陀多（Dantha）偕王妃稀摩梨（Hammali）密藏一枚佛陀左边圣牙逃难至锡兰……”。

僧伽罗国王将这颗由印度传来的佛牙供奉于阿努拉德普勒城无畏山寺。此后，历代国王皆将其视为佛教圣物，建精舍供养佛牙。中国唐代僧人玄奘还记载了斯里兰卡佛牙精舍：“王宫侧有佛牙精舍，高数百尺，莹以珠珍，饰之奇宝。精舍上建表柱，置钵昙摩罗加大宝，宝光赫弈联晖，照耀昼夜，远望灿若明星。王以佛牙日三灌溪，香水香末，或濯或焚，物极珍贵，式修供养。”因佛教在斯里兰卡的神圣地位，佛牙舍利和佛陀衣钵也成为僧伽罗社会国王加冕典礼的必须圣品，舍此登位的国王都被视为不合法，由此佛牙也随着锡兰阿努拉德普勒王朝、波隆拉努沃王朝、檀巴德尼亚王朝等王朝更替而辗转于各地。14 世纪的甘波罗王朝时期，佛牙被安置在甘波罗。

1592 年，斯里兰卡的各沿海国均被葡萄牙人征服，康提王国成为岛上最后的一个独立国家。当时的国王维摩罗·达摩·苏利耶一世为供养佛牙，修建了一座二层的佛牙寺（Daleda Maligawa），后被毁。国王维拉·那在达·辛哈（1707—1739）时将佛牙寺重建为 2 层建筑，为今佛牙寺雏形。康提最后一位国王斯里·维克拉玛·拉贾辛哈（Sri Vikrama Rajasinha）时修建了八角楼。1993 年，我国佛教协会应佛牙寺要求，在该寺供奉了一尊佛像。20 世纪末，佛牙寺曾于 1989 年、1998 年分别遭到人民解放战线、泰米尔伊拉姆猛虎解放组织袭击，后被修复，成为斯里兰卡的宗教中心。每年的 7 至 8 月，康提还会举行佛牙节，来自世界各地的信徒和游客纷来此聆听佛教故事，体验斯里兰卡文化。1998 年，联合国将佛牙寺所在的康提列入《世界遗产名录》。

4. 旅游资源

佛牙寺以供奉佛教舍利而闻名于世，是世界佛教徒的重要朝圣地。寺内石雕、赤铜、金银饰等装饰，精美的佛教故事彩绘，堪称康提的艺术博物馆。其周围还有康提湖、花园寺、马山寺、国家公园等著名景点，并有咖喱饭、椰子煲鸡汤、炒饼等斯里兰卡特色美食，供游客一饱口福。

（二）狮子岩

1. 地名由来

狮子岩（Sigiriya Lion Rock）又称锡吉里耶，山呈橘红色，因山形如巨狮昂首而得名。狮子岩景点不仅仅包括一座岩石，还包括山上建于公元5世纪左右的一座古城堡遗迹和绘画等景观，被誉为“世界第八大奇迹”。

2. 地理概况

狮子岩位于斯里兰卡中部锡吉里耶峰上，地处连接丹布勒和哈伯勒内之间主干道以东10千米，距科伦坡160千米。岩石是由一座死火山的岩浆形成的，高出周围丛林200余米，岩上因保留有僧伽罗王国的古城堡遗址而远近闻名。

城堡原是由一只体积庞大、向北眺望的石狮子守卫的，这只石狮子一部分由岩石雕刻而成，另一部分由砖块堆砌而成，上面还涂有灰泥，可惜石狮未能抵挡千百年的风吹日晒，留存至今的只有那奇特而巨大的狮爪。巨狮的口中延伸出以石灰、砖和泥筑成的长廊和石阶，顺陡峭的石路而上可以到达顶峰的锡吉里耶古宫。石路依境墙而建，与盘旋而上的螺旋梯相连接。镜墙高2米，砖砌，因修建时用蛋清和蜂蜜打蜡的，表面极其光滑。山石上有很多依稀可辨的古老文字，据传产生于公元5世纪前后，大都是诗句，约600余首。

岩石顶部的古王宫在千年的岁月中已夷为平地，仅剩下一座倒塌的庙堂、干枯的池塘和荒芜的花园，只能从残存的地基中判断这座失落的宫殿当年的规模和布局。王宫东西长3千米，南北宽1千米，设施一应俱全。城东、城西，两条护城河和三面墙环绕着两个矩形城区。殿内有宴会厅、议事厅、国王寝宫等，与一般宫殿无异。还有国王的石制宝座和人工开凿的蓄水池。蓄水池中皆为雨水，可供王宫使用一年。当水池中的水位过高时，水会溢出，由山顶流向下面的花园。清澈的水流经各个大小不一的出水孔，形成高高低低的喷泉，非常壮观。整座宫殿原有五百余幅壁画，现仅存数十幅。壁画以女性为主要内容，以黄、绿、黑为主色。画上的女性丰满美丽，头戴宝冠，身披彩带，犹如飞天散花的舞女，栩栩如生。

3. 历史文化

早在 7000 年前，锡吉里耶城就已经建成。从公元前 3 世纪起，这里陆续出现了修道院和捐赠的修行山洞。5 世纪开始，这里建起了花园和宫殿，是僧侣们所居的世外桃源。

据史料记载判断，锡吉里耶宫殿是僧伽罗国王迦叶波（Kasyapa）一世于公元 5 世纪修建的。他的父亲是图塞纳国王（Dhatusena），迦叶波作为庶子，在弑父篡位之后，为避免逃亡印度的嫡出的弟弟目犍连（Mogallana）回来复仇，他离开了原来的首都阿努拉德普勒，在锡吉里耶峰的巨岩上兴建了这座空中王宫避居，并花费七年心血将其建造成集居住和军事防御功能于一体的城池碉堡。他为了安抚父亲的亡魂，还命人在石山悬崖画了许多丰满半裸的彩画仕女图。但在公元 495 年，迦叶波一世还是在一片泥沼之中，死在了目犍连手下。

目犍连即位后，这里重新作为修道院，供僧侣修道，从 5 世纪至 10 世纪，无数游人前往凭吊，他们触景生情，乘兴在光亮如镜的石壁上刻下了各种风格的诗句，这是人们渴望冲破宗教束缚、尽情释放自我真性情的自然流露。

狮子岩

至 13、14 世纪，古城再度被空出，此后不见于史书记载，锡吉里耶古城也渐渐湮没在茫茫丛林中。

1894 年，一位名叫贝尔的英国人在斯里兰卡境内的丛林中打猎，意外发现了这座建在悬崖上的宫殿，从而使这座千年古城遗址呈现于世人眼前并广受关注。1982 年，包括狮子岩在内的整个“锡吉里耶古城”被列为世界文化遗产。2004 年，考古学家在狮子岩宫殿的外墙发现了几个类似螃蟹的图形，他们将其命名为“人造八爪机械板车”，据推测为当时运送建筑材料的机械。

4. 旅游资源

狮子岩的锡吉里耶古城的设计巧妙地将对称和非对称的建筑元素融为一体；变化多端的平面、轴线和半径设计相得益彰，是城市规划、水利工程、园艺和艺术的完美结合。这里令人叹为观止的全景不仅包含了斯里兰卡广袤的丛林平原，还包括了宽敞的经过艺术化设计的宫殿，以及沿悬崖对称分布的花园，是探寻斯里兰卡古王朝历史和建筑设计的重要遗址。

参考文献

1. http：//sigiriyatourism.com/.

（三）加勒老城

1. 地名由来

据说，加勒（Galle）一词是僧伽罗语 Gaala 的发展，意为“牛群聚集之地”；另有一种说法认为 Galle 来源于荷兰语 Gallus，意为“公鸡”，荷兰人将公鸡作为加勒的象征。在古代，加勒也被称为金哈提塔（Gimhathitha），该术语源于僧伽罗语，意为“杜松子酒附近的港口”。

2. 地理概况

加勒老城位于斯里兰卡南部，距科伦坡 120 千米，其东、西、南三面临海，北部如一马蹄伸向印度洋。老城和城堡建于岩石半岛上，周围分布着大量珊瑚礁。

加勒老城的荷兰式城堡连同 14 个棱堡及其防御设施，占地约 100 公顷。古城堡以一系列交叉的道路系统构成严谨的网格状平面布局，并设有两个主要入口，其中一个是兹瓦特棱堡的大门。城堡中心是巴洛克风格的大教堂，也是斯里兰卡建造的第一座新教礼拜堂，设计人是著名建筑师亚伯拉罕·安东尼斯。教堂平面呈十字形，未建中心塔楼，但东西两侧山墙设有三角形山花且布置有丰富的线脚和双重旋涡饰。室内光线明亮，拱顶天花板饰以天蓝色，并点缀点点星光，表现出深旷的天空图景。室内有装置巨大反射声板的六角形布道坛，沿墙则布置有数排靠背长椅。教堂之下还建有一座小型墓室，用以安葬教会内的重要人物。

加勒老城

城堡之中还设置有总督官邸、内阁和行政官员住宅、市政厅、法院、办公大楼、税务所、海军卫队营房、交易所、弹药库、铁匠铺、劳工医院、船工作坊、椰子库、制绳场、清真寺以及各种仓库、地窖等，是军事防御和生活功用的完美结合。这些建筑虽后来已多改作他用，但其原属类型仍可辨别。加勒老城还有完整的街道网络系统和完备的基础设施。街道采用了主次干道相交的方格网布局，还辅以一套复杂而衔接的排污系统。除城堡外，沿海岸还建造有防备来自海上袭击的防御墙。

3. 历史文化

加勒历史悠久，据史料记载，自远古时代，海湾便已投入使用。在中国清朝史籍中称其为班得高。根据詹姆斯·艾默生·坦恩特（James Emerson Tennent）的说法，加勒是他施（Tarshish）的古代海港，所罗门王从此处获得象牙、孔雀和其他贵重物品。早在公元前1400年，肉松就从斯里兰卡出口了。公元545年，加勒海湾曾经保护了累范特最古老的一个商业性港口的延存。14世纪，加勒港口成为斯里兰卡最为活跃的港口之一。在西方国家统治之前，加勒是一个著名的海港，波斯人、希腊人、马来人、阿拉伯人、中国人都通过加勒港口进行商业贸易。1411年，在加勒城修建了刻有汉语、泰米尔语、波斯语三种语言的石碑，以纪念中国明代下西洋的郑和第二次访问斯里兰卡。

1505年，葡萄牙人开始定居于斯里兰卡岛。1507年，他们在加勒建立起交易站，并建造了圣克罗伊的小型城堡。16世纪末，葡萄牙人暂迁至科伦坡，不久之后，又重返加勒老城，在半岛的北端建立了城墙壁垒。1625年，由于岛屿受到了荷兰人的威胁，城堡上又增建了三个壁垒。然而这些防御措施并没有起到太大作用，1640年，荷兰军队围攻四天之后，占领加勒。此后，荷兰人环绕岛屿修筑了城墙，并用一段双层的城墙将半岛靠近地峡的一侧封锁，形成今加勒城堡的雏形。18世纪，加勒老城在享受了一段较为宁静祥和的时期之后，于1796年被英国统治，并一直持续到1948年斯里兰卡解放。19世纪末，穆斯林在这里建立了一座清真寺和一座学校，并建造了宝石交易市场。

加勒城堡在18世纪荷兰人统治时期就已初现壁垒的雏形，14座堡垒将城墙连接为一个有机的整体，同时吊桥又保护了城市北端的堡垒。建于城墙之内的军械库、官邸住宅、火药库等军事性建筑物满足了军事防御的需要，港口附近还有储藏库和商业性建筑。荷兰人修建的住宅、石墙和大门还美化了加勒城的街道。1988年，联合国教科文组织将加勒老城及其城堡列入《世界遗产名录》。

4. 旅游资源

加勒城堡的建造严格遵循原始的测量学的标准，使欧式建筑物很好地适应了斯里兰卡的历史、地理、气候和文化条件，充分体现了17世纪至19世纪欧洲建筑和南亚建筑之间的相互影响，是区域文化交流的历史见证。加勒老城内还有卢马萨拉、金色印度庙、乌德勒支碉堡及灯塔、旗岩、荷兰教堂、米拉清真寺等景点，在欧式建筑与斯里兰卡式建筑相互映衬之下，这座历史悠久的古城更加绚丽多姿。

参考文献

1. 杨学军主编：《世界自然与文化遗产》，延边大学出版社 2006 年版。

（四）丹布勒金寺

1. 地名由来

相传，公元前 1 世纪，僧伽罗国王（Valagam Bahu）因无力抵御泰米尔人入侵，逃离首都阿努拉德普勒，藏身于地势险峻的隐秘之地，并以此为据点，奋发图强，于 14 年后收复失地。为纪念这处特殊的避难所，重登王位的国王将洞穴整修为佛庙，后经历代扩建，形成今丹布勒金寺（Golden Temple of Dambulla）。丹布勒金寺因其第二号石窟会涌出清澈的圣水而得名，“丹布勒”为“有水涌出的岩石”之意，其城市名也来源于此。

2. 地理概况

丹布勒金寺位于斯里兰卡中央省丹布勒山的半山腰，南距古都康提 60 千米，西南距科伦坡城 149 千米，是斯里兰卡闻名遐迩的石窟式寺庙。丹布勒金寺占地约1000平方米，内有 5 座石窟，半是天然洞穴，半由人工雕琢而成。计有 160 余尊金光闪闪的佛像和神像，以及覆盖面积达 2.1 平方千米的精美壁画。

1 号洞窟又称“天王窟”，内奉一尊长达 14 米的卧佛，据说是丹布勒寺院的守护神。其通体金色，象征着佛教徒必须实现的八德。弟子阿难陀站于卧佛的脚边，佛陀头顶则是印度教的毗湿奴神，相传这座洞窟便是由毗湿奴神以法力变化而成的。

2 号窟也被称为“圣王寺”，长 53 米，高 7 米，是丹布勒寺规模最为宏大的石窟。窟内包括帝王像、印度佛教像等 60 余座佛像雕塑以及涉及山川云雨、花草树木、亭台楼阁、人物器皿等场景和以佛教故事和传说为内容的壁画，场面宏大，层次分明。其中的两位国王分别为 1 世纪前来朝圣的玛哈雅纳和 12 世纪为石窟寺内 50 尊塑像贴金修饰的尼散卡马拉国王。除此之外，洞内还有一水源沿着石洞缝隙顶由低处往高处流，人们至今无法解释其从何而来，被信徒当做神水膜拜。

3 号石窟即“大新寺”，内除 50 尊佛像石刻外，还有 18 世纪振兴佛教的

丹布勒金寺

国王基里提·斯里·拉贾辛哈（1747—1782）的塑像。4号石窟内有一座小佛塔，据说塔内宝石曾经被盗。5号石窟的雕像和壁画制作精美，斯里兰卡各地的雕刻师、画师常来这里学习传统艺术。寺外长廊边还有一个圆形的小池塘，水面漂浮着斯里兰卡国花——紫色睡莲。

3. 历史文化

丹布勒金寺在史前时代是有人居住的洞穴，后来用于举行宗教仪式。公元前377年，印度北部的雅利安人在锡兰建立僧伽罗王国。公元前2世纪左右，僧伽罗王国受印度孔雀王朝王裔来此弘扬佛教的影响，放弃原有的婆罗门教信仰，改信佛教。公元前1世纪，国王瓦拉加姆巴（Valagam Bahu）在战乱中处于弱势，逃至今丹布勒山躲避，并于十余年后收复失地。为纪念此次神佑，重登王位的国王在此建立寺庙供奉佛陀，洞穴也由往日修行的山洞变成了奉佛的神圣之地。由于这段奇特的历史，后世国王不断地整修和雕塑佛像、装置佛塔及彩绘洞壁洞顶。在战火纷飞的年代，不断有国王在此避难，在丹布勒金寺甚至还举行过国王的加冕典礼。

11世纪时，这里成为重要的宗教中心。12世纪时，尼散卡马拉王对第1座洞穴进行了修葺，并建成了今日如此华美的神庙。他还为佛像镀金，并将自己的塑像也立在了佛像之旁，原本黑暗的洞穴因此灯火通明。17世纪时，第167代国王塞那拉特也对寺院进行过修缮。18世纪时，第172代国王吉尔蒂·斯里·拉贾辛哈，把用作仓库的石窟扩建成了新的佛堂，形成了今天的3号窟，同时，他还把其他石窟的雕像进行了清洗，并重新描绘了原来的壁画。1915 年，新增建了 5 号窟。1938 年，寺内建筑增加了拱形的柱廊并在入口处加上了盖。1991 年，联合国教科文组织将丹布勒金寺列入《世界遗产名录》。

4. 旅游资源

丹布勒金寺是斯里兰卡最大、保存最完好的石窟寺庙，它以悠久的历史和浓郁的宗教气息吸引世界范围内佛教徒和游客的注视。佛教徒于此朝拜佛像、研习教义，游客至此瞻仰雕像、壁画，欣赏亮丽风景，凭吊古迹和进行学术考察的国内外学者更是络绎不绝。位居海上丝绸之路的丹布勒金寺还是研究斯里兰卡历史和国家间文化交流的重要石窟群。

参考文献

1. http：//whc.unesco.org/en/list/561.

（五）阿努拉德普勒圣城

1. 地名由来

公元前 6 世纪，北印度的维阇耶（Vijaya）王子遭到流放，他与随从 700 余人，在佛祖顿悟的那天登上斯里兰卡岛，并自立为王控制该地。他的随从在全国建立村庄和殖民地，其中一个就是他的大臣阿努拉德在科隆的小溪上建立的，名阿努拉德哈嗄玛。公元前 377 年，般度迦阿巴耶（Pandukabhaya）把它建成自己的首都，并发展成为一个繁荣的城市。阿努拉德普勒（Anuradhapura）城即以其最初的建造者阿努拉德和般度迦阿巴耶之名命名。

2. 地理概况

阿努拉德普勒圣城位于斯里兰卡北部的阿鲁维河畔，距科伦坡 205 千米。19 世纪被重新发现后，经考古学家的发掘，发现了城堡、城墙、宫殿、佛牙庙、伯拉贞宫、祇陀林佛塔、摩利沙伐帝佛塔、鲁梵伐利塔、坐佛大石像、古水库、王家乐园等诸多古迹。

古城不仅保留着历代王朝修建的王宫、寺庙、佛塔，古代复杂的灌溉系统遗迹也依然可见。城中央环绕着一圈被丛林覆盖着的 10 米高的土墩，佛教建筑、水库遗址等分布在土墩周围方圆 30 余平方千米的土地上。

圣城遗址中最著名的宫殿是伯拉贞宫，也称铜宫。整座建筑的 1600 根石柱排成 40 个同心圆，以石柱支撑着一个巨大的铜瓦圆顶，原有 9 层共 900 多个房间。伯拉贞宫门前还有一棵巨大的菩提树，至今已有 2200 余年的历史，是世界上最古老的菩提树。圣城有 4 座大型佛塔，其中以鲁梵伐利塔最为著名。这座白色圆顶的舍利塔带有僧伽罗民族建筑的典型风格，它耸立在由 3 层台基构成的平台之上，塔高 100 米，塔基直径 6 米，是当时此类佛塔中规模最大的，因此又被称为“大塔”。塔内原先保存着陶制舍利盒、珠宝、佛珠等文物，此外，一具非常罕见的、不足 10 厘米高的象牙裸女小雕像也在这里被发现，系 2 世纪的雕刻作品。

圣城中还保存着主要由 3 座古老的水库构成的复杂灌溉系统。婆娑瓦库拉马水库，相传修建于公元前 505 年。帝沙水库，面积约有 15 平方千米，建于公元前 3 世纪左右。努法罗水库，修建于 1 世纪。水库边有六七千米长的堤岸，它不仅是 3 座古水库中最大的，而且是唯一还可以使用的，现在这座水库仍旧能为城里的居民提供日常用水。

阿努拉德普勒圣城

3. 历史文化

据阿努拉德普勒发掘出的最早的考古证据表明，公元前 900 年，这里就出现了石器时代的人类居住点。公元前 6 世纪，北印度的维阇耶（Vijaya）王子率随从自锡兰岛登陆，定居于阿努拉德普勒。据说维阇耶王子是狮子（siha）的后代，他最初娶了夜叉首领的女儿，并和手下建造了包括阿努拉德普勒在内的一些城市和村庄，后来他抛弃了她的夜叉妻子，娶了来自印度马杜赖（Madurai）的一位公主，通过这位公主为他的追随者找到了配偶，并且从印度南部得到了很多工匠。

公元前 377 年，维阇耶的曾外孙般度迦阿巴耶（Pandukabhaya）夺得王位，建都阿努拉德普勒，他带领民众修建水库池塘并开创了僧伽罗水利文明。公元前 247 年，印度阿育王（Asoka）派其子女来岛弘扬佛法，受到阿努拉德普勒天爱帝须王（Devanampiya Tissa）的接待。从此，菩提树在阿努拉德普勒落地生根，政府与宗教联系紧密，僧伽罗人摈弃婆罗门教（Brahmanism）而改信佛教。阿努拉德普勒遂逐渐发展成为斯里兰卡最早期的佛教圣地。中国高僧法显法师，曾在 412 年来到这里进行佛学研究，是中国与斯里兰卡文化交流的开端。

自公元前 3 世纪般度迦阿巴耶王建都于阿努拉德普勒，开创了阿努拉德普勒王朝，自此一直到 10 世纪的摩哂陀五世统治时期，这里一直是斯里兰卡的首都。993 年南印度入侵阿努拉德普勒，这座具有 1300 年文明历史的圣城由此衰落下去，最后沦为废墟。茂密的丛林将废墟和曾经的繁荣掩盖，直到 19 世纪，这里才被重新发现。后在历代王朝的修复中渐现昔日光彩。1982 年，联合国教科文组织将其列入《世界遗产名录》。

4. 旅游资源

阿努拉德普勒圣城是斯里兰卡最古老的城市，也是佛教传入斯里兰卡后最早得到推行的王朝古都。圣城汇聚圣菩提寺、月亮石、无畏山舍利塔、鲁梵维利萨亚佛塔等景点，不仅是吸引无数佛教徒前往的佛教朝圣地，也是一处令旅行者魂萦梦系的游览胜地。珍贵的古城遗址不仅是人类历史的最好见证，也为考古学和社会学研究提供了有力证据。

21世纪海上丝绸之路沿线名胜古迹编

一、中国

（一）上海市

1. 静安寺

（1）地名由来

静安寺始建于三国吴赤乌十年（247 年），创始人为东吴帝孙权与康僧会。静安寺初名“沪渎重玄寺”，唐代称“永泰禅院”，北宋大中祥符元年（1008 年）因避讳，敕改寺名为“静安寺”，并沿用至今。

（2）地理概况

静安寺位于上海市南京西路和华山路口，由天王殿、大雄宝殿、三圣殿三座主殿以及功德堂、香积斋、方丈室、佛教文物展览馆、僧寮、厢房等建筑组成，建筑面积达 10000 余平方米。

静安寺山门立有重达 160 吨的阿育王柱，山门两侧有用柚木建造的钟楼和鼓楼，为歇山顶双重飞檐，高 17.47 米。钟楼内有重 7.3 吨的“和平钟”。天王殿内供奉有弥勒佛像，两侧供奉着四大天王像。大雄宝殿建于两层高台之上，以汉白玉栏杆通体围绕，大殿建筑的 46 根立柱皆采为直径 80 至 85 厘米的缅甸柚木，用材 3000 多立方米。殿内供奉着高 8.8 米的静安银佛，佛身和莲花座皆以白银整体铸造，是释迦牟尼佛禅定像。两侧有两个巨大的鸱吻，中有“法轮常转”四个篆刻金字。

大雄宝殿之后建有法堂，内有泰佛殿、金佛殿、知恩殿、报恩殿等殿阁，法堂旁即寺院的西北角有一座金身金刚宝座塔。该塔以释迦牟尼佛成道

静安寺

地菩萨迦耶佛塔为蓝本，与汉地佛塔相结合，为全国寺院中独一无二的金刚宝座式新佛塔。整座宝塔建筑面积 780 平方米，地上九层，建筑物总高度 63 米，塔身是混凝土结构，每层塔中都安置了佛像。塔分为两部分，下为四角七层楼阁式塔基，建于台基之上，四角有铜铃。塔的上部是一座独立的金刚宝塔作为塔顶，宝座塔顶部建有五座金塔，其中四座小塔高达 11 米，层数 11 层，中一大塔高 26 米，层数 13 层，四座小塔围绕中间一座大塔，呈四方形，五座塔均用紫铜浇筑而成，表面以 10 厘米的正方形金箔贴面。五座塔为四角形，每层均刻佛像环绕，总计 800 余座。

此外，寺内还有楼上置真言宗坛场的方丈室，分为上下 5 坛。西厢房正中建有殿高 20.6 米的牟尼殿，供奉白玉牟尼佛一尊。东厢房建有观音殿，供奉由整棵香樟木雕刻的观音菩萨一尊。东西厢房皆为上下两层回廊结构，与山门、钟鼓楼及法堂连为一体。

（3）历史文化

南宋《云间志》载："静安寺，在沪渎。按寺记，吴大帝赤乌中建，号沪渎重玄寺。佛法传入中国，虽始于汉，而吴地未有寺也。赤乌十年，康僧会入境，孙仲谋始为立寺建邺……本朝祥符元年，改今额。”

静安寺原址在吴淞江北岸，因临江边，昼夜受江水侵蚀，寺基有倾圮之危，房屋日渐损坏严重。南宋宁宗嘉定九年（1216年），寺址迁到法华镇的芦浦沸井浜边，依沸井泉水而建寺。元明两代，静安寺有一定规模。元寺僧寿宁记载有“静安八景”，即赤乌碑、虾子潭、讲经台、陈朝桧、沪渎垒、涌泉、芦子渡、绿云洞，并将当时名人题咏辑为《静安八咏诗集》。清乾隆六年（1741年），礼部侍郎麦焕重修大雄宝殿。乾隆四十三年（1778年），孙思望倡议捐资重修，寺僧以寺内银杏树雕成十八罗汉像和其他佛像。咸丰至同治初年，静安寺毁于太平天国战火，仅存一座大殿。光绪六年（1880年），主持鹤峰捐资重修。次年，山门和佛殿落成之后，举行浴佛仪式。当时“沪居之人，四远云集，基其乡曲老稚、士女车马之众，海外之音尘，皆往观佛以游于寺。”

民国初年，静安寺成为上海和全国佛教中心之一。民国元年（1912年），中华佛教总会成立，会址设于静安寺内。民国九年（1920年），寺僧常贵会同沪绅姚文栋等人，在大殿东面空地之上建造三圣殿，静安寺基本形成今日之规模。民国三十年（1941年），山门之东，新建了一座仿唐山门，由邓散木题额“静安古寺”。民国三十四年（1945年），在新山门前竖立一座阿育王柱，成为静安寺的标志。1946年，静安佛学院创建。

中华人民共和国成立后，上海市政府曾多次拨款修缮静安寺。1953年，方丈持松法师于寺内建立真言宗坛场，接续了我国五代以来失传已久的东密。1983年4月，国务院批准静安寺为汉族地区佛教全国重点寺院。1985年，日本高野山真言宗第二次“空海入唐求法至长安之路”，访问团参访静安寺。1989年，新加坡居士刘庚宇等捐资从缅甸请回释迦牟尼玉佛坐像，供奉于大雄宝殿。

静安寺内藏有众多名人字画，有宋代苏轼的《心经》书卷，明代书法家祝枝山的行书作品，明代画家文征明的《独乐园图》等。寺内还有南北朝的石刻佛像、明铜银丝达摩像，日本的五彩珐琅白瓷鎏金大观音像以及中国近代第一部铅字印刷的《频伽精舍校刊大藏经》。寺内所建的“持松法师纪念堂”内还陈列着持松法师所著26中文书籍、从日本带回的真言宗典籍，以及与尼泊尔、印度尼西亚、柬埔寨交往中的留影和纪念品等，聚集了佛教文化的精粹。

（4）旅游资源

静安寺内烟火缭绕，一派寂静，为闹市中不可多得的清修之所。游人在清幽绵长的梵音古韵中可以看到众多佛塔建筑、佛教宝物、石刻佛像、古代石碑及名家书画作品，既能增加游趣和历史知识，还可欣赏书画艺术。静安寺对面的静安公园内还有采用中国传统造园艺术而造出的“八景园”。若适逢四月初八的庙会之时，四面八方的善男信女云集于此，更是人声鼎沸、热闹非凡。

2. 青龙塔

（1）地名由来

青龙塔建于唐朝长庆年间（821—824 年），塔以寺名。青龙塔原名“报德寺塔”，宋庆历年间随寺名改称“隆福寺塔”，又名“青龙雁塔”，清康熙五十四年（1715 年），康熙皇帝南巡至此，赐名“吉云禅寺塔”。因塔多次易名，近人习惯以其在古青龙镇而称之为青龙塔。

（2）地理概况

青龙塔位于青浦区白鹤镇青龙村，此处原为古青龙镇，是唐宋时期的对外贸易港。青浦区位于上海市西部，居太湖下游，黄浦江上游。东与闵行区毗邻，西与苏州吴江区、昆山市相连，南与松江区、金山区接壤，北与嘉定区相接，是江浙沪的重要水上通道。

青龙塔为砖木结构的楼阁式佛塔，七级八面，塔高 29.9 米，直径 6.6 米。由于年久失修，楼梯尽毁，腰檐无存，平座、栏杆已失落，塔身一度严重倾斜近 14°，岌岌可危，现仅存砖身，呈空筒状。塔的腰檐及檐下斗拱为木结构；每层设有壶门和直棱窗，上下层壶门转向 45°，差位排列。各层壶门走道上方及塔心室覆斗形平棋中央置斗八藻井；塔底层内无梯，底层到二层的楼梯设于塔心室外，登塔须沿塔体外壁塔道进入二层塔心室。在一、二层砖身中间的砖阶入二层，以上各层方室内均置木梯，与松江方塔、盐官镇海塔相似。铜铸的塔刹宝瓶上，有“明崇祯十七年”字样。

（3）历史文化

《吴郡图经续记》载：“昔孙权造青龙战舰置于此地，因以名之。”孙权于此建青龙战舰，操练水军，渐成市镇，名青龙镇。南朝时期，佛教在江南流传甚广，上海地区的寺庙也随之兴起。

佛教在上海历经两晋、南北朝及隋朝三百余年的传播，至唐代进入稳步发展阶段，唐天宝年间于此设戎置镇，此后渐成东南的通商大邑。“浙西喜奉佛，而华亭为甚”。仅青龙镇就有隆福、隆平、胜果等十三寺。该时期，青龙镇建寺院20余座，并留下三座唐代经幢，宝塔数量也随之增加。唐天宝二年（743年），于青龙镇建青龙寺，始称报德寺。唐长庆元年（821年）重建，并建宝塔，寺改名隆福寺，塔名隆福寺塔。

北宋时，青龙镇已成贸易港口，海舶辐辏，来自东北、闽广以及日本、新罗、南洋等地之货物，在此集聚。绍熙年间的《云间志》云：“青龙镇瞰松江上，据沪渎之口，岛夷闽广之途所自出，海舶辐辏，风樯浪楫，朝夕上下，富商巨贾，豪宗右姓之所会。”经济的发展进一步促进了佛教的传播和文化的交流。为给予众多远航的船舰以指引，北宋庆历年间于青龙寺内建青龙塔，塔为砖木结构，七层八角形。建塔前，沪渎港“与海相接，茫然无辨”，入港船只常难辨方向，建塔后，望塔进止，怵心顿减，得以安全入泊。南宋末年，由于吴淞江日益淤塞，青龙镇港口渐被后起的上海镇所取代，风光不再，此后唯有矗立的青龙塔尚能辨析旧时风貌。

元大德三年（1299年）宣慰使任仁发捐款修塔，未能完工。此后其子孙相继助款修葺。明崇祯十七年（1644年）和顺治五年（1648年）均加修葺。清康熙五十四年（1715年）。清圣祖南巡时亲书“精严寿相”匾额，并御赐水晶观音一尊，紫衣袈裟一袭，鎏金书画扇一柄，是为镇寺三宝，并御赐寺名吉云禅寺，塔亦更名吉云禅寺塔。清嘉庆三年（1798年），塔遭火灾。咸丰十年（1860年）再遭兵燹，破损不堪，腰檐尽失，扶梯俱毁。1956年，台风吹倒塔刹，顶上宝瓶坠落，现保存于青浦县博物馆。1960年，青龙塔被列为市级文物保护单位。1992年，塔身偏离中心1.56米，上海市文物管理委员会特邀建筑纠偏专家曹时中教授予以扶正，使这座千年古塔挺直了“腰杆”。

（4）旅游资源

青龙塔是上海古老港口——青龙港的地面标志性建筑物，曾是古代航运的指路塔，也是研究上海古代史、佛教史和海上丝绸之路的宝贵资料。青龙寺内有大雄宝殿、三圣殿、天王殿等宏伟建筑，钟鼓之声不绝，梵呗之声达旦，有“佛角为天下之雄”的称誉。游客至此还可漫游白鹤古镇，观赏古银杏、继善桥、青龙桥、薛氏民宅、杨氏民宅等景点，感受这座古镇深厚的文化底蕴。

3. 龙华寺

（1）地名由来

龙华寺，相传为五代吴越王钱弘俶所建，并以佛经中弥勒菩萨于龙华树下成佛的典故而命名。传说中的龙华树，树广四十里，因花枝如龙头，故名。龙华寺于北宋年间更名“空相寺”，明永乐年间重修后复名“龙华寺”。

（2）地理概况

龙华寺位于上海市西南徐汇区的龙华镇，坐北朝南，为典型的轴线对称布局。沿中轴线依次为弥勒殿、天王殿、大雄宝殿、三圣殿、方丈室、藏经楼等，是典型的“迦蓝七堂”建制。中轴线两侧有三层重楼、鼓楼和偏殿，寺前矗立着龙华塔。

弥勒殿位于中轴线之首，实际是山门，其与一般山门殿中的佛像供设迥异的是，此处未供金刚力士，而是将常供于天王殿的弥勒佛供于此，形成专门的弥勒佛殿。殿内供有大肚弥勒的贴金木雕像，其后挂有大肚弥勒的画像；天王殿正中供奉在兜率天修行的弥勒菩萨本相，头戴五佛冠，佩瓔珞，面相庄严慈祥，人称天冠弥勒。弥勒的背后是佛教护法神韦陀，东西分列四大天王；大雄宝殿是龙华寺的主体建筑，为双檐歇山式，殿檐下，悬一块“龙华十方”匾，表明龙华寺实行十方松林制。大雄宝殿正中供奉“华严三圣”，即毗卢遮那佛、文殊菩萨、普贤菩萨。东西两壁为二十诸天，在“华严三圣”背后是大型的海岛观音的群塑，两侧侍立十六罗汉；三圣殿内供奉着“西方三圣”，即阿弥陀佛、观音和大势至；藏经楼内珍藏着四海闻名的鎏金毗卢遮那佛像、龙藏和金印三宝。

龙华寺之南，巍然矗立着一座八角七层的宋式古塔，即龙华塔。塔高40.40米，为砖木结构，曲栏飞檐，煞为壮观。每层均有平座、勾栏，每层飞檐翅角上都挂有铸造精巧、古色古香的铜铃。龙华塔砖身和基础部分还是千余年前的宋代原物，是上海地区迄今保存最完整的古塔之一。

（3）历史文化

据史料记载，龙华寺是吴越王钱弘俶于宋太平兴国三年（978年）所建。南宋绍熙《云间志》云："空相寺，张仁泰请于钱忠懿王始建"。明正德七年（1512）成书的《松江府志》载："龙华教寺，在黄浦西龙华村。相传吴越忠懿王尝夜泊浦上，风雨骤至，草莽间祥光烛天，钟梵隐然……遂命大盈庄务将张仁泰重建。"北宋治平三年（1066年），宋英宗赐"空相寺"匾额，并着令拨款重修佛殿及宝塔，并于寺西北隅新建白莲禅院。北宋神宗元丰三年（1080年）季春，叶清臣撰《空相寺碑记》。南宋嘉定年间，龙华寺主持鉴堂及门徒性庵于龙华寺大力弘传天台教观，此谓天台宗于龙华寺盛传之初。至元末，龙华寺毁于兵燹，殿堂毁坏严重，僧众离散，仅存龙华塔。

明代时，龙华寺陆续得到修复。明永乐年间，复名龙华寺。修复后的寺院"绀殿蕊宫，檐牙复道，近古土木所未有。前辟生池，筑施食台。其他隐室窈窕，林木翳瑟，遂为五茸第一山。"明嘉靖三十三年（1554年），明世宗敕赐"万寿慈华禅寺"匾额，此后，龙华寺又称万寿慈华禅寺。明嘉靖四十三年（1564年）重修大殿，寺名为"龙华教寺"。明万历年间，寺内新建阿弥陀佛殿、大藏经阁、轮藏殿等殿堂，龙华寺也被列

龙华寺

入海内天台宗十八刹之一。明末，禅宗大德天童寺的密云圆悟一度入主此寺，龙华寺始为禅宗道场。明朝皇帝敕赐的《大藏经》、金印和鎏金毗卢佛像至今仍珍藏于寺内。

清代是龙华寺的全盛时期。清顺治四年（1647 年），韬明禅师被推举为龙华寺主持，他鼎新开辟，大阐宗风，修建了韦陀殿、怀香楼、东西照楼等。清咸丰元年（1851 年），观竺法师主持寺务时，弘扬天台宗，并募集资金修整殿宇。清政府彰其功德，赐予《清藏》，珍藏于寺内。清末至民国时期，龙华寺偶有修建，但大多毁于战火之中。

新中国成立后，政府多次修复龙华寺，并聘请古建筑专家，按宋代规格修复龙华宝塔。龙华寺内文物众多，有古代留下的铜、石佛像，以及缅甸送来的玉石佛像，还有高达 1.6 米的明代铜钟和清康熙年间刻立的龙凤石幢，等等。1982 年，龙华寺移交上海市佛教协会管理。1983 年，龙华寺被国务院确定为汉族地区佛教全国重点寺院。

（4）旅游资源

龙华寺被誉为海上名刹，寺内殿堂林立，钟声悠扬。古刹、古钟和桃花是为龙华三绝。钟楼悬挂的一口青龙铜钟，洪音震发若惊霆行天，如钟声和潮声相伴，徐徐而息，意境幽深。至春桃花盛开之时，寺内“十里桃红红不断”，殷红如画，灿烂之至。此外，龙华素斋也久享盛誉，清净淡雅，风格隽永，吸引众多游客。正可谓“年年士女春三月，忙煞烧香吃素斋”。

4. 豫园

（1）地名由来

豫园始建于明嘉靖三十八年（1559 年），是明代四川布政使上海人潘允瑞为侍奉其父而建造的，取“豫悦老亲”之意，故名“豫园”，“豫”有平安、安泰的意思。

（2）地理概况

豫园位于上海市老城厢的东北隅，东临安仁街，北靠福佑路，西南与上海老城隍庙毗邻。豫园占地面积 1.81 万平方米，分为四大景区，园内有三穗堂、得月楼、玉玲珑、积玉水廊、涵碧楼、古戏台等四十余处古建筑，布局细腻，设计精巧，具有小中见大的特点。

西景区大部为近代所建，主景从豫园正门为起点，主厅三穗堂为清乾隆年间所建，高 9 米，皆为木制结构。主厅之后的楼厅是卷雨楼和仰山堂，楼台曲折美观，于后廊处可眺望大假山景色。大假山以 2000 吨浙江武康黄石叠成，出自江南著名的叠山家张南阳之手，山高 14 米，是豫园的精华。萃秀堂居于假山东麓，三面环山，曲径悠然。自萃秀堂绕花廊而过，进入山路，有明代祝枝山所书“溪山清赏”石刻。附近还有精致的旱船、万花楼、观鱼处鱼乐榭等，是豫园古典建筑的集中地。

东景区以点春堂为中心，大致建于清同治年间。点春堂为单檐九脊屋顶，堂宽五间。点春堂对面还有一座石结构的清代小戏台，堂后有临池水阁，堂西北有古井亭。与点春堂隔水相望的是和煦堂，四面门窗。除此之外的建筑中，最为引人瞩目的是以瓦片叠成龙身鳞片，以此作为围墙的墙脊。豫园中间有一楼阁式古建筑，名会景楼，登楼可将全园景色尽收眼底。此楼还是清末布业公会之所。

中部景区主要包括得月楼和绮藻堂等建筑，多为后来所修建。得月楼因

豫园

两面临水，为两层楼房，取“近水楼台先得月”之意。其旁边的藏书楼上下两层各五楹，原建于乾隆年间，是上海画派的发源地。绮藻堂居得月楼之下，以“水波如绮，藻彩纷披”而命名。堂檐下有100个不同字体的木雕“寿”字，称为“百寿图”。

由环龙桥而南为内园景区，占地2亩余，是城隍庙之后园。亭台楼阁、名树古木、泥塑砖雕一应俱全。主楼“静观”大厅亦称晴雪堂，深广而高敞，是内园的主要厅堂，也是豫园古建筑的一部分。晴雪堂之西是三层全木结构的观涛楼，楼东有船厅。内院内还有古戏台，被誉为“江南古戏台之冠”。

（3）历史文化

明嘉靖三十八年（1559年），潘允端赴京会试失利而归后，于宅西菜地之所着手建园。万历五年（1577年），他从四川布政使任内解职回乡后决意大兴土木，将园地面积扩大了三分之一，请明代造园名家张南阳精心设计和叠山，并将其命名为豫园。潘允端《豫园记》载：“余舍之西偏，旧有蔬圃数畦，嘉靖己未，下第春官，稍稍聚石、凿井、构亭、艺竹，垂二十年，屡作屡废，未有成绩。万历丁丑，解蜀藩绶归，一意充拓，地加辟者十五，池加凿者十七，每岁耕获，尽为营治之资，时奉老亲殇咏其间，而园渐称胜区矣。”①

万历二十九年（1601年），潘允端去世后，潘家家道衰落。此后豫园虽经易主，但也日渐荒芜。清乾隆二十五年（1760年），该地一些士绅集款购下此园，重建楼台，增筑山石，修建五老峰、魁星石等景点，于乾隆四十九年（1784年）竣工后，更名西园。咸丰三年（1853年）八月二十七日小刀会起义，占领上海县城，豫园成为小刀会重要据点，点春堂、得月楼、桂花厅等建筑被付之一炬。咸丰十年（1860年），城隍庙和豫园作为驻扎外兵之场所，于园中掘石填池，造起西式兵房，园林面目全非。光绪初年，整个园林被豆米业、糖业、布业等二十余个工商行业所划分。新中国成立前夕，豫园亭台破旧，假山坍塌，池水干涸，树木枯萎，已无往日风采。1956年起，豫园进行了历时五年的大规模修缮并于1961年对外开放。1959年，豫园被列为上海市文物保护单位。1982年，被列为全国重点文物保护单位。

（4）旅游资源

豫园以清幽秀丽、玲珑剔透见长，体现了明清两代江南园林建筑艺术的风格。游客于此不仅能游览到层叠分布的古建筑，还能观赏众多稀少的古树名木，盆景摆花以及随处可见的石雕、泥塑和木刻。近年来，随着邻近上海老街的开发，豫园现已形成集购物、餐饮、文化娱乐、游园、宗教等功能于一体的旅游区。“走九曲、赏花灯、品汤圆、猜灯谜、挤挤人气、沾沾喜气”的豫园灯会也已成为上海市民及游客过元宵节最重要的活动。

参考文献

1. 潘允端：《豫园记》，上海书画出版社1983年版。

2.《上海园林志》编纂委员会编：《上海园林志》，上海社会科学院出版社2014年版。

（二）福建省

1. 涌泉寺

（1）地名由来

涌泉寺始建于唐建中四年（783年），初名华严寺。五代后梁开平二年（908年）闽王王审知重兴，时称“国师馆”。北宋咸平二年（999年）称“白云峰涌泉禅院”，至明永乐五年（1407年）改名涌泉寺，因寺前一股泉水（罗汉泉）涌出而得名。清康熙三十六年（1697年），康熙皇帝御赐“涌泉寺”匾额，涌泉寺之名沿用至今。

（2）地理概况

涌泉寺位于福建省福州市鼓山山腰海拔450米处，面临香炉峰，背枕白云峰，四周群山环绕，万木障蔽，名山古刹交相辉映，风景尤为秀美。现今的涌泉寺基本保持了明嘉靖年间的布局，中轴线以天王殿、大雄宝殿、法堂为主，两侧辅有钟楼、鼓楼、戒堂、藏经殿、白云堂、禅堂等殿堂楼阁，计有 25 个，占地 16650 平方米。

天王殿前耸立着一对宋元丰五年（1082 年）烧造的陶塔，双塔分峙左右，样式仿木构琉璃宝塔。东为“庄严劫千佛宝塔”，贴塑佛坐像 1092 尊。西为“贤劫千佛宝塔”，贴塑佛像 1122 尊，故名千佛陶塔。塔高约 7 米，底座直径 1.2 米，八角九层，系以陶土分层烧制，砌叠而成。塔身施釉，呈棕褐色。塔檐塑有僧人、武将 72 尊，悬有陶铃 72 枚。塔座上刻有莲瓣、舞狮以及建造时间和工匠姓名等。塔刹为三重葫芦式，上冠以宝珠。天王殿为砖木结构、六架椽、九脊重檐歇山顶，进深 22 米，面宽 23 米，东西两间为暗间，中间五间带走廊为明间。大殿正面呈双重屋檐，中间供奉弥勒菩萨，两边供奉佛教的护法神“四大金刚”。弥勒菩萨背后为韦陀菩萨。

沿中轴线拾级而上至大雄宝殿，大雄宝殿是涌泉寺的核心，面阔 27 米、进深 25 米，抬梁式与穿斗式木构架，屋顶二重飞檐，顶覆青灰色琉璃瓦。大殿内佛龛里供奉三尊闭目盘坐的金身坐佛，高 4 米，三佛居中为释迦牟尼佛，左为药师佛，右为阿弥陀佛，三尊佛像下以三层莲花座烘托铺垫。大殿左右两厢排列十八罗汉坐像，供桌前有一鼎铜铸造大香炉，两旁各立一尊铜童子

涌泉寺

像。三世佛后为西方三圣立像，是康熙年间铁铸，表面贴金，重约2300斤。大殿天花板上是清光绪八年（1882年）绘制的各式图案242块。

法堂位于大雄宝殿的高台之上，是涌泉寺地势最高的建筑，面宽36米，进深21米，砖木结构、复墙、悬山屋顶。法堂乃寺院演说大法之地，是举行受戒仪式、方丈升座等重大法会的场所。法堂供奉汉白玉观音两尊，一为“圣观音”，一为“千手千眼观音”，重约3吨，殿内两厢分别塑有12尊诸天像，合计24尊。

（3）历史文化

相传涌泉寺原为镇祸患一方的毒龙所建，因灵峤禅师诵《华严经》，遂成华严寺，渐有香火。《鼓山》载：涌泉寺“其先为潭，毒龙居之。唐建中四年（783年），从事裴胄请灵峤入山，诵华严于潭旁，龙遂不为害”。唐武宗会昌年间，发生“会昌灭佛”运动，华严寺被毁。

五代后梁开平二年（908年），闽王王审知填龙潭建鼓山涌泉禅寺，并请禅宗曹溪支派的神晏法师来寺住持，鼓山也从华严宗圣地改奉禅宗。此后寺内扩建殿宇，聚徒千百，称胜一时。北宋真宗时，赐寺额“白云峰涌泉禅院”，此时，已有大雄宝殿、大土殿和法堂等主体建筑。宋绍兴七年（1137年），第23代住持竹庵禅师对天王殿进行扩建，下为金殿，上为罗汉殿，为便于游客登临，他还结石为路。绍兴二十九年（1159年），山洪暴发，冲垮法堂。淳熙六年（1179年），天王殿再次扩建，改称“飞锡阁”。淳熙十四年（1187年），朱熹来鼓山，手写二丈余高的“寿”字石刻。

明永乐五年（1407年），涌泉禅院改称禅寺。次年，寺院惨遭火灾，成为废墟。宣德至正统年间陆续进行修复。嘉靖二十一年（1542年）再遭大火。崇祯时郡人曹学佺罢官回乡，“僧从破屋云边走，客向回廊草里行”，涌泉寺已是一片破败景象，曹学佺随即募资着手重建涌泉寺。这一时期修建了藏经楼和钟楼、鼓楼以及寿昌、祖师二殿和闽王、伽蓝二祠，奠定了今日涌泉寺的基本规模。清康熙三十六年（1697年），康熙帝御赐“涌泉寺”匾额。1929年，近代高僧虚云和尚任涌泉寺主持，率领僧众，重振宗风。

涌泉寺内藏有佛经2万余册，佛像雕版13375块，明清题咏300多处，还保留着唐代以来的陶瓷器、明清书画、法器、佛像，泰国的铜钟和缅甸、印度等国的贝叶经等文物。1929年，日本佛教学者常盘大定博士来此考察佛教史迹时，称涌泉寺为“中国的第一法窟”。1983年，经国务院批准，涌泉寺被列为汉族地区佛教全国重点寺院。

（4）旅游资源

涌泉寺依山而建，寺貌宏伟，殿宇辉煌，法相庄严，素有“闽刹之冠”的称誉。游客于此可游览错落有致的寺院建筑，阅览驰名中外的佛经、佛像雕版、名人题咏，感受涌泉寺悠久的佛教文化底蕴和历史。除此之外，涌泉寺东有灵源洞、忘归石、河水岩、观音阁、水云寺等二十余景，寺南有回龙阁、放生池、香炉峰等四十余景，寺西南为长3千米的登山石板路，这些点、线分布的名胜，皆为备受游客青睐之景。

2. 福建土楼

（1）地名由来

福建土楼是特指分布在闽西和闽南山区，适应大家族聚居、具有突出防卫功能，并且采用夯土墙和木梁柱共同承重的多层的巨型居住建筑。因主要分布于福建地区且以土筑，故得此名。

（2）地理概况

福建土楼所在的闽赣粤区是南岭山脉和武夷山、彩眉山、博平岭及九连山等山脉的交错地带，地形错综复杂，素有“地大山深，疆隅绣错”之称。定居此地的居民凭借其高超的智慧，吸收了中国传统建筑规划中“天人合一”的理念，或沿循溪流建造，或依山就势而筑，错落有致的房屋与青山、绿水、田园风光相得益彰。其建筑风格古朴粗犷，形式奇特优美，既适应聚族而居的生活和防御需要，又巧妙地利用了山间狭小的平地和当地的生土、木材、鹅卵石等建筑材料，坚固且富有美感，是一种自成体系的生土高层建筑类型。

福建省龙岩市所属的永定县、适中镇，漳州市所属的南靖、平和、华安、云霄、诏安以及泉州市的安溪、南安、惠安等县市，皆是福建土楼分布的重要地带，但最集中之处当属博平岭山脉的东西两坡，即永定、南靖、平和三县交界地区，总量超过3万座。

通常福建土楼底层墙厚1.1—1.3米，高12米左右，高厚比为10：1。其主要类型有圆楼、方楼和“五凤楼”三种。圆楼和方楼的外围合成圆形或方形，集中在闽西龙岩市的适中，永定县的湖坑、古竹，闽南南靖县的书洋、梅林，平和县的芦溪、九峰等乡镇。这些方楼和圆楼又分为单元式和通廊式。单元式主要为闽南人的建筑风格，圆楼单元式的典型是平和县的“龙见楼”；内通廊式则主要是闽西客家人的聚居建筑，圆楼和方楼内通廊式的典型是南靖县的“怀远楼”和“和贵楼”。“五凤楼”集中在永定县，平面型式为“三堂两横式”，以大塘角村的“大夫第”为代表。除以上三种形式外，福建土楼的变异形式也极为丰富，如坡地土楼、五角形土楼、半圆形土楼、万字形土楼、马蹄形的“半月楼”等。

（3）历史文化

福建土楼的形成与历史上几次中原人口南迁有关。自两晋至宋元，由于灾荒和先后出现的“永嘉之乱”“安史之乱”“靖康之乱”等中原战乱，使得中原人口大举南迁，并逐步深入到南岭山区，出现“湘赣闽广、西北流寓之人遍满”的移民盛观。而山岭之地，地形险峻、森林茂密，匪寇侵扰更是时常发生，定居此地的居民既要利用有限的资源满足日常居住需要，又要加强

福建土楼

防御，土楼建筑便应运而生。

唐宋元时期，是福建土楼的形成阶段，大多没有地基，装饰粗糙，规模较小，为堡或寨，后来在不断的发展中渐具楼形。据考证，现存最古老的土楼是永定县湖雷乡下寨村的“馥馨楼”，其建于唐大历四年（769 年），迄今已 1200 年。而南靖县内建造最久远的是永安楼、辑光楼和裕昌楼。永安楼约建于元代中期，辑光楼和裕昌楼约建于元末，距今均已 600 余年。

至明代，随着沿海经济的发展，特别是明中叶以后闽西南地区寇、贼屡发，融防御与居住于一体的土楼建筑形式被广泛采用，福建土楼进入发展阶段。据《漳州府志》载：“漳州土堡，旧时尚少。惟巡检司及人烟辏集去处，设有土城。嘉靖辛酉年（1561 年）以来，寇贼生发，民间团筑土围、土楼日众，沿海尤多”。这一时期，也是客家民系、福佬民系与当地人民经济、文化互相交融的时期，南靖县土楼、平和县土楼和华安土楼就居住有众多的客家人和福佬居民。

清代以后，随着闽西南山区丝绸、茶叶等加工业的蓬勃兴起，经济得到发展，人数剧增，人们对居住环境也提出了更高的要求。方形、圆形、府第式土楼层出不穷，还出现了以土家建筑为主体的村庄。至 19 世纪晚期，土楼内还出现了中西融合的建筑形式和装饰，福建土楼达到鼎盛。这一时期的土楼以五实楼、奎聚楼、衍香楼、福裕楼、永隆昌楼、环极楼、裕隆楼等为代表。

中华人民共和国成立后，相继有学者来此考察这一独特的民居建筑。1998 年，永定县启动土楼申遗工作。2008 年 7 月 6 日，福建土楼被联合国教科文组织世界遗产委员会列入世界文化遗产名录。2011 年，福建土楼（永定·南靖）景区荣膺国家 5A 级旅游景区。

（4）旅游资源

福建土楼以历史悠久、结构奇巧、功能齐全而著称于世，古朴和恢弘并重，自然与人文交织，被联合国教科文组织顾问史地汶斯·安德烈称为“世界上独一无二、神话般的山区建筑模式”。土楼节时，还有走古事、舞龙、婚俗、山歌等精彩的客家民俗文艺表演，吸引着海内外来宾到此观光。

参考文献

1. 福建土楼编委会：《世界遗产公约申报文化遗产：中国福建土楼》，中国大百科全书出版社 2007 年版。

2. 黄汉民：《中国土楼探秘》，《中国文化遗产》2005 年第 1 期。

3. 南普陀寺

（1）地名由来

南普陀寺始建于唐代，五代时由释清洁改建，称泗洲院。宋初改称无尽岩。宋英宗治平年间重建，称普照寺。清康熙年间，靖海将军施琅重建，因寺内以奉祀观音为主，且居于浙江普陀山观音道场之南，故更名为“南普陀寺”。

（2）地理概况

南普陀寺位于福建省厦门市东南的五老峰麓，依山面海，占地 3 万余平方米。天王殿、大雄宝殿、大悲殿、藏经阁等依次沿中轴线排列分布，依山借势，层层托高。两厢钟鼓楼、左侧慈善楼与右侧普照楼，左右对应。另有禅堂、库房、客堂、佛教养正院、闽南佛学院等建筑。殿前有放生池，寺后立有近年新建的“太虚大师纪念塔”。整座寺院错落有序，既有典型佛寺之精巧玲珑，又兼具“佛法无边”之威严。

南普陀寺门前有一宽阔草地，曾是民族英雄郑成功的练兵场，其后立有释迦牟尼佛、迦叶佛等 7 尊佛像组成的佛塔。山门悬挂着清代吴铁山所书的“南普陀寺”匾额，山门两侧有题“鹭岛名山”等字样的石刻。

天王殿中间供有弥勒佛和韦陀塑像，两侧分列四大天王塑像。天王殿之后的大雄宝殿，是一座两层攒角式的建筑，雕梁画栋，绿瓦石柱。殿前建有两座报恩塔，屋上铺有琉璃瓦，殿顶绘有九鲤化龙、龙凤呈祥等色彩艳丽的磁画。殿内供奉着三世佛和千手观音像，殿内有“楚江秋吟”“清影摇风”等山水画以及“禅河沐浴”等释迦牟尼诞生和修行的壁画。大雄宝殿之后，是寺内最具特色的建筑大悲殿。大悲殿建于石砌台基之上，为八角三层飞檐，由下向上逐层向内收缩。殿顶正中立一葫芦宝塔，塔顶两边雕有龙头。殿内供奉四尊观音菩萨，安排四方，正中是一尊双臂观音，其余三尊为四十

南普陀寺

八臂观音，手持多种神器，姿态不一，各臻其妙。藏经阁位于中轴线最后，为两层楼式建筑。楼下为法堂，挂有四幅古代虞旁的真迹墨宝。楼上收藏有数十尊玉佛和上万册佛经，包括影印的宋代《碛砂大藏经》、日本大正新修的《大藏经》等。此外，还有钟鼓楼和闽南佛学院等建筑，黄瓦琉璃，渐次排列。

（3）历史文化

南普陀寺修建于唐代会昌、大中年间。据考证，其初建之时，门前为一片汪洋大海，可从现存低于地面较深的放生池窥见一斑。五代时，名泗洲院，宋代易名普照寺。元朝至正年间一度荒废，后重修。明初毁于兵燹，由觉光和尚逐渐拓建修复，寺盛时，僧众达百余人。清圣祖康熙年间，由施琅重建并更名曰南普陀寺，邀临济宗三十五代传人慧日法师为开山祖师，并增建大悲殿奉观音菩萨，寺院格局也大致形成。清道光《厦门志》载：“五峰并列而无尽，岩居其中。大石嵌空，其下虚敞，宋僧文翠建普照寺。……国朝康熙间，靖海将军施琅重建，改名南普陀。”

此后数百年来，经主持景峰、省己、喜参诸和尚多次重修扩建，至民国初年，南普陀寺形成三殿七堂俱全的禅寺格局。1924 年，主持转逢法师推行宗教改革，将南普陀寺改为十方丛林。1925 年，在寺院内创办闽南佛学院。1930 年，在太虚法师的主持下重修大悲殿。1934 年，增建佛教养老院，迎来建寺以来前所未有的兴旺时期。新加坡宏船法师、菲律宾信愿寺主持瑞今法师以及马来西亚的竺摩法师，都曾在此研学。1936 年建立藏经阁。1937 年，全面抗战爆发，南普陀寺一度被驻军占领，闽南佛学院也遭日机轰炸，寺中住僧和师生纷纷逃亡。新中国成立后，曾多次拨款维修殿宇院舍。1983 年，国务院将其确定为汉族地区佛教全国重点寺院。

南普陀寺内藏有的佛经、玉佛、白瓷观音以及宋代的古钟和香炉、元代的七佛宝塔、明代铜铸八首二十四臂观音、近代木雕“五儿戏弥勒”、杨木如意等，皆具有较高的文物和艺术价值。除此之外，南普陀寺的素菜更是久负盛名，不仅色、香、味俱全，而且名称雅致，富有诗意。1962 年，郭沫若来此品尝素菜“当归面筋汤”，见有半片香菇沉于碗底，犹如半月沉江，随即赋诗一首，名传天下。此后，这道菜便更名为“半月沉江”，并由此闻名遐迩。

（4）旅游资源

南普陀寺背依秀奇群峰，面临碧澄海港，殿堂林立，法相庄严，为闽南佛教圣地。寺后“五老凌霄”，绿树兀石间，有碧泉、大虚亭、净业洞、须摩提国、兜率陀院、阿兰若处等古迹和众多摩崖石刻，寺内普照楼还设有素菜馆，休闲和餐饮设施俱全，每年吸引上百万中外游人香客前来游览朝拜。

4. 武夷山风景名胜区

（1）地名由来

武夷山，相传唐尧时代的彭祖隐于此山，生有“武”“夷”二子，二人不辞辛苦开山挖河、疏通河道。人们为纪念两人，将他们开挖河道时堆叠的土山石称作武夷山；另传，此山为以武夷君为首的闽越族栖息之地，故而得名武夷山。

（2）地理概况

武夷山脉横亘千里，蜿蜒于闽、浙、赣、粤四省。驰名中外的武夷山风景名胜区位于福建省武夷山脉北段东南麓，面积 70 平方千米。毗邻我国东南大陆面积最大、保留最为完整的中亚热带森林生态系统——武夷山国家级自然保护区。区内层峦叠嶂、溪谷环绕，有 3 个乡镇和 26 个自然村星罗棋布，巧妙分布着 99 险岩、72 奇洞、60 怪石、18 幽洞，由九曲溪、桃源洞、天游峰、天心岩、水帘洞、莲花峰和虎啸岩等景区组成，包括武夷宫、武夷精舍遗址、架壑船棺、紫阳书院、朱熹墓、遇林亭瓷窑遗址、元代御茶园遗址、摩崖石刻等文物古迹。

武夷山风景区地质构造为典型的丹霞地貌。寒武纪早、中期，武夷山脉始出露地表，形成陆地。后经加里东运动、海西与印支构造运动以及燕山造山运动等一系列地壳演变，最终形成了众多大褶皱带、拗陷带和深断裂带。在海西和印支运动的影响下，今武夷山风景区所在地域形成一内陆湖盆。此后湖盆加深，内部堆积和沉淀着周围山体因侵蚀而产生的以红色砂砾岩为主的大量碎屑物质，至早第三纪末，湖盆开始逐渐抬升，最终形成了典型的丹霞地貌。

风景区海拔为 100—700 米，最高峰（三仰峰）海拔 717.7 米，为典型

武夷山风景名胜区

的亚热带湿润季风气候，四季分明，年平均气温 18.5 ℃，冬季温暖，夏季日温偏高。年均降水量 2000 毫米左右，年均相对湿度 78%。区内动植物资源丰富，随海拔递增，依次分布着常绿阔叶林带、针叶阔叶过渡带、温性针叶林带、中山苔藓矮曲林带、中山草甸五个植被带，分布着小叶黄杨、玉山竹、南方铁杉等珍稀植物。还有黑麂、金铁豺、黄腹角雉、崇安斜鳞蛇、挂墩鸦雀等重点保护动物。

（3）历史文化

根据考古资料显示，距今约 5 万年的旧石器时期武夷山就有人类活动的足迹。商周时期，这里生活着古闽族人，他们在靠近溪流的台地上建造了简陋的房屋，创造了独具特色的古闽族文化。在武夷山九曲溪畔发现了古闽族人遗留下来的反映其丧葬文化的虹板桥遗迹和架壑船棺。约公元前 3 世纪，武夷山进入闽越时期，20 世纪于城村发现的古闽越王城遗址可使我们了解其先民的社会生产和生活水平。汉武帝元封元年（公元前 110 年），以“东越狭多阻。闽越悍，数反复”为由，攻灭闽越国。

闽越国灭亡后的很长一段时间，武夷山文化进入一个相对空白期。东汉末年，众多道士来到武夷山修炼。魏晋时期，南下避乱的中原移民来此居住，佛、道、儒等文化传入并发展起来。众多佛道人士定居此地，建立寺庙、道观等，武夷山成为宗教场所的集中分布地。当时也有儒学思想传入，如南朝著名文学家顾野王曾隐居此山数十年，宣传儒家学说。史载“悦武夷之胜，遂卜居崇安。野王通经史，善丹青，尤精字学，著述甚富，崇人知学自野王始。”

至宋代，以朱熹思想为代表的理学在武夷山孕育、发展，使宋代的武夷山成为了全国理学文化的中心。在朱熹之前，师从二程的游酢和杨时就曾在武夷山传道、讲学。此后“胡氏五贤”和刘勉之等在此筑室讲学，奠定了武夷山理学思想的基础。南宋初年，朱熹至武夷山五夫镇从学、著述、生活达半个世纪。他在九曲溪畔建立了武夷精舍，在此地完成了朱子理学的代表作《四书章句集注》。此后历代朱子门人和理学家纷纷在武夷山的九曲溪畔、群峰之麓建立书院、书室，弘扬和传播朱子理学。至今仍存有当时的祠堂和书院遗址以及相关的摩崖石刻和题记。

元明清时期，理学文化继续在武夷山发展，但该时期的核心文化则是武夷茶文化了。元大德六年（1302 年），朝廷派遣官员于九曲溪四曲之畔创立皇家焙茶局，称为“御茶园”。此后至明嘉靖三十六年（1557 年），武夷山作为皇家茶园达 200 余年之久。制茶工艺不断改进，还形成了“喊山”祭茶礼俗文化，明清时期，武夷茶文化迎来鼎盛时期。遍地植茶，家家制茶。茶农还精心研制出独特“岩韵”品质的武夷岩茶和正山小种红茶。清代《茶说》云：“武夷山周四百二十里，皆可种（茶）。”武夷山的星村、赤石等地还形成了茶叶销售点。武夷茶通过“陆海茶叶之路”远销国内外，闻名遐迩。

1979 年，武夷山被批准列入“国家级自然保护区”。1982 年，被批准为国家重点风景名胜区。1987 年，被列入“人与生物圈计划”的国际生物圈保护区网。1999 年 12 月，被列为世界文化与自然遗产。

（4）旅游资源

武夷山风景区内峰峦林立，遍布九曲溪、大王峰、白云岩、武夷宫、三清殿、换骨岩、晒布岩、鹰嘴岩、三仰峰、云窝、宋街、三姑石、永乐禅寺、青狮岩、妙云寺、一线天、流香涧、大红袍茶树等景点，既有醇厚古朴的原始森林风貌，又具造化神奇的俏丽奇姿，是融雄浑、隽秀、古朴于一体的旅游胜地。

参考文献

1. 宾娟：《武夷山：作为“文化景观”的历史演变》，《大众考古》2014 年第 10 期。

2. 张春英、洪伟等：《武夷山风景名胜区景点空间分布特征》，《福建林学院学报》2007 年 1 月。

5. 鼓浪屿风景名胜区

（1）地名由来

鼓浪屿原名“圆沙洲”，又称“圆洲仔”，南宋时名“五龙屿”，明朝时改称“鼓浪屿”。在岛的西南方有一礁石，受海浪冲蚀而中空，每当涨潮水涌，浪击礁石，声似擂鼓，人称“鼓浪石”，鼓浪屿因此得名。

（2）地理概况

鼓浪屿风景名胜区位于厦门市西南隅，毗邻万石山景区，与厦门岛隔鹭江相望。风景区长 1.77 千米，宽 1.16 千米，占地面积达 1.91 平方千米。景区以花岗岩地质为主，巨石遍布，沟谷、溪涧纵横，海岸线多变，具海、山、岛、礁、滩、岩、寺、花、木诸神秀，兼备民族风格、闽台特色、侨乡风情，并蓄西方异域情调。包括日光岩、观海园、皓月园郑成功纪念馆、毓园、水操台等景点，游客还可海上乘船饱览山岩、礁石、峭壁、沙滩构成的秀丽的海岸景观。

鼓浪屿全岛由距今 1.08 亿年前燕山晚期中粒花岗岩组成，与厦门岛东南本为同一岩体，几千万年前，北西向鹭江断层将两者切割开来，断层带破碎的岩石在海浪和海水的持续冲刷下，逐渐形成 500 米宽的厦鼓水道，北西向断层切浪屿的西南缘。因此从地质构造的角度而言，鼓浪屿乃是几条断层切割而成的断块岛。其自然景观，质朴天成。无论是起伏清秀的岗峦，玲珑奇巧的洞壑、旖旎多姿的海湾、突兀屹立的峭岩巨石，皆仰赖大自然的鬼斧神工。即使是人文景观菽庄花园，也是利用优良的海滨自然环境，以日光岩为

鼓浪屿风景名胜区

屏，海为前庭，借山藏海汇山光水色于一园。

鼓浪屿为亚热带季风气候，温暖湿润，光照条件优越，秋季少雨多晴，冬季冷而不寒。年平均温度为 21.2℃，年平均最高温度为 24.5℃。全岛绿地覆盖率超过 40%，植物种群丰富，各种乔木、灌木、藤木、地被植物 90 余科，1000 余种。亚热带区常见的白玉兰、南洋杉、香樟、榕树、棕榈等遍布全岛。

（3）历史文化

鼓浪屿原为荒岛，元末明初始拓垦，明末清初郑成功据此安营设寨，训练水师。清代属兴泉道，在康熙年间已对外开放。鸦片战争后，厦门被迫开放为通商口岸，鼓浪屿被英国强占。光绪二十八年（1902 年），英、美、日、德、荷、葡等国领事馆与清廷签订《厦门鼓浪屿公共地界章程》，鼓浪屿沦为列强的公共租界。岛上现存的 13 座风格各异的建筑物即为这些国家建立的领事馆，这些建筑有浓烈的欧陆风格，罗马式圆柱、哥特式尖顶、伊斯兰圆顶、巴洛克式浮雕，争相斗艳，异彩纷呈，有“世界建筑博物馆”之称。

民国十七年（1928 年），为纪念郑成功，在鼓浪屿建延平公园，包括日光岩等，占地 500 余公顷。20 世纪 30 年代，一些华侨和富商也相继来此兴建住宅、别墅，包括瞰青别墅、菽庄花园、怡园、黄家别墅等，形成庞大的、融合多元文化的建筑群。20 世纪 40 年代，日军占领期间，岛屿遭到严重破坏。50 年代，林尔嘉家属把菽庄花园献给国家，政府对其进行维修，并把晃岩路“蕃仔墓”辟为解放公园。60 年代，和平公园建成，在国姓井西侧花圃修建海滨浴场、餐厅和喷泉。70 年代，进行大规模园林绿化建设，种植乔灌木 50 多种 10 万多株，并修复了日光岩和寺庙，增辟梯山小筑；新建眉寿堂、皓月园、毓园和林巧稚大夫的汉白玉雕像，以及鼓浪公园、笔架山公园，并于皓月园的复鼎岩上竖立总高 15.7 米、重达 1400 余吨，由 625 块花岗岩砌成的郑成功雕像。1990 年，在皓月园内建成郑成功驱逐荷兰侵略者的浮雕一座。2005 年，鼓浪屿风景名胜区被国家旅游局正式批准为 5A 级旅游景区。2017 年 7 月 8 日，“鼓浪屿：国际历史社区”被列入《世界遗产名录》。

（4）旅游资源

鼓浪屿风景名胜区内海岸线蜿蜒曲折，坡缓沙细的天然海滨浴场环布四周，鬼斧神工的礁石奇趣天成，四季如春的气候使得岛内花木繁盛，多元建筑异彩纷呈，自然造化和人工雕琢相映成趣，使得鼓浪屿以“音乐之岛”“海上花园”“世界建筑博物馆”而声名远播。同时，鼓浪屿作为19世纪至20世纪中叶容纳各国、各地文化最密集的地理单元，以其独特的国际化社区形态和环境，突出反映了以闽南文化为代表的中国传统文化与西方文化的交织融合，为研究丝绸之路提供了重要资料。

（三）广东省

1. 光孝寺

（1）地名由来

光孝寺原为西汉越王赵氏宅居，三国时，虞翻在此讲学，称虞苑、诃林。东晋哀帝隆和年间，称制止寺，又名王园寺。唐贞观十九年（645年），改称乾明寺、法性寺。宋太祖建隆三年（962年），易名乾明禅院。南宋高宗绍兴七年（1137年），诏改为报恩广孝禅寺。绍兴二十一年（1151年），易“广”为“光”，改称光孝禅寺。明宪宗成华十八年（1482年），敕赐“光孝禅寺”匾额，光孝寺之名沿用至今。

（2）地理概况

光孝寺位于广东省广州市越秀区光孝路北端近净慧路处，占地面积3万余平方米。寺院坐北朝南，中轴对称，以山门、天王殿、大雄宝殿、藏经殿为中轴线依次分布。东侧有客堂、齐堂、洗钵泉、伽兰殿、六祖殿、菩提树；西侧有鼓楼、睡佛楼、西铁塔、大悲幢。整个建筑群疏落有致，巨榕如盖、古木婆娑，环境幽雅。

大雄宝殿为寺院的中心建筑，东西两侧立有两铁塔。东铁塔铸于五代南汉大宝十年（967年），为七层方塔，塔高7.69米，基座高1.34米，系石砌须弥座，塔身6.35米，皆为铁铸。西铁塔铸于五代南汉大宝六年（963年），现余下部3层，残高3.1米。塔的各层皆铸有佛龛，内奉坐佛，3层共592尊。

大雄宝殿面宽 35.36 米，进深 24.8 米，殿前有宽敞的月台，左右立有两座塔式法幢。宝殿为重檐歇山顶，上覆黄色琉璃瓦，屋脊饰有各式塑像。殿中供奉有神态各异的“华严三圣”，主佛背后供奉千手千眼观音像。

伽蓝殿和六祖殿位于大雄宝殿东面，前者面阔三间，进深三间，歇山顶、斗拱。后者稍居后，面阔五间、进深四间，单檐歇山顶。殿内供奉着高 2.5 米，结跏趺坐的慧能。睡佛殿居大雄宝殿西侧，内奉长 4 米、重 6 吨、以缅甸白玉雕成的释迦牟尼涅槃像。睡佛殿西面还有仿楼阁式的瘗发塔，高 7.8 米，八角七层，为当年六祖慧能削发受戒后埋发之所。塔旁还有六祖像碑和达摩像碑，为元代刻制。

（3）历史文化

光孝寺所处的广州市既是中外商家辐辏的风水宝地，也是海路佛法入华的“西来初地”。由于交通便利，名僧云集，自然也成为了重要译场。光孝寺历史悠久，甚有“未有羊城，先有光孝”的俗谚。《寺志》载：“光孝寺自昙摩耶舍、求那跋陀罗二尊者创建道场，嗣后初祖、六祖先后显迹于此，一时宝幼净域，为震旦称首。千数百年来，宗风远布，实维此方。”昙摩耶

光孝寺

舍法师自东晋隆安元年（397 年），从今克什米尔航海至广州弘法，并创建佛殿，光孝寺初具规模，由“制止寺”改称“王苑延寺”，又名“王园寺”。宋文帝元嘉十二年（435 年），印度高僧求那跋陀罗于此创建戒坛，传授戒法。此后相继有印度高僧智药三藏法师、菩提达摩、波罗末陀前来授法或翻译经论。

唐高宗仪凤元年（676 年），禅宗六祖慧能法师南归，在此论风幡之义，寺主印宗法师于菩提树下为慧能大师剃发授戒，并建瘗发塔纪念。宋徽宗崇宁二年（1103 年），易名崇宁万寿寺，主持宗恺等人，修缮寺宇。南宋时，“光孝菩提”被列为羊城八景之一。

明太祖洪武十五年（1382 年），设僧纲司，敕正源法师为此寺都纲，颁印，置正、副官二员，管理佛教事宜。光孝寺兴盛之时，田产五十余顷，常年食指万数。至明代弘治年间，因寺僧闹分房典卖田产，十方丛林制改为子孙制，光孝寺逐渐走向衰落。崇祯十五年（1642 年），天然和尚主持光孝寺，重修殿宇。碑记云：“营费逾万金，时越六载，殿乃落成。”计修毗卢殿、戒坛、睡佛楼、禅堂，于白莲池水亭后重建风幡堂，亲题风幡堂匾额。清乾隆年间，至善禅师驻锡光孝寺，使其名噪一时。

20 世纪 20 年代，光孝寺被占用，寺内的六祖殿沦为课室。新中国成立后，光孝寺成为华南人民文学艺术学院的所在地。1961 年，国务院公布光孝寺为全国重点文物保护单位。此后，政府拨款对其进行全面复建和修葺。1987 年。广东省文物管委会将其交还广东佛教协会管理。

（4）旅游资源

光孝寺是岭南地区最古的一座古刹，被誉为“法界枢纽、禅宗初地”，其坐落于高楼大厦环绕的闹市之中，仿佛滚滚红尘中的一方净土。这里的金碧辉煌的殿堂、涂金的千佛铁塔、色彩明丽的壁画、文人墨客的题咏以及郁郁葱葱的菩提树，皆彰显着这座禅宗古刹的丰厚底蕴。光孝寺作为海上丝绸之路的重要口岸——广州市的一处古老宝刹，也是研究古代交通和对外交流不可忽视的建筑实物。

参考文献

1.（清）顾光：《光孝寺志》，江苏广陵古籍刻印社 1996 年版。

2. 三元宫

（1）地名由来

三元宫又称北庙，是南海郡太守、道教徒鲍靓为其女鲍姑建造的修道行医之所，始建于东晋年间，初名越岗院。后为纪念鲍姑，于此立像祀奉，称鲍姑祠。唐代改称悟性寺，明万历年间重修时祀三元大帝，表达道教以天、地、水为三元的意旨，改称三元宫，沿用至今。

（2）地理概况

三元宫坐落于广州越秀山南麓，坐北朝南，各殿沿越秀山势高低建于几级平台上，建筑面积达 2000 余平方米。三元宫布局以正对山门的三元殿为中心，殿前拜廊东西与钟、鼓楼相连，殿后为老君殿。大殿两侧自南向北，东侧为客堂、斋堂、旧祖堂、吕祖殿；西侧为钵堂、新祖堂、鲍姑殿等建筑。

山门面阔 5 间，进深 3 间，门前有 40 余级高陡石阶，人字形风火山墙。石门额上刻“三元宫”字样，旁镶石刻对联“三元古观；百粤名山”。门内正中供奉灵官神像。三元殿作为三元宫的核心建筑，建于北面高一级的石台基上，歇山顶，琉璃瓦，面宽、进深各 5 间。殿前卷棚式拜廊与钟楼、鼓楼相连。殿内供奉着上元、中元、下元 3 尊神像。此外，还供奉道教中地位最高的神祇，即玉清元始天尊、上清灵宝天尊、太清道德天尊。殿内从外向里矗立着数对柱子，每对柱子上皆有楹联，内容有关乎国泰民安的，也有消灾祛病的。

三元殿之东设有客堂和斋堂，此外还有旧祖堂和吕祖堂。旧祖堂供奉的是太上老君。吕祖堂供奉吕洞宾。新祖堂在正殿的西边，供奉东汉张道陵。在三元宫西北部，还有鲍姑井，又名虬龙古井，位于鲍姑宝殿前的“抱一草堂”内，相传为鲍姑制药治病的之井。现井已枯，井口围一铁丝网。井旁竖一石碑，上刻“虬龙古井”四字。井北有一绿瓦红柱的“鲍姑亭”。井旁原有一间古屋，为鲍姑修道之所，现已无存。三元宫还有一通清代碑刻，上刻人体穴位图。

（3）历史文化

鲍姑为晋代道教徒鲍靓之女，自小跟随父亲学道学医，对医学研究颇深，善以灸炙治疗赘疣和赘瘤。其足迹遍及广州、番禺、博罗、南海、惠州等

三元宫

地，被认为是一位不平凡的女医师，“藉井泉及红艾为处方，活人无算”。鲍姑为葛洪妇后，两人志同道合，常谈医论道。《广州府志》载：“葛先生炼丹地，尝有老妪采药其间，莫测其自来。问之，曰：吾鲍姑也。忽不见。”

鲍姑为行医治病，结庐于越岗山，其父南海郡守鲍靓出资助之。《南海县志》云：“越岗山天产之艾，以灸人身赘瘤一灼即消除，历时日久，而所惠者多，积聚甚奉，用作扩达越岗院道场。”鲍姑在身体力行治病救人之时，还不吝将医术传于道士黄野人。鲍姑行医数十年，东晋兴宁一年（363 年），逝于越秀山麓井旁一古屋，“容色若生人”，人言为得道之像。其父以“沉香灵柩”运至罗浮山与葛洪合葬于罗浮山玉鹅峰。后人怀念鲍姑，为其修葺当年之井，并把原越岗院道场，扩建为鲍姑祠。据《鲍仙姑祠记》石碑载，晋代女名医鲍姑，用越岗山天产之艾治病，距今一千六百多年。当年鲍仙姑祠、香灭甚盛，越岗院及鲍姑祠因在羊城之北、大北路口，俗称北庙。

三元宫是明万历年间在越岗院、鲍姑祠的基础上扩建而成，历经多次重修，呈今日之规模。据明末屈大均言：当时有钦天监来粤，对羊城绅士耆老说：天上三台列宿，应运照临穗垣，正照越岗院，应在越岗院中央加建一座三元殿，以应上天垂赐祥瑞之吉兆，极利五羊城。绅耆与群众，一致赞同，扩建越岗院，改名三元宫。明末清初，广东巡抚李栖凤，平南王尚可喜、耿精忠等人前来羊城，见三元宫乃羊城胜地，嘱翰林院庶吉士游显庭题“三元古观，百粤名山”木对联。清顺治十三年（1656年），巡抚李栖凤重修三元殿，建钟、鼓楼各一座，平南王尚可喜铸一大钟。康熙三十九年（1700年），金弘振重修并开创正式道场，建鲍姑仙殿、三元老君、灵官、斋堂、祖堂、武侯殿等建筑。光绪二十九年（1903年），主持梁宗琪兴办时敏中学，培养人才，钦奉敕赐“葆光励学”匾额，悬于头门。

1938年，日本侵占广州地区，三元宫损毁严重，后于40年代得到修复。十一届三中全会后，三元宫被定为全国重点开放宫观。1982年，三元宫重新开放。1989年，被广州市人民政府公布为文物保护单位。

（4）旅游资源

三元宫地接玉门，水陷深海，乃百粤之名山，道场之福地。拾级而上，如登仙宫，渐次体会其三元神韵，意境幽远。三元宫毗邻越秀公园，周围还有镇海楼、观音阁、五羊山、中山纪念碑以及七岗三湖等景点，四季花草飘香，终年香客游人络绎不绝。

3. 南华寺

（1）地名由来

南华寺由天竺僧智药三藏建于梁天监元年（502年），初名“宝林寺”。唐中宗神龙元年（705年），改名“中兴寺”。神龙三年（707年），易名“法泉寺”。玄宗时改为“建兴寺”，肃宗时改称“国宁寺”，宣宗时，取其方位在中华之南意，称“南华寺”。宋开宝元年（968年），宋太祖赵匡胤敕赐“南华禅寺”，寺名沿袭至今。因禅宗六祖慧能在此弘法，故南华寺也称六祖道场。

（2）地理概况

南华寺位于广东省韶关市曲江县马坝镇6千米处，北距韶关市22千米。其背依南华山，峰峦秀丽，南邻曹溪，清澈见底。南华寺坐北朝南，占地面积1000余亩，建筑面积30000余平方米，为阶梯式中轴线对称平面布局。南溪门、宝林门、天王殿、大雄宝殿、藏经阁、灵照塔、六祖殿、方丈室自南向北沿中轴线依次分布。东侧建有钟楼、伽蓝殿、斋堂等；西侧有鼓楼、祖师殿、功德堂等。主体建筑院落之外，还有九龙泉、无尽庵、虚云和尚舍利塔、中山亭、多宝阁、曹溪讲坛、伏虎亭等建筑并序排列。

南华寺山门以花岗石叠砌而成，原有“南溪”二字。入寺内经一放生池至宝林门，横匾为“宝林道场”。宝林门后为虚云和尚重建之天王殿，砖木结构，面宽 5 间，高 11.30 米，深 18.6 米，殿内两侧立有四大天王塑像。大雄宝殿乃寺内主要建筑，抬梁式构架，高 16.7 米，面宽 7 间，进深 7 间。殿内中筑屏墙，前龛塑有三宝大佛，连座均 8.31 米高，遍身金箔。后龛塑有观音大士像，身高 4 米，左手倒持净瓶，右手轻执柳枝。四壁塑名山大川、饰五百罗汉神态逼真，栩栩如生。五百罗汉为我国现存唯一的宋代罗汉木雕像。

藏经阁居大雄宝殿之后，内藏北齐铜铸佛像，千佛袈裟、帝皇圣旨、名人碑记等众多宝贵文物。藏经阁后还有灵照塔和六祖殿。灵照塔高 29.6 米，八角五层，各层面皆有假拱门，塔壁为白色，各层皆有收分。塔内的六祖真身像，为南华寺的镇寺之宝，高 0.8 米，呈深褐色，结跏趺坐，双手叠置腹前，整体呈入定状。

（3）历史文化

据明万历《曹溪通志》载，梁大监元年（502 年），时印度高僧智药三藏自南海至曹溪水口处，“掬水饮之，香味异常，谓其徒曰：‘此水与西天之水无异，源上必有胜地，堪为兰若。’乃溯流穷源至此，四顾山水回合，峰峦奇秀，叹如西天宝林山也。”智药三藏乃建议地方官于此建寺，并预言 170 年后会有肉身和尚在此弘法。天监三年（504 年），寺庙建成，梁武帝赐额“宝林寺”。

唐仪凤二年（677 年），中国佛教南派禅宗创始人六祖慧能驻锡曹溪说法 37 载，得地主陈亚仙施地，宝林寺得以中兴。六祖大师在南华寺弘法不辍，通过演说《六祖坛经》，继承和发展禅宗思想，形成后世所称“南宗禅”的独特风格。慧能大师的得法弟子分至各地传播“南宗禅”，形成了广东云门、江西曹洞、河北临济、湖南沩仰、南京法眼五宗，此后更传播到世界各地，如云门宗和临济宗远播到欧美，法眼宗传到泰国、朝鲜半岛，曹洞宗与临济宗盛行于日本，故韶关南华寺也是名副其实的“禅宗祖庭”。

唐神龙元年（705 年），中宗赐磨衲袈裟、宝钵等物，并将寺名改称中兴寺。该时期，中兴寺有所属寺院 13 所，僧众千余，为鼎盛时期。唐末兵

南华寺

火毁寺过半，宋初，太祖旨意大加修缮，并赐名“南华禅寺”，使用至今。宋太宗时，建“太平兴国之塔”，安供六祖真身像。

元仁宗延祐四年（1317 年），赐予护敕，令“此寺原有田户、财产、田地、河水、水磨、资畜等项，不许故意生事侵占，如有违者，奏知朝廷，依罪不饶”。元末，南华禅寺三遭兵火，颓败不堪，祖庭衰落。明万历二十八年（1600 年），德清和尚重修，僧风日盛，史称德清中兴。清康熙七年（1668 年），平南王尚可喜大加修饰，使名刹焕然一新。

民国二十三年（1934 年），高僧虚云大师亲自募化主持，移位重建南华寺，将原来的四合院平面布局改为阶梯式中轴线布局，共建造殿堂房宇楼阁 243 楹，塑佛 670 尊。除灵照塔和六祖殿外，其余建筑皆为此时所建。新中国成立后，人民政府对这座千年古刹极为重视。1962 年，将其列为广东省重点文物保护单位。1982 年，恢复其丛林方丈制度。1983 年，南华寺被定为全国对外开放重点寺院。2001 年，被国务院列为全国重点保护单位。

（4）旅游资源

南华寺宫殿巍峨、瑰丽庄穆，具有浓郁的岭南明清建筑遗风，被称为

"东粤第一宝刹，南宗不二法门"。寺内藏有的六祖真身像、天人像、明代四大天王木雕、清代五百罗汉瓷瓶、明代金书《华严经》等罕见文物，皆具有极高的历史、艺术价值。寺后还有名满天下的卓锡泉、曹溪讲坛、伏虎亭、多宝阁等景点。古往今来，南华寺因其壮丽殊胜的景观和六祖慧能在中国佛教史的崇高地位，吸引着络绎不绝的朝拜者和游客。

参考文献

1. 李玉青编著：《一尘一刹一楼台》，北京工业大学出版社 2013 年版。

2. 莫昌龙、何露编著：《韶关历代寺院碑记研究》，暨南大学出版社 2014 年版。

4. 南越国宫署遗址

（1）地名由来

南越国宫署遗址是指 20 世纪末以后相继发掘的西汉时期，割据岭南的南越王赵佗在都城番禺建立的王宫御苑遗址。遗址历经数千年的演变，自下而上还叠压有秦、汉、晋、南朝、隋、唐、宋、元、明、清和民国时期的文化遗存，是一部记载广州两千余年发展的无字史书。

（2）地理概况

南越国宫署遗址位于广东省广州市中山四路忠佑大街，由南越王宫和御园两部分组成，包括一号宫殿、二号宫殿、一号廊道、宫城北墙、木构水渠等遗迹，占地面积约 1.5 万平方米，文化层厚达 5—6 米。

一号宫殿坐北朝南，呈长方形，东西长 30.2 米，南北宽 14.4 米，面积 435 平方米。台基四周以砖侧立包砌，散水宽 1.5 米。宫殿东面庭院内有一口砖井，内径 0.85 米、残深 9 米。井圈以弧扇形砖错缝叠砌，井底铺砌五块砂岩石板，中间一块呈方形，中心凿一圆形渗水孔。二号宫殿基址居于一号宫殿西南面，两宫殿建筑形制基本一致，以一条东西宽约 6 米，南北长约 44 米的廊道相接，廊道南面连接东西宽 3.6 米的砖石走道。在二号宫殿的瓦砾堆积中出土 1 件戳印"华音宫"铭款的陶器盖，佐证了该殿"华音宫"之名。

在忠佑大街的西侧还发掘出面积约 4000 平方米的"番池"遗址，水深约 2.5 米。水池呈斗状，池壁倾斜，以砂岩石板呈密缝冰裂纹铺砌，池底平整，铺以碎石。在靠近水池中部位置还发现了西南倾倒的叠石柱和散落池底的八棱石柱、“万岁” 文字瓦当、石门楣、铁门扭轴等建筑构件。在石构水池的南面还发掘出一条长约 160 米的曲流石渠，渠内底部宽约 1.4 米，渠体顶部向外扩宽约 20 厘米后再筑一道略向外倾斜的挡土墙，以防泥沙冲入。石渠的中部设置两个由 2 块弧扇形石板拼合成的拱状渠陂，用于蓄水和限水。石渠尽头设一出水闸口，向外连接排水木暗槽。此外，在南越国署遗址内还发掘出南汉国宫殿和宫苑水池遗址及一处秦代造船工场遗址。在已发掘的 15000 平方米的范围内，共计清理历代遗迹 3516 处，其中房屋基址 420 余座、道路 60 余条、沟渠 360 多条、墙基 300 多条、渗水沙井近 600 口。

（3）历史文化

公元前 221 年，秦始皇统一六国后，将势力向南扩充。公元前 214 年出兵平定岭南，设置桂林、南海、象郡，并任命秦军将领赵佗为南海郡龙川县令。南海郡尉任嚣病逝后，赵佗继任南海尉事。秦朝末年，农民起义风起云涌，赵佗乘中原动乱之机，以武力吞并桂林和象郡。公元 204 年，建立南越国，定都番禺，并开始营建南越宫署。约公元前 196 年，汉高祖刘邦派大夫陆贾携印信而来，诏书将番禺颁予赵佗，劝其向汉室称臣。赵佗接受刘邦授予的 “南越王” 称号，归属汉朝，并修建朝汉台。元鼎六年（公元前 111 年），南越国内部矛盾激化，汉武帝派遣五路大军攻破番禺城，南越国被消灭，结束 93 年的南越国历史。

番禺城在汉军的火攻中被烧毁，南越国王宫化为一片灰烬，在其后的 2000 余年间一直沉睡于地下。该遗址区在隋朝时为广州刺史署，唐为岭南道署，五代十国时为南汉国宫城所在地，宋代为经略安抚使司署，元代为广东道宣慰使司都元帅府，明清时期是广东承宣布政使司署所在地。由于史书缺乏记载，南越国的位置一直是史学界亟待考证的难题。

1995 年，考古人员在广州市中心忠佑大街西侧一建筑工地巡查时，在一个建筑桩孔中发现 4 件 “万岁” 文字瓦当。经 5 个月的抢救性考古发掘，清理出一座西汉南越国的大型水池遗迹。1997 年，考古人员又在石构水池的南面发掘一条长约 160 米的曲流石渠。2000 年以来，在南越国宫苑遗址的西面又发掘出宫殿、廊道、走道、北墙等遗迹。2004 年，在遗址内发现一口渗水井，出土南越木简 100 余枚。2000 年后，分三期建成南越王宫博物馆。2012 年 11 月，南越国宫署遗址列入中国海上丝绸之路申报世界遗产的遗产点之一，2016 年正式提交世界遗产大会审议。

（4）旅游资源

南越国宫署遗址宫殿、廊道、水池布局合理，其御花苑采用一池三山造园模式，是考古发掘的最早实例，于廊腰缦回、舞榭歌台遗迹处可一窥南越王国曾经的峥嵘。南越国宫署遗址之上还叠压有南汉国的宫殿和宫苑水池遗迹以及历代文物遗存，对研究古代建筑、古代园林和南北民族融合的历史有重要价值。

5. 丹霞山风景名胜区

（1）地名由来

丹霞山有“中国红石公园”之称，因全山皆由红色砂砾岩构成，以赤壁丹崖为特色，方圆 290 平方千米的红色山群“色如渥丹、灿若明霞”，故名丹霞山，此后还由此衍生了“丹霞地貌”这一地貌学专用名词。也有传说，后人为纪念阿丹、阿霞不畏强暴、宁死不屈的爱情故事，而以两人之名，合称丹霞山。

（2）地理概况

丹霞山风景名胜区位于广东省韶关市南岭山脉南侧的一个山间盆地中，距韶关市区 56 千米，其由 680 余座身陡、顶平、麓缓的红色砂砾岩构成，远看似染红霞，近看色彩斑斓，不计其数的天然岩洞藏于山中，景色绮丽。

丹霞山风景区划分为上、中、下三层，连同附近山水组成一处以山水为胜的游览胜景。上层分布有长老峰、海螺峰、宝珠峰、阳元山、翔龙湖、锦江等景区，沿途还有僧帽峰、螺顶浮屠、望郎归、玉女投江、混元洞、祈龙台、仙居岩、龙须涧、望江亭等几十处景点串珠分布；中层以别传寺为主要景点，有杰阁钟声、通天峡、丹梯铁索等景致；下层为锦石岩景观层，由前后 4 个岩洞连为一体。这里有始建于北宋的锦石岩石窟寺、五代时开辟的梦觉关、冬暖夏凉的通天洞、随季节而变换颜色的“龙鳞片石”以及典型的赤壁丹崖景观。此外，在丹霞山西部和东南缘还有大石山景区、韶石山景区，内有仙山琼阁、朝天龙、童子拜观音、三十六石等绝妙之景。

这里属于亚热带季风气候，气候温和，雨量充沛，主要植被为中亚热带常绿阔叶林，年平均气温20℃，年降水量达1640毫米。丹霞山植物种类繁多，有216科、891属、1916种。“丹霞梧桐”“丹霞达摩兰”皆是世界罕有的珍稀树种。丹霞山保存着野生动物良好的生态环境，有哺乳动物88种、鸟类288种、爬行类86种、两栖类37种（或亚种）、鱼类100种（或亚种）、昆虫1023种。

（3）历史文化

丹霞山东南部发掘的“鲶鱼转”遗址表明这里很久以前就有古越族先民居住生息，他们以天然岩洞结庐而居。目前在韶石山、大石山、丹霞山都发现了悬棺墓葬、山寨遗迹，有“逢山有寨，逢寨有门，逢门必险”之说。据传距今4000年前后，舜帝南巡经此，登山而奏韶乐，遂命名为韶石山和三十六石。另传，远古时期，还有得道真人在狮子岩、混元洞一带修行。

隋唐时期，丹霞山已成岭南风景胜地，时有僧尼进山经营，兴建佛寺。唐宋时期，建有韶亭、尽善亭等多座寺庙。韩愈、苏东坡、杨万里等文人骚

丹霞山风景名胜区

客皆在此有诗词流传。北宋崇宁年间，法云居士云游至丹霞，见山石“色如渥丹，灿若明霞”，顿觉醒悟，感发“半生都在梦中，近日始觉清虚”之叹，遂题“梦觉关”，并于锦石岩天然洞穴内建庵18间，供奉观音菩萨。

明崇祯末年，江西赣州巡抚李永茂偕其弟李充茂抗清失败，携家眷隐居于丹霞山，筑舍开田，邀朋聚友。清康熙元年（1662年），李充茂请广州海幢寺澹归禅师至丹霞山开辟道场，营建别传寺。康熙五十年（1714年），丹霞山宗教场所初具规模，香火日盛，参拜者络绎不绝，位于丹霞山风景区中层的别传寺成为粤北三大丛林之一。

清乾隆至民国初年，丹霞山历经多次劫难。乾隆四十一年（1776年），别传寺禅师陷“反清复明”风波，僧徒遂遭大肆杀戮。民国十五年（1925年），国民党军队炮击盘踞丹霞山的土匪百余人，石门关被毁，别传寺珍宝也被洗劫一空。次年，寺院不慎失火，庙中大型建筑皆化为灰烬。民国二十三年（1934年），丹霞下院、丹霞精舍得到重修，并撰有《重修丹霞记》。1963年，建立丹霞山林场，山林和风景资源得到了保护。1976年，成立丹霞山管理所，新修了观日亭等景点。1980年，本焕法师募捐千万元重修别传寺，并重修锦石岩等景点。2001年，丹霞山风景区被评为首批国家4A级旅游区。2004年，荣膺世界地质公园。2010年8月，被列为世界自然遗产。

（4）旅游资源

丹霞山自然风光集雄、险、秀、幽于一体，有“万古丹霞冠岭南”之称誉。景区内有大理摩崖石刻、石窟寺遗址、悬棺墓葬等文化景观。六祖堂、别传寺、尼姑庵等寺庙，钟鼓齐鸣，香火不绝，兴旺的宗教活动给古老的山林增添了生命活力；文人墨客题咏的丹霞山十二景，概括地反映出其富有山林野趣又兼具肃穆宗教气氛的文化景观面貌；土著居民保存古朴自然的原始风貌，与山水相互协调，展现出一幅岭南田园风光画卷。如此人间胜境，使丹霞山风景区现已成为极具观赏价值和科学考察价值的地质公园。

（四）浙江省

1. 阿育王寺

（1）地名由来

据传，孔雀王朝的阿育王皈依佛教后，造八万四千座宝塔，由“会羽飞息”护送遍安于天下“八吉祥六殊胜地”，每座塔中皆藏有释迦牟尼佛的真身舍利。西晋太康三年（282年），僧人慧达走遍山泽，决心寻找宝塔，行至今宁波市北仑区，忽闻地下有铮铮钟声，于是原地打坐，诵经念佛之后，果然于地下出现四方五层，高约四尺，中缀舍利的宝塔，为阿育王所造八万四千座舍利塔之一。慧达于是在此修持行道，结茅供养。梁普通三年（522年），加以扩建，并赐名“阿育王寺”，北宋改称广利禅寺。明初，定名“育王禅寺”，俗称阿育王寺，并沿袭至今。

（2）地理概况

阿育王寺位于浙江省宁波市鄞州区，距宁波市20千米。面向玉几山，背倚鄮峰，东临璎珞河，南接宝幢乡，山水辉映，殿宇宏伟。其占地12.44万余平方米，建筑面积约2.4万平方米，坐北朝南，沿中轴线依次分布有阿耨达池、天王殿、大雄宝殿、舍利殿、藏经楼，中轴线之东有钟楼、养心堂、大悲阁，其西有普同塔院、祖师殿、宸奎阁等建筑。

阿耨达池长约50米，宽约30米，池南有畹荃禅师书的“妙喜泉”石碑，池东北是三重檐歇山式三开间钟楼。天王殿上层5间，高约4米，为重檐歇山黑瓦顶，檐间横匾书“天王殿”，门悬“八吉祥地”四字横匾。殿中塑有坦腹露胸的弥勒佛，两侧是遍身戎装的四大金刚。弥勒背后是顶盔甲、手捧金刚杵的韦陀菩萨。殿内石壁嵌有金刚经石刻十八块。大雄宝殿面宽7间，高约14米。殿中塑释迦牟尼佛，东塑药师佛和阿难尊者，西塑阿弥陀佛及迦叶尊者，两旁立有十八罗汉，后面塑有文殊菩萨及普贤菩萨像。殿前植有两株高过殿顶的樟树。

舍利殿面阔5间，高约13米，重檐歇山黄琉璃顶建筑。殿正中为高7米的石塔，内置七宝镶嵌的“舍利放光”佛龛，塔下列有利宾和阿育王像，石塔后供长约4米的释迦牟尼佛像。殿前月台两侧立有4块珍贵的碑记，殿后有长约2米，宽约1.5米的母乳泉。在舍利殿后的左侧，有2层5间，高约12.5米的建筑，下层为法堂，左右两壁嵌有释贯林十六尊者石刻像；上层为藏经楼，珍藏释迦牟尼真身舍利塔原物及清乾隆初年刊印的《钦赐龙藏》，计1662部，7168卷。

（3）历史文化

西晋太康三年（282年），僧人慧达在阿育王山麓结庐供塔，为阿育王寺建造之始。清雍正《浙江通志》载："晋武帝太康三年，有高僧慧达求得舍利宝塔于会稽之鄮山，遂于其地结庐守护，是为阿育王寺之创始。"东晋义熙元年（405年），安帝敕建塔亭及禅室，赐27名僧人守护。南朝宋元嘉二年（425年），宋文帝敕寺僧佑创建寺院，立阿育王常住田，十二年又建塔寺，至此时，寺院已初具规模。

南梁时，大兴佛教。梁武帝普通三年（522年），赐"阿育王寺"额，并扩建寺院，由梁著名书法家萧子云书寺额。大同五年（539年），武帝下诏将三层浮屠增为五层，并赐黄金500两，造铜佛400躯，敕免阿育王寺天赋。自此，阿育王寺名闻天下，名士倾心皈向。唐天宝二年（744年），名僧鉴真和尚第三次东渡日本阐扬律宗，船在舟山海面触礁沉没，鉴真及船员被救起，就安顿在阿育王舍利塔殿，绍兴、杭州、宣州等地寺院的僧院纷纷来请鉴真和尚讲道受戒。

北宋大中祥符元年（1008年），阿育王寺被朝廷定名为"阿育王山广利禅寺"，拓展为十方禅刹。熙宁元年（1068年），大觉禅师怀琏出任阿育王寺第五任主持，是时"法席鼎盛，名播天下"。南宋绍兴二十六年（1156年），高宗委派径山僧宗杲大师主持阿育王寺，"四方学徒，川奔涛涌"。元世祖时重修殿宇，至正二年（1342年），又重建祖堂、法堂、廊庑、库房、杂屋等，使阿育王寺成为一处名副其实的大丛林。至正十年（1350年），悟光以朝廷所赐白金建成承恩阁。明洪武十五年（1382年），太祖册封阿育王寺为"天下禅宗五山之第五"。清康熙元年（1662年），寺毁于火，康熙十八年（1679年），开始重修。乾隆十六年（1751年），乾隆南巡至杭州时，赐宫绸彩缎、御荣秀袋等物。光绪十一年（1885年）后，修建普同塔院、养心堂、方丈室、天王殿90余间，并疏通阿耨达池，筑围墙。

阿育王寺

民国元年（1912 年）至民国五年（1916 年）后，阿育王寺先后重建舍利殿、藏经楼，皆盖以琉璃瓦。1979 年后，政府拨款对阿育王寺进行全面维修，历时三年，中轴线按原样基本修复。1984 年，阿育王寺被国务院公布为汉族地区佛教全国重点寺院。2006 年，阿育王寺作为元至清时期古建筑，被批准列入全国重点文物保护单位。

（4）旅游资源

阿育王寺地处八吉祥六殊胜地，是古建筑、园林、雕刻、绘画、文物和风景名胜等艺术文化综合建筑群体，有“东南佛国”之称。其还与附近的仙书岩、飞来岩、佛迹岩、半山亭诸胜构成一道亮丽的风景线。西望古刹，寺在山坳之底，南向远眺，俱在峰峦之中，有世外桃源之感。宁波市是古代海上丝绸之路的著名港口和文化交流的重要窗口，占此地利的阿育王寺是中、日、韩等国僧侣进行佛教文化交流的重要寺院，为研究丝绸之路和佛教文化传播提供了重要线索。

2. 天一阁

（1）地名由来

天一阁由明代兵部右侍郎范钦始建于嘉靖四十年（1561 年），是我国现存年代最为久远的私人藏书楼之一。范钦借鉴历代藏书楼屡屡毁于火灾之教训，受《易经》“天一生水，地六成之”的启发，取“以水制火”之义，定名“天一阁”。《东华续录》言：“阁前凿池。其东北隅又有曲池。传闻凿池之始，土中隐有字形如‘天一’二字，因悟天一生水之义，即以名阁。阁用六间，取地六成之之义。是以高下深广及书橱树木尺寸，俱含六数。”

（2）地理概况

天一阁位于浙江省宁波市城区西南隅，东临月湖，占地面积达 2.6 万平方米。现天一阁博物馆分藏书文化区、陈列展览区、园林休闲区三个展区。

藏书文化区以藏书楼天一阁为核心，包括东明草堂、范氏故居、尊经阁、明州碑林、书库、千晋斋等。天一阁坐北朝南，分上下两层。楼下正门悬“天一阁”匾额。楼上一间，楼下通面阔六间，约 23 米，各间面宽不等，西起第四间为当心间，面宽约 4.5 米，为最大；通深六架椽，带前后廊，前廊深约 2 米。阁内共用柱 47 根，其中檐柱 14 根，内柱 33 根。当心间可做大厅，其余各开间独立成屋，以隔扇分开，相互之间开门连通。大厅部分做平棋天花，施彩绘共 78 块，檐柱略微向北倾斜。开间方向置有一道正心万栱和一道正心瓜栱，上承随檩枋和檐檩，柱础为鼓墩样式，为南方常用形式。二层为通间，中间不设柱，用书橱分隔空间。阁为硬山顶，脊部为断脊，东西为防火山墙，为观音兜式样。阁楼的前方，还凿有“天一池”，临池建有亭榭。1775 年，杭州织造寅著在其奏章中记载了天一阁书楼的形制，其言：“天一阁在范氏宅之东，坐北向南，左右砖甃为垣，前后檐上下俱设窗门。其梁柱俱用松杉等木。共六间。西偏一间，安设楼梯。东边一间，以近墙壁恐受湿气，并不储书。唯居中三间排列大橱十口，内六橱前后有门，两面贮书，取其透风。后列中橱二口，小橱二口。又西一间，排列中橱十二口。橱下各置英石一块，以收潮湿。阁前凿池。”

陈列馆区内有秦氏支祠、书画馆和芙蓉洲。祠堂内摆放青铜器、玉器和陶瓷制品。园林休闲区内，有人工修建的池塘、假山、碑林、长廊、凉亭等。

（3）历史文化

天一阁的创建者范钦原为明代兵部右侍郎，其一生酷爱典籍，为官多年，每至一处便广搜图书为己有。嘉靖三十九年（1560年），范钦辞官回乡。次年便着手建造天一藏书阁。嘉靖四十五年（1566年）完工，藏书达7万卷。范钦逝后，子孙遵循“代不分书，书不出阁”的规定，使天一阁成为家族的共同财产并得以延存。

康熙十二年（1673年），黄宗羲作为明清之际的大学者，在范钦曾孙范光燮力排家族异议的情况下，成为首登天一阁的外姓人。他在阅尽阁藏之后，为天一阁编制了以稀有的宋元人文集为主的精品书目。黄编流传之后，天一阁之秘藏开始为世所知，随之如阮元、万斯同、袁枚、钱大昕、薛福成等登楼者比比皆是。黄宗羲登阁成为中国私家藏书史上由以藏为主向藏用结合过渡的里程碑。清乾隆年间，因编《四库全书》之需，广征民间藏书，天一阁范氏响应号召，献出家中珍本638部，被《四库全书总目提要》采录473部，在全国藏书家中贡献最多。遗憾的是，600余本珍贵藏书一无所归，造成了天一阁史上藏书精品最大的一次流失。乾隆三十九年（1774年）乾隆帝特颁谕旨，恩赏天一阁《古今图书集成》一部作为嘉奖，并下旨仿天一阁建造

天一阁

文渊阁等“内廷四阁”。

至清末，由于范氏家族的衰落，天一阁的衰败也在加剧，藏书被盗、经典散出的现象屡见不鲜。1933 年的台风以摧枯拉朽之势将这座已有 300 余年历史的古老藏书楼推向岌岌可危的境地。后在范氏后人以及有识之士的帮助下，进行了重修。将 80 余方碑刻移至天一阁后院，建立“明代碑林”，并在尊经阁西侧开辟千晋斋，陈列一些古砖和城砖。新中国成立后，政府加大了对天一阁的保护力度，并于 1982 年将其列入全国重点保护单位。

（4）旅游资源

天一阁素负“南国书城”之誉，历经 400 余年的沧桑，由一个相对封闭的私家藏书场所，成为一处融收藏、展示、休闲为一体的对公众开放的综合性图书馆。馆内环境优美，园林精致古朴，藏有古籍、字画、瓷器、碑帖、玉器等珍贵文物，其附近还有月湖、老外滩、盆景园等景点，是考察、探古、旅游之佳处。

参考文献

1.（清）王先谦：《东华续录》卷七九。

2. 来新夏：《综论天一阁的历史地位》，《学术界》2006 年第 3 期。

3. 灵隐寺

（1）地名由来

灵隐寺，又名云林寺，为西印度僧人慧理和尚所建。相传，东晋咸和元年（326 年），慧理和尚云游至浙，至今杭州西湖一带时，见风光秀美，有一山峦竟同释迦牟尼修行的灵鹫山极为相似，时感：“此乃中天竺国灵鹫山之小岭，不知何以飞来，佛在世日，多为仙灵所隐，仙灵隐窟，今复尔否？”并言“此峰向有黑白二猿，必相随至此。”此后，果然应验，有二猿跃出嬉戏。于是，慧理在峰下结庐而居，并建寺院，取“仙灵所隐”之意，命名为灵隐寺。

（2）地理概况

灵隐寺位于浙江省杭州市西子湖畔，背靠巍然屹立的北高峰，面临秀美的飞来峰，寺前潺潺溪水映带，古木浓荫。寺院中轴线依次分布有天王殿、大雄宝殿、药师殿、藏经阁和华严殿，并有东西回廊、联灯阁、西厢房、大悲阁等建筑。

天王殿内供奉着一尊袒胸露腹“皆大欢喜弥勒佛像”，两侧有近年装饰一新的高近 8 米的四大天王塑像。弥勒像后为南宋时雕刻的韦陀护法像。佛身由香樟木镶嵌连接而成，不用一钉。天王殿前还有两座经幢，建于南宋开宝二年（969 年），经文至今清晰可辨。大雄宝殿为单层重檐式，高 33.6 米，占地面积 1200 平方米。殿内主供释迦牟尼佛像，高 19.6 米，是 1956 年浙江美术学院的雕塑家和民间艺人共同合作，以 24 根香樟木雕刻而成。大雄宝殿两侧是二十诸王塑像，殿后分坐十二缘觉像。释迦牟尼佛背后是“善财童子五十三参”海岛观音立体佛像群。计有大小佛像 156 尊，皆为泥塑，部分镀金。大雄宝殿之前还有两座建于北宋建隆元年（960 年）的经塔，以大理石砌筑，八角九层，塔壁上镌有无数石雕佛像。

药师殿内台座上结跏趺坐的是东方净琉璃世界的药师佛，左为日光菩萨，右为月光菩萨，合称东方三圣。其内还有一座偏殿，上悬“道济禅师殿”和

灵隐寺

“游戏神通”两块匾额，是供奉济公和尚的殿堂。藏经阁居药师殿之后，依山而立，为一座三层殿堂。内藏重要的经卷和书画文物。位居寺院中轴线最后的是华严殿，内奉有楠木雕刻的华严三圣。除此之外，在灵隐寺内，还有一座为纪念慧理和尚而修建的“理工之塔”，四面六层内有一座宋代建造的石刻弥勒佛，旁立十八罗汉石刻。

（3）历史文化

灵隐寺建于东晋咸和元年（326年），《灵隐寺志》载：“慧理连建五刹，灵鹫、灵山、灵峰等或废或更，而灵隐独存，历代以来，永为禅窟。”灵隐寺初建时，规模不大。至南北朝智一法师驻锡寺中时，群猿啸聚。南梁武帝时，赐田予灵隐寺，使灵隐寺初具规模。梁武宗灭佛时，寺毁僧散。五代十国时，吴越王钱镠命延寿禅师重建，改名“灵隐新寺”。钱俶时，灵隐寺有9楼18阁73殿，僧房1300余间，僧众3000余人。其规模之宏大，居杭州四大丛林之首。宋高宗绍兴五年（1135年），改名为“灵隐山崇恩显亲禅寺”。宋孝宗乾道三年（1167年），诏每年四月初八佛诞日赐帛50匹给灵隐寺。宋宁宗嘉定年间，灵隐寺居浙江“禅宗五山”第二。南宋理宗时期，又赐名“觉皇殿”“妙庄严域”等匾额。南宋时期，大批外国使者、佛徒至杭州访问，拜谒灵隐寺，参学高僧。宋淳熙十四年（1187年），日本高僧明庵荣西来华，驻灵隐寺学禅，宋孝宗赐号“千光法师”。

元武宗至大元年（1308年），觉皇殿倾颓，主持正传捐资重修。惠宗至元十九年（1359年），灵隐寺毁于战火。明初，相继修复觉皇殿等殿堂，并新塑佛像和诸供具。万历十二年（1584年），如通法师任灵隐寺主持，开始历经五年的大规模重建工作。建起仿唐大雄宝殿、三藏殿、直指堂，巍峨壮观。清初，具德法师任主持，重修后的灵隐寺百拱千栌，拥有七殿、十二堂、四阁、三轩、三楼、一林。清初，康熙、雍正、乾隆三皇帝曾多次巡视江南，驻跸灵隐，赋诗纪游，刻碑立寺。1689年，康熙帝驾临杭州，书“云林”二字，赐名云林寺。此后康熙帝南巡四次驻跸于此，赐金佛、香金、人参、经卷等。

1910年，主持昔征在盛宣怀的支援下，重建大雄宝殿。1937年，日军入侵杭州，灵隐寺再度被毁。1952年，浙江省成立“杭州市灵隐寺大雄宝殿修复委员会”，主持修复工作。1985年重修后，灵隐寺再现江南千年古刹雄姿，成为一座亭台楼阁齐全、殿堂寺宇配套的佛教丛林。

（4）旅游资源

灵隐寺前有飞来峰、一线天、玉乳洞、冷泉诸胜，使得“灵山、灵峰、灵水、灵鹫、灵隐”浑然天成，是游客的朝拜圣地和游览胜境。灵隐寺位于海上丝绸之路的运转中心，历史上与印度、暹罗、交趾、真腊、阇婆、高丽等国皆有佛事往来，自古以来，和尚取经、高僧参学，中外佛门信徒友好往来不绝。

4. 西湖风景名胜区

（1）地名由来

西湖原是钱塘江入海口因泥沙淤积而形成的“潟湖”，唐以前，有武林水、明圣湖、西子湖等称呼，唐代改称钱塘湖，宋以后，因其居杭州市区之西，通称西湖。另有传说，西湖本是天上玉龙和金凤精心雕琢而成的一颗明珠，王母娘娘意图占有，一失手，明珠掉落凡间，变成了波光粼粼的西湖。所谓“西湖明珠从天降，龙飞凤舞到钱塘”。

（2）地理概况

位于浙江省杭州市区西面的西湖，东西宽2.8千米，南北长3.3千米，总体布局为“三面云山一面城”，西、北、南三面皆被群山环绕，主峰高耸，形成“乱峰围绕水平趋”的意境，湖东平地临城，与群山形成虚实的交替对比，湖光山色相映，秀丽非常。

西湖风景名胜区总面积59.04平方千米，由山、水、堤、桥、岛构成，分环湖景区、五云景区、钱江景区、北山景区、吴山景区、灵竺景区、凤凰山景区、植物园景区、虎跑龙井景区等九大景区。其中环湖景区包括西湖环湖路以内的绿地、西湖水面、湖中孤山、三岛（湖心亭、阮公墩、小瀛洲）、二堤（苏堤、白堤）和及茅家埠、普福岭一带湖西区域和太子湾、南屏山、九耀山等南线范围，以“湖开一镜平”的秀美湖景为景观特色，集中体现了西湖造园艺术的精华，为西湖风景区的核心和精髓。

西湖风景区的地质构造属扬子准地台东南边缘浙西的一部分，以低山丘陵为主。总体地势呈东北低、西南高的趋势，西部低山区山势陡峭，东北毗邻杭州湾，地势低平。风景区内的丘陵由古生代沉积岩和中生代火山岩构成，围绕西湖水域呈马蹄形分布，形成北高峰、天马山、天竺山、美人峰、飞来峰、南高峰、玉皇山、宝石山、孤山等山峰。西湖风景区属亚热带季风气候，四季分明、雨量充沛，无霜期 250 天左右，年日照时数达 1899 小时。区内动植物资源丰富，分布有浙江楠、明党参、野荞麦、杭州石荠苧、中华水韭、脉叶翅棱芹等 17 种珍稀濒危和保护植物以及白鲢、花鲢、鲤鱼、鲫鱼、河鳗等鱼类。

（3）历史文化

春秋战国时期，今杭州一带为吴越之地。秦统一中国后，于吴越旧地设会稽郡，并在灵隐山下设钱塘县，是今杭州市最早的雏形。秦始皇在位时期，曾巡行至钱塘，相传缆舟于今宝石山麓，现仍存有传说中的秦王缆船石。南北朝时，钱塘县逐渐迁往平原地带，城中心移至今钱塘江附近的江干区一带，而湖东地区则一片贫瘠。589 年，隋朝建立后，于此始设杭州。随着京杭大运河的开通，杭州成为沟通南北运输的交通要塞，并迅速发展成为一个繁荣的商业城市，而西湖则作为杭州市唯一的水源供应地。唐朝时，白居易任杭

西湖

州刺史期间，主持修筑西湖白堤以拦蓄湖水及灌溉两侧农田，并定期清淤除葑，植树造林，留下了“最爱湖东行不足，绿杨阴里白沙堤”等脍炙人口的诗篇。杭州成为“绕郭荷花三十里，拂城松树一千株”的风景城市。

五代吴越时，大力推崇佛教，西湖边兴建了大量的宝刹、浮屠，其中一部分遗址仍保存至今。如保俶塔、雷峰塔、六和塔皆建于此时。景区内香火最盛的灵隐寺也是在此时初具规模并发展至今的。北宋时期，“西湖景观六条桥，间株杨柳间株桃”的苏堤成为西湖风景的代表。南宋时，环西湖沿线被皇亲贵族和文人商贾占据，建造宅院、园林，一时亭台楼阁林立，瓦子遍布。并形成了“西湖十景”，即苏堤春晓、曲院风荷、平湖秋月、断桥残雪、柳浪闻莺、花港观鱼、雷峰夕照、两峰插云、南屏晚钟、三潭印月。

元朝时，以南宋亡国于佚乐湖山为前车之鉴，将西湖废而不治。西湖一片荒芜，堤岸坍毁，湖中长满葑草。至明初时，郡守杨孟瑛在《开湖条议》中建议浚修西湖，其言：“西湖占塞，则运河枯涩，所谓南柴北米，官商往来，上下阻滞。”“上塘万顷之田，夙仰西湖千亩之水，尽湮塞，田渐荒芜，利归于数十家，害贻于千万。”明正德三年（1508 年），修治西湖的工程正式开始，历时五月后，拆毁被占田荡约 2.3 平方千米，使西湖基本恢复唐宋旧观。清顺治七年（1650 年），为镇压江浙一带的反清斗争，清政府下令将西湖附近的一大片土地圈划出来，并在其东、北、南三面修起全长近 4.5 千米的围墙，成为一个与墙外居民隔开的“旗营”。康、雍、乾时期，数次对西湖进行疏浚，使其以风景区的面貌声名远扬。

1929 年，首届西湖博览会于此举办。1982 年，西湖被评为国家重点风景名胜区。2007 年新评“西湖十景”，即灵隐禅踪、六和听涛、岳墓栖霞、湖滨晴雨、钱祠表忠、万松书缘、杨堤景行、三台云水、梅坞春早、北街梦寻。2011 年 6 月 24 日，“中国杭州西湖文化景观”正式被列入《世界遗产名录》。

（4）旅游资源

西湖风景名胜区以湖为主体，环湖有太子湾公园、柳浪闻莺、茅家埠景区等绿地，辅以亭、台、楼、阁、廊、榭、桥、汀，并借神话传说、历史遗迹、寺院塔林将山外有山、景外有景的风光，点缀得淋漓尽致。景区内还有岳王庙、保俶塔、净慈寺、福星观、白塔、紫来洞、八卦田、九溪十八涧、竹素园等景点，是将自然、人文、历史、艺术巧妙地融为一体的热门景区。

参考文献

1. 吴文：《杭州西湖风景名胜区的历史沿革与发展研究（1949—2014）》，清华大学 2004 年硕士学位论文。

2. 李功成：《杭州西湖园林变迁研究》，南京林业大学 2006 年硕士学位论文。

5. 普陀山风景名胜区

（1）地名由来

普陀山春秋时称甬东，西汉时称梅岑山。唐咸通四年（863 年），日本僧人慧锷从五台山请一尊观音归国，船行至普陀山以东海面触礁不前，慧锷以为菩萨不愿东渡，于是在岛上搭棚供奉观音，名"不肯去观音院"。北宋元丰三年（1080 年），赐额宝陀观音寺，此后，梅岑山称宝陀山。宋嘉定七年（1214 年），朝廷指定宝陀山为专供观音之地。南宋时，后人以梵语补怛洛迦山（potalaka）的音译，称此山为"普陀洛迦山"。明代时，简称普陀山。普陀山为观音道场，汉语意为"美丽的小白华（花）"，故普陀山又称"白华山"。

（2）地理概况

普陀山风景名胜区位于浙江省钱塘江口、舟山群岛东南部海域，西南距沈家门渔港 6.5 千米，南距朱家尖岛 2.5 千米，东濒大海。景区包括普陀山、紫竹林、洛迦山，面积达 41.95 平方千米，分南天门景区、法云寺景区、普济寺景区、西天景区、紫竹林景区、洛迦山景区、佛顶山景区、梵音洞景区八处分景区。

普陀山大致呈南北走向，南北纵长 8.6 千米，东西横宽 3.5 千米，面积 12.76 平方米。中部佛顶山最高，海拔 288 米。作为佛教文化地，岛上现拥有普济、法雨、惠济三大禅寺为主的丛林名刹；作为海滨胜地，有金沙、百步沙、千步沙等沙滩，磐陀石、海天佛国石、二龟听法石等 20 余处奇岩怪石

普陀山风景区

以及潮音洞、梵音洞等石洞胜景；作为古建筑的综合体，普陀山又拥有88座禅院、128个茅棚以及祥慈庵、西方庵等建筑。

普陀山地质属白垩纪古华夏褶皱带浙东沿海地带，燕山运动晚期的侵入花岗构成岩石基础。其地貌可分为山地、海蚀海积阶地、海积地、海蚀地区类。该地区属中亚热带海洋季风气候，冬暖夏凉，四季分明，年平均气温20℃，年降水量1100毫米，无霜期254天。全山植被以佛顶山为中心，向四周环状分布。山坡为灌木草本植物，局部为针叶林和常绿阔叶林、落叶阔叶林，沙丘水滩为兼盐性植物群落，滨海岩壁为海藻群落。

（3）历史文化

普陀山在春秋时为越国东境，属“甬东”之地。秦代时，隶属会稽郡句章县东的“海中洲”。西汉末年，南昌蔚梅福来此隐居修道，后人称此山为“梅岑山”。最迟在晋太康年间，普陀山已被信众视为观音菩萨应化地。普陀山《梵音庵释迦佛舍利塔碑》载：“补怛洛迦山者，则普门大士化迹所显，以佛菩萨慈悲因缘故，自晋之太康、唐之大中，以及今上千龄，逾溟渤，犯惊涛，扶老携幼而至者不衰。”

唐咸通四年（863年），慧锷将其自五台山所请之观音置于潮音洞侧，尊称为“不肯去观音”。山上居民张氏舍宅供奉此像，是为普陀山供奉观音像之始。

宋乾德五年（967年），赵匡胤遣内侍（太监）王贵来山进香，并赐锦幡，首开朝廷降香普陀之始。元丰三年（公元1080），朝廷赐银建宝陀观音寺。时香火日盛，海内外信徒纷至沓来。“三韩、日本、扶桑、阿黎、占城、渤海，数百国雄商巨舶，由此取道放洋，凡遇风波寇盗，望山归命，即得消散。”绍兴元年（1131年）宝陀观音寺主持真歇禅师奏请朝廷允准，易律为禅，山上700余渔户全部迁出，普陀山遂成佛教净土。嘉定七年（1214年），朝廷赐钱万锣修缮圆通殿，并指定普陀山为专供观音的道场，与五台山（文殊道场）、峨眉山（普贤道场）、九华山（地藏道场）合称为我国四大佛教名山。

至元代，朝廷多次遣使至普陀山供佛祝香斋僧，修建寺塔和佛像。至正年间，朝拜者渡海不绝，“自昔游者，至今为盛，若西域名师，王公贵人，各极精诚。”明初，高僧行丕驻锡普陀山弘扬禅宗，时有殿宇300余间，佛事兴盛。嘉靖二十六年（1547年），倭寇盘踞普陀，官府慑于倭患，遣僧拆庵、钟磬、佛像等法物运往镇海招宝山，普陀山梵音虚寂。万历初年，僧真表入普陀山兴建佛殿，重振道场，并协助创建法雨寺。当时帝后妃主、王侯将官纷纷献财献物，修建寺塔，普陀山“祠宇殿堂，僧房静室，日则满山棋布，夜则燃火星罗，总计二百有奇”。清朝时，历任帝王多次御赐财物，雕塑佛像，敕建寺宇。

民国二年（1913）成立“普陀山佛教会”。中国净土宗第十三代祖师印光法师，寓居法雨寺，弘扬净土法门。西藏班禅大师等人也来朝拜普陀山，设千僧斋供众。抗战前夕，普陀山成为江浙一带商绅避难处。“文化大革命”期间，寺院荒芜，殿宇倾坍。1979年重新落实宗教政策，国内外信徒纷纷航海东渡，来此朝拜，是年，香客达7万余人。1982年，普陀山被列为首批国家风景名胜区。

（4）旅游资源

普陀山被称为“海天佛国”“人间第一清境”，其人文遗迹与海岛独特的自然地理环境高度契合，巧妙地运用了依山面海、循序渐进的山形地势，将山、海、物、草、木等要素有机地融合在一起，犹如一座美轮美奂的海上园林，形成和谐、自然的文化景观。普陀山还有为人称道的十二景，即短姑圣迹、佛指名山、两洞潮音、千步金沙、华顶云涛、梅岑仙井、朝阳涌日、磐陀夕照、法华灵洞、光照雪霁、宝塔闻钟、莲池夜月，基本涵盖了风景区内的主要景点。

参考文献

1. 李桂红：《普陀山佛教文化》，《四川大学学报》2002 年第 4 期。

（五）海南省

1. 南山寺

（1）地名由来

南山寺建于 1995 年，是南山文化旅游区内一座背山面海、仿唐风格的大型寺院。南山寺之名，一说来源于其所在南山山麓；一说是为纪念鉴真和尚。鉴真和尚所崇属的“律宗”，又名南山宗，与地名巧合，故得此称。

（2）地理概况

南山寺位于海南省三亚市以西 40 千米的南山南麓，左右环绕以山丘，面向碧波万顷的南海。整个建筑占地 400 余亩，总建筑面积 5500 平方米，殿宇依山而立，错落有致，包括仁王殿、天王殿、钟楼、转轮藏、东西爬山廊、东西配殿、金堂等仿唐建筑。

仁王殿内供奉寺庙门神哼哈二将，明清之后，这种殿式建筑逐渐演变成牌坊式建筑——山门。天王殿分内院和外院，内院为弥勒菩萨之净土，外院则是天众的欲乐处。天王殿中供奉天冠弥勒和两个侍者，两侧为护法神四大天王。天王殿两侧各有钟楼和转轮藏。自此殿穿过游廊，可入大雄宝殿，殿内供奉三世佛，居中者是婆娑世界的教主释迦牟尼佛，其左胁侍为文殊菩萨，其右胁侍为普贤菩萨。右侧的是西方极乐世界的教主阿弥陀佛，其左胁侍为观世音菩萨，右胁侍为大势至菩萨。左侧则为东方琉璃世界的教主药师佛，其左胁侍为日光菩萨，其右胁侍为月光菩萨。左前方是迦叶尊者，右前方则是阿难尊者。两旁还有中国流传最早的十六尊罗汉塑像。

“不二法门”是一组由建筑、经幢、园林、浮雕、群塑组成的景点，具

南山寺

有唐代建筑的风格。被高大的木棉树和鲜红的木棉花簇拥着的不二法门广场，内建须弥山，绕过须弥山，便进入“圆通经幢”，其四周系“天龙八部”雕塑群像。经幢之前是“天女散花”石刻，石刻后面是一尊高大的“达摩面壁”浮雕。自不二法门广场而下至曲桥，是一处面积为2200平方米的“八宝莲池”，里面分别有珊瑚石、海藻、水下灯具和琉璃制品。沿曲桥前行，可见“耳根圆通”石刻、观音阁、吉祥钟亭等。

（3）历史文化

据史志所载，三亚南山即观音菩萨长居之“补怛洛迦”，有“大光明山”之称，入其境有若入观音菩萨道场之说法。唐代时，高僧鉴真及其弟子于第五次东渡日本时遇飓风，在海上漂流14天后，在海南岛上的振州（今三亚市）登陆。此后，鉴真在此处驻留一年半，设坛讲经，修建佛寺，传播佛法。他和弟子们重整旗鼓，返回扬州后第六次东渡日本终于成功，为中日文化交流作出巨大贡献。南山因成吉祥之地，为世人瞩目。803年，日本遣唐僧空海和尚至中国求学时，同样遭遇台风，漂流至三亚。据《崖州志》载：“光绪六年（1881年），三亚鸭仔塘村（南山东南麓）忽自产莲花，叶甚茂，三年乃谢。光绪二十三年复产，愈产愈甚，至今愈茂。”

宋以后，南山声名大振，被推崇为崖州八景之首。文人笔下之南山：“城南二十里，高八十。枕海碧立，为州屏障。上有万仞泉出石穴，清冷可掬。下有橘井，可疗病。”明代时，海南文化蓬勃发展，名贤辈出。海南籍诗人钟芳、王佐等都曾涉足南山并有纪游诗留世。《崖州志》所录题咏南山的诗文就不下数十篇，或寄景抒情，或托物言志，可见昔日南山之繁盛景象。1994 年，时任中国佛教协会会长的赵朴初先生游览三亚，陶醉于蓝天、白云、碧浪、银沙的海滨风情，写下《诉衷情》。诗曰：“踏沙晨作亚龙游，鸿爪倘能留。登高夜望奇甸，美景不胜收。灯万点，相辉映，似川流。不须逐鹿，山也回头，海也回头。”诗词最后以点睛之笔写出了三亚风光中佛教文化追求的平和思想。

1991 年，日本高僧孝司叹服鉴真和尚东渡日本的壮举，专程至三亚寻访当年鉴真与其他日本僧人的遗迹。然千年沧桑巨变，已难考证。其遂写信给三亚政府，建议修建寺院来纪念鉴真和千百年前中日之间的佛教交流。1993 年，海南政府特邀南京栖霞寺主持圆湛法师和赵朴初先生来南山选址建寺，并正式聘请圆湛法师为南山寺首任主持。1995 年，经三亚市政府批准，南山寺启建，1998 年落成并对外开放。

（4）旅游资源

南山寺，名山、名寺、名僧辉映，自然景观和人文景观融合，法云南被，众生普度，真可谓南溟第一丛林。其紧邻大小洞天风景区、天涯海角风景区、三亚南山海上观音、南山佛教文化苑，并有八宝莲池、圆通经幢、不二法门、吉祥钟亭、观音阁等景点，是一座融佛教文化、建筑园林、观光休憩于一体的现代佛教新兴寺院。三亚市是海南省重要的中心城市和交通枢纽，南山寺以仿唐式的佛教建筑重构昔日中日文化交流的盛况，必然为海上丝绸之路的研究做出贡献。

参考文献

1. 张嶲：《崖州志》，广东人民出版社 1983 年版。

2. 五公祠

（1）地名由来

五公祠约建成于明代万历年间，是为纪念唐宋两朝受贬于海南的五位官员（李德裕、李纲、李光、赵鼎、胡铨）而设立的祠堂式园林，因崇祀五公，故名“五公祠”。

（2）地理概况

五公祠位于海南省海口市美兰区和琼山区接壤处，占地总面积 4.7 万平方米，建筑面积 6800 平方米，一条自西向东渐次升高的游览路线将其分为古建区和新馆两部分。古建区内由五公祠、苏公祠堂、观稼堂、东斋、学圃堂、五公精舍、两伏波祠、龙王庙、拜亭等亭台楼阁连成一片，排列规整、等级分明。新馆有海口博物馆、休憩广场、风雨桥等建筑，为线条柔美及景色活泼的山水游园设计。

五公祠又称海南第一楼，为一幢两层三开间的红楼。楼层坐西朝东，略呈方形，房宽 17.5 米，高 11.5 米，进深 12.3 米。上层楼檐高悬“海南第一楼”金字横匾，下层为“五公祠”字样匾额。屋顶采用四角攒尖式，素瓦红椽，三面回廊，可凭栏眺望。正厅里供有五公的巨石雕像，满面思绪，栩栩如生。祠内还有历代文人的题咏和楹联，颂扬五公的生平事迹，以念于后人。

苏公祠位于主楼的东侧，坐落于苏轼贬谪期间的住处金粟庵旧址之上，因同时祭祀苏辙、苏轼，故又称二苏祠。祠中正厅立有一尊苏轼石雕像，此外还有苏轼的诗词碑刻拓片及其他碑刻拓片 10 余件，祠中还有苏轼题的“洞酌亭并序”。五公祠的两侧厢房为五公精舍和学圃堂。内陈明代禁钟、宣德炉、黎族古代铜鼓、铜钟等古文物。五公祠之左为观稼堂，是欣赏“粟井浮金”“金穗千亩”景色之地，堂取此名以纪念苏东坡指凿井泉。

（3）历史文化

海南岛在唐虞三代时称“南服荒徼”，秦代称“越郡外境”，西汉元丰元年（公元前 110 年），中央政府在海南岛设置珠崖郡、儋耳郡，隶属交州刺史管辖。西晋时，雷州半岛和海南岛属交州。唐代时，在海南岛设崖州、万安州、儋州、振州、琼州等 5 个州 22 个县，统属岭南道管辖。由于其地处国土最南端，是祖国辖区荒远的边界，樟木丛生、荒凉满目，也就成为了历代官员的流放地。

唐大中二年（848 年），共侍四帝的李德裕，因牛李党争被贬，初贬荆南，次贬潮州，三贬海南崖州，并于大中三年（849 年）正月抵达。南宋建炎二年（1128 年）曾任为相的李纲因主张抗金被贬至万安军（今海南万宁）。南宋绍兴十五年（1145 年），曾任御史中丞的赵鼎，因反对秦桧与金议和，官职被贬至吉阳军（即今海南崖州）。其于此处潜居三年，闭门谢客，绝食而死。逝后，宋孝宗皇帝追封其为丰国公，赐太傅。同年，曾官至参知政事的李光因与秦桧政见不和被贬至琼州，绍兴二十三年（1153 年）又移置昌华军（今海南省儋州），其与幼子居住海南十余年，著有《读易评说》《藏简集》。绍兴十八年（1148 年），反对议和、祈斩秦桧的胡铨被再贬至吉阳军。五公以其高风亮节，为海南人民做出了巨大贡献，人民建祠来纪念他们。

五公祠之东的苏公祠原址为金粟庵，宋绍圣四年（1097 年），苏轼被贬海南，曾在金粟庵居住数十天。其在海南流居三年，后逢赦免回归故里。后人为纪念苏东坡，在他曾住过地修的地方建祠堂，名苏公祠。此后，又将其

五公祠

弟苏辙奉于祠内，称二苏祠。1617 年，人们将苏公祠重新修缮。清光绪十五年（1889 年），在苏公祠之西正式修建五公祠，后经历代扩修，始具今日之规模。民国四年（1915 年），琼州道尹朱为潮主持修缮。1994 年以后，政府又拨专款，在五公祠内修建五公祠陈列馆、九曲桥、花圃等，使五公祠游览区成为一个颇具规模且极具南国情调的人文景观。2001 年，国务院将其列入全国重点保护单位。

（4）旅游资源

五公祠环境清幽、建筑巍峨，素有“琼台胜景”的称誉。其园林建筑特色古朴典雅，将本土黎苗文化特色融入岭南园林的造园艺术，营造出园中有园、景随人意的出色效果。区内的祠堂、观稼堂、五公精舍、龙王庙、拜亭、风雨桥等景观，布局合理，古韵和谐，使五公祠成为集建筑、园艺、文化、雕塑等美学要素于一身的游览胜地。

参考文献

1. 陆琦：《海南五公祠》，《广东园林》2010 年第 6 期。
2. 刘慧：《海南五公祠园林景观研究》，海南大学 2015 年硕士学位论文。

3. 天涯海角游览区

（1）地名由来

天涯海角游览区因景区两块巨石分别刻有“天涯”“海角”以及郭沫若先生题写的“天涯海角游览区”而得名。据黎族民间传说，“天涯”“海角”两块巨石是由一对情侣变化而成。这对恋人形影不离，如胶似漆，他们生前对月而誓，生不能为夫妻，死后也要变成并肩而立的石崖。后因双方父母极力反对，两人携手私奔至此，无路可逃之时，双双投海殉情。此时雷雨大作，将两人变成了石崖，屹立于海岸。尾随而至的家丁，也化作大小石崖，将他们隔开。后人为纪念他们坚贞不渝的爱情，在石头上刻下“天涯”“海角”四字。

（2）地理概况

天涯海角游览区位于海南省三亚市西南 23 千米处，西临崖州古城，北倚马岭山，南濒大海，包括大门内分居两侧的民族风情园、南天一柱、海角石、天涯石、历史名人雕塑园等景区。

游览区大门正对海边的八角广场海面上有两块交叉矗立的日月石，分刻“日”“月”二字，为原《人民日报》总编范敬宜所题写。沿海边走去，两千米外是“南天一柱”，高耸的圆锥形奇石，高约 7 米，是清末经营海南岛的范云梯所题刻，以祈求国泰民安，施政一帆风顺。其旁有一卧石，刻“海判南天”，是天涯海角游览区最早的一块摩崖石刻。“海判南天”题刻是清康熙年间中国历史上第一次《皇舆全览图》测绘活动中留下的测量纬度的标准。“天涯”石周长约 66 米，高 10.8 米，独占海湾一角，圆中见方，方中呈圆，已有亿万年的历史，“天涯”二字为清雍正年间程哲所刻。“天涯”石正下方还刻有“海阔天空”四个隶书大字，据说是清末文人所题。“海角”石与“天涯”石相对而立，高峻雄奇、顶天立地，恰似天造地设的铜墙铁壁伫立在南海海边。游览区内还建有历史名人的雕塑园，赵鼎、鉴真、冼夫人、钟芳、林缵统、黄道婆、胡铨、李德裕等历史人物雕像独具匠心、栩栩如生。

天涯海角游览区

（3）历史文化

三亚在先秦时期属百越诸部之骆越，秦始皇时，设桂林、南海、象郡，崖州即是当时的象郡。隋设临振郡，唐代时改为振州。宋代时成为中国最南端的地级规模的州郡。宋人对海南谈虎色变，有所谓“魑魅逢迎”“瘴疠交攻”之称，成为发配罪人和贬逐异己的重要场所，而地狭人少的崖州及附近地区则“常以琼州牙校典治”。元朝时，统治者对黎族人民残酷镇压，但仍“黎乱”不绝。

明以前，海南和广西同属一个行政区，最早的天涯海角并不在这里，宋元时，时广东辖区所属的钦州有“天涯亭”和合浦廉州的“海角亭”。那时的古人认为中国的南海在北回归线以南。清初，康熙帝以孔子儒经的《尚书》重新划定了南天的界限。康熙五十三年（1714年），清廷派绰尔代、苗受和法国路易十四皇帝的使者耶稣会士汤尚贤三位钦差于此主持测绘并剖石刻写“海判南天”四个大字，意为将中国南海划分为南海和南天，是中法科技交流的见证。“海判南天”也是被称为“赤县神州”的天地分界线，南为赤县，北为神州。此后，海南因地处最南端，孤悬海外，渐有“天涯海角”之称。

清朝雍正五年（1727年），崖州知州程哲于此海滨巨石题刻“天涯”二字。抗战期间，国民党琼崖守备司令王毅将军在其相对峙巨石之上复题“海角”二字。“天之涯、海之角”因而诞生。1961年，郭沫若在“天涯”石旁侧题写“天涯海角游览区”七个大字，从而使其名扬天下。1980年、1990年版2元人民币背面图案皆为“南天一柱”巨石景观，其惊涛骇浪、雄峙南海之滨的场景深入每一个中国人的心目中。从此，天涯海角也成为海南代名词。1984年，天涯海角摩崖石刻群辟为风景名胜区，作为海南岛著名标志景区正式接待中外宾客。1994年，天涯海角风景区作为三亚热带海滨风景名胜区核心景观，成为国务院公布的第三批国家重点风景名胜区。2001年，天涯海角风景区成为国家首批4A级景区。

（4）旅游资源

天涯海角游览区碧海、青山、巨石、白沙、礁盘，浑然一体，宛若七彩交融的丹青画屏；椰林、波涛、渔舟、鸥燕、云霞，辉映点衬，形成了南国独特的椰风海韵。它使人们心灵中美好的“天涯情结”藉以物化载体，四方游人慕名而来，游人可沿着历史名人雕塑园、海天自然景观、笆篱凝霞景观、天涯路等尽兴畅游，访海角石、天涯石、海判南天石、日月石、南天一柱石、玉兰含苞、饮水思源井、热带雨林奇观等景点，圆心中“走遍天涯海角”之梦。

参考文献

1. 天涯海角景区官网（http：//www.aitianya.cn/）。

4. 大小洞天风景名胜区

（1）地名由来

南山大小洞天古称鳌山大小洞天，实际上是指大洞天和小洞天。南宋淳熙十四年（1187 年），吉阳知军周康携客登山，发现了小洞天。淳祐年间（1241—1252 年），郡守毛奎就任于此，在数次探访南山之后，先后发现大、小洞天。其留有《大小洞天记》等石刻文字记载，并主导开发，使大小洞天成为风景区。

（2）地理概况

大小洞天风景名胜区位于海南省三亚市区以西 40 千米的南山西南隅，其范围东至椰子园和鸭子塘西侧，西到仙人足岭西侧 1000 米海滩，北至公路干线之南侧，南至 1000 米海域，总面积达 22.5 平方千米。其依托深厚的历史文化底蕴、得天独厚的生态资源、天工造化的山海形胜，目前已形成六个游览区域计 50 余处游览景点，即彰显古代道迹仙踪的洞天福地区域、宣传龙文化的南海龙王区域、揭示古崖州文化源流的摩崖题咏区域、以滨海自然风光为主体的山海奇观区域、弘扬长寿文化的福寿南山区域和展现 1.4 亿年前生命常态的三亚自然博物馆。

大小洞天所在的南山在中、晚侏罗纪受岩浆侵入形成陆地，为燕山运动第一幕第二、第三次岩浆侵入形成的中粗粒黑云母二长花岗岩及黑云母正长花岗岩岩体，受后期构造运动的影响以及风化剥蚀，为南山岩体岩裂、岩崩以及滑坡创造了有利条件。而大小洞天景观的形成则是滑坡之后岩崩、岩滑产生的结果，并可据此推测已失的“大洞天”的遗迹在“独占鳌头”南约

20米的半坡处。该地区属热带季雨林气候带，南海迎风坡，雨量充沛，受寒潮影响较小，常年无霜。干湿两季节变化显著，年平均降水量约为1254.3毫米。这一带集中分布着龙舌兰科常绿植物——龙血树，达3万株之多，属于国家珍稀濒危植物。

（3）历史文化

据《崖州志》等史料记载，唐宋以来，大小洞天即以神仙洞府著称于世，与传说中的蓬莱、方丈、瀛洲东海三仙岛相媲美，号称南海仙岛，吸引众多求仙访道之人前往。唐代高僧鉴真为弘扬佛法，六次东渡日本，曾于第五次漂流至南山大小洞天海岸登岸，留下千古史话。南宋五祖白玉蟾因喜南山神秀，归隐于此，修建道观，传播道家文化。目前景区内残存的“仙人足”“仙坛”等历史遗迹和多处游记诗文皆可以佐证。

南宋淳熙十四年（1187年），吉阳军周康发现小洞天，并题《石船记》《摩崖》。此后，小洞天逐渐扬名于外，成为古代珠崖旅游区和道家文化的修炼地。数十年后，南宋郡守毛奎先后发现大洞天和小洞天，对这一景区进行开发，并留有多处题诗和石刻。在小洞天的附近还有钓台和岩瞻，毛奎在

大小洞天

《崖州大小洞天石刻》中写道："而有僧善庆又于山麓石峰之荫近石船，得一岩，由西北委蛇数十丈，以通后洞。岩之外临海，有平石可坐而钓，因曰钓台。对岩之前，有石奇怪，其下可坐十客。仰望八景，皆在目中。以其与岩相望，名曰岩瞻。"

在毛奎的经营下，鳌山"洞天福地"闻名于世，历代前来一睹风采者不计其数，题诗作赋更是不胜枚举。道家素有10大洞天、36小洞天和72福地之说，现景区内有一处"小洞天"，上有垂钓台。据《崖州志》的记载，另有一处"大洞天"，洞内有石桌、石凳、溪水环绕，恍若仙境，但现已无法找到，充满神秘色彩。传说，郡守毛奎因开发大小洞天有功，卸任之时，顿司成道，众随从来不及挽留便飞升而去。后人敬仰其仙风，于其飞升处南山浦修建毛知军祠，予以祭祀。

宋末元初，我国纺织技术革新家黄道婆在大小洞天一带采棉纺织，并从此处登船离岸，将崖州的植棉技术和纺织技术传至海外。1962年郭沫若游览于此，题"南溟奇甸"四字以喻其奇美之境；1993年，前国家主席江泽民视察南山大小洞天时，兴致所至，于景区内题写"碧海连天远，琼崖尽是春"的佳句，进而丰富了大小洞天的人文积淀。2007年，三亚市南山大小洞天旅游区被正式批准为5A级旅游景区。

（4）旅游资源

大小洞天风景区以其秀丽的山景、海景、石景，号称"琼崖第一山水名胜"，是一个以古崖州文化为脉络，汇聚中国传统的道家文化与龙文化，融滨海风光、科普教育、民俗风情、休闲度假于一体的国家化旅游风景区，每年接待游客逾百万人次。风景区内至今还保存着"小洞天""钓台""海山奇观""仙人足""试剑峰"等历代诗文摩崖石刻，是研究三亚历史和文化交流的重要资料。

二、韩国

（一）昌德宫

1. 地名由来

昌德宫又称“东宫”，原是朝鲜国王的离宫，在朝鲜王朝后期曾作为正宫使用。后人释其名“昌者盛也，德者道也，盛曰圣，道亦曰圣，有圣然后有道，有道然后必有德，有德然后方可为昌”，因此取名“昌德宫”，为“勉人君昌德之意”。

2. 地理概况

昌德宫位于韩国首都首尔钟路区卧龙洞，其遵循无后市、背山临水的原则，随地势自然建造在鹰峰南向延伸的山脉上。昌德宫总体面积为 40 万余平方米，可分为公共空间、王室的生活空间以及庭院三个部分，包括仁政殿、乐善斋、大造殿、宣政殿以及秘苑等。

仁政殿是国王处理政务以及举行贺礼或接见外国使臣的地方，以精细的镶嵌和美丽的天井而著称。这座双重基座的正殿前面铺以花岗岩，三面环廊，殿内装饰华丽，设有帝王御座，沿两旁排成两行的品阶席曾站满当朝百官。这座正殿的屋顶为重檐合阁，每个屋檐上都立有 9 种能驱鬼的动物塑像，以此表明其重要地位。仁政殿之后是大造殿、宣政殿、乐善殿等其他建筑。其中的乐善斋是一座典型的韩式木制建筑，为王妃的寝宫，里面陈列着王冠、王服、武器、墨宝及其他手工艺品。王室使用过的马车、轿子以及末代国王的汽车则摆放在院内。宣政殿是国王和大臣商讨国事的地方，殿前的两侧放置有装满水的青铜缸，旨在防止火灾。

建于 17 世纪的秘苑是昌德宫整体建筑的重要组成部分，占地面积约 6 万平方米，是当年皇室的后花园，王室成员曾于此举办宴会、研究学问、休闲

昌德宫

等。其建于从北岳山延伸东南向的缓长的山脉上，与周围的苍松翠柏，溪谷池塘、小桥流水相映衬，显示了朝鲜王朝时期人工造景艺术的精华。这里有科举时代作为考场的映花堂，建在荷池旁供君王垂钓的鱼水亭、钓鱼台和池中的芙蓉亭。此外，昌德宫建筑群还有首尔最古老的门——敦化门以及建于太宗年间的古桥——锦川桥。

3. 历史文化

1388 年，元朝斡东千户所千户兼达鲁花赤李子春的嫡长子李成桂发动了威化岛回军，掌握高丽政权。1392 年，李成桂自立为王，改国号为朝鲜，建立了朝鲜王朝。1394 年，为了从松都寿昌宫迁都到汉阳，他设置了“新都宫阙造成都监”，并开始建造景福宫，至次年完工。太宗四年（1404 年），昌德宫修建并于 1405 年竣工，初建时仅作为正宫景福宫的一个离宫，因位于景福宫东侧，其又与昌庆宫一并被称为“东阙”。昌德宫初建时，设有正殿、便殿、报平厅、正寝厅等建筑。太宗十一年（1411 年）增设了楼阁、石桥以及议政府朝房。太宗十二年（1412 年）建敦化门，设各司朝房。在朝鲜王朝的前期，国王主要使用的是景福宫，至朝鲜成宗、燕山君以后，昌德宫的使用变得频繁起来。成宗六年（1475 年），昌德宫的最主要宫门被命名。

宣祖二十五年（1592 年），日军大举入侵朝鲜，壬辰倭乱爆发。在朝鲜的请援下，我国明朝派军援助。明朝水师副总兵邓子龙与朝鲜水师大将军李舜臣等在海陆两方连挫日军锐气，最后日军因丰臣秀吉病逝而撤兵告终。此次祸乱中，昌德宫与昌庆宫、景福宫一并被全部焚毁。此后，朝鲜宣祖以月山大君宅邸作为临时宫殿。光海君即位之后，重建宫阙之事被提上日程，由于正宫景福宫重建力度较大，因此作为规模较小的昌德宫被优先建造，但此后不久也毁于火灾。仁祖二十五年（1647 年），昌德宫被再次重建，山脚下的仁庆宫的大多数殿宇也被拆建到昌德宫中。据《昌德宫修理都监仪轨》记载，仁祖朝重建昌德宫时，将仁庆宫光政殿移建为昌德宫宣政殿，仁庆宫庆寿殿、弘政殿移建为昌德宫大造殿……修建了储承殿、玉华堂、静然堂、烧厨房、灯烛房、别监厅等建筑。

光海君十年（1618 年），朝鲜正宫自庆运宫转移至昌德宫之后的 250 年里，昌德宫一直作为朝鲜的正宫使用，成为韩国国君居住时间最长的宫殿。纯祖二十年（1820 年）所绘的《东阙图》，成为目前唯一全面描绘古代昌德宫的图像资料。1868 年，正宫景福宫重建完成，王室移御景福宫，昌德宫再度成为离宫。1907 年，昌德宫成为朝鲜王朝末代皇帝的居所。1910 年，纯宗和大臣在昌德宫召开大韩帝国最后一次御前会议，会议决定日韩合并。延续 500 年的朝鲜王朝灭亡。1954 年以后，昌德宫被大韩民国收归国有。1963 年，被韩国政府指定为史迹。1997 年，在意大利那不勒斯举行的联合国教科文组织世界遗产委员会上，昌德宫被列入《世界遗产名录》。

4. 旅游资源

昌德宫以自然地形和景观自由设计，古典楼阁与四周葱郁的自然环境和谐地融为一体，是远东宫殿建筑设计的典范。漫步在宫殿园林蜿蜒的山路上，徘徊中总会给人一种柳暗花明又一村的感觉，开阔之地又能见亭台楼阁和池塘，更加让人流连忘返，心潮澎湃。同时作为一处皇家宫殿，它也是朝鲜王朝风云变幻的历史见证，许多重大的政治事件和决策都是在这里发生的，昌德宫历经了一个民族的种种动荡，具有较高的史料价值。

参考文献：

1. 昌德宫官网（http://www.cdg.go.kr/）。
2. https://whc.unesco.org/en/list/816.

（二）佛国寺

1. 地名由来

佛国寺始建于法兴王十五年（528 年），时称华严佛国寺、法流寺。慧恭王十年（774 年）重建竣工之后称佛国寺，意指此寺院乃“人间的佛之国度”。

2. 地理概况

佛国寺位于韩国东部庆尚北道庆州市东南吐含山山腰处，距庆州城约 10 千米。寺院坐北朝南，由 70 余幢错落有致的建筑组成，分东、西两座院落，各以两段式石桥与廊庑连通。寺院的山门上挂有书写“吐含山佛国寺”的匾额。经过香道、莲池、三孔拱门方引向天王门，进入佛国寺前院。

寺院属伽蓝布局形式，有南北线两条中轴线，是山地型寺院。东院以大雄宝殿为中心，排列着紫霞门、无说殿。其中，大雄殿的左右各有一塔，即多宝塔和释迦塔，这种双塔对峙的格局，是我国隋唐时期典型的寺院平面布局形式。多宝塔高 10.4 米，建于双层基座之上，是以纯白色花岗岩制成的三层石塔。正方形的基坛代表着佛教的四圣谛，基塔之上有四座石梯，各石梯皆有 10 层用来表示佛教的十信。塔身的上部为八角形，用以表示八正道。释迦塔高 8.2 米，外形质朴，匀称美观。大雄殿未采用任何钉子建造，内部供奉着释迦牟尼佛，两旁是弥勒佛像和羯罗菩萨像。弥勒佛是用以表示未来的佛，羯罗菩萨则是表示过去的神像。它是为进行佛教说明之处，经过四圣谛和八正道修炼方可进入其后的无说殿。无说殿后顺势而上则是毗卢殿和观音殿。

西院中以极乐殿为中心，四周绕以廊庑。与大雄殿相似，极乐殿也是诵经参佛的地方，通过西侧的莲花桥和七宝桥与安养门相连接。两桥之上共有 18 级台阶，8 级台阶的七宝桥位于上部，10 级台阶的莲花桥则位于下部，每一台阶上都镶刻着莲花瓣，现已斑驳不清。极乐殿内供奉着金铜毗卢遮那佛和阿弥陀佛，表现出一种平衡和谐之美。

3. 历史文化

公元 1 世纪前后，朝鲜半岛进入封建制时代。313 年，高句丽、新罗、百济三个封建制国家形成，呈鼎足之势。此时，佛教从中国传入朝鲜。668 年，新罗王朝首次统一半岛大部地区，定都庆州，并将佛教奉为国教。由于王室好佛，这一时期的佛教艺术和寺院建筑的发展也十分繁荣，始建于新罗法兴王二十二年（535 年）的佛国寺被接续建造。751 年，新罗景德王时期国相金大城重建佛国寺并于 774 年竣工。关于此次佛国寺修建的缘由，史载为“金大城孝亲之举”。但也有学者深入分析后认为其真实意图为安难护国，是防止宿敌倭国入侵的战略之举。有关佛国寺的最早文献记载见于崔致远《孤云集》卷三所收录的《华严佛国寺绣释迦如来像幡赞并序》，其言：“东海东山有佳寺，华严佛国为名字”。可知，佛国寺在当时已颇为有名。

高丽时期（918—1392）至朝鲜王朝时代（1392—1910），佛国寺历经多次改造，声明远播。1593 年，由于壬辰倭乱，佛国寺内全部木构建筑被毁，唯石构建筑或石质基座得以幸存。如多宝塔的基座、紫霞门的高台以及一些

佛国寺

桥梁式的石砌台阶等，大多为金大城重建时的遗留物。1604 年，佛国寺又被重建，至 1805 年，经过了 40 余次的局部维修，但此后又多遭毁坏。1969 年，佛国寺修复委员会成立，观音殿、毗卢殿、经楼等于 1973 年被复原。李氏朝鲜后期的大雄殿、极乐殿、泛影楼等部分也被修缮。1995 年，联合国教科文组织将佛国寺作为文化遗产列入《世界遗产名录》。

4. 旅游资源

佛国寺采用双轴线、双塔对峙的布局，反映了新罗时期的寺院特色和对中国、日本等寺院建造艺术的吸收，堪称远东地区佛教艺术杰作，也是探索佛教东传的重要线索。在佛国寺的附近还有一座在自然巨石凿成的石窟内建造的石窟庵，匠心独具，被誉为新罗王朝宗教、科学、理论和建造艺术的巅峰之作。其与佛国寺一道被确定为世界文化遗产，成为众多朝圣者和游客心中的圣所。

参考文献

1. 佛国寺官网（http：//www.bulguksa.or.kr/）。

2. 周学鹰：《佛国寺——韩国最精美的寺庙》,《中国文化遗产》2007 年第 6 期。

（三）宗庙

1. 地名由来

宗庙之名源于中国，是人们为亡灵建立的寄居所，是儒家活动的场所，同时也是供奉历朝历代国王牌位、举行祭祀的地方。

2. 地理概况

首尔宗庙位于韩国首尔市钟路区勋井洞，在韩国总统府青瓦台的东面，是一座坐落在市民公园深处的花园式建筑，四周环绕着低矮的山丘。其占地 19.4 公顷，呈椭圆形，主要由宗殿和永宁殿构成，还包括功臣堂、典祀厅、斋室、御肃室等建筑。宗庙整体对称，按照仪礼空间的位次秩序，正殿和永宁殿的屋檐、屋顶的高度、柱子都粗细有异，因此具有独特的规格和室内空间形状。

宗殿建于月台山，占地 2270 平方米，正殿宽 100 米左右，是韩国最长的木质建筑。宗殿的中央设有太室，两侧为翼室，朝鲜王朝 19 位国君和他们的王后的牌位被供奉在太室的 19 个神龛之中。永宁殿位于宗殿之旁，由世宗国王兴建，供奉着太祖的四代祖及不能继续在正殿供奉的王及王妃的灵位，16 个龛室中供奉着 15 位君王和 17 位王妃的牌位。永宁殿呈现出 17 世纪中期的建筑风格，在结构、装饰、色彩上均采用了简洁、庄重的建筑手法。

典祀厅是宗庙存放祭祀器具、物品、运送工具及进行祭礼准备的地方。其前方有一处石坛，名 “馔幕坛”，是对宗殿摆放食物进行审查的场所。御肃室是国王在进香前沐浴、更衣、准备祭礼的地方。东侧为王世子的斋室，西侧是御用沐浴厅，祭礼时，王与世子由正门进入，沐浴更衣后自西狭门步入正殿及永宁殿。此外，这里还有安放朝鲜王朝 82 位开国功臣牌位的功臣堂，以及祭祀时乐师待命或练习的乐宫厅。

3. 历史文化

宗庙祭祀仪式最初起源于中国夏商周文化时期的仪礼文化，最早的周代城市规划导则《周礼 · 考工记》言：“匠人营国，方九里，旁三门，宫城居

宗庙

中，左祖右社，前朝后市”。这里的左祖右社即是指宫殿的左侧要建祖庙祭祀祖宗，右侧要建社稷坛祭祀五谷土神。9世纪的新罗时代时，宗庙传入朝鲜半岛并在之后的高丽王朝和朝鲜王朝得以延续。公元1392年，高丽王朝灭亡。李成桂建立朝鲜王朝并于1394年将国都自今开城迁至今首尔。同年，他下令在王宫的东侧修建宗庙以祭祀王朝祖先。宗庙于1394年底动工兴建，1395年下半年竣工。其采用“左祖右社”的布局形式，最初实行七庙制，每一庙代表一位朝鲜君主和他的王妃。1421年，国王世宗修建了安放太祖之前的4代祖先牌位的永宁殿。1592年的壬辰倭乱中，宗殿和永宁殿在战乱中被烧毁，供奉的灵位由于被隐藏在平民家中而逃过劫难。1608年，宗庙被复修后，灵位被放回原处。至1836年，历经多次扩建后的宗殿和永宁殿基本形成了今天的规模。宗庙内安放着朝鲜王朝已故国王、王后与82位开国功臣的牌位，另设有国王按照儒教形式举行祭祀仪式的祠堂。

宗庙祭礼作为对祖先的祭祀之举，有一套极为复杂的程序。在朝鲜王朝时期，祭礼分为定时祭和临时祭，以及供奉当年农作物丰收的荐新祭。定时祭在各季节的首月，农历即一月、四月、七月、十月和腊月举行；临时祭则在国家遇幸事或祸事时举行。祭祀的仪式十分隆重，主要内容是迎神、喜神、送神，为增加仪式的庄重感，祭祀时还会演奏朝鲜世宗时代宫中宴会常用的赞颂国王功绩的《保太平》和《定大业》等乐曲，及表现国家文治武功的舞蹈表演等。在20世纪的日本占领时期，宗庙祭祀被迫中断，1971年由宗庙祭祀委员会按原仪式恢复，在宗庙正殿和永宁殿举行。现今，每年五月的第一个星期日，韩国的皇室后裔们就会在首尔举行一系列的祭祀仪式来纪念皇家先祖。1995年，韩国宗庙被列为世界文化遗产，而宗庙的祭祀礼乐于2001年被联合国教科文组合选定为“世界非物质文化遗产”。

4. 旅游资源

首尔宗庙保留着16世纪以来的原貌，并收藏着印有创始人家族成员教义的碑石，在祭祀仪式上，还有音乐、舞蹈等礼乐，向世人昭示了韩国皇家祭祀风俗和儒家文化传统。宗庙地处喧嚣的现代都市，却仍保持其原有的安静宁谧和神圣庄严，祭所内宽敞的庭院与传统的古典建筑相交融，似乎可以感受到流传千年的儒家忠孝思想。

参考文献

1. http：//whc.unesco.org/en/list/738.

（四）水原华城

1. 地名由来

水原华城（Suwon Hwaseong）是朝鲜王朝后期的代表性城郭，因其位于水原市华山附近而得名。水原原称“水源”，又有“棉红岗”“水原岗”等称呼，1271年以后方有“水原”之名。

2. 地理概况

水原华城位于韩国西北部京畿道水原市，距首都首尔以南约40千米。城堡分散于群山之中，西靠八达山，东沿平坦的丘陵而建，是一处功能完备的防御性建筑群。华城占地约130亩，城墙全长约5.7千米，高6米，共设4座城门，各城门上皆装备有炮台。东门是苍龙门，有一座烽火台、两道水闸、三间哨房、四条过道和五个枪眼。西门为华西门，门上是一座堡垒。南门是由石头筑成的八达门，位于繁华街道的中心，高约19.5米。北门则是长安门。其中的长安门和八达门很大，城门前被半圆形的城墙围绕，构成一个要塞。依据城内的溪流布局，华城内还建起了7个拱形的水门的华虹门，通过此处的水原川至今仍流淌不息。城墙内部设置了众多隐蔽的军事防御设施，如指挥所、角楼、空心墩、将台、秘密通道等。

华城的总指挥部是位于八达山顶峰的双层楼阁西将台，站在台上城郭周围一览无余，能观察到华城40千米以内的景色。城墙的西北和东北角还有两个空心墩，兼具瞭望台和碉堡功能，上面有很多小的射击口，另外还有5个烽火台，可侦察敌情，并将情报迅速传递到王宫。在城墙东部的山谷里还有一座巴克汉门，偏僻或荒废之地建有暗门，平时则以树木掩护起来，战时是一条秘密通道。华城行宫是正祖为参拜其父陵墓时的行宫，平时用作府衙。行宫呈长方形，数十座建筑通过回廊连接在一起。在行宫的旁边还有一座正祖的影殿，装饰较为简洁朴素，是供奉正祖肖像画的地方。

3. 历史文化

水原华城的建造可追溯至18世纪末，是朝鲜王朝第22代国王正祖大王为悼念自己的父王思悼王而建造的。思悼王世子是英祖的二子，虽被封为世子，但在派别斗争中被排挤而未能登上王位，被囚禁于米柜之中活活饿死。正祖痛心父王之逝，将其遗骸自杨洲拜峰山移葬到华山西麓，这片地方是当时最好的风水墓地。为安置华山西麓小邑内约 2000 口居民，以及方便参拜和守卫陵墓，正祖下令将小邑北迁 5 千米重建，从而形成了水原华城。也有人认为，正祖修建华城的根本原因是为根除基于派别斗争的派系政治，而将其作为首都南边的军事要塞，以图实现加强王权的远大政治抱负。

1794 年，在曾任宰相的领中枢府事蔡济恭的总策划和赵心泰的指挥下，以崇亚永为设计师，参考《城华筹略》为指南，华城开始建造，历时约三年，于 1796 年 9 月竣工。修建城郭时，还采用了举重机、辘辘等新设备，用于搬运和砌筑沉重的石材。同时还修建了华城行宫、社稷坛、内铺舍、中铺舍等附属建筑。期间，正祖皇帝下令将华川周围的居民迁至水原城，府库还为此拿出了 3750 公斤黄金，市民统一十年免除各种税收。三年以后，正祖皇帝将水原定为首都，并任命载济光为首任长官。

此后，建造完成的水原华城历经了日本占领和韩国战争时期，部分城廓

水原华城

遭到损坏。1975—1979 年，根据修建后发行的《华城城域仪轨》，华城内的大部分城廓又被重新修复并一直保留到今天。1997 年，联合国教科文组织将水原华城列为世界文化遗产。如今，水原华城已成为朝鲜李氏王朝的代表性古迹，华西门外舞台举办的“水原国际戏剧节”将古城与东西方戏剧艺术紧密联系在一起，自然、历史艺术和谐相融，大放异彩。

4. 旅游资源

水原华城将中国、日本和朝鲜的古堡建筑技术熔于一炉，依地势地形而建，是一座集军事防御、生活、休闲功能为一体的平地城郭。这里的城门、将台、角楼、哨房、枪眼皆显示着防御性城堡的典型特征，同时，城堡所承载的历史文化和建造初衷也是学者们研究的关注点所在，透过这些斑驳的古迹和数次修复的城垣，仿佛能窥见朝鲜王朝的兴衰与沉浮。

三、日本

（一）姬路城

1. 地名由来

姬路城始建于 1333 年，最初是作为对抗北条氏仓幕府的城寨。1580 年，丰臣秀吉在这里继续兴建城堡，并分别取姬山、鹭山各一字，命名为姬路城。“姬路” 在日语中指 “蚕茧”。由于城堡白色的外墙和蜿蜒屋檐造型犹如展翅欲飞的白鹭，故而亦被称作白鹭城。

2. 地理概况

姬路城位于日本海拔 45.6 米的姬山之上，地处本州平原的中心，自古以来即为交通要塞。其由本丸、二丸、三丸和西丸组成，建于 15 米的土垣之上，共有 83 座建筑物。城堡有内壕、中壕、外壕 3 重壕沟环绕内外，是以守备为主的建筑，其中中壕外的内城居住着下级武士、仆役和商职人员，城主和侍从武士则居住在中壕以内。城堡的防御工事也修筑得极为精巧，从 3 条同心圆护城河开始，城壕环绕高大曲折的石城郭，城郭之间设置几座大门和瞭望塔。瞭望塔和城墙上还有射箭、打枪的小孔。

耸立在姬路城中心的城楼是天守阁，外观 5 层、内部 6 层，还有 1 层在地下，是城内诸侯及其家臣、武士的居住区。从立面看，天守阁近似正方形，在主城楼的四角紧密依附着 4 座错落有致的小城楼，它们以长排走廊连成一座独立式的建筑，统一而富有变化，不但是权力中心的象征，还兼具御敌避难的作用。天守阁内部构造朴素，地板、梁柱、窗户和各小室隔间都是木造的，室内各层包括信道、大厅、房室以及古代厕所。位居天守阁最上层的是长壁神社，这里供奉的刑部大神是早期镇压姬山的神，也是当地地主神。其整体建筑皆用日本特有的涂壁材料白灰浆进行封涂，屋顶的瓦片叠缝同样如此。现今的天守阁中还展出日本桃山时代幕府将军所用过的披甲、武器和用具等。

3. 历史文化

姬路城的历史可追溯到日本的中世纪，1333 年，因地处播磨地区的交通要冲，当地豪族赤松则村奉护良亲王之命在姬路一带驻扎军队。1346 年，其子赤松贞范开始在此修筑城堡，成为举兵对抗北条氏仓幕府的根据地。嘉吉之乱（1441 年）后，赤松家族走向没落，姬路城成为其家臣小寺和黑田的据点。1555—1561 年，黑田重隆父子把原居馆规模的姬路城发展为中世纪城郭的规模。足利室町幕府末期，由于地方大名的相继叛乱和幕府内部冲突，室町幕府衰亡，走向了长达百年群雄割据的战国时代，此后姬路城的战略地位也日益突出。

1577 年，丰臣秀吉奉织田信长之命攻打毛利。他率军进驻姬路城并在黑田孝高的协助下平定了播磨。1580 年，黑田将姬路城让予丰臣秀吉，他在此重新修复姬路城并在上部增建三层瞭望楼以及壕沟、城墙等防御性建筑，使姬路城成为名副其实的城堡。丰臣秀吉还大建新城镇，让商人移居此地，发

姬路城

展商业。丰臣秀吉逝后，进入了德川家康执政的江户幕府时代。1600 年，德川家康取得关原之战的胜利后，为抑制西国，让女婿池田辉政接政姬路城，统治备田、谈路等地。翌年，池田辉政重新圈绳定界，进行了大规模的修复工程，以 9 年的时间奠定了今日姬路新城的基础。他还使用了 387 吨上好的木材，7.5 万块重达 3048 吨的砖瓦以及不计其数的重达 1 吨的巨大岩石筑成了五层六阶的天守阁。

1615 年，政府发布“一国一城”令后，许多城郭遭到破坏，但姬路城得以幸免。1617 年，池田辉政奉命移居鸟取城，姬路城由本多忠政的儿子忠刻和千姬夫妇驻守，他们建造了西丸的百间廊和化妆楼。此后，姬路城几经易主。自 1749 年至明治维新，由酒井氏家族入住。1910 年，明治大修理展开，耗资 9 万圆以修理天守阁。1928 年，姬路城被指定为历史遗迹，由文部省管辖。1931 年，姬路城被日本政府指定为国宝。1934 年，“昭和大修理”开始。姬路城的天守阁以及其他建筑得到修缮。姬路城巧妙地糅合了军事需要和艺术趋向，是日本城堡建筑中的创举。1993 年，联合国教科文组织将其列为世界文化遗产。

4. 旅游资源

姬路城历经分崩离析的战国时代到统一的江户幕府时代，逐渐扩大为融合了中古时代以领主馆舍扩建防御工事的“平城”以及纯粹为战斗目的而借天险所建的“山城”特色，成为典型的“平山城”城郭式建筑，也是“安土文化”的代表性建筑。同时，城堡被包围在一片葱郁的原始森林之中，层层飞檐犹如白鹭展翅，美观而典雅，令每一位到访者赞叹不已。现今的姬路城春天有赏樱会的“花见大鼓”、千姬牡丹花，夏天有“港口节”，秋天有姬路城赏月会，冬天有姬路全国陶器展，是一处四季皆宜的旅游胜地。

参考文献

1. 姬路城官网（https：//www.himeji-kanko.jp/）。

2. http：//whc.unesco.org/en/list/661.

（二）法隆寺

1. 地名由来

法隆寺始建于7世纪，因位于斑鸠町，且邻接斑鸠宫（圣德太子居所）西侧，时称斑鸠寺。天武天皇时期，宣布所有的寺院都要改用中国式名字，此后，斑鸠寺就正式被称为法隆寺，含有期望佛法兴隆之寓意。

2. 地理概况

法隆寺位于日本本州奈良县生驹郡斑鸠町，是一座占地19万平方米的木制佛教建筑。寺院坐北朝南，由东院和西院组成，包括40余座建筑。其中西院为典型的百济式建筑风格，是法隆寺的中心伽蓝，包括金堂、五重塔、南大门、经藏和圣灵院等。东院是在圣德太子住所的旧址上改建而成的，是标准的唐式建筑，由梦殿，舍利殿、讲堂、僧房、钟楼、礼堂等构成。

西院的核心建筑是位于中轴线上的金堂和五重塔。金堂建于两层台基之上，平面近似正方形。整座大殿分为两层，底层面阔5间，进深4间，出檐宽阔，下层柱高4.5米，出檐5.6米。金堂内供奉的3尊释迦铜像和药师如来佛，出自渡海赴日的中国人的后裔之手，是日本最古的佛像。佛像四周还有诸佛净土图、飞天等珍贵的壁画。金堂的西侧是建于670年的五重塔，为一座重檐四角攒尖顶的木结构建筑。有两层塔基的五重塔共有5层，总高32.45米，塔身逐层向上收缩，第五层的平面仅为一层平面的一半，给人以稳重、庄严的感觉。塔中心的木柱由下而上，直贯塔顶，托着塔顶的法轮和珠宝。

东院最著名的是八角形建筑——梦殿，据说是圣德太子于梦中见到了释迦牟尼的使者而建造的。殿中央是花岗岩砌成的八角形佛坛，屋顶嵌以华贵的珠宝。殿内保存着观世音菩萨像，高178.8厘米，木雕贴金，制作于飞鸟时代的7世纪，据传与太子等身，是法隆寺文化艺术宝库中的精品。

3. 历史文化

日本佛教历史悠久，早在弥生时代，大批“渡来人”由大陆东渡到日本，同时也带来了流行的佛教。据史籍记载，公元552年，百济圣明王曾派使者给日本天皇送去了释迦牟尼佛像和佛教经文，被看作是佛教正式传入日本的标志。公元7世纪左右，力主革新的圣德太子在推古王朝主持朝政。他对佛教十分推崇，曾下令在全国推广佛法，各地也兴修了许多寺院，法隆寺就是在这一时期建造完成的。

公元601年，圣德太子在斑鸠地区建立了斑鸠宫，并在附近修建了法隆寺。金堂内安置的铜造药师如来坐像的北面铭文记述道："用明天皇为祈祷自己病愈而起誓建立伽蓝，但是用明天皇不久之后去世，继承其遗志的推古天皇和圣德太子在推古天皇十五年（607年）完成了佛像和寺院的建立"。另有传说百济工匠将来自中国的佛塔和木结构传到了日本，并修建了法隆寺。虽然法隆寺的具体建造年代仍有诸多疑点，但可以肯定的是，寺院的创建年代可追溯到7世纪前半叶圣德太子在世时。643年，苏我入鹿袭击山背大兄王之际，斑鸠宫被焚，法隆寺却幸免无事。

670年，法隆寺遭遇火灾被彻底焚毁。《日本书纪》卷二十七载："夏四月癸卯朔壬申，夜半之后，灾法隆寺，一屋无余，大雨雷震。"738年，行信僧都为怀念斑鸠宫旧地的圣德太子建造了东院的梦殿。925年，西院伽蓝的大讲堂、钟楼被烧毁。17世纪，丰臣秀赖、元禄等人对寺院进行了修造。近代以来，由于"废佛毁释"的影响，法隆寺的维持变得困难。1878年，管长千早定朝决定将圣德太子画像等300余件宝物献纳当时的皇室，获得了一万元的赐予。1934年开始了"昭和大修理"，对法隆寺的金堂、五重塔等诸堂宇进行了修理。这场持续长达半个世纪的修复在二战中也没有停止。1949年，金堂在修复工作中发生火灾，政府以此为契机制定了《文化财产保护法》。1985年，法隆寺完成了纪念法事。1993年，联合国将法隆寺列为世界遗产。

4. 旅游资源

法隆寺继承了飞鸟时代的布局和形式，以五重塔和金堂为中心，绕以区分佛、俗世界的走廊，其形式以至细部纹样反映了来自中国南北朝建筑的影响。其不仅是日本精神故乡的千年象征，还是中日文化交流的象征，在佛教交流方面，法隆寺成为加强中日关系的一座桥梁。

参考文献

1. 法隆寺官网（http：//www.horyuji.or.jp/）。

（三）严岛神社

1. 地名由来

严岛（Itsukushima）又称宫岛，严岛一词来源于掌管祭祀的神灵“伊都岐岛神”的名字。

2. 地理概况

严岛神社位于日本广岛县佐伯郡宫岛町，在濑户内海海滨的潮间带上，背靠峰峦叠翠的弥山，前临一望无际的大海。整座神社坐东南朝西北，占地430余公顷，有17个神社建筑，4座大殿、2个舞台以及一个总长300米的回廊。主要建筑包括主神殿、宝塔、印度塔、五重塔、千迭阁、祈祷殿等。“开”字形建筑的鸟居是神社的大门，在距离神社180米的海面上，由4根巨木支撑着。鸟居高16米，上梁24米，皆漆以朱红色，这些支撑的木头是在海中生长了400多年的樟木，每隔数十年或一百年就要更换一次。

穿过鸟居便是供奉着市杵岛姬、田心姬和湍津姬三位海洋女神的严岛神社。社殿是严岛神社的主要建筑，基本是由本殿、币殿、拜殿和祓殿构成。本社中轴呈西北方向，直达海中的大鸟居牌坊，客神社中轴呈西南方向。本社和客神社本殿的屋顶都是采用的两面坡，坡形屋顶延伸到屋檐的形式。主社殿的本殿长24.3米，宽12米，前面的拜殿则长30.3米，宽12.4米。神殿大厅设计成一种祀奉的风格，并奉献敬意给永恒的山神和其他的自然物。在严岛神社的区域内，目前还保存着日本战国时代和桃山文化时代所建造的大国神社本殿、天神社本殿、荒胡子神社本殿等建筑。

除此之外，严岛神社还有一座混合了日本和中国两种建筑样式的红色五重塔。五重塔建于15世纪，塔高27米，它和壮观的鸟居及千迭阁一起成为严岛的标志。神社旁还保留了日本最古老的能剧舞台，每月都会有能剧演出。这里还有一条陡峭的木拱桥，接着神社真正的大门，只有皇族来参拜时才启用。

3. 历史文化

由于独特的地理位置和景致，严岛自古以来就被视为神灵居住的岛屿，而逐渐成为信仰的中心。神社的创建虽然没有明确的记载，但一般认为是左伯鞍职在593年创建的。目的是为了供奉日本的三位海洋女神。严岛神社首次被载入史籍是811年的《日本书纪》，时称“伊都岐岛神”。1146年，平清盛担任安艺守官之后，严岛神社成为平氏一族的参拜地点。在平氏家族统治时期，整座严岛被其供奉为一座圣殿，神社也成为家族礼拜的地方。1168年左右，神社的建筑主体已基本完成。随着参拜人数的增加，神社出现了香火鼎盛的局面。许多来自京都的皇亲贵族都到此地参拜并带来了较为流行的平安文化，严岛神社著名的舞乐表演也是在这一时期开始的。

在1207年和1223年，神社的主神殿遭遇火灾。此后尽管神社得以重建和修复，但其布局和级别却发生了变化。这种变化可以在一幅绘制于弘安时代的图中得到佐证。1288年后，神殿走向衰落，1325年遭遇台风摧毁。而重新修缮过的神社布局基本固定并保存至今。自镰仓时代至内战期间，长期的政局动荡导致神社的影响力逐渐下降以致被荒废。但当毛利基成在1555年的严岛战役中获胜并控制严岛后，庄严神社再次恢复了昔日的辉煌。1587年，丰臣秀吉为供养在征战九州时阵亡的官兵，命人在神社旁的山坡上建造了大经堂，以收集佛祖释迦牟尼的言论。

进入江户时代以后，在明治政府和广岛潘的支持下，严岛神社继续保持

严岛神社

香火鼎盛的兴盛局面，并延续至今日。如今，作为诠释日本精神文化的价值标本和平安时代“寝殿造”风格的典型范例，其与天桥岛、松岛并称为日本三景。1996 年，世界遗产委员会将严岛神社正式确认为世界文化遗产。

4. 旅游资源

严岛神社明亮的日本漆涂就的红色神殿建筑群一直延伸至大海，并以郁郁葱葱的草木群山为背景，鸟居、红柱、白壁的神殿及周围的绿色森林、蓝色的大海相映生辉，融合了自然美和人类所创造的美，并在色彩和形象的反衬下，完美地表达了日本自然之美的理念。同时，协调有致的神社建筑不仅显示了伟大的艺术品质和高超技术，还见证了日本千年以来的历史变迁和社会发展，是当代人越过尘埃窥见日本历史的一个窗口。

参考文献

1. http：//whc.unesco.org/en/list/776/.

（四）首里城

1. 地名由来

三山时代，中山国王在那霸地区修建了据点，名首里城，亦称中山城。琉球王国建立后，首里城成为都城所在地。此后的首里区和首里门皆源于此。

2. 地理概况

首里城位于日本冲绳县首府那霸市的东郊，濒临太平洋，是具有 500 年历史的琉球国王宫。其地处琉球岛南部一块高约 120 米的石灰岩台地上，巧妙地利用了首里山丘的自然地形，形成了一座占地面积 8 万平方米的长椭圆形城池。城堡结构复杂，城池格局带有北京紫禁城的印记，大致可分为外廓和内廓两个部分。外廓有欢会门、榩门、继世门、久庆门四座城门，内廓有左掖门、瑞泉门、淑顺门、漏刻门、广福门等多座城门。

御庭是首里城的中心，其正面是正殿，正殿左侧为南殿、右侧为北殿，中间的广场则为御庭。广场的红色“浮道”仅允许国王和中国册封使等少数人通行。正殿仿紫禁城太和殿而建，同时结合了本土建筑的特点，将门窗廊檐设计成了国王帽子的形状。正殿是木制的三层楼，一层被称作“下库理”，是国王处理政务、举行典礼的场所，中央有华美富丽的国王宝座，左右是太子、太孙所坐的“平御差床”，两侧的柱子上绘有金龙和五彩祥云，天棚是向上隆起的圆形。二楼称作“大库理”，是国王和亲属、女官等举行仪礼和宴会的地方，上方悬挂着1683年康熙帝御笔亲题的“中山世土”匾额。其侧面的壁板上雕刻着葡萄和松鼠的祝福纹饰，栏杆的正面有一对金龙柱，其他部分为黑漆雕漆嵌金。三楼为通风阁楼。正殿后面的许多建筑统称为“御内原”，是国王亲族和女官的生活场所。

层层罗列的古典城门蕴含着深刻的文化内涵，是首里城的一大特点。如中国牌楼式建筑“守礼门”意在说明琉球是重视礼仪、遵守礼节的诸侯国；正门“欢会门”则取“欢迎”之意，门两侧立有一对自中国传入的招福、镇邪的石狮子；具备衙门功能的“广福门”东侧是调节士族财产纠纷的“大与院”，西侧是管理神社的“寺社座”。

3. 历史文化

琉球初称流虬，其名字来自于中国隋朝使者，但琉球群岛的早期历史无考证。12世纪以后，冲绳由狩猎采集时代进入到农耕时代，步入国家形成阶段。这一时期出现了以城市为据点的统治阶层，海外贸易也日渐活跃。此后，在冲绳的南部、中部和北部出现了山南、中山、山北三国，形成了鼎足而立的局面，史称“三山时代”。在中国明朝推行招徕远夷朝贡政策的形势下，三国为加强各种的政权力量，皆遣使朝贡。1429年，中山王世子尚巴志征服了各主要的按司，定都首里城，建立了统一的琉球王国，琉球进入了尚家统治的“尚氏王统”时期。琉球王国建立后，很快与明朝缔结了朝贡关系，并被纳入到明朝东亚册封体制之中。

首里城建造于“三山时代”末期的中山国王察度在位期间（1350—1395年）。他为了加强对山南国的军事防御，控制冲绳的那霸·泊港，修建了这座都城，而此时的中山国王城尚在浦添城。尚巴志王前期，中山国将王城迁至首里城，直到三山时代结束。琉球王国建立后，仍以首里城为国都，王城的官署和殿堂完善，成为王国的皇室所在地和行政中心。在此后近300年的时间里，首里城几经被毁，数次重建。1453年，王室内部爆发了争夺王位的志鲁、布里之乱，首里城被毁。1660年，首里城遭遇火灾，后被重建。乾隆年间，中国册封使节至琉球，记录了当时的首里城和正殿等建筑。《琉球国志

首里城

略》载：“王府，在首里田万松岭，东上数里许。……城四面门各一，前西向即欢会门，后东向为继世门，左南向为水门，右北向为久庆门。……前奉神门，左右三门并峙在广福门内，与殿皆西向，山形本南北向。”

1879 年，日本派兵把尚氏王朝的第 19 代国王尚泰逐出首里城，宣布在琉球设立冲绳县，其后，宫阙楼台成为了熊本镇台冲绳分遣队的营房。1923 年，在建筑学家伊本忠犬等社会贤达的极力倡议下，首里城被大规模修缮。第二次世界大战期间，首里城遭到美国军队炮火的摧毁。日本战败之后，冲绳一直在美国政府的管辖下。1972 年，冲绳重新归复日本并在此后得到政府的大力修复。2000 年，包括首里城在内的琉球王国遗址被列为世界文化遗产。

4. 旅游资源

首里城是以战后残留的原型为样板复制的唐朝风格建筑，是当时的琉球国国王处理国家事务、接见使节和举行重要庆典的地方，它融合中国、日本及琉球岛的建筑特色，具有极高的文化和历史价值。城堡的“西向”、规制和反映的朝贡问题更是众多建筑学家和历史学家讨论的热点。现今的首里城是首里城公园的核心景区，公园内还设有商店、餐厅和供游客休憩的场所，是一处功能齐全的琉球王国历史文化大观园。

参考文献

1. ［日］阪仓笃秀著：《琉球王国的首里城》，程尼娜译，《史学集刊》2012 年第 1 期。

2. 王子勇：《紫禁城的影迹——琉球首里城》，《紫禁城》2008 年 7 月。

3. 首里城公园官网（http：//oki-park.jp/shurijo/hs/）。

4. https：//whc.unesco.org/en/list/972.

（五）石见银山遗址

1. 地名由来

石见银山遗址开采于 16 世纪，是日本战国时代后期、江户时代前期最大的银矿山，也是日本矿业兴衰的见证。石见银山之名来自于其早期的石见国。

2. 地理概况

石见银山遗址位于日本国本州岛西南部的大田市，地跨温泉津町和仁摩町，占地 442 公顷，由高达 600 米的连绵群山组成，其间散布着纵深的河谷。河谷中留存有 16—20 世纪间大规模矿山、熔炼厂、提取场以及矿工居住点的遗迹。矿山现被茂密的森林所覆盖，遗址上建有堡垒、神龛、部分山道运输线和三个运输银矿的港口城镇，涵盖的遗址有银山栅内、石见城遗址、大森银山、代官所遗址、矢泷城遗址、矢筈城遗址、罗汉寺五百罗汉、熊谷家住宅等。

石见银山遗址的核心是大森町，这里保留了很多武士宅邸、商铺、旧官署、神社和灵庙等建筑。整个街道呈现出古色古香的风格，部分仿古建筑位列两侧，再现着几百年前的繁荣。其中最负盛名的是当时大富商熊谷家的宅邸，红色石州瓦以及宅邸中陈列着的奢华的装饰和日用品。银山栅内是进行生产活动的银矿山遗址的主体，除银的生产活动外，这里还完好保留了与生活、信仰、流通、管理等相关的建筑。目前的采矿坑道中唯一开放的是龙源寺间步，但仅能参观其中的160米。这条坑道开发于1715年，属于地方直营，内部几乎保持了当年开采时的昏暗，坑道壁上保持着当年人工开采的凿痕，一侧陈列着矿山的历史资料。

港口和港边小镇包括鞆浦、冲泊两个港湾以及温泉津等区域，这里完好地保留了江户时代以来的城镇、海运代理店、店铺、温泉旅馆、神社寺院等。鞆浦港和冲泊港是运出石见银山出产的银和银矿石的港口，运输路线包括鞆浦道和温泉津冲泊道，其中鞆浦道全长 7 千米，温泉津冲泊道全长 12 千米。

3. 历史文化

石见银山的历史可追溯至日本的战国时代。根据日本的《石见银山旧记》一书记载，早在 1309 年周防国大名大内弘幸往访石见国时，在参拜北斗妙见大菩萨之际便有采银的记录。后来大内家的家臣出云国的三岛清右卫门帮助大内家在 1526 年 3 月开掘出地下的银矿脉，其子大内义隆继位后，在 1533 年透过博多的商人神谷寿贞招徕工匠，从海外学习了“灰吹法”精炼技术之后，大幅度提高了银矿的开采量。当时日本极盛时银产量年约 200 吨，石见银矿极盛时年生产 38 吨，价值约一万贯，是当时世界银产量的三分之一。

石见银山遗址

16 世纪，随着石见银山银产量的上升，周围的大名大内义兴、大内义隆父子，尼子经久、尼子晴久祖孙以及毛利元就为争夺银山主导权爆发了多起战争，直到 1562 年尼子家臣服于毛利元就，这场持续数十年的争夺战才告一段落。1584 年，毛利家族臣服于丰臣秀吉，石见银山为毛利家和丰臣家族共管，并成为后来丰臣秀吉文禄庆长之役入侵朝鲜时的主要资金来源。丰臣秀吉去世后，日本进入德川家族执政的江户幕府时代，石见银山也被江户幕府纳为直辖领，并于 1601 年开始派驻银山奉行管理。首任银山奉行大久保长安任职期间，他任用深谙矿山资源和技术的安原传兵卫为助手，大规模开发银山，为幕府统治提供海外贸易的财源。他还开辟了从大森到尾道直抵濑户内海的“银山街道”。这一时期，石见银山的产量在 17 世纪达到鼎盛时期。在《当代记》的记载中，石见银山在 1602 年达到了 4 千—5 千贯的产值。银矿的开采加快了日本国内的货币流通，同时促进了日本与中国、荷兰东印度公司、葡萄牙等国家之间的商贸往来。

17 世纪中叶以后，银山产银量下降，取而代之的是铜。1675 年，银山奉行降级为大森代官。19 世纪的明治维新以后，石见银山曾划归民营，不过还是渐渐衰退了。第二次世界大战期间，为获取铜以做战略物资，曾于 1941 年对石见银山再次进行开采。但在 1943 年因矿道透水而停止了开采并完全封山。1969 年，石见银山以其悠久的历史被日本国指定为古迹。2007 年，石见银山成功被联合国教科文组织列入《世界遗产名录》。

4. 旅游资源

石见银山遗址拥有 500 余年的历史，并一直以其独特的方式进行开采，银山不崩以及采矿和造林同时兼顾的生产方式，成为人与自然和谐共存的例证，获得了“与自然环境共存的产业遗迹”称誉。现今的银矿遗址、街道和港口地区的相关景观得到了政府的重视，还建立了石见银山资料馆、遗产中心以作保护，这里原有的宁静和历史景观也得以保留下来。对于游客来说，这是一处地理百科的博物馆，也是日本矿业文化的教科书。

参考文献

1. http：//whc.unesco.org/en/list/1246/.

四、菲律宾

（一）马尼拉教堂

1. 地名由来

马尼拉教堂（Manila Cathedral）是17世纪由西班牙人建立的，因其所在的马尼拉市而得名。马尼拉的名字据说来自于当地生长的一种白花，还有一种说法认为，此名源自当地的土语“马伊尼拉”，意为“灌木丛”，据说建城时这里满是灌木丛。

2. 地理概况

马尼拉教堂位于菲律宾马尼拉市中市黎刹公园的西侧，地处帕西格河南岸靠近马尼拉海湾河流入口处，距离圣地亚哥城堡和圣奥斯丁教堂不远。教堂总面积达36万平方米，前方为罗马广场，此处原是斗牛场，现置有水花四溅的喷水池，市场有马车徐徐通过，给人以古朴之感。另一侧则是原市政厅的遗址。大教堂采用典型的罗马式拱券结构，拥有山形墙和圆拱式的屋顶，相比尖顶高耸的哥特式教堂，更显平和大气。

大教堂有着宏伟华丽的外观，三个巨大的拱门立于层层阶梯之上。正门上站立着6位圣人的塑像，正以悲天悯人的神情俯视人间，顶部则刻着两个可爱的小天使簇拥着十字架。大门上的铜板雕刻出自意大利雕刻师之手，讲述了马尼拉教堂几经磨难的历史，旁边的两扇小门上有圣母玛利亚的雕像，层层递进式的门顶上还雕刻着精细的花纹。教堂由8个子堂构成，内部庄严而华丽。大量券洞结构的圆弧大大丰富了教堂顶部的空间细节，与底部整齐排列的长条椅遥相呼应。里面的侧室内放着米开朗基罗著名的雕塑《圣母怜子像》的仿制品，圣母以慈祥的目光注视着怀里的圣子，反映了文艺复兴时期以人为本、主张追求现世幸福的人文主义精神。教堂内还有镀金的圣坛以及有着 4500 支声管的管风琴等大量雕塑、镶嵌工艺品和青铜制品，均出自意大利、德国和西班牙的名艺术家之手。

3. 历史文化

1571 年，西班牙殖民者黎盖斯自马尼拉登陆，入侵并占领了菲律宾，此后在马尼拉市中心建立城堡和炮台，作为西班牙殖民统治当局的首府。伴随着西班牙统治地域的扩大，传教士也随之而来。1571 年，牧师弗莱·胡安·德·维韦罗（Fray Juan de Vivero）在马尼拉建立了竹子和棕榈叶混合砌筑的大教堂。教址是由西班牙征服者米格尔·洛佩斯·德·莱加兹皮选定的。1578 年，当马尼拉成为天主教教区时，主教请求建造一个更为坚固和恒久的建筑，西班牙国王颁令以石重建。据文献记载，重建教堂有一个主廊和两个侧廊，并有风琴和吊灯设计，但在 1600 年，教堂在地震中被摧毁。1614 年，更大规模的第三座大教堂建立，但也在 1645 年毁于地震。

1654—1671 年，大教堂在主教波比利提的主持下以罗马早期教堂的风格进行第四次重建。约 100 年之后，由于年久失修，教堂严重塌落，后在意大利建筑师乌谷清尼的协助下，教堂被重新修整，成为当时菲律宾最美丽和辉

马尼拉教堂

煌的建筑。毫无例外的是，这座教堂又在1863年的地震中被摧毁。1872年，教堂被第五次重建时杂糅罗马式平面、哥特式结构、巴洛克式装饰的混搭风格使教堂焕发出与以往不同的面貌。但此建筑在1945年被二战的战火摧毁。

现在的教堂是在1954—1958年红衣主教桑托斯的主持下，由菲律宾建筑师费尔南多监督而建造的。1970年，教皇保罗六世访问马尼拉教堂并在大教堂里做弥撒。2008年，由菲律宾天主教会组织的第二次管风琴节在马尼拉教堂举行以纪念教堂被修复50周年。2011年，为防止塔倒塌，人们将钟移到地面。次年，由德国铁匠弗里德里希·威廉·希林于1958年铸造的新钟被放置塔顶，以取代旧钟。2015年1月16日，教皇方济各在马尼拉大教堂举行了首次弥撒，这是他访问菲律宾行程的一部分。弥撒以三种语言为主教、牧师和神职人员举行，即拉丁语、英语和菲律宾语。

4. 旅游资源

马尼拉教堂经数次被毁、数次重建，至今仍巍然耸立于遗址之上，成为马尼拉市的精神象征和地标。教堂完美地融合了罗马式、哥特式、巴洛克式的建筑风格，是建筑史上的经典之作。同时，教堂还见证了马尼拉400余年的历史，其命运也与城市的浮沉休戚相关，是学习和掌握马尼拉的历史的一把关键的钥匙，也为研究海上丝绸之路提供重要的资料。

（二）维甘古城

1. 地名由来

维甘地区原是来自中国福建省的商人的聚居地，操闽南语的中国人将这里称为“Bee Gan”，意为“美丽的海岸”。在西班牙统治时期，征服者将V和B互换，维甘（Vigan）之名由此而来。在西班牙到来初期，这座城市还被称为费南迪纳别墅，以纪念西班牙国王菲利普二世之子，后改名为费南迪纳维甘城。

2. 地理概况

维甘古城位于菲律宾吕宋岛北部的伊洛克斯省，在首府圣费尔南多138千米处，距马尼拉407千米，是西班牙统治时期北方的重要城镇。古城总占地面积为17.25公顷，拥有萨尔塞多广场和伯戈斯广场，这两座广场由圣保罗教堂、大主教官邸、市政厅和省议会大厦所主导。在 25 条纵横交错的街道上排列着 233 座历史建筑。紧贴街道而建的民居多为两层建筑，以砖和木头建造于 18 世纪中期至 19 世纪晚期，倾斜的房屋类似中国的传统建筑。商人们在底层的商店、办公室或储藏室里做生意，上层则是居住的地方。城内一些地方留下的中国、菲律宾、墨西哥和其他文化的烙印，体现了多元文化的影响。

在古城内还有一所维甘教堂，是 18 世纪左右在奥古斯都的统治下修建的，也是罗马天主教新瓦塞哥维亚大主教管区的所在地。教堂主要是巴洛克风格的建筑，有大的扶壁以及新哥特式、罗马式和中国风格的装饰。其内部是镶嵌着银板的主祭坛、12 个小祭坛、3 个正厅。教堂的南面是一个独立的 25 米高的钟楼，顶端有一个气象公鸡，象征着圣彼得。在西班牙统治期间，菲律宾仅存的大官邸就位于维甘教堂的旁侧。该教堂还保存着前主教的遗体，包括括伊洛卡诺・弗洛伦蒂诺的墓碑，就在靠近伯戈斯广场侧门的一根柱子边。

3. 历史文化

由于梅斯蒂佐河的淤积，维甘和大陆相连，逐渐发展成交通便利的港口。在西班牙人到来之前，维甘是一个繁荣的沿海贸易站，中国下南洋的商人经由梅斯蒂佐河至维甘岛，用携带的商品交换黄金、蜂蜡和卡迪勒拉山区土著居民的特产。1519 年，葡萄牙航海家费迪南・麦哲伦受西班牙皇室之命，进行环球航行。1521 年，麦哲伦船队横渡太平洋到达菲律宾群岛的胡穆奴岛。1571 年，西班牙人占领马尼拉并将殖民政权的中心设于此处。次年，由萨尔塞多率领的西班牙人自马尼拉向北行进，到达维甘。在成功的远征之后，胡安・塞・萨尔塞多为纪念菲利普二世国王之子费迪南王子而建立了费迪南・维甘别墅。自维甘开始，萨尔塞多绕过吕宋岛，开始平定卡马林、阿尔拜等地。作为服务西班牙王室的奖励，萨尔塞多被赐予了旧伊洛克斯的广大地域。

1574 年，萨尔塞多回到维甘，他的士兵和传教士也深入伊洛克斯地区。为了控制邻国，他以西班牙式的风格建造了维甘城。达斯马雷纳斯总督在 1591 年的记载中写道："维甘镇名为费尔南迪纳别墅，由西班牙定居者、牧师、管理者和副管理者组成，国王收藏了 800 件贡品。"此时，维甘有 19 个

维甘古城

区。1645—1660年，维甘有21个城镇管理者。菲律宾革命期间，在伊洛卡诺反政府武装的支持下，马努埃尔·蒂尼奥袭击了西班牙殖民者并占领了维甘城。在美西战争中，麦克拉肯和詹姆斯帕克中校领导的美军于1899年1月占领了维甘。

第二次世界大战开始时，维甘是1941年日本侵入菲律宾的首批地区之一。1945年，美国和菲律宾联合击败日本军队，解放了维甘。1999年，维甘古城因丰厚的文化底蕴和多元的建筑风格被列为世界文化遗产。2014年12月7日，被命名为新七大奇迹城市之一。

4. 旅游资源

维甘古城是唯一一个在欧洲殖民建筑和设计中融入亚洲风格且保存完好的特例，体现了殖民扩张时代的文化吸收和交流。而作为海上丝绸之路的重要驿站，昔日帆樯林立、舳舻相接，一派亚欧贸易重要港口的忙碌和喧嚣的繁华景象如在眼前。行走于被岁月磨得圆润的石板路上，两旁西班牙风格的民居、商铺鳞次栉比，欧式家具、木编手提袋、藤织手工艺品、古董摊皆可使游客享受购物的乐趣。

参考文献

1. https：//whc.unesco.org/en/list/502.

（三）圣奥古斯丁教堂

1. 地名由来

16 世纪下半叶，西班牙人登陆马尼拉，占领菲律宾，为便于传播基督教文化，他们在马尼拉建立了以古罗马帝国时期著名的天主教思想家圣·奥古斯丁的名字命名的圣奥古斯丁教堂。

2. 地理概况

圣奥古斯丁教堂位于菲律宾首都马尼拉，为当年西班牙殖民者居住的城中城的心脏位置。据说，菲律宾历代高官显贵的骨灰都埋藏在此教堂的墙壁内。教堂大殿长 60 米，宽 15 米，结构以西班牙教堂为样板，根据当地气候条件做了改动。采用长方形平面，既无侧廊又无交叉廊的结构。设计中又加上了坚固的备用墙壁、天棚低矮的回廊，这种风格成为之后菲律宾基督教堂的主要特征。

教堂用珊瑚和砖修筑的墙壁厚 1.7 米，备用墙壁高出外壁 5 米，顶部筑有小塔。教堂两侧中部都建有一些小礼拜堂，在教堂内还可以看到教堂的圆顶、弧形的走廊以及有石盖的地下墓穴等。墙垣、天花板和地面皆是大理石材料，天花板的石块上雕刻着各种各样的花草，雕刻技艺高超，栩栩如生；教堂内装饰有大量雕刻、绘画和一些精细的木雕装饰，且有防震设施；后来，这里还修建了以珊瑚为材料的钟楼，钟楼建地坚固而敦实，每一层的建造都小于下面一层。钟楼除召集群众集会的功能之外，还广泛用于举行婚礼以及葬礼这些特别的仪式。

巴洛克风格的礼拜堂是整个圣奥古斯丁的精华。《圣经》中的人物经由技艺高超的意大利画师的手精心绘制在穹顶。高大的柱子从顶部到底座都雕刻着玫瑰形饰物，唱诗班阁楼的顶部装饰着拿着喇叭的天使，高高的穹顶上垂下来的巨大枝形吊灯更给教堂增添了几分庄重肃穆之感。

3. 历史文化

圣奥古斯丁教堂始建于1571年，初建时用的材料是易燃材料竹子、泥巴及棕榈叶，1574年，中国海盗林凤攻占马尼拉，这座教堂被焚毁，之后西班牙人又用木料在原址重建。1583年，在第四任菲律宾总督白纳罗萨的葬礼上，一根蜡烛引发的大火让重建的圣奥古斯丁教堂化为灰烬。1584年，菲利普二世出资重建圣奥古斯丁教堂，菲律宾各地教会组织也参与捐资。重建工作于1586年开始，由胡安·马西亚斯负责设计，但因缺乏资金和石料而进展缓慢，最终在克服了各种困难后，这座高大宏伟的全石料教堂终于在1607年建造成。此后，又修建了修道院，并在之后的岁月里不断得到扩建。

1581年，第一届菲律宾全国教区主教大会在此召开，会议讨论了菲律宾奴隶制的废除问题，是菲律宾历史上划时代的事件。1585年，向日本派遣传教士的决定也在圣奥古斯丁教堂作出。18世纪，由于“七年战争”，英国人占领马尼拉两年时间。19世纪末，美西战争爆发。1898年8月，美菲联军发动了著名的马尼拉之战，随后几个月中西班牙残余军队被逐一消灭，美西双方在圣奥古斯丁教堂签订了停战条约，西班牙人对菲律宾长达300年的殖民统治宣告结束。

二战期间，日本对菲律宾的占领以及日美之间的战争，都将圣奥古斯丁置于枪林弹雨之中，圣奥古斯丁珍藏的大量圣器、油画、典籍、雕塑、地图、家具也惨遭洗劫。战争结束时，圣奥古斯丁第二修道院成为一片废墟，其余建筑也残缺不全，270件油画以及众多的圣坛、家具、古董、钟表也消失无踪影。二战结束后，圣奥古斯丁得以重修，教堂和第一修道院恢复了当年的面貌。

1953年菲律宾总统大选后，菲律宾国会第一次全体会议在此教堂召开。1965年，为了纪念天主教在菲律宾传播400年，圣奥古斯丁展出了全国各地建于16世纪到19世纪之间的百座教堂照片，由此萌发了创建一个博物馆的想法。此后，圣奥古斯丁不断收集在几次战争中失去的各类珍贵藏品，并建造了历史博物馆。圣奥古斯丁教堂是由东西方文化与艺术碰撞而产生的，其结构独特，举世无双。这些融合了欧洲巴洛克风格的建筑是由中国工匠和菲律宾工匠共同建造的。1993年联合国教科文组织将其列入世界遗产名录。

4. 旅游资源

圣奥古斯丁教堂作为巴洛克教堂群的早期建筑，其在历史文化、建筑艺术方面的影响至今都受到国内外的关注。圣奥古斯丁处于“马尼拉帆船”的起点，是马尼拉乃至整个菲律宾的宗教和文化中心，还是海上丝绸之路重要的连接点。现在，圣奥古斯丁不仅是教堂、修道院，还是收藏众多菲律宾、西班牙艺术珍品的博物馆，是展示菲律宾历史文化瑰宝的重要场所。室内的许多浮雕、宗教绘画以及教堂的顶端的唱诗班都吸引着众多游客前来观光。

（四）圣地亚哥城堡

1. 地名由来

圣地亚哥城堡（Fort Santiago）是西班牙人在菲律宾建立的防御性堡垒并以当时西班牙的守护圣人圣地亚哥之名命名。圣地亚哥又称圣詹姆斯，相传他曾在 844 年的克拉维霍战争中帮助基督徒击败了摩尔人，发动光复运动。

2. 地理概况

圣地亚哥城堡位于菲律宾首都马尼拉王城的西北部，面向巴辛河口，是西班牙政府统治时期的主要防御堡垒。城堡平面几乎呈三角形，周长约 620 米，南侧面朝城市方向的垒道带有幕帘，其两侧是两个半堡垒，即临河的是圣费尔南多堡垒和近海湾的圣米格尔堡垒。城墙外有护城河，厚达 10 米的城墙上筑有塔楼，并设有炮台架。在北面的起点处立有一个圣芭芭拉的骑者，由三面炮台组成，一面向海，一面朝向入口，另一面面向河岸。面向河岸的一侧与一座城墙同高的塔楼相连，借由此塔，在半圆形的平台上，放置一个水炮，形成堡垒的三角形。

城堡的正面大门城墙高 12 米，位居南侧，通过一个暗门与大海和河流相连接。城堡内有守卫站、守备部队的兵营和监狱长及副官的营房。炮台里还有各种仓库、小礼拜堂、火药库、哨兵塔、蓄水池等。古堡的前面有一个白色大十字架，下面是大理石建造的墓室，埋葬着二战期间的死难者。堡垒内有一座纪念馆，是由曾监禁菲律宾民族英雄黎刹的囚室改造而成的，里面陈列着他生前的衣物、日常用品、著作、绘画以及他和母亲的雕塑等，其中特别引人注目的是他用西班牙文写的爱国篇章《我之诀别》，表达了甘愿为民族解放而献身的英雄气概。

3. 历史文化

在西班牙入侵之前，吕宋岛在苏禄王朝的统治之下，马尼拉尚不存在，而圣地亚哥城堡处原是菲律宾的统治者拉贾·马坦达（Rajah Matanda）的住所。1571 年，西班牙殖民者马丁·德戈伊蒂（Martin de Goiti）和胡安·德萨尔塞多（Juan de Salcedo）从马尼拉登陆，并占领了菲律宾，然后在马尼拉市中心的巴辛河岸建立了城堡和炮台，使马尼拉成为西班牙殖民统治当局的首府。第一个城寨用木制栅栏围成，是作为防御工事和皇城使用的，主要是抵抗来自海上的侵袭。1574 年，来自潮州的林凤海盗团伙攻打此地，城寨大部分被摧毁，马丁·德戈伊蒂也在围攻中被杀。在一场激烈的战争之后，胡安·德萨尔塞多领导的军队最终将海盗赶出了北部的潘加希南省。

1590 年，西班牙总督下令将简陋的城寨改成坚固的石堡，以作为西班牙驻军的长期基地使用，1593 年竣工。城堡所用的石头皆是来自瓜达卢佩的火山石。1645 年，石堡曾一度毁于地震。1658—1663 年，石堡被重建以及扩建。1714 年，圣地亚哥堡华丽的大门和一些军营建立起来。1762 年 9 月 24 日，

圣地亚哥城堡

英国陆军将领威廉·德雷珀和海军少将塞缪尔·科尼什率领的英军入侵并占领了马尼拉，圣地亚哥堡作为英国占领军的基地一直被使用到1764年。1778年，石堡被整修，城墙厚达10米，墙外还有护城河环绕。此后的一段时间，圣地亚哥城堡成为西班牙殖民政府的监狱，用以关押和处决政治犯，1896年，菲律宾之父黎刹就被关押于此并于12月30日遭到处决。

1898年6月，菲律宾脱离西班牙独立，但同年又被美国占领。在此期间，圣地亚哥城堡成为美国陆军总部所在地。第二次世界大战期间，城堡被日军占领并作为军队基地和集中营使用，数百名被关押的菲律宾抗日爱国人士就死在这里的监狱和水牢之中。1945年的马尼拉之战中，美国和菲律宾的军事迫击炮对城堡造成了严重的破坏，美军在攻打5天后成功夺回古堡。据说，古堡里的水牢打开时，里面有600余具尸体。1946年，菲律宾正式独立，定马尼拉为首都。1950年，圣地亚哥城堡被宣布为自由的圣地，1953年以后逐步被修复。

4. 旅游资源

圣地亚哥城堡在数个世纪里曾作为堡垒使用，并成为城市统治者的驻地，坚固的城墙、耸立的炮楼、幽深的水牢皆彰显着昔日的军备功用。而城堡内由囚室改造成的黎刹纪念馆，现已成为爱国主义的教育基地，内部陈列的衣物、绘画和诗篇都能让市民身临其境地体会到爱国者宁死不屈的高洁品格。圣地亚哥堡城墙外的土地上已建起宽阔的高尔夫球场并新增了雕塑、商店和咖啡店，使其成为集休闲和学习的热门景点。

五、印度尼西亚

（一）婆罗浮屠

1. 地名由来

婆罗浮屠（BoroBudur）又称千佛塔，其名字最早出现于斯坦福·莱佛士爵士的《爪哇历史》一书中，但具体的命名来源尚不清楚。一种词源表明，BoroBudur 系来自梵语 Vihara Buddha Ur，是当地爪哇语的简化发音，Buddha Ur意为“佛陀之城”。另一种说法认为，“婆罗”是梵文中的“庙宇”的发音，而“浮屠”是古爪哇文中的“山丘”一词，两者合称意为“山丘上的庙宇”。

2. 地理概况

婆罗浮屠坐落于印度尼西亚爪哇岛中部，梭罗河西侧的马吉冷婆罗浮屠村，在默拉皮山山麓一个长 123 米、宽 113 米的矩形小山丘上，东南距日惹 30 千米。婆罗浮屠共有九层，自下而上分为塔基、塔身和塔顶三个部分，俯看犹如佛教金刚乘中的一座曼荼罗，同时代表着佛教的宇宙观，而它的阶梯式塔型的建筑形态则象征着佛教中的须弥卢神山。

整座塔群的体积约 5.5 万立方米，由附近河流中的安山岩和玄武岩堆成，岩石之间没有使用任何黏合物。塔基由每块重约 1 吨的巨石铺成，呈正方形，周长 123 米。塔身由五层渐次缩小的正方形构成，形成一个侧面的金字塔形状。塔顶则由三层圆形构成，各层上建有一圈多孔的舍利塔。顶层的中心是一座圆形的佛塔，原高 42 米，现高 35 米，四周被 72 座钟形舍利塔团团包围。各舍利塔装饰着许多孔，每个小塔里供奉成人大小的趺坐佛，佛像按东、西、南、北、中不同方位，分别做出“指地”“禅定”“无畏”“施与”“转法轮”等各种手势。

婆罗浮屠的原基脚处和塔基之上四层方坛的回廊壁面上，雕有精美的浮雕，共计有 2672 块，其中包括 1460 块叙事浮雕，1212 块装饰性浮雕，总面积达 2500 平方米。其中叙事浮雕被分为 11 组，总长 3000 米。隐藏于塔基的浮雕叙述了佛教的因果报应规律，塔身第一层墙上的浮雕分上、下两栏，主要描绘了释迦牟尼从下凡到成道的过程。

3. 历史文化

爪哇岛是印尼爪哇民族的发源地。公元 8 世纪，室利佛逝的夏连特拉王朝统治中爪哇，大乘密宗也由印度传入此地，并受到王朝统治者的推崇。公元 9 世纪，为树立崇拜的偶像，王朝统治者动用了几十万名石材切割工、搬运工以及木匠，耗时 80 余年，修建了婆罗浮屠塔。它的建成也标志着当时印尼群岛的佛教进入了鼎盛时期。

10 世纪时，信奉婆罗门教的马打蓝王朝统治了爪哇岛，婆罗浮屠开始受到冷落。据史料记载，公元 1006 年，由于受到默拉皮火山的喷发和地震的影响，佛塔被火山灰淹没，周围居民纷纷逃离。公元 13—14 世纪，在爪哇建立了印尼历史上最强的麻喏巴歇王国，伊斯兰教随阿拉伯商队逐渐传入印尼，

婆罗浮屠

至15世纪，爪哇当地居民改信伊斯兰教，婆罗浮屠所在的地区被遗弃，佛塔也被湮没于丛林近千年。直到1814年英荷爪哇战争之后，当时的英国驻爪哇总督托马斯·斯坦福德·莱福爵士重新发现了它。他和他的200名属下花了两个月时间清除了周围的碎石和杂草，并于1815年回国后将婆罗浮屠写进了他的《爪哇历史》中。这座被深深埋藏在灌木丛中的具有世界意义的文化遗产才得以重见天日。

1885年，日惹考古学会主席艾泽曼发现塔基下有“隐藏的塔基”，婆罗浮屠引起了世人的注意。荷兰东印度公司在获悉后采取了保护佛塔的必要措施，并成立了修复婆罗浮屠的委员会。1907—1911年，荷兰考古学家西奥多·范·埃尔普开始对其进行了第一次修复工作，拆除并重建了三个圆台和顶部的塔。从此之后，人们开始陆续对佛塔进行小规模的修复。1973年，联合国教科文组织和印度尼西亚政府通过了一项主要修复计划，并于1975—1982进行了一次彻底的修复工程。此次修复加固了地基，清理了1460片石板，分解并重新组装塔身的五层方台，并通过埋设管道改进了排水系统。这项庞大的工程雇佣了大约600人，总费用高达2000万美元。竣工后，联合国教科文组织将婆罗浮屠列入世界文化遗产。

4. 旅游资源

婆罗浮屠的3个部分代表着通往佛教大千世界的3个修炼境界，也象征着人们从拘泥于色和相的色界过渡到无色界。遍布廊壁的精美浮雕和龛内的佛坐像以表情典雅为特色，既继承了印度雕刻的传统，又处处显露出印尼古代文明的影像，堪称印度—爪哇艺术的杰作。对于佛教徒来说，它是佛与人相关的佛塔；对于游客而言，这是一处令人惊叹的古迹；对于考察者而言，婆罗浮屠所彰显的佛塔建筑特色和宗教内涵是探析爪哇历史和宗教的典型性塔群。

参考文献

1. 杜义盛：《婆罗浮屠》，《西北美术》1994—2015.

2. “Largest Buddhist temple”. Guinness World Records. Guinness World Records. Retrieved27 January 2014.

3. 宋犀堃主编：《世界文明奇迹》，汕头大学出版社2014年版。

（二）三宝庙

1. 地名由来

三宝庙（Sam Poo Temple）建于18世纪，是为纪念中国明朝航海家郑和而建造的，因郑和小名三宝，被称为三宝太监，所以庙名为三宝庙。郑和曾在1405—1435年间七次来到过马六甲，用带去的瓷器、丝绸等物换取当地特产，与当地的居民开展和平贸易。

2. 地理概况

三宝庙坐落于印度尼西亚中爪哇省会三宝垄市西南十余千米处，建在望安山的山麓，背山面海，是一座中式风格的古庙。庙门口绘有两个身披战袍、手执刀斧的门神，门柱两旁的对联写着“五百年前留胜迹，四方界内显英灵”。入口处的高大牌楼共有三层，飞檐斗拱，屋顶刻有精美的动物图案，大门两侧装饰着大红绸布，门上方的黑色牌匾为“宝山亭”三字。据说所有的建材都是从中国运送来的。

庙内的庭院宽敞幽深，共有五座庙殿。院中的大殿正上方镶嵌着“三宝圣祠”的石匾。大门两旁伫立着两只石狮子和两个石雕古装中国人像，庙门檐面铺盖着金黄色的琉璃瓦。大门上的对联为“滇人明史风来世，井水洞山留去思”。大殿深处为约有10平方米的石洞，名为“三宝洞”。洞内尽头供有一尊郑和的全身塑像，设有祭祀朝拜用的供案和香炉。洞中的供案下有一方形古井，叫做“三宝井”，水清见底。主殿外周围有曲折的廊檐环绕，形成一段别致的回廊。

主殿旁的船舡爷庙内供奉着郑和的同伴王景弘的棺椁，据说想要在生意上寻求成功的人会在这里祈祷。铁锚庙在主殿附近的一棵大榕树下，庙内有三个房间，左边房间内供奉着郑和曾使用过的巨锚，中间的房间悬挂着中国圣人孔子的画像，右边的房间则为纪念郑和船队中牺牲的百名水手而设。除此以外，这里还有供奉着郑和曾使用过的关刀的小庙，以及供奉着福德正神和天后圣母神像的福兴庙。

院内还有一座纪念郑和对当地贡献的石碑：“郑和……受命以来……宣扬文化为主旨，所到之处，备受各国欢迎，且派使臣往还，籍作题报之谊，五百年来邦交弗替，故吾侨来此谋生者络绎不绝。”三宝庙内的建筑群总面积约

3.2 公顷，既有中国传统建筑的特色，也融合了印度尼西亚当地的建筑风格，表现出汉族与原住民的交往和融合。

3. 历史文化

相传郑和曾在三宝垄登陆爪哇，在望安山的山脚下发现一个山洞，并将其用于祭祀和祈祷。在离开爪哇岛时，他的副手王景弘和几名船员出于对这里的喜爱而留了下来，他们在山洞里装了一尊郑和的小雕像并且建造了一座小庙。此后，来到这里的华人又建了一些庙宇。

最初的三宝庙由于 1704 年的一次山体滑坡而彻底损毁，1724 年 10 月被重建。在 19 世纪中期，三宝庙的管理者是一位名为约翰尼斯（Johanes）的犹太人，他既负责寺庙的日常维护，也负责为庙里的香客进行祈祷。当时的华人社区每年要花 2000 基尔德来维持三宝庙的开放，虽然后来减少到 500 基尔德，但仍是一个沉重的负担。信徒们因此而抛弃了三宝庙，并将一尊郑和像供在距离三宝庙 5 千米外的大觉寺内，在那里他们可以自由地朝拜和祈祷。直到 1879 年当地的一位商人买下了三宝庙并且免费向民众开放，当地的华人才重新回到了那里。1942 年，寺庙的所有权被转让给当地成立的三宝庙基金会。

三宝庙曾于 1937 年进行了一次全面翻修。日本入侵印度尼西亚时，日本人为三宝庙安装了电力，但又在印度尼西亚独立后的五年革命中失修。1950 年，三宝庙再次被翻修，又由于 20 世纪 60 年代印度尼西亚的政治动荡而再次被忽视。直到 2002 年到 2005 年，又进行了修整。

到三宝庙进香者多为华人或华侨。他们按照中国的传统习俗，每逢春节、元宵节和郑和首次抵达此地的日子，都要前来烧香。当地华人将阴历六月十三日（郑和首次登陆爪哇的日子）定为三宝太监纪念日，每年这一天，三宝庙都会举行盛大的庙会。人们簇拥着一匹精心制作的“骏马”在庙宇前绕行三周，以示郑和的亡灵骑乘骏马前来故地重游，为人们消灾降福。完成游行后方可进入庙内，朝拜者们跪拜在郑和雕像前进行祈祷，在结束祈祷后举行中国传统的舞龙和舞狮表演。当天的中午时分还会举行祭奠仪式。人们排队将点燃的香插入香炉，祈求郑和保佑他们万事如意、全家幸福。祈祷结束后，有些人会把香炉中的香灰放入事先准备好的容器中，再装入少许三宝洞内的泉水，带回家服用，以求驱邪消灾。

4. 旅游资源

三宝庙是印度尼西亚最古老的中国式寺庙，是中国游客到马六甲必游的景点。这座古庙常年烟雾缭绕，烛火长明，每逢阴历初一、十五，求签问卜、祈求保佑的香客更是络绎不绝。每年的三宝太监纪念日，各地的华侨、华裔远道而来参加一年一度的庙会活动。三宝垄是世界上唯一一座以郑和命名的城市，三宝庙更是寄托了众多华人仍然保留的对郑和的敬意和对故国的思念。

（三）普兰巴南神庙群

1. 地名由来

普兰巴南（Prambanan）神庙群是印度尼西亚最大的湿婆神建筑群，据传，其为马打蓝王国皮卡丹王于公元 9 世纪中叶所建。普兰巴南的名字由其所在的爪哇村庄名而命名，这个地方在公元 8—10 世纪时可能是当时爪哇古王国统治时代的政治和文化中心。

2. 地理概况

普兰巴南神庙群位于印度尼西亚爪哇岛中部，日惹市东北约 16 千米处。普兰巴南神庙群由 240 多座庙宇组成，既是庙宇也兼有陵墓，其中保存着爪哇国王和王室成员的骨灰。整座寺庙群分为两个部分，中心区域基础较高，院内有 16 座庙宇，其余的庙宇则建在一个地势较低的院内。所有寺庙的结构基本相同，建筑材料都是石块，其特征在于高而尖的典型印度教建筑风格。中心区域三座主要的神庙分别供奉着印度教的三位主神：湿婆、毗湿奴和梵天。

湿婆庙位于正中，总高 47 米，宽 34 米，基部、屋墙、屋顶都是由 2 段四方同形构成，整座庙宇为塔型。中心大殿供奉一座 3 米高的四臂湿婆立像，其他三个小石室分别供奉着湿婆的妻子难近母、他的化身投山仙人和儿子象头神。毗湿奴神庙位于北方，梵天神庙位于南方，两座神殿与湿婆殿同形但稍小，皆为 22 米宽，34 米高。每座主神庙之间均有两座小庙宇立于两旁，分别供奉主神的坐骑：湿婆的神牛、毗湿奴的大鹏金翅鸟和梵天的孔雀。

普兰巴南神庙群的建造基本上是模仿了神话中描述的众神居住的马哈穆

罗山，因此各种雕刻和装潢都是按照印度教中神仙境界的模样完成的。三座主庙在台基和屋子之间设有曲折的回廊，湿婆殿的回廊中有印度史诗《罗摩衍那》的浮雕，延续至梵天庙的回廊，还有护世天及其眷属的浮雕共 24 面。在回廊的外侧还有 3 人一组的美丽天女高浮雕。装饰的图案多取材于山川、莲花、奇异的动物和人物等，图案中常有弯曲缠绕的叶片和枝条，用以营造出梦幻般的神仙世界。

中心区的四周低一层处有 224 座大小不一的独立神庙，由 222 米见方的围墙围着。这些庙宇排列成四圈，被当地居民认为象征着国王的臣民，最里面的一圈只允许婆罗门种姓进入，其他的三圈分别供刹帝利、吠舍和首陀罗使用。

3. 历史文化

普兰巴南最初是由印度桑加亚王朝建造，很可能是为了纪念桑加亚王朝在经过近一个世纪的佛教统治后，在爪哇中部重新掌权。根据公元 856 年的湿婆庙铭文，这座寺庙是为了纪念湿婆神而建造，它的原名是“Shiva-

普兰巴南神庙群

laya”，即“湿婆王国”。而建筑群由历代的马打蓝（Mataram）国王扩建而成，并在主要庙宇周围增加了数百座神庙。普兰巴南作为马打兰王国的皇家庙宇，大部分的宗教仪式和祭祀都是在那里进行的。在王国鼎盛时期，数百名婆罗门与他们的门徒住在寺庙建筑群的外墙内，而城市的中心也在其附近。

公元 930 年，王朝更迭使印度教衰落，而默拉皮火山的爆发使爪哇中部不再是人民政治经济的中心。普兰巴南神庙群被遗弃，逐渐腐朽。湿婆神庙在 16 世纪的一次大地震中倒塌，虽然它们早已不再是重要的朝拜中心，但周围的废墟遗址仍然被当地爪哇人所熟知。

19 世纪初，普兰巴南引起了国际社会的注意。1811 年，在英国占领荷兰东印度群岛期间，托马斯·斯坦福德·莱福士爵士（Sir Thomas Stamford Raffles）的测量师偶然来到这里，随后托马斯爵士下令对这里进行全面调查。19 世纪 80 年代，有考古学家来到普兰巴南进行挖掘。1918 年，荷兰人开始重建倒塌的废墟部分，但直到 1930 年这里才得到正确的修复。主要的湿婆神庙于 1953 年前后完成重建，而其他的很多石雕作品由于已经被人为带走，修复工作受到了很大的阻碍。

在 20 世纪 90 年代初，政府取缔了在普兰巴南神庙群附近出现的市场，将神庙群开发为考古公园。2012 年，印度尼西亚的遗产保护管理局将普兰巴南及周边划为保护区，现正式名称为普兰巴南文化旅游公园。

4. 旅游资源

普兰巴南作为东南亚最大的印度教庙宇群，记录着印度尼西亚人祖先灿烂的文化。行走其间，各式形态各异的莲花座带着历史的沧桑厚重，依稀诉说着远古时代的年月更迭变迁。每到傍晚时分，在寺庙后院的露天舞台会有以印度教神话故事为主题的传统芭蕾表演，是了解该地区宗教文化的寓教于乐的活动。

参考文献

1. 门薇薇：《追寻〈罗摩衍那〉》，《世界文化》2014 年第 8 期。

2. Bernet Kempers，A.J.（1959）Ancient Indonesian art Cambridge，Mass. Harvard University Press.

3. Prambanan Temple Compounds – UNESCO World Heritage Centre.

4. “World famous temple complex damaged in quake”. Retrieved 2006-05-28.

5. “Borobudur, Other Sites, Closed After Mount Kelud Eruption”. JakartaGlobe. February 14, 2014.

（四）日惹苏丹王宫

1. 地名由来

日惹王宫（Kraton of Jogjakarta）建于1755年，因是日惹历代苏丹居住的宫殿而得名。日惹（Jogjakarta）又音译为周贾卡塔，关于其名字来源，一说是由梵文Ayudakerta转讹而来，意为“安详、和平之城”。一说是1760年，马打蓝国分裂为日惹、梭罗两公国，梭罗较大，将其一部分土地赠与日惹王，成今日之日惹城，因此得名为Ngayogjokarto，意为“赠送的城”，后其名称在印尼化的过程中，前缀nga脱落，渐成今名。

2. 地理概况

王宫位于日惹市中心马里奥波罗大街的尽头，市内有个广阔的四方形广场，称亚伦亚伦，南部又有个较小的南亚伦亚伦，日惹王宫就位于两个亚伦亚伦之间，总长达1千米，最早是由日惹的首位苏丹王哈孟古布沃诺一世（Sultan Hamengkubuwono I）设计并修建的。整座王宫分为7部分，其中两部分已经作为国立加查马达大学的一部分，其余部分对外开放。

整座王宫兼有伊斯兰文化、爪哇文化及欧洲风格的影响。建筑大多以白色为主，既有清真寺，也有四面通透的中国式亭台建筑，室内装饰为欧式风格。而古老的乐器、神像和宗教仪式用具都是爪哇传统的。宫内有一座四周无墙壁的大厅，门框和柱子都饰以金银的浮雕，称“宝王厅”。有一所朝东的宫殿作为苏丹的卧室，除此以外，日惹古城内的所有屋子均不可朝东。

目前皇宫的大部分已经改为博物馆，有一间专门收藏皮影戏傀儡的房间，里面保存着许多制作精妙的傀儡。王宫近处的大仓库里陈列着历代苏丹乘坐的皇家车驾，其中有一辆遍饰金银珠宝的英国制造的四轮马车。另有一厅收藏有20多套加美兰乐器，其中两套最古老的加美兰乐器，一套是麻喏巴歇王朝的遗物，另一套来自淡目王朝。而在正殿和宝王厅内陈列着宗教仪式用具和金银器物，其他厅殿还陈列着宫内遗物和历代苏丹及王族成员肖像等。

3. 历史文化

1755 年，马打蓝王国分裂为日惹和梭罗两王国，日惹成为日惹王国的首都。1755—1756 年，日惹王宫由哈孟古布沃诺一世主持修建，由于在两条河之间的位置被认为可以有效避免洪水的袭击，他选择了位于两条河之间的一棵榕树作为宫殿的地点，用近 40 年时间建成爪哇建筑风格的日惹王宫。

1812 年 6 月 20 日，斯坦福德·莱福士（Stamford Raffles）率领一支 1200 人的英国军队袭击了日惹古城，由于当地人毫无准备，日惹市很快沦陷，日惹皇宫也被洗劫一空。目前皇宫内的大部分建筑都是由苏丹·哈门库布瓦诺八世（Sultan Hamengkubuwono VIII）于 1921—1939 年间恢复和建造的。它曾在 1876 年和 2006 年遭受过地震，并在灾难后得到修复及重建。

这座宫殿有超过 250 年的历史，在印尼独立后的今天，仍有原来的王族一家继续住在这里。宫中所用仆人仍穿着古典式的服装，随处可见腰间别着克利斯短剑的侍从，宫女则穿着传统的“巴迪克”蜡染服饰，裹着纱笼，姿态优雅。王宫在当地人的心目中犹如神殿，每年都要为宫内陈列的皇家车举办称为“圣浴”的洗车活动，届时不少当地的百姓都要接取这种“圣浴”用过的水沐浴自身，以祈求带来好运。平时人们遇到难题也喜欢带着铺盖整宿睡在车驾房附近，以求在梦中得到苏丹灵魂的指引。据说皇宫南广场的两棵榕树也可以带来好运和财富，如果能蒙住眼睛走到两棵树的中间，就会无灾无祸。

每周的固定时间，在日惹王宫的内阁中还会举行不同的传统表演活动，每周一、二、四为加美兰乐器表演，周三为哇扬木偶戏表演，周五有爪哇歌唱和诗歌表演，周六有皮影戏，周日是古典舞蹈表演。每到法定节假日，在皇宫的入口处还会举行皇家仪式。

4. 旅游资源

日惹王宫是爪哇古典建筑中最富艺术创造和民族特色的，也是日惹古城的文化圣地。当地人将王宫当作生活的一部分，在此工作谋生或虔诚地祈祷神灵，随意地与苏丹王擦肩而过。宫中生活着约 2 万多居民，游客除了参观宫殿建筑以外，还可以领略到神似古代爪哇的活着的旧时光。日惹王宫还与周围的苏诺布多尤博物馆、婆罗浮屠等共同构成日惹市亮丽的风景线。

六、马来西亚

（一）极乐寺

1. 地名由来

极乐寺是马来西亚最大的华人寺院，“极乐”出自梵语汉译，原为“幸福所在之处”，《佛说阿弥陀经》载：“彼佛土以其国众生无有众苦，但受诸乐，故名极乐。”而寺院以“极乐”作为名称，也有“渡众生过苦海至佛国极乐世界”之意。

2. 地理概况

极乐寺位于马来西亚西北部槟城的白鹤山麓，依山而建，占地12公顷，左右有两座山头拱卫。寺院依山而建，主要建筑有山门、天王殿、大雄宝殿、万佛塔、藏经阁、莲花池、金鱼池等，鳞次栉比，五彩缤纷。

院额有“海天佛池”题词，石壁上刻有许多题咏。在花坞莲池中央的大石块上刻有“勿忘故国”之字，系出自康有为之手。寺院中最引人注目的是位居后院的万佛塔，高30米，共7层，塔身呈素白色。其设计集中了中、泰、缅三国民族文化风格之大成。底下两层是典型的中国式八角宫殿建筑，飞檐棱瓦，缀以腾龙翔凤，琉璃瓦鳞，在阳光下闪烁夺目；中间三层呈一派泰国古庙色彩，凸凹浮兀、重叠有致的方形结构，每一个凹入的拱穴中，都雕有一尊佛像；最上面两层完全是缅甸式圆塔式设计，有18个拱穴，上面是黄色的圆形塔顶，顶上叠着几个扁形球体，最顶尖处呈现锥形。塔内供奉1000多尊贴金云石佛像，或坐、或立，姿态各异。登塔眺望，槟城风光一览无余。

在极乐寺内还有一座高达91米的八角亭，是由中马两国合建而成。支撑它的是16根敦实有力的花岗岩石柱，雕饰着具有佛教色彩的人物形象和各种象征图案。宝盖则分为3层，最高一层还另有9层小塔，设计依据中国传统古建筑的审美标准，并吸纳了中国北京天坛的一些建筑元素。

3. 历史文化

极乐寺是清末福州鼓山涌泉寺方丈妙莲禅师开山兴建的，妙莲禅师于1884年担任涌泉寺主持，次年便出洋弘法。1887年，他到槟榔屿住持广福宫。光绪十五年（1889年），妙莲向闽籍华侨杨秀苗购得约3.65公顷土地，建起了一间大士殿，名叫极乐寺。极乐寺在亚逸淡山山腰，因山形如白鹤展翅，所以又称“鹤山”。寺门上镶嵌有“鹤山”二字冠头的楹联：“鹤立云端能远俗，山居海外好安禅。”大士殿建起五年后，当地著名华侨张弼士、张煜南、谢荣光、郑嗣文、戴欣然发起扩建寺庙，妙莲也加紧往南洋各地募款。经过几年努力，建起了天王殿、大雄宝殿、法堂、藏经楼、香积橱、钟楼、鼓楼、放生池以及花坞等，蔚为壮观。

光绪晚期，清朝政府被迫签下不平等条约及承担庚子赔款。寺庙住持为了表示僧侣爱国之心，将募化来的数万银元献给清政府。慈禧太后特召住持妙莲法师进京，御赐《龙藏经》和法衣，并称“钦命方丈”。妙莲禅师也趁

极乐寺

机向光绪皇帝请来御赐《藏经》二部，其中一部便珍藏在极乐寺藏经楼。光绪帝并赐法衣和“奉旨回山”等匾额。1906年，妙莲禅师回国，次年圆寂于涌泉寺。妙莲禅师之后，极乐寺众僧继续在南洋弘扬佛法，并积极建设寺院，今日，极乐寺已经成为马来西亚最大的禅寺，并在整个东南亚拥有极高的声望。

南洋地区向来盛行小乘佛法，妙莲禅师建极乐寺于南洋打通了大乘佛法向南洋地区的传播渠道。在寺院旁的一块巨石上题有民国思想家章太炎的一篇赞文，称“南化小乘法不为不盛，而摩诃衍法（即大乘法）独吾士宓刍知之，喜正教之未衰，因书此以为志。”可见极乐寺在当地弘扬大乘佛法的功德无量。此外在弘扬佛法之余，极乐寺也一直心系祖国，晚清民国至南洋的知识分子也多喜于此处驻足，如1903年，康有为也曾为极乐寺题匾，书“勿忘故国”四字。

4. 旅游资源

极乐寺是南洋地区大乘佛法的一个传播之地，对于佛教信徒和知识分子来说，这里无疑是了解并感受佛法弘扬传播的一个绝佳去处。寺院本身建筑融合中、泰、缅三种风格。高耸的万佛塔、低眉观世人的巨大观音像，皆可带给游客不一样的心灵冲击体验。寺院依山而建，本身风景极为优美，如同一处修养公园，安逸闲适。而其所在的槟城又是马来西亚多元文化交融的城市，游客大可在参观完极乐寺后，再入槟城游玩体验，感受不一样的民族文化风情。

（二）京那巴鲁公园

1. 地名由来

京那巴鲁公园（（Kinabalu Park）是马来西亚沙巴州的名胜之一，因公园内的主山脉京那巴鲁而得名。京那巴鲁又名神山、中国寡妇山，“京那”（Kina）是当地原住民嘉达山语“中国”的意思，“巴鲁”（Balu）据说是“寡妇”的意思。

2. 地理概况

京那巴鲁公园位于马来西亚沙巴州，距离哥打京那巴鲁83千米，占地

京那巴鲁公园

754 平方千米，是一座神秘的热带丛林。海拔 4101 米的京那巴鲁山为公园的中心，是东南亚海拔最高的一座山峰。

特殊的断层地理结构加上地壳运动后的隆起，使京那巴鲁公园内的气候形态变化多端，自低海拔到高海拔的蕨类、阔叶林、针叶林、兰花和猪笼草等特殊植物生态都聚集在公园内。这里有 6 个植物带，大约有 5000—6000 个维管植物物种。此外，公园内还具有本地方所特有的动物多样性，数以千计的昆虫，3000 余种鸟类以及 100 多种哺乳动物。婆罗洲的大多数哺乳动物、鸟类、两栖动物和无脊椎动物（许多受到威胁和脆弱）都生活在这个公园里。

3. 历史文化

从地质学的角度来讲，京那巴鲁公园形成于 150 万年前。当时地球表层逐渐凝固，深藏地底的花岗岩如春笋般破土而出，经冰河期的冲刷，孕育了京那巴鲁山的独特地貌。而当地人又称京那巴鲁山为“神山”，在土著卡达桑人的语言中，“京那巴鲁”意为“朝拜灵魂的地方”。他们相信人死后灵魂会回到这座山上，并认为山顶附近岩石上常见的苔藓是祖先灵魂的食物。这座山别名又称“中国寡妇山”。传说很久以前，一个年轻的小伙子只身来到北婆罗州，登上神山，杀死了山中的蛟龙。当地部落将其视为英雄，就将酋长的女儿许配给了他。后来，丈夫北上回归故里，一走便杳无音讯。妻子登上神山顶峰，眺望海上南来的帆影却未见夫君归来，最后她化作石头，永远守望在高山之巅，当地人念其情真，便将山命名为“中国寡妇山”。

1964年，当地政府正式建立了京那巴鲁公园，成为闻名遐迩的旅游胜地。公园内有一处有名的温泉——波灵温泉，是二战期间日本发现和建成的，迄今仍是日式露天沐浴场。温泉水中含有硫磺矿物质，可以治疗皮肤病。1851年，英国殖民行政官员、博物学家休·洛（Hugh Low）带领一支探险队从图兰出发，成为首位到达京那巴鲁者，这座山的最高峰后来也以他的名字命名。1997年，利用卫星技术的探测发现，它的峰顶海拔4095米。比之前公布的4101米要低6米。2000年，京那巴鲁公园（Kinabalu Park）作为自然遗产被列入《世界遗产名录》。

4. 旅游资源

京那巴鲁公园是一个具有特色的多物种聚集区，其内独特的生态系统具有极其高的观赏价值，这里的野生胡姬花是世界上最大的花，开放时花朵对角可达到45厘米，极具震撼性。而京那巴鲁山这座被视为“神山”的宏伟山峰又是一处登山游玩的绝好去处，对于游客来讲，在此处登山挑战较小，具有更高的安全性。除此之外，京那巴鲁公园的交通也较为便利，公园内也有相应的住宿和修养度假设施，是一处不错的游览场所。

参考文献

1. Kinabalu Park – UNESCO World Heritage Centre https：//whc.unesco.org/en/list/1012.

（三）玲珑谷地考古遗址

1. 地名由来

玲珑谷地考古遗址（Archaeological Heritage of the Lenggong Valley）是马来西亚一处著名的早期人类生活遗址。它位于马来西亚一片叫作玲珑

（Lenggong）的河谷之中，并因此而得名。

2. 地理概况

玲珑谷地考古遗址位于马来西亚霹雳州北部的玲珑镇，距首府怡保约 100 千米，是一处早期人类生活过的遗迹。遗址分为 2 个区域，共有 4 个考古遗址，包括哥打淡边、武吉爪哇的戈洛克村和提米隆村遗址，既有露天遗址，又有洞穴遗址，还可找到旧石器时代打造工具的场所，以及早期技术的证据。相对有限的区域内发现的遗址数量表明，这里曾出现一个相对较大、半定居的人群，其文化遗产则可追溯到旧石器时代、新石器时代及金属时代。遗址处发现了骨骼、洞穴绘画、珠宝、陶器、兵器、石器等珍贵遗存，许多洞穴已发现古人类居住和狩猎的证据。

哥打淡边是马来西亚已知最早的人类居住遗址，1938 年开始发掘，发现并保存了完好的石制工具作坊。已发现和记录的石具约 5 万件，距今已有 7.5 万年。据专家论证，作坊被毁是 250 千米外苏门答腊岛的多巴湖发生火山喷发所致。而附近的武吉爪哇遗址则被证实已有 20 万年，比 6 千米外的哥打淡边作坊更为久远。

3. 历史文化

玲珑谷地最著名的考古发现是被发现于 1991 年的“霹雳人”，具体地点在玲珑谷地象头山的老虎洞。骨骼为男性，50 余岁，身高 157 厘米，可追溯至大约 1.1 万年前。出土时发现，他的身体像婴儿一样蜷缩着，右肩处有动物骨骼，身体周围放置着石具。经证实，周围遗骸是野猪、猴子、鹿等食物沉积物，散落周围的石具则多为鹅卵石和一些石锤。2004 年，马来西亚考古队发现另一组“霹雳女”遗骸，身高 148 厘米，40 余岁。

2010 年，马来西亚理科大学考古团队在武吉武农挖掘到一个冲击凝灰角砾岩，并且在一岩石里意外发现一个手斧。经日本化验室检验，该手斧已有 183 万年的历史（误差介于 61 万年之间），其历史比第一批非洲以外的人类遗骸——格鲁吉亚共和国德玛尼西遗址的 4 个早期直立人骨架化石的年代更久远。考古学界著名的莫维斯线理论一直以遗址是否发现手斧，判定当地是否出现具有一定智能的古人类的标准。马来半岛之前一直没有发现手斧之类的石器。因此考古学者据此认为，玲珑谷地考古遗址发现的这枚手斧，很可能证明马来西亚是人类发源地之一。

玲珑河谷特殊的地理状况使得该处考古遗址保存得极其完好，从而使得我们可以更加详细地了解早期人类的生活状况。考古专家称在玲珑谷地发现从 183 万年前至 1000 年的前历史序列，遗址的历史跨越约 200 万年，是目前全球在单个地方所能发现的跨越时段最长的早期人类记录之一，也是非洲大陆以外最古老的人类遗址。

4. 旅游资源

玲珑河谷最为值得一看的自然是该处的古人类遗址，这处一万年以前的人类活动场所，具有极大的探索价值。而除去遗址之外，玲珑谷所在的霹雳州本身更是一个绝佳的游览胜地，霹雳州向来被称为“恩典之地”，风景极其优美，所到之处皆可以观赏到坐落在远山绿色森林及高低不平的石灰岩山丘之前的怡人的农业地及乡村景色。

参考文献

1. Archaeological Heritage of the Lenggong Valley – UNESCO World Heritage Centre https：//whc.unesco.org/en/list/1396.

七、新加坡

（一）普觉禅寺

1. 地名由来

普觉禅寺是新加坡最大的佛教寺院，“普觉”原是佛教中一菩萨的名称，在这里取“普觉众有情”之意，表示禅寺的立院宗旨在于引导信徒、弘扬佛法。

2. 地理概况

普觉禅寺位于新加坡市内新民路的光明山之上，因此又名光明山普觉禅寺。寺院与光明山相连，古木山林，宛如绿林丛中的一座小城，巍峨高耸、壮观雅静。其整体布局采用非中轴对称形式，依山而就，内有大雄宝殿、大悲殿、钟楼、鼓楼、禅楼、藏经阁、戒堂等建筑，形成殿堂、亭楼、塔阁之间以长廊环绕的一组组仿古建筑群。

大雄宝殿为闽南风格，五间五进，四周绕廊。屋脊饰以彩塑，脊上中顶宝珠火焰，两侧行龙，上层戗角饰凤，下层戗角为龙。殿中供奉着释迦牟尼佛，两侧为阿难与迦叶尊者，装饰繁杂，色彩鲜艳。寺院的北端是大悲殿，七间五进，中央供奉的是千手观音菩萨，两旁则分别是文殊菩萨和普贤菩萨，下方分别是韦陀和关公。大悲殿后是闽南风格的大雄宝殿，华丽壮观、金光闪闪，其两侧为钟楼和鼓楼。寺内还有内供毗卢遮那佛及胁侍菩萨的甘露戒堂、新加坡佛学院和藏经楼以及供奉释迦牟尼佛像的泰式金顶万佛塔。此外，楼院旁还有 2003 年从福建整体运来的高大的观音菩萨石像。石像雕琢精美，仪态安详，给人以祥和安宁之感。

宏船老和尚纪念堂是为纪念宏船法师而建造的，于 2003 年大体完工，总建筑面积达 10000 余平方米。其为四层建筑，平面为规整的长方形，一层是辅助用房，二层为斋堂，三层为纪念堂，四层是供奉释迦牟尼佛像的大殿。纪念堂屋顶为略有变化的中国传统单檐歇山式屋顶，铺以黄色琉璃瓦。其中的四层大殿名“无相殿”，室内高20米，跨度30余米，可容纳3000名信徒。殿内的释迦牟尼佛像净高13.8米，重55吨。寺内的这些建筑，皆由黄琉璃瓦盖顶、雕梁彩栋，顶有吻兽，八角攒尖，金龙枋心。

3. 历史文化

1920年，自福建而来的转道法师在新加坡弘法多年，思及南游僧侣日众，而中国南来的僧人又无合适的安身之处，决意在交通便利的星洲（新加坡的旧称）光明山购买一片土地以创办寺庙，安顿各国前来求法弘道的高僧，培养年轻僧材和正信佛子。他在《星洲大光明山普觉禅寺普告十方大德》中言：“近观南洋群岛，佛法尚未普及。今同人等，设置园地一大段，离本坡五条余石之程，建立丛林，永为十方道场，名曰星洲普觉禅寺。”寺庙建立后，“转道上人，偕同雨生居士，敬请十方大德高僧，同住普觉禅寺”，成为新加坡第一个禅净双修的道场，“为南洋萃岛开宗禅净双修之先河”。

作为一所十方丛林，普觉禅寺汇聚了中国前来的僧众在此同住共修。至1930年，寺内住有苦行头陀及南来的闭关僧侣20余名，影响远及南洋群岛和中国内地。与此同时，普觉禅寺还邀请众多中国高僧前来新加坡讲经说法或举办法会，如1922年曾延请圆瑛法师来讲《大乘起信论》，是为新加坡延请中国僧人南来讲经说法之首倡。此后，中国僧人下南洋弘法形成规模，例如：圆瑛、太虚、宝静、道阶、乐观、演本、会泉、宏船、虚云、弘一法师等都曾来到新加坡讲法，正如妙灯长老所言：“星洲圣教，斯时进人萌芽时代。”

二战结束后，普觉禅寺百废待兴。新加坡居士林和中华佛教会等团体联名力请宏船法师住持禅寺，振兴道场。宏船法师初到普觉寺时，光明山面积有30英亩，此后，他主持开发建设光明山，扩建寺院，将寺前空旷之地辟建为放生园，园内设有亭囿台榭、禽畜棚舍，并广植花木，使光明山风景犹如公园。建设期间，宏船法师广宣法化，普结善缘，发起大悲法会，为民祈福。

1966年，新加坡僧伽联合会在光明山普觉禅寺成立，宏船法师当选为主席，为南传、北传、不同国籍僧众的交流联络提供了重要便利。在宏船法师的领导下，二十余年内，普觉禅寺皈依弟子达六千余名，多为新马各阶层的出类拔萃人士。此后，演培法师、隆根法师、瑞今法师、广声法师和广品法师相继担当历任住持。

4. 旅游资源

普觉禅寺的立院宗旨在于“普觉众有情”，而对于佛教信徒来讲，禅寺无疑是一处开悟佛法的绝佳去处。而在经过了扩建之后，禅寺本身的内部风景也极其优美，亭囿台榭、禽畜棚舍，可以使游客在感悟宗教文化的同时，观赏美景，放松心情。其所在的光明山也是一处优美的景区，在光明山顶可以眺望市内景色，带给游客不一样的旅游体验。除此之外，在参观完光明山和禅寺之后，下山即是市区，旅游、交通、食宿、游玩都极其方便。

参考文献

1. 转道：《星洲大光明山普觉禅寺普告十方大德》，《海潮音》1922 年第 3 期。

2. 张文学：《转道和尚创建新加坡普陀寺、普觉禅寺相关问题研究》，《世界宗教文化》2014 年第 5 期。

（二）天福宫

1. 地名由来

天福宫（Thian Hock Keng）是新加坡最为古老的庙宇之一，庙宇正殿奉祀的主神是身穿红袍的庇护航海之神“天妃”。一般华人称“天妃”为“天后圣母”，中国闽南人则爱拜称她为“妈祖”。而所谓的“天福”其实就是“祈求天妃赐福”之意，表达了早期来南洋谋生的华人希望天妃保佑自己航行平安、生意和顺的愿望。

2. 地理概况

天福宫（Thian Hock Keng）坐落于新加坡市区的直落亚逸街，早期华人称这里为源顺街。其规模宏大，建筑风格酷似中国的寺庙，内部的地砖彩绘是欧洲式图案，正大门的铁栅栏是自格拉斯哥运来的，而建庙用的花岗石柱、木祭台等建筑材料乃至于神像皆是从中国福建运过来。从其建筑格局上来看，主要包括了三川殿、正殿、后殿、左、右廊、左右护室。

位于庙里中央的是三川殿和正殿，是做祭祀用途的仪典空间。三川殿是天福宫的宫阁，其外形木架结构不着一钉。正殿是寺庙建筑中地位最尊贵的殿堂，是庙的核心，因此建得特别高耸。天福宫的正殿，从基座到屋顶高达15.65米，与前殿、后殿、左右两护室比起来，显得相当突出、醒目。后殿供奉了佛祖和至圣先师孔子，此外，内部也供奉观音、南海佛祖、月亮娘娘和太阳公等神明。左、右廊位于庙宇左、右两方的走廊，不但可以遮日避雨，还可以把三川殿和正殿联结成完整的合院，形成一个“口”字。在右护室，可看到会馆昔日供同乡聚会、住宿的厅房，现在大部分空置着；以往的右翼殿仍旧作为祭祀用途，供奉先人神主牌，称“德盛祠”。左护室是福建会馆最早的馆所，如今已经失去了其原有的功用，成为结婚取景的热门地点。

3. 历史文化

19世纪初，伴随着海禁的松弛，中国东南沿海的人民大量前往海外谋生，其中有很大一部分都在南洋地区讨生计。他们乘坐帆船在茫茫大海中航行时，心中祈求天妃保佑，就臆造了“天妃”的偶像，而且想象她是身穿红袍的神灵。据说早在1810年，就有人在当时临海的亚逸街原址设坛奉祀了，至1812年，这里发展成一间小土庙。1840年，为祈求天妃娘娘的赐福保佑，由薛佛记和陈笃生带领一批来自马六甲的移民创立了一座供奉天妃娘娘的天福宫，建造宫庙的主要成员来源于福建。1840年，山门殿和天妃殿先落成，福建会馆将办公室设立在天福宫的侧殿。1842年观音殿完成，此后又建造了东西配殿。1849年，崇文阁在天福宫右侧建起，是新加坡的首间华人学校。

1840年4月，在天福宫尚未完全建成时，新加坡的华人便耗巨资，举行了一次盛况空前的迎神会，迎接“天妃”从中国驾临新加坡。在新加坡开埠时期，南来北归的华人，因所乘帆船就停泊在宫前不远处，所以都会到宫内拜祀，南来者感谢妈祖保佑，北归者祈求海不扬波。自1840年天福宫建成后的100多年里，它经历了多次修复。1906年的大翻新增添了一些西方的建筑特色，包括自欧洲进口的瓷砖和铸铁栏杆。同时也安置了两口日本制造的铜钟，其中一口至今还在天妃殿内。1907年，清朝光绪皇帝御赐“波靖南溟”匾额和御书。1973年，天福宫作为新加坡最为古老的建筑被列为国家古迹。2001年荣获联合国颁发的“教科文组织2001年文化遗产古建筑奖”。

天福宫的建筑工艺手法和材料来自泉州，是正统闽南风格的宫观建筑。与其他庙宇不同的是，在天福宫的后殿里，不但供奉着佛祖释迦牟尼的塑像，也供奉着高 1 米的孔子坐像，两像遥遥相对，而且孔子像左右是观世音和弥勒佛，前面则是刘备、关羽、张飞的立像。体现了浓浓的中华文化特征，是汉文化远及海外的一个典型例证。如今，虽然现代化的交通工具早已取代了当年的帆船，但是，每当有人出远门，仍有很多新加坡的善男信女们到天福宫向神灵许愿，祈求旅途平平安安。

4. 旅游资源

天福宫带有典型的闽南宫观建筑风格，其整体建筑工艺十分考究。无论是其层层叠叠的屋顶、丰富的屋脊装饰、屋檐屋角及梁架间的木雕或是墙上柱子上的石雕等都体现了宫观本身的建筑之美。而宫观内部现存的两块分别出自光绪皇帝和清政府派驻新加坡的第三任领事左秉之手的匾额更是增加了天福宫的游览价值。虽然是作为一处汉式宫观建筑，但天福宫本身的汉文化特色之中也浸染了新加坡土著文化，彰显了文化交融之美。最为重要的是，天福宫是以供奉天妃（妈祖）为主神的，其中凝结的宗教文化也揭示了早期华人在海外谋生的精神世界，使我们能够直接体验到妈祖文化的信仰魅力。

参考文献

1. 天福宫官网（http：//thianhockkeng.com.sg/site/）。

（三）圣淘沙岛

1. 地名由来

圣淘沙岛（Sentosa Island）昔日曾是无人居住的荒岛，名“绝后岛”，意为“背后潜伏着死亡的岛”。1972 年，新加坡政府将该岛打造为一座旅游度假胜地，并重新命名为圣淘沙岛，这一名称在马来语中意为“安宁和平静”。

2. 地理概况

圣淘沙岛位于新加坡岛以南 500 米处，当岌巴港南岸，以一条跨海大桥与新加坡本岛相连，是新加坡本岛以外的第三大岛。其东西长 4 千米，南北宽 1.6 千米，面积为 390 公顷。这里属于热带海洋气候，一年中没有特别的雨季，四季差别不明显，一天中温差也不大。岛屿面积的 70% 被次生雨林覆盖，这里栖息着巨蜥、猴、孔雀和鹦鹉等动物以及各种其他当地的动物群。

在自然景色之中，圣淘沙岛还融入了许多人工景点，如新加坡蜡像馆、蝴蝶昆虫博物馆、海事博物馆、珊瑚馆、音乐喷泉等。其中，著名的珊瑚馆就地取材，以石头建成，依傍在山坡崖壁之间，进入馆内犹如进入洞窟一般。馆外空地上圆柱形的珊瑚塔表面覆以珊瑚，整座高塔仿佛皆由珊瑚礁砌成，蔚为壮观。万象新加坡则是一座重温新加坡历史的蜡像馆。蜡像馆借栩栩如生的蜡人与音响效果，重现早期移民垦荒的史实。音乐喷泉是圣淘沙岛的标志之一，是一座欧洲风格的花园。在这里经常会举行“梦幻圣淘沙”的演出，表演以鱼尾狮为中心，以喷泉为主轴，将灯光、喷泉、激光、火焰、烟雾、音乐和演员的表演巧妙地融合在一起，是亚洲规模最大的水幕电影。落日之时，还可站在高大的鱼尾狮塔前，观海或眺望新加坡城。

3. 历史文化

早在 19 世纪，圣淘沙岛就被认为地理位置重要，因为它保护了进入岌巴

圣淘沙岛

码头的通道。作为新加坡防御计划的一部分，政府早在1827年就制定了加固该岛的计划，但是，直到19世纪80年代，几乎没有修建什么真正的防御工事。港口的快速发展引发了人们对保护煤资源安全的重视，为此，岛上建造了西罗索堡、康纳特堡和伊比亚山炮台。至20世纪30年代，这个岛屿已经修建了严密的防御工事，是新加坡堡垒的重要组成部分，也是皇家炮兵的基地。

第二次世界大战期间，圣淘沙岛是英国的军事要塞，岛屿的各个方向都建立了大口径的炮台，这些炮台和南部连成直线，面向大海以防御日军的海上进攻，但此后日本人还是从北方入侵并占领了新加坡。1942年2月15日，英军总司令白思华宣布无条件投降，逾13万名英国、澳大利亚和印度等守军沦为阶下囚，西罗索堡成为关押囚犯的战俘营。1945年，日军投降，新加坡回归英国统治，圣淘沙岛成为1947年当地征募的皇家炮兵第一新加坡团的基地，其他来自新加坡的当地士兵被派往该岛接受基本军事训练，然后再被派驻新加坡的英国军队的其他部队。

1963年9月，根据全民投票，新加坡脱离了英国的统治，正式加入马来西亚。但此后由于政治的冲突，新加坡和马来西亚的矛盾被激化。1965年，新加坡脱离马来西亚，成为一个主权独立的国家。1967年，圣淘沙岛成为新加坡海军志愿部队的基地，海上训练学校也设在这里。20世纪70年代，新加坡政府决定将该岛发展成为度假胜地，许多在岛上和谐生活的马来人和中国人被安置在新加坡的高层公寓里。1972年，根据公众的建议，将该岛重新命名为“圣淘沙”。圣淘沙发展公司同年成立以监督该岛的发展，此后，约4.2亿新元的私人资本和5亿新元的政府资金被用于开发这片岛屿。1974年，连接圣淘沙和费伯山的新加坡缆车系统建成，1975年，新加坡共和国海军从圣淘沙岛搬到了布拉纳岛。随后，西罗索堡、音乐喷泉、海底世界等一系列景点相继对外开放。

4. 旅游资源

作为新加坡最为著名的一个旅游度假胜地，圣淘沙岛拥有自然和人文双重旅游资源。海事博物馆、西罗索炮台、天空之塔等使游客仿佛穿越时光隧道体验新加坡的千年风霜。优美的海岛风光，充满游玩乐趣的西罗索海滩和丹戎海滩，以及独特的生态环境又使游客看到今日朝气蓬勃的、进发向上的新式旅游城景观。当地充满特色的大宝森节、时装节、电影节、美食节等节日活动，异彩纷呈，更会让游客流连忘返。

（四）圣安德烈教堂

1. 地名由来

圣安德烈教堂（St.Andrew'Cathedral）是位于新加坡的一座哥特式基督教教堂，圣安德烈是耶稣的十二门徒之一，也是圣彼得的弟弟，相传他在希腊被钉X形十字架而死，后世不少教堂都以其名命名，并将其作为教堂的主保圣人。

2. 地理概况

圣安德烈教堂位于新加坡市中心的哥里门街，是一座通体洁白的哥特式教堂。教堂坐东向西，位居整个院落的中央，建筑风格仿英国汉普顿郡教堂。周围环绕着绿树成荫、芳草萋萋的方形院落，四周用围栏围住。在一面的围栏上挂着巨大的横幅，写着新约圣经《马可福音》的一句经文："耶稣说：你们来，同我暗暗地到旷野地方歇一歇。"

教堂最为引人注目的就是西面正门之上高63米的塔楼，同时教堂洁白的外墙上装饰着简单而美观的雕塑图案。教堂的大堂进深55米，宽16米，挑高22米，中央为圣坛，给人以高大、肃穆之感。从洗盆到最远处的圣桌和彩色玻璃拼成的三面大型落地窗之间，深蓝色的地毯将大厅分割成对称的两部分，两边整齐地排列着深棕色木质桌椅以及一些其他敬拜要用的物品等，桌屉里放满各种文字的《圣经》和赞美诗。桌椅两边是白色的由一个连一个立柱和门拱所组成的两道隔墙，而隔墙的外面，经过一组礼拜用的桌椅，便是装饰得无比精致的明窗。

大厅中央的圣坛是整个教堂的核心。圣坛的中央摆着一个长方形圣桌，在举行圣餐礼的时候会在圣桌上摆放面饼和葡萄酒，象征耶稣的身体和血。圣桌后面作聚会用，被称为"降生堂"。其右侧靠着一座洁白的立柱，建起一座全木质的讲台，是神父平时布道的位置。讲台的后面挂着一个十字架，被称为"考云地利十字架"，木质底框上交叉成十字形的金属部分，取自英国二战中毁于战火的考云地利教堂中废墟的两根铁钉，时刻提醒人们基督教的所有理论皆建立在耶稣基督的死与复活之上。圣坛的左侧是木质的主教座，是教会聚会中主教的座位。

3. 历史文化

自从 1819 年总督斯坦福德·莱福士爵士登陆，新加坡就迈开了近代化的步伐，大量的外来移民迅速涌入，各种宗教文化也在此落地生根。据说早在 1823 年，莱福士就选定了现址作为建设教堂的保留地。1834 年，作为新加坡圣公会的第一间教堂，圣安德烈教堂举行奠基礼，1837 年落成并投入使用。当时建造教堂的初衷是为了照顾英国的侨民，给他们一个做礼拜的圣殿，后来渐渐转变为向本地各民族居民传播福音的地方。1852 年，教堂两遭雷击损毁后被迫关闭。

1856 年，新教堂在原址上重建，由隆纳德·麦克·弗逊（Ronald Mac Pherson）上校设计、包括具有特殊建筑知识技术的印度籍罪犯等人建造而成。贝壳、椰壳等材料调制的特殊石膏涂抹于建筑表面，使得教堂外观洁白而有光泽。1942 年，新加坡沦陷为日本占领区之前，这座教堂在频繁的空袭期间被用作救死扶伤的急救医院。1945 年日军投降之后，教堂被重新开放供教徒礼拜。1973 年 7 月 6 日，圣安德烈教堂被正式列为国家历史文物，现属于新加坡教区。现在，圣安德烈教堂已经成为新加坡地区最有宗教影响的教堂之一。

4. 旅游资源

圣安德烈教堂历经了一百余年的沧桑却依旧光彩照人，如其信仰般纯洁无暇。但从本质上来说，教堂集基督教宗教文化和英国殖民文化于一身，带有着一种固有的矛盾，既折射出了新加坡近代历史的艰难与曲折，也体现了当地文化的多元性与包容性。而对游客而言，圣安德烈教堂最吸引人的地方莫过于在这熙熙攘攘的尘世为人们的灵魂提供了一个安歇之地，让人们放慢疲倦不堪的脚步，静静地洗涤纷乱的精神世界，放松自我，使得浮华和焦躁为之却步，留下人世间那种纯洁和美好至极的追求和坚持。

参考文献

1. 圣安德烈教堂官网（https：//cathedral.org.sg/）。

八、文莱

（一）努洛伊曼皇宫

1. 地名由来

努洛伊曼皇宫（Istana Nurul Iman）是世界上最大的现代化住宅宫殿，也是有史以来最大的单户住宅，被称为“世纪性的宫殿”，常被用于国事活动或皇室款待。其名字取自马来语的 Istana 和阿拉伯语 Nur-ol Imaan，意为“信仰之光的宫殿”。

2. 地理概况

努洛伊曼皇宫位于文莱首都斯里巴加湾市中心西南 3 千米处，整个王宫呈三面环水的半岛形深入文莱河，其对岸是一个灌木丛生、无人居住的丘陵状小岛。王宫地势居高临下，站在王宫大院，可以鸟瞰首都斯里巴加湾市全景。其主体建筑长 525 米，宽 228 米，占地约 120 公顷。皇宫正门前建有人造瀑布和喷水池，气势磅礴，是来往行人眼中的胜景。

王宫分为王室生活区和首相署办公区两部分，既是文莱苏丹的住所，也是政府办公的地方。王室生活区有供王室客人使用的 3 套豪华套房和供苏丹与王后所生子女居住的 12 套公寓。办公区包括苏丹以及首相署办公的所在地。除了用于参观的房间和办公房间以外，还有一个用于各种正式场合的御座厅，王储宣言以及每年的生日活动都会在那里进行。御座厅中有 4 个镶满钻石珠玉的宝座、一个高 60 英尺的伊斯兰教拱门，外层镶嵌着 22K 金砖。建于 1992 年的皇家资料馆，保存了王室的珍宝及史料，资料馆白色圆形屋顶宏伟壮观，内部装修奢华，陈列的稀世珍品更是让人眼花缭乱。

宫殿的室内墙壁分别由 38 种大理石与玛瑙铺成，所有的金色装饰包括墙壁、柱子、马桶、水龙头等均用纯金金箔打造而成，皇宫内所有的家具桌椅、沙发扶手和靠背也有不同程度的包金和烫金，就连地毯上都穿织着金线，各个大厅的天花板还悬挂着成吨重的水晶镶金吊灯。有人曾这样描述这座宫殿："步入王宫，黄金随手可即。水龙头是金的，地毯是由金线织成的，水晶花瓶中开放着永不凋谢的玫瑰，它们的根茎是金的，花瓣则用蓝宝石、红玉、祖母绿以及钻石镶嵌而成……就连电灯按钮也都是金子做的。当苏丹王在王宫举行宴会时，每位客人面前都摆着一直亮锃锃的金饭碗。"①

3. 历史文化

努洛伊曼皇宫于 1980 年开始修建，在 1984 年文莱宣布完全独立的前夕竣工，耗资约 14 亿美元。努洛伊曼皇宫由菲律宾著名设计师莱昂纳多·洛克辛（Leandro V. Locsin）设计，他混合了马来西亚的拱形屋顶以及伊斯兰教的拱门和圆顶元素，反映出伊斯兰教对文莱建筑的影响。宫殿的内部是由来自伦敦的华裔设计师关秋（Khuan Chew）设计，她是 KCA 国际室内设计公司的创始人，迪拜的阿拉伯塔也是她的设计作品。修建王宫的建筑材料全部从美国、丹麦、法国、意大利等 30 多个国家进口，室内装潢讲究，厅内金碧辉煌。王室生活区的陈列与装饰中不乏宝石、巨钻、玉雕、名画等稀世珍品，使其成为一个集雕塑、绘画于一体的艺术宝库。

努洛伊曼皇宫自 1984 年以来每年国庆日均对外开放。在伊斯兰教的开斋节后也会向公众开放三天，在此期间，苏丹王和所有的皇室成员会在皇宫开门迎宾，欢迎广大市民、游客等进入皇宫庆祝节日。苏丹和皇室成员会与每一位前来庆祝的民众握手，所有来访的民众都可以享受免费餐饮和一份礼物。节日期间，穆斯林家庭也会纷纷举行开门迎宾活动，亲朋好友互相拜访，互致节日问候。内阁部长、政府官员等都打开门户，欢迎所有民众来到府上品尝马来茶点。皇宫附近的王室辖区是全年开放的，普通民众也可以在王室辖区内开车兜风，参观王室马球场、王室直升机场以及王室贵族们所兴建的宅邸。

4. 旅游资源

作为世界上最美的皇宫之一，努洛伊曼皇宫特有的金碧辉煌和伊斯兰特色的黄金圆顶是文莱皇家遗产中的亮点。皇宫附近有苏丹的停机坪和马球场，以及苏丹曾经就读过的学校。即使遇到非开放日，游客在皇宫附近也有遇到王室的机会。每年的文莱国庆日和开斋节，都会有大量的游客和居民一起前往努洛伊曼皇宫，排队与苏丹握手。每到傍晚时刻，金黄色的宫顶和皇宫河畔都是游客取景拍摄的好地点。

参考文献

1. Ploysri Porananond; Victor T. King（23 September 2016）. Tourism and Monarchy in Southeast Asia. Cambridge Scholars Publishing.

2. 努洛伊曼皇宫官网（http：//www.istananuruliman.org/）。

（二）博尔基亚清真寺

1. 地名由来

哈桑纳尔·博尔基亚清真寺又被称作国王的清真寺，是目前文莱最大的皇家清真寺。该清真寺建于1988年，由文莱的第29任苏丹哈桑纳尔·博尔基亚主持建造并以其名字命名。

2. 地理概况

博尔基亚清真寺坐落在文莱斯里巴加湾市内哈桑纳尔·博尔基亚大道旁的新商业区域上，由主体建筑和四个尖顶圆塔组成，主体圆顶和配塔的圆顶均以24K的纯金制成，耗金2.4吨。清真寺内有29个黄金圆顶，是为纪念文莱历代29位苏丹的统治而建的，其中的7个拱门和15座喷泉，象征着苏丹哈桑纳尔·博尔基亚的生日在7月15日。4座57米高的尖塔装饰着蓝色和白色的马赛克，肃穆而又华丽。整个清真寺的建筑材料皆运自国外，从熠熠发光的灯饰到光洁可鉴的大理石地面，皆具有浓郁的文莱特色。

清真寺内有两个大礼拜厅，分为男礼拜厅和女礼拜厅，分别可容纳3500名和1000名穆斯林同时礼拜。厅内的设备全部电子化，配备有多个大型的电子屏幕，每个穆斯林都可以透过电子屏幕清楚地看见阿訇，并跟着做仪式。男礼拜厅指向麦加方向的凹壁上装饰着黑色大理石和镀金瓷砖，厅内有重达3.5吨的奥地利水晶吊灯，其余吊灯共八盏，呈八角形，代表伊斯兰教的月亮和星星。厅内摆放着巨型《古兰经》抄本，象征着清真寺所遵循的伊斯兰教教义。两个礼拜厅地面上都铺设着厚厚的地毯，穆斯林祈祷时即使五体投地，也不会有不舒适的感觉。除此之外，这里还有男女净身房、办公室和图书馆

博尔基亚清真寺

等现代附属设施。寺内最高的讲台是为苏丹专门预备的，每逢伊斯兰教的重大节日，苏丹都会亲临清真寺主持盛典。

3. 历史文化

早在15世纪初，伊斯兰教就开始传入文莱，并为居住在当地的马来人所接受。政教合一的文莱苏丹王国就是在伊斯兰教广为传播的基础上建立起来的。1959年，文莱正式把伊斯兰教定为国教，伊斯兰教的教规成了占据文莱人口绝大多数的穆斯林居民日常生活的准则。依照《古兰经》的训诫，文莱穆斯林每天需要做五次礼拜，即破晓时的晨礼、中午的晌午礼、下午的晡礼、日落时的昏礼和入夜后的宵礼，而且每个星期五都必须去清真寺参加聚礼。因此清真寺作为伊斯兰教的活动中心，对于文莱居民来说有着非比寻常的意义。

文莱第26位苏丹穆哈默德·阿拉姆二世统治时期，首都的唯一清真寺坐落在文莱河畔。它由木材建成，有石制的尖塔状屋顶，二战时期日本占领文莱期间，被日军毁掉。二战结束后，斯里巴加湾市的居民又在现今文莱泰布（TaiBu）大厦所在的位置建造了一个临时清真寺。但这座清真寺的主体由木头和棕榈叶建成，被称作“棕榈叶清真寺”，更像是一个临时的场所，而不是可以长期使用的建筑。直到1958年，文莱第28位苏丹奥玛尔·阿里·赛福鼎建造了赛福鼎清真寺。20世纪90年代，文莱的第29任苏丹哈桑纳尔·博尔基亚为了纪念文莱历代苏丹的统治以及他自己的生日，建造了更加奢华璀璨的博尔基亚清真寺，并于1994年苏丹生日那天正式开放。若说赛福鼎清真寺以素雅秀丽闻名，博尔基亚清真寺则是以富丽堂皇著称。

4. 旅游资源

博尔基亚清真寺从闪闪发光的灯饰到光洁可鉴的大理石地面，都散发着浓郁的伊斯兰气息。整座清真寺庄严肃穆、雍容堂皇，皇室的庄严和宗教的静谧集为一体。每天来到这里参观的旅客和祈祷的人们络绎不绝，即使不是虔诚的伊斯兰教徒，在面对这座宏伟而璀璨的清真寺时，也会感受到内心的震撼。

参考文献

1. 张学刚：《文莱民族宗教概况》,《国际资料信息》2003 年第 12 期。

（三）艾尔水村

1. 地名由来

艾尔水村（Kampung Ayer）是文莱首都斯里巴加湾市的历史聚居区。Kampung Ayer 是马来语 Kampung Air 的古罗马化拼写，其字面意思就是“水村”。意大利旅行家安东尼·帕加塔曾将艾尔水村称为“东方威尼斯”。

2. 地理概况

艾尔水村所处的巴加湾，是文莱河在斯里巴加湾市的市区旁边流过时形成的一个宽阔的河湾。在这片宽阔的水面上，水上村寨的面积达 2.6 平方千米。

艾尔水村区域由十几个传统高脚屋村落和小住宅区组成，这些村落都以官方的村级划分，作为文莱的第三级和最低级的行政部门，各村落都有负责管理的村长。艾尔水村区域的管理由文莱穆阿拉区的政府来负责。有一个曾经属于艾尔水村区域的村落位于邻近的克达阳河地区，但由于克达阳河部分地区的重建项目，如今那里已经不复存在了，曾经的居民已经转移到艾尔水村或内陆。克达阳河地区已经被重新开发为一个河畔公园，作为第 29 世文莱苏丹哈吉·哈桑纳尔·博尔基亚登基 50 周年庆典的一部分，这个公园于 2017 年 10 月正式开放。

水上村落的房屋基本都是通过高高的石柱打在河床上，以木板盖成。邻近的房屋之间通过木质的桥梁与混凝土的人行道相互连接，这是属于艾尔水

艾尔水村

村地区的特色，许多村屋都可以步行到达。而对于不毗邻区域或者不位于河岸边的村屋，主要是以水路交通为主，所以在那里最常见的运输方式是水上出租车。它们是木制的摩托艇，穿梭在各个村落的码头和附近的河岸边，可以运输来往行人。

3. 历史文化

一千多年前，文莱到处是原始森林，野兽和虫蛇很多。为了生存，文莱人想出在利用水边唾手可得的红树搭建水上房屋的主意，形成了最初的水上村落。最初的几位文莱国王就在这里度过了一生，死后才葬到陆地上，因此水村被文莱人看作是王国的发源地。关于这里何时被世界所发现，最著名的描述是1521年随麦哲伦舰队至此的安东尼·帕加塔，他说“这里完全建在盐水中，有两万五千人（家庭）在这里居住。这些房子都是由木头建造的，在高高的梁柱上拔地而起。当潮汐来临时，妇女们经由住所走入船舱，通过售卖一些必需品来维持生活。”

有一种猜测是，这种高脚屋的定居点可能并非一直是现在的地点，而是经过了历史的迁移。荷兰人奥利维尔·范·诺特于1600年12月至1601年

1月在文莱停留，描述了贵族们的房子“这些房子是由木头制成，建造在灯柱上，当风暴或其他的灾害来袭时，这些房屋可以从河的一边移到另一边。”文莱最早的首都都靠近文莱河口，公元17世纪阿卜杜勒·哈克库姆·穆宾与穆希丁·文莱苏丹的内战期间，水村进一步向内陆移动，直至到达目前的位置。

现在我们所看到的艾尔水村，在几个世纪以来一直是文莱帝国事实上的首都的主要聚居区，即使文莱被英国侵入和控制的时期也是如此。在英国驻留期间，还实行了一项鼓励农民重新安置土地的方案，虽然最终没有成功，但是大大减少了艾尔水村的人口。尽管如此，仍然有相当数量的人民还是居住在水上。在第二次世界大战期间，艾尔水村从轰炸中幸存了下来。如今的艾尔水村居住着约32000人，居民们几乎都延续着传统的生活方式，但水上的木屋都已经通了水电，还有电视天线、互联网、电话线等。还有一些以棚屋形式搭建的公共住房，一般分为双层和单层，作为低收入群体的保障性住房。文莱政府在艾尔水村建设了小学、初级宗教学校和中学，为水上居民提供基础的公共教育。每个乡都至少有一座小学，也有为穆斯林学生提供初级宗教教育的宗教学校。

4. 旅游资源

艾尔水村作为充满东方传统特色的“东方威尼斯”，在繁华的都市之间自成一体。在历经几个世纪后，仍然保持着原始质朴的风貌。错落有致并且充满历史沧桑感的水上建筑、纵横交错的栈道和桥梁编织出的错综复杂的互通网络、木制摩托艇以及当地特色的马来糕点和红茶，都吸引着四面八方的游客们。

参考文献

1. Nicholl，Robert（ed.）（2007）. European sources for the history of the Sultanate of Brunei in the sixteenth century.

2. Yunos，Rozan（2009-01-18）.Retracing history of streets of Bandar.

3.《文莱 水上村落》,《文明》2017年Z1期。

（四）奥玛尔·阿里·赛福鼎清真寺

1. 地名由来

奥玛尔·阿里·赛福鼎清真寺是为了纪念当时在位的文莱第 28 位苏丹奥马尔·阿里·赛福鼎三世建国 17 年来的功绩，而以其名字命名的一座清真寺。该寺既是文莱穆斯林虔诚礼拜的场所，也是文莱重要的历史遗迹及首都斯里巴加湾市的地标性建筑。

2. 地理概况

位于文莱斯里巴加湾的赛福鼎清真寺，建造在文莱河岸边的一个人工湖泊上，距离艾尔水村不远。繁盛的树木和花草环绕在庭院周围，而庭院中的主体建筑均为白色，清真寺的圆柱、拱门、有乳白色的镂空尖塔和巨大的圆形金顶都由意大利大理石建构。尖顶塔楼以独特的方式混合了意大利文艺复兴时的建筑风格。而主拱顶由大理石墙壁支撑，由纯金打造，据说是用 330 万片金片镶成的，如果把这些金片铺成平面，足有 520 平方米。该寺最高建筑达到 52 米，几乎可以从斯里巴加湾市的任何一处看到。通往清真寺内还有一艘古制式的石舫，是仿照 16 世纪的文莱苏丹——博尔基亚·马哈加伊的古舟制造的，也是清真寺极具特色的景点之一。

清真寺的内部大概可容纳 3000 人，只用作穆斯林的祷告场所。它的建材十分考究，使用了世界上许多最优雅的材料：大理石全部从意大利进口，花岗岩来自中国上海，重达 4 吨的彩色玻璃和枝形吊灯来自英国，手工地毯则从比利时和沙特阿拉伯进口。内饰中也充满了伊斯兰教的艺术风格，尤其是书法、花卉、几何图形等元素。

3. 历史文化

在文莱，清真寺和伊斯兰教一直占据着主宰的地位。1578 年，在苏丹赛弗·里扎尔（Saiful Rizal）统治期间，一位西班牙旅行者描述当时的主要清真寺是一座五层建筑物。1958 年奥玛尔·阿里·赛福鼎清真寺竣工之前，文莱的首都并没有什么像样的清真寺。尽管有许多清真寺建在农村，但唯一位于首都的清真寺却是建于文莱的第 26 位苏丹穆哈默德·阿拉姆二世的统治时代。二战结束后，在文莱泰布大厦（TaiBu）目前所在的位置，曾建有一个可容纳大约 500 名信徒的临时清真寺。这座临时清真寺一直被使用到 1958 年

奥玛尔 · 阿里 · 赛福鼎清真寺

奥玛尔·阿里·赛福鼎清真寺建成。

1949 年，文莱成立了一个委员会用来筹办建造一座国家清真寺，委员会提出的第一个地点是市中心的草场，但奥玛尔·阿里·赛福鼎说他更喜欢位于河边的这个地方。1954 年 2 月 4 日，赛福鼎清真寺开始着手建造。据《文莱时报》的报道，这座清真寺的建筑师是一位名叫卡瓦列里·诺利（Cavalieri R Nolli）的意大利人，利用的是奥马尔·阿里·赛福鼎三世亲自设计的早期图纸，图纸由一名公共工程部门的绘图员协助来完成绘制。详细建筑方案由爱德华建筑师事务所的特许建筑师编写，施工工程则是中国和马来西亚工程师合作完成的，建筑成本在 770 万到 920 万美元之间。1967 年，在通往清真寺方向的地方建成了一艘仿古的石舫，常用于举办《古兰经》阅读比赛。

4. 旅游资源

赛福鼎清真寺既是东南亚地区最引人注目和最美丽的清真寺之一，也是文莱臣民虔诚信仰伊斯兰教的象征。被湖水环绕的整座建筑巍峨高大，庄严肃穆，雄伟豪迈，是当之无愧的伊斯兰文化中心，也是外国游客必到的景点。寺内的石舫浮在环绕寺周的碧水之上，与水面相映成趣，为整个赛福鼎寺增添了一分灵动的色彩。清真寺周围有繁盛的树木，花香怡人，置身其间也令游人心情平静。寺中的宣礼塔还有一个通往塔顶的电梯，游客还可以登临观看城市的全景。

参考文献

1. Rozan Yunos.SULTAN OMAR ALI SAIFUDDIEN MOSQUE［J］.The Brunei Times， 2007.

九、也门

（一）索科特拉群岛

1. 地名由来

索科特拉（Socotra）岛是古代印度、阿拉伯和非洲之间的贸易中心。据说其名字派生于梵语 dvīpa sukhadhara，意为“幸福岛”。也有人认为，索科特拉之名可能来源于阿拉伯语“SUG”，意为“乳香”。

2. 地理概况

索科特拉群岛坐落在阿拉伯海和亚丁湾的交接处，是印度洋通往红海和东非的海上交通要道，构成了连接亚非欧三大洲的海上生命线，战略位置极其重要。索科特拉群岛隶属于也门哈德拉毛省，北距阿拉伯半岛 157 海里，西北距亚丁湾 474 海里，西距非洲瓜达富伊角 241 千米。索科特拉群岛由 4 个岛屿和 2 个岩石小洲构成，海岸线长达 300 千米，群岛面积 3650 平方千米。

索科特拉群岛是在地球演变过程中，印度洋与阿拉伯海连接处发生强烈的地壳运动，从而导致海底火山岩的隆起而形成的。群岛地貌以山区和丘陵为主，平均海拔 500 米，东北—西南走向的哈吉海尔山几乎横跨整个岛屿。岛上分布着 4 块平原，即哈迪布平原、穆勒平原、格朗西亚平原、努加德平原。该群岛属于典型的热带海洋性气候，全年无明显的四季之分，仅有凉季和热季之别。每年的 10 月至次年 3 月为凉季，4 月至 9 月为热季。全年平均气温为 27.6℃。岛上雨水分布不均，沿海地区年降水量为 150 至 170 毫米，北部的山地丘陵地带年降水量则在 500 毫米以上。

以丰富的自然资源著称的索科特拉群岛被称为“外星生命的诞生地”。岛屿发现的 825 种植物中，有 37% 是地方特有的；而 90% 的爬行动物和 95% 的蜗牛在世界上仅此一处栖息地。同时这里还有 140 余种鸟类，其中的太阳鸟、彩旗、金翅蜡嘴雀、索岛栗翅椋鸟皆为该岛独有。此外，该岛还有253种造礁珊瑚、300种螃蟹、730种沿岸鱼等，是全球极为重要的生物多样性基地，素有“生物进化活博物馆”之称誉。

3. 历史文化

大约在600万年前，印度洋与阿拉伯海连接处发生强烈的地壳运动，索科特拉群岛在海底火山岩的隆起中与大陆分离，亚丁湾也渐趋形成。考古学家在岛上发现的公元前4000—前3000年新石器文化的足迹，说明早在远古时代，古印度人就不断来岛上获取乳香、龙血树、芦荟、龙胆、麝香、龙涎香等珍贵药物。

由于地处海上交通要道，且生产珍贵药材，自古以来，索科特拉群岛就是不同时期各国的争相抢夺之地。兴盛时期的古埃及第十二王朝，埃及法老经常派人到岛上收集珍贵药物，重点购买岛上的乳香，以制作木乃伊。据说当时的乳香价高于黄金，古埃及人称这座岛为“班赫岛”，意为“神奇岛”。公元前4世纪，亚历山大大帝在东征前曾征服索科特拉群岛，并下令在该岛种植芦荟以确保有足够多的芦荟治疗士兵的伤病。后来他创立的“芦荟疗

索科特拉群岛

法”也随着东征在亚洲广泛流传开来。公元52年，岛上居民在圣多马的指引下皈依基督教。13世纪，希腊著名的草药专家德尤斯古里德斯对岛上的珍贵药材进行了专门研究，并在著作中加以记载。

1507年，葡萄牙在帮助岛民摆脱阿拉伯半岛上伊斯兰国家的控制之后，占领了此岛，并将其作为军事基地，一方面对也门哈达拉毛省希赫尔等地进行侵略，另一方面为来往于红海和印度洋的葡萄牙战舰提供服务。1511年，索科特拉群岛又归属于马赫里苏丹国统治。1834年，该岛一度隶属东印度公司管辖。1886年，英国势力伸向此处，在企图廉价购岛遭到也门当地拒绝之后，英国殖民军以武力占领索科特拉群岛，并将该岛作为海军禁区，直到20世纪70年代英国结束对南也门的殖民统治为止。1967年，苏丹国灭亡，索科特拉群岛随南也门独立，成为也门的一部分。此后，苏联舰队驻扎此岛，又将其变为苏联在中东的海军基地。20世纪80年代末苏联解体之后，舰队从该岛撤走。长期以来，由于战略地位突出，该岛一直被视为海军基地，作为军事禁区，这座岛屿一直处于沉睡之中，被人们称为“印度洋上的处女岛”。2008年，联合国教科文组织将索科特拉群岛（Socotra Archipelago）列入《世界遗产名录》。

4. 旅游资源

壮观的海景、新奇的生物、雪白的沙滩、翡翠般的海水等如世外桃源般的自然景观装点了索科特拉群岛，身处此地，仿佛在远古或未来的某个时刻遨游。同时，索科特拉群岛地处海上交通要道，是丝绸之路的必经之地，自古便蕴含着深刻的文化底蕴和历史内涵，游客在陶醉于优美的自然风光的同时，还可获得独特的人文体验。

参考文献

1. http：//whc.unesco.org/en/list/1263.
2. 时延春：《当代也门社会与文化》，上海外语教育出版社2006年版。

（二）希巴姆古城

1. 地名由来

在公元前 1020 年，希巴姆（Shibam）城是也门一个鼎盛的小王国的中心，其城市名来源于萨巴王朝末代国王希巴姆的名字。

2. 地理概况

希巴姆古城位于也门哈德拉毛省赛拥县，在鲁卜哈利沙漠南部边缘繁忙的商旅通道上，距首都萨那以东约 470 千米，数道季节河在此交汇。

古城为东西长约 500 米南北宽约 400 米的长方形城市，周围环绕着 5 米至 6 米高的城墙，城墙的西面为河流，其余三面则是棕榈林。城内生活设施齐全，包括围墙、清真寺、房屋、学校等。城内东部房屋的布局借鉴了穆斯林的城市风格，采用垂直设计的原则，屋顶和顶楼涂有起保护作用的雪花石膏。500 余座坐北朝南的房屋高低错落，鳞次栉比，有 7000 多人在此居住。楼房高者达十几层，低者六七层。底层一般用作饲养家畜，二楼则作为仓库，且底下两层房间大多没有窗户。三楼是待客厅堂和房户居所。四楼以上依次形成一个个独立的女性街区，常以天桥和过街楼相连。除清真寺外的所有楼房屋顶皆无房檐、外部阳台和廊柱，墙面直切，窗户向里开。这些土楼的泥砖多是将泥土和骆菲草、谷壳搅拌而成，以生土坯层层垒高，外部以白灰浆涂抹。这里的房屋装饰和造型以朴素为主，色彩无外乎白色和天然黄色，城内道路几乎皆为羊肠小径。

希巴姆古城中有 6 座清真寺，其中以星期五清真寺历史最为悠久，该寺建于 904 年，是哈罗恩·阿尔·拉希德哈里发在位时的建筑。另一座古老的清真寺是阿尔·坎哈清真寺。祈祷声不时从 4 座居于全城制高点的宣礼塔传来。

3. 历史文化

希巴姆的历史可追溯至公元前 11 世纪，当时它是萨巴王朝的中心。公元前 2 世纪，哈德拉毛的骆驼商队往返于巴比伦和谷地之间，希巴姆是此路途中的一个热闹的贸易城市。公元前 6 年，克尔苏王朝卡希耶国王在希巴姆建造了行宫。约公元 250 年，原哈德拉毛首府沙布瓦城毁于火灾，从此城逃出的难民在哈德拉毛河谷的山丘上围起了一座东西长 500 米、南北宽 400 米的

希巴姆古城

四方城，此后这里陆续建造起密密麻麻 500 余栋高 29 米的住宅。

公元 7 世纪，伊斯兰教在阿拉伯半岛上兴起，哈德拉毛谷地成为最早皈依穆罕默德创立伊斯兰教的一个地区，希巴姆成为伊斯兰政权在哈德拉毛西部的首府。这一时期，许多传教士自此地走出，跨过阿拉伯海和亚丁湾，到各国传播《古兰经》，商人也随之前往开展贸易，并带来了先进的生产技术和巨大的财富。746 年，希巴姆成为哈德拉毛地区反抗倭马亚王朝斗争的中心。后来又成为易巴德派信徒支援哈瓦利亚教派的中心，这一地位一直保持到 11 世纪。10 世纪的希巴姆以经营哈德拉毛沙谷出产的椰枣和丝织品而远近闻名，商业中心的作用持续了数世纪。1219 年，也门的阿犬布王族征服了此地，希巴姆成为阿犬布王族在哈德拉毛西部的统治中心，这一时期，希巴姆楼房蔚然成林。

1532 年，希巴姆几乎毁于洪灾，居民不得不重新修建楼房。然而由于方圆百里内无石可采，只能就地取材，以泥代石垒楼。众多土楼拔地而起，希巴姆也在居民的努力下渐渐成型。由于欧洲大陆所需的熏香大多经此地转运，处于交通要冲的希巴姆逐渐成为“乳香之道”的必经之地，进而发展成为重要的贸易中心和交通枢纽。18 世纪，移居至东非、印度以及东南亚的希巴姆投入了大笔款项用于城市建设，希巴姆由此经历了一段繁荣期。历史上的希巴姆不仅是商队驿站镇、行政中心，还以采矿业闻名。1982 年，联合国教科文组织将其列入《世界遗产名录》。

4. 旅游资源

建筑物与所处环境之间产生的奇妙对比，是希巴姆古城的独特魅力。希巴姆古城以古老的泥砖结构、独特的城市布局以及传统的农业系统成为古城中的典范，被誉为“沙漠中的曼哈顿”。历史上的希巴姆还是多个王朝的都城，留下各王朝存在的痕迹。同时，作为古代重要的商业通道和贸易中心，这里还荟萃了不同的文明成果，是各文化融合交流的佐证。游客可在游览清真寺、土楼、学校时，感受古也门人精湛的建造艺术和多元的文化魅力。

参考文献

1. http：//whc.unesco.org/en/list/192/.

2. 陈君慧编著：《世界地理知识百科》，吉林出版集团有限公司 2013 年版。

（三）乍比得历史古城

1. 地名由来

乍比得（Zabid）以乍比得谷地（Wadi Zabid）之名命名。在公元 13—15 世纪是阿拉伯世界的中心，现已被列入世界遗产。

2. 地理概况

乍比得历史古城位于也门沿着红海的狭长的提哈迈平原，离海岸线 25 千米，在连接荷台达港与塔伊兹城海拔较高的道路边。乍比得古城与沙特阿拉伯、阿曼相毗邻，濒红海、阿拉伯海和亚丁湾，坐落在古代印度至麦加的通道上，具有十分重要的地理位置。

这座防御性的城市整体呈椭圆形并设置了 4 座城门，饮水由周边的河流供给。城堡、瞭望塔、城墙遗址、清真寺和学校构成乍比得城的主要景观，烤硬的覆盖着白色的刷墙粉的砖块是组成这些均匀的建筑整体的主要物质，它为装饰建筑的几何学的图画和书法提供了良好的支持。乍比得城的核心是它的第一座清真寺——阿萨（Al-Asha'ir）清真寺，该寺位于城的西边方向，由阿布·穆萨·阿沙里（穆罕默德的追随者之一）于公元628年建成，周围散布有众多的集市。“星期五清真寺”是乍比得最大的清真寺，而19世纪建造的纳赛尔宫和伊斯坎达尔清真寺则最具艺术价值。城中有大约86座清真寺，主要是简单的砖结构，也有精雕细刻的砖和灰泥装饰。其中14座建于拉苏尔时期，皆为宗教学校，是这个时期也门最大的建筑群。

乍比得纵横交错的街道和小巷组成一个四通八达的道路网，占地135公顷，被一个椭圆形的防御工事墙所包围。街道形状几乎是环形的，有些道路窄至2米，似乎是早期城墙路线的重造。古城唯一较大的开放空间是每座城堡前的方形块状的小广场。城内有茅草屋顶的泥砖房屋。这里的民宅也极具特色，宽不足2米，如迷宫一般，幢幢民居仿佛重叠在一起，室内家具和装修以舒适为主，较为豪华，外观则看似简朴。这种建筑风格在提哈迈平原随处可见。更大的房子向上延伸至二到三层，内有精致的砖墙、壁龛和天花板。但无论贫富，每户民居基本都是住宅加庭院的模式。庭院大多是长方形，当地居民称为穆拉巴，庭院的角落设置有水井、澡堂和厨房等。

3. 历史文化

公元7世纪的穆罕默德生活时代，穆斯林在提哈迈平原就分布很广。公元820年，伊本·齐亚德（Ibn Ziyad）平息了该地区玛蒙哈里发的叛乱。齐亚德王朝（818—1018年）时期，乍比得作为首都，修建了众多防御工事、运河系统以及高等教育设施。这一时期的法学、神学、农学、医学、诗学、冶金学等阿拉伯传统科学和技术，都得到了振兴和发展。9世纪时，代数学在这里问世。伊本·齐亚德的后代建立了大清真寺并扩建了较早的阿萨清真寺。至纳贾王朝（1022—1158年）和马赫迪王朝（1159—1173年）时期，乍比得遭受了更进一步的损坏。其防御工事和宫殿面积减少并遭到破坏。

1216—1429年，拉苏里王朝统治者鼓励建立伊斯兰学校，专门教授《古兰经》及科学技术，一时间伊斯兰学校遍布全城。至1228—1454年间统治提哈迈平原和南也门的阿苏勒王朝时期，乍比得再次成为政治和文化中心以及阿拉伯世界的中心，修建了清真寺、喷泉、道路和伊斯兰学校。根据文献记载，乍比得古城曾拥有62所伊斯兰学校，伊斯兰大学的影响遍及伊斯兰世界且跨越了印度洋。数世纪的繁荣，奠定了乍比得作为历史文化名城的坚实基础。乍比得的衰落开始于塔希尔王朝统治时期（1454—1517 年），特别是在第一次奥斯曼征服时期（1545—1638 年）。1993 年乍比得历史古城（Historic Town of Zabid）被作为世界文化遗产列入《世界遗产名录》。2000 年，又被列为世界濒危遗产。

4. 旅游资源

乍比得既是伊斯兰教世界屈指可数、闻名遐迩的学术之都，也是实施宗教教育的重要城市。这里有穆斯林学院、学校和清真寺等 200 余处建筑，整体观之，清真寺的宣礼塔、狭窄的街道和传统的民居建筑构成了一个和谐的空间环境，体现出原汁原味的伊斯兰文化特色。同时乍比得作为政治和贸易的中心，几经繁华与衰落，却依然以深厚的文化底蕴和便捷的交通要道优势，成为沟通南来北往商队的重要途经点，具有杰出的艺术性和历史价值。

参考文献

1. http：//whc.unesco.org/en/list/611.

十、沙特阿拉伯

（一）麦加清真寺

1. 地名由来

麦加清真寺（The Great Mosque in Mecca）又称谢赫扎耶德清真寺，是阿拉伯语“买斯志德·哈兰姆（Masjid Haram）”一词的意译。而根据《古兰经》经文启示，此地禁止凶杀、抢劫、械斗，故又称禁寺。清真寺因其所在地而得名，在阿拉伯语中，麦加为“吮吸”之意，它形象地表达了这里地势低、气温高、饮水困难的特征。

2. 地理概况

麦加清真寺位于今沙特阿拉伯麦加城中心，是世界各地穆斯林向往的地方和去麦加朝觐礼拜的圣地。清真寺围墙西北长 166 米，东南长近 170 米，东北近 110 米，西南约 111 米，总面积达 18 万平方米，可容纳 50 万穆斯林同时作礼拜。寺内有精雕细刻的 25 道大门和 7 座高 92 米的尖塔，有 6 道小门，24 米高的围墙将门和尖塔连接起来，6 座塔耸立在 3 座主要大门的两侧，另一座塔则与直径为 35 米的圆顶毗邻。这 7 座塔环绕着圣寺，象征着一周的天数，是典型的伊斯兰风格。

位于清真寺广场中央的克尔白圣殿是全世界穆斯林朝觐的中心。克尔白是阿拉伯文音译，意思是“方形房屋”，圣殿又称天房（真主的房子）。圣殿采用麦加近郊山上的灰色岩石建成，殿高 14 米多，殿的四角依所朝方向分别称为叙利亚角、伊拉克角、黑色角、也门角。殿门为金制，位于东北角，高 3 米，宽 2 米，离地约 2 米。殿内以大理石铺地，3 根大柱支撑殿顶。圣殿自上而下终年以黑丝绸帷幔蒙罩，帷幔中腰和门帘上用金银线绣有《古兰经》经文，帷幔每年更换一次，在天房外东南角 1.5 米高的墙上，镶嵌着一块30厘米长的带有微红的褐色陨石，即有名的黑石，或称玄石，穆斯林视为神物。相传是先知易卜拉欣遗留下来的。天房东面，正对着玄石处有个小阁，四柱圆顶，四周围以方形铜栅栏，传说阁中有易卜拉欣建造天房时留有脚印之处。在麦加大清真寺内，有一眼古井，水深24米，清凉甘甜，被称为“渗渗泉”，穆斯林相信泉里有福泽，视之为圣水。朝觐者游转天房之后，必来饮此水，祈求吉祥，返回去时还经常大瓶小罐地装上一些圣水带回家乡，当作珍贵的礼物赠送给亲友。

3. 历史文化

据《古兰经》记载，早在大约公元前2130年，亚伯拉罕与以实玛利就已经在麦加城靠近赞扎姆井的位置，构建起了今克尔白圣殿的地基。传说，当时真主将一块黑色的石头落在了克尔白，先知穆罕默德称这块黑石“从天堂降临，比牛奶更白，但亚当之子的罪恶使之黑暗”，而这块黑石也被认为是亚伯拉罕建造的克尔白神殿的唯一遗存。

在先知穆罕默德统治麦加之前，克尔白神殿一直供奉着诸多神灵，公元630年，穆罕默德和他的女婿阿里·伊本·阿比·塔里布（Ali Ibn Abi Talib）打碎了卡巴周围的神像，因此结束了多神对克尔白的使用，开始了神殿供奉唯一真神安拉的时代。公元694年，倭马亚王朝哈里发阿卜杜勒·麦立克下令扩建圣寺，加高了墙身，更换了梁柱，并在每个圆柱头上饰以234克的黄金制品。777年，曼苏尔之子曼海蒂着重扩建了圣寺南端。为避免洪水冲淹，扩建后的圣寺将克尔白置于中心。

15世纪后期，麦加处于奥斯曼帝国的统治之下，1570年，苏丹·塞利姆二世委托首席建筑师米马尔·希南修复清真寺。替换旧有的屋顶，并重新设计了支撑栏的位置。在1621年和1629年的暴雨和洪水中，克尔白和清真寺的墙受到了大面积的破坏。1629年，在苏丹·穆拉德四世统治期间，克尔白和清真寺被重新修缮。在清真寺的改造中，又增加了一块新的石拱廊，再建了3座尖塔（总共建造了7座），并重新铺设了大理石地板。沙特阿拉伯政府在清真寺周围增设了尖塔，并修建了一座国王官邸和多个祈祷区。进入20世纪，沙特阿拉伯政府分别在1925年和1989年对麦加大清真寺进行了两次大规模的改造修缮，从而形成现今之规模。

4. 旅游资源

圆顶、墙壁、台阶、通道皆以大理石铺砌的麦加大清真寺，骄阳之下，气势磅礴、光彩夺目，是穆斯林心目中的圣地，其精巧的建筑与厚重的文化积淀无不令人惊叹。同时，清真寺所在的麦加又是伊斯兰教的第一圣地，在其漫长的历史中凝结了无数穆斯林信徒的信仰与荣誉，进入麦加，我们不但能够感受这座千年圣城的历史脉动，更能直接体验到伊斯兰文化的深邃与魅力。

（二）石谷考古遗址

1. 地名由来

石谷考古遗址又称玛甸沙勒、海格拉，是一处位于沙特阿拉伯境内的考古遗址。石谷（Al-Hijr）意为“多岩石的地方”，系因该地广布的砂岩山丘而得名。

2. 地理概况

石谷考古遗址位于沙特阿拉伯的北部，在麦地那 400 千米处，距约旦境内的佩特拉 240 千米，南接阿拉伯半岛，北接地中海盆地以及美索不达米亚，是这条商旅路线的重要贸易中心。

遗址建于高低起伏的沙石山丘中，111 座古墓环山而建，排列在呈微红色的沙岩之中，壮丽非凡。这些古墓可以追溯到公元前 1 世纪到公元 1 世纪，墓形巨大，其中 94 座坟墓的正面有精致美丽的纹饰，完美地展现了阿拉伯文化和风俗。古墓上有多种文字，包括塔木德语、纳巴泰语、希腊语、拉丁文等，文字与艺术风格的多样性也充分证明了这一遗址在当时是重要的贸易枢纽。

在遗址的东北部发现了一处宗教区，被认为最初是献给纳巴泰神杜沙拉的。这里有一条狭窄的走廊立于高高的岩石之间，长 40 米，附近的岩石上也有刻着铭文的小型宗教圣殿。居住区在平原的中部，房屋和围墙的主要建筑材料是晒干的泥砖，残留在居民区的痕迹较少。遗址的西部和西北部有众多水井，地下水位只有 20 米，那些直径为 4—7 米的井被切割成岩石，尽管在松散的地面上挖掘，也必须用砂岩加固。水井所采用的复杂的液压技术，体现了纳巴泰文明的建筑成就和水利技术。

3. 历史文化

早在公元前 3000 年左右，萨姆德人便已经开始在此地定居，他们以岩石建造房屋，并开始有原始崇拜。公元前 1000 年，利赫扬人在此处建立了古老的阿拉伯王国，此后一段时间里，利赫扬人一直控制着从印度到埃及的（红海）的香火航贸（在公元前 3 世纪到 2 世纪最为鼎盛）。为了保障自身的香火贸易，埃及统治者托勒密二世还和利赫扬人结盟。公元 1 世纪前后，纳巴泰人日益强大，并最终控制了香火贸易路线。纳巴泰人在今沙特阿拉伯境内建立起了纳巴泰王国，而随着王国势力的不断扩张，纳巴泰国王阿勒塔斯四世（Al-Harith IV）统治时期，今石谷遗址附近建立起了王国南部的都城玛甸沙勒，并逐渐成为了一个将南阿拉伯半岛和地中海盆地以及美索不达米亚连接起来的贸易中心。纳巴泰人还开发了绿洲农业，在岩石上挖井和雨水槽，在露天的砂岩处雕刻祭拜场所。玛甸沙勒也作为纳巴泰人的一个庞大定居点一直存在到公元 2 世纪初。

公元 106 年，纳巴泰王国被当时的罗马帝国吞并。而此时贸易路线从阿拉伯半岛的陆路南北轴线转到通过红海的海上航线。因此，作为贸易中心的玛甸沙勒开始衰落，并逐渐被遗弃。而在接下来的十几个世纪中，玛甸沙勒仅仅作为穆斯林朝圣路上一个小的补给站，失去了过去的辉煌。1517 年，奥斯曼帝国吞并了阿拉伯西部。而玛甸沙勒也作为一个遗迹开始出现在土耳其旅行者埃夫利亚・西里比（Evliya Celebi）的口中，1744—1757 年，奥斯曼帝国统治者下令在这个地方建造了一座堡垒，并在堡垒内建造了一个贮水池，

石谷考古遗址

作为伊斯兰教徒前往麦加朝圣的一个补给站，同时发挥着保护通往麦加朝圣路线的作用。19 世纪以后玛甸沙勒作为一个文明遗迹开始广为人知。20 世纪，在奥斯曼苏丹阿卜杜勒·哈米德二世的命令下，穿越遗址的汉志铁路得以修建。1972 年，玛甸沙勒的纳巴泰文明遗址身份被沙特政府正式认定，并在 2008 年正式被评为世界历史文化遗产。

4. 旅游资源

石谷考古遗址兼具着人文与自然的双重特性，遗址内残存的大量纳巴泰文明文物展现了早期阿拉伯世界的文明面貌，而环绕山间的巨大坟墓群上刻有一百三十多座以天然岩壁雕凿而成的雕刻，散发着最原始的阿拉伯风情。该地区在后期长期作为穆斯林朝圣路线防御工事的一部分，有诸多阿拉伯帝国与奥斯曼帝国时期的遗迹。同时，这一带地貌变化多端，有壮观的峭壁深谷、高低起伏的沙丘、夹杂着无数被风化成奇形怪状的微红色沙岩，令人目不暇接。

（三）德拉伊耶遗址

1. 地名由来

位于沙特阿拉伯境内的德拉伊耶遗址（Diriyah）曾是沙特王朝的首都所在地，在 18 世纪中期至 19 世纪初期的时间里，沙特皇室曾在此居住。据说，定居点德拉伊耶是以家族的恩人伊本·迪尔之名命名的。

2. 地理概况

德拉伊耶遗址（Diriyah）位于阿拉伯半岛中部，沙特首都利雅得西北 16 千米处的哈尼法谷地，是阿利亚德省的一部分。德拉伊耶老城的废墟位于一个狭长山谷——瓦迪哈尼法（Wadi Hanifa）的两侧。这片废墟坐落在俯瞰山谷的山丘上，被分为三个区：古塞巴、奥穆雷毕德和图赖夫，几乎完全由泥砖结构组成。在这三个城市中，图赖夫是最高的，游客可以在其底部步行。而城墙的一部分，则紧贴着瓦迪哈尼法的边缘，也由泥砖砌成，上面还有一些低矮的瞭望塔遗存。

德拉伊耶遗址内还存有较多的历史建筑与人文景点，如宫殿、清真寺等。萨尔瓦宫殿是由五个主要部分组成，前沙特王朝皇室的第一处住所，高达四

德拉伊耶考古遗址

层楼，建造于不同的连续时间段，系由国王伊本·阿卜杜勒·阿齐兹·伊本最终完成的。萨阿德·本·沙特宫殿以庭院而闻名。客房和浴室是沙特阿拉伯式的传统建筑，由许多小庭院包围的房间组成。浴室拥有不同的建筑风格，并展示了如何使用不同的石膏防水，客房和浴室的水都来自瓦迪的一口井。伊玛目·穆罕默德·本·沙特清真寺是以沙特国王之名命名的，曾作为宗教教育中心使用，促进了伊斯兰改革运动。

3. 历史文化

尽管德拉伊耶曾以一个古老定居地城市的身份被雅古特·阿尔·哈马雅提到，时称“Ghabra”，但这座城市的历史可追溯至15世纪。根据内志地区地方志的记载，1446年7月，沙特皇室的祖先玛尼·穆拉迪建立了这座城市。玛尼·穆拉迪和他的家族来自于阿拉伯的东部地区，据说受到了当时此地的统治者伊本·迪尔的邀请而来到德拉伊耶。也有人认为伊本·迪尔与玛尼有着某种亲属关系，所以二者之间的相处比较融洽。最初，玛尼和他的家族定居在古塞巴和奥穆雷毕德，后来整个居住地被命名为德拉伊耶。

图赖夫（Turaif）建立之后，周围的许多家族、居民都来此定居，因此到 18 世纪，该地已经成为了内志地区的政治、宗教和教育中心。后来，穆罕默德·本·沙特和德拉伊耶家族的统治者产生了冲突并最终成为了这一地区新的统治者。他还接收了伊斯兰改革家穆罕默德·阿卜杜·瓦哈卜宗教学说，并实施了这位改革家所持有的宗教观，共同建立了第一个沙特国家，定都德拉伊耶。在接下来的数十年中，本·沙特和他的直系后代成功征服了内志以及阿拉伯东部和西部地区，并向伊拉克发起了突袭。德拉伊耶也迅速壮大并成为内志最大的城市。但沙特对麦加和麦地那圣城的征服引起了奥斯曼帝国的恐慌，奥斯曼联合埃及人发动了对沙特的战争。1818 年，军队进入德拉伊耶，在 6 个月的围攻后，图赖夫的防御工事被攻破，房屋也被摧毁。

德拉伊耶被摧毁后，城镇最初的居民被迫离开，大部分人搬到了利雅得。当沙特人在 1824 年和 1902 年重获财富时，他们把首都新建在了利雅得。20 世纪末，德拉伊耶地区重新有人定居，他们大都是游牧民族贝都因人。20 世纪 70 年代末，沙特政府在德拉伊耶的基础上建立了一个新城市，规模不断扩大，现成为一个小而现代的城镇。在沙特政府不断地修复中，德拉伊耶遗址逐渐成为著名的旅游胜地。2010 年，联合国教科文组织将其列入《世界遗产名录》。

4. 旅游资源

作为曾经的沙特王朝首都所在地的德拉伊耶具有着一种雍容的气度，王室宫殿的遗存带有着明显的阿拉伯王室风采，给人一种别样的异域风情。从沙特王室的祖先于此定居到沙特王朝的短暂结束，德拉伊耶见证了一个家族的兴亡，是一本活着的历史教课书。同时遗址内残存的清真寺也是我们了解伊斯兰逊尼派罕百里学派教法的一个绝好窗口，而其所处的瓦迪哈尼法又给德拉伊耶平添了几分多样的自然之美。

十一、埃及

（一）金字塔

1. 地名由来

金字塔（pyramid）是古埃及法老和王后的陵墓。陵墓以巨大石块修砌成方锥形，上窄下宽，远处观之，其等腰三角形侧影类似汉字的“金”字，故汉语译为“金字塔”。古埃及人则称之为“庇里穆斯（Piremus)”，为“高”之意。

2. 地理概况

金字塔建于4500年前，约96座，主要分布在埃及尼罗河下游，在开罗西南的孟菲斯古城一带最为集中，其中最大的是开罗郊区吉萨的三座金字塔，分别是胡夫（Khufu）金字塔、哈夫拉（Khafre）金字塔和门卡乌拉（Menkaure）金字塔。

胡夫金字塔是埃及第四王朝国王胡夫的陵墓，也是世界上最大的金字塔。其为一座正方形底座的三角锥形石结构，原高146.5米，现高136.5米，底边长230.5米，三角面斜度50度。塔身由230万块石头砌成，每块石头均重2.5吨。塔身的石块之间，没有任何水泥类的黏着物，而是由石头堆叠而成，石缝之间贴合完美，甚至连一把锋利的刀刃都很难插入，故能屹立千年而不倒。金字塔的北侧距地面13米高处还有一个以4块巨石砌成的三角形出入口，南侧则是著名的太阳船博物馆，该馆是在出土当年运送胡夫木乃伊的太阳船的原址上修建的。胡夫的墓室高约6米，门口是用一块重达550吨的石头做成的门。墓室里有一口石棺，上有5层缓冲室，最上一层的顶盖是三角形的，墓室的南北墙上，还有两条直通塔外的通风管道，以确保空气流通。胡夫金字塔除以雄壮身姿引世人瞩目外，其更令人吃惊的是金字塔的数字巧合。如胡夫金字塔的高度乘以十亿，结果正好落在太阳和地球的距离范围之内；胡夫金字塔的顶点引出正北方向的延长线可将尼罗河三角洲分成对等的两半，而延长线若继续向北延伸至北极，很可能当时正好与北极极点相重合；胡夫金字塔的底部周长如果除以其高度的两倍，得到的商为圆周率。

哈夫拉金字塔是胡夫之子哈夫拉国王的陵墓，高 143.5 米，塔前建有庙宇等附属建筑物和著名的狮身人面像。狮身人面像面部参照哈夫拉，身体为狮子，高 22 米，长 57 米。整个雕像除狮爪外，皆由一块天然岩石雕成。历经数千年的岁月，整个雕像风化严重，面部受损，有人说是马姆鲁克练习射击所致，有说是 18 世纪拿破仑入侵此地的炮击痕迹。第三座则属胡夫的曾孙门卡乌拉国王，底边边长 108.5 米，塔高 66 米，内部结构倒塌。

3. 历史文化

公元前 3500 年，尼罗河两岸陆续出现了若干个奴隶制国家。公元前 3100 年，美尼斯统一古埃及并建立了第一个奴隶制国家，定都孟菲斯。埃及国王又称法老，在埃及前王朝时期，法老死后的陵墓是一个方形平台式的泥筑造型，称马斯塔巴。后期为彰显法老的权威，平台上增加了数层阶梯，成

金字塔

为一个方锥形的建筑物，称麦尔。

大约至第二或第三王朝时期，古埃及人逐渐产生了法老死后要成为神，灵魂要升天的观念。《金字塔铭文》言："为他建造起上天的天梯，以便他可由此上到天上"。而金字塔就是这样的天梯，同时又表示对太阳神的崇拜。据说在埃及第三王朝（公元前 2686 年—前 2613 年）时期，国王祖塞尔招募了一位名伊姆荷太普的青年为其设计陵墓。伊姆荷太普是个自负的艺术家，以自己独特的创意说服了法老，于是沙卡拉六级梯形金字塔就于公元前 2650 年产生了，它是古埃及首座大规模的砌石结构陵墓，也是金字塔的雏形。其采用花岗岩为材料，并以中央的竖井结构为主要特点，在阶梯金字塔的周边还设有一些诸如大厅、庙宇等附属建筑物，并以 10 米的高墙包围。后来，法老胡尼王用石灰石将阶梯间的缝隙填平，形成了第一座具有角锥体的金字塔，实现了阶梯金字塔至金字塔的转变。

至埃及第四王朝时期，金字塔的修建蔚然成风，著名的胡夫金字塔就是建立于该时期。据英国考古学者彼得的测算，胡夫金字塔大约由 230 万块石块砌成。古希腊历史学家希罗多德《历史》一书则记载，建造此塔共耗时 30 年，年用工 10 万人。在古埃及第五王朝时期，由于国家财力有限以及人民的反对，修建金字塔之风有所遏制，规模也较以前缩小许多。至古埃及第六王朝时期，法老的权力逐渐被地方篡夺，古埃及渐趋衰亡，建造金字塔之风也由此衰弱。

公元前 525 年，埃及被马其顿国王亚历山大吞并。公元 641 年，埃及成为阿拉伯伊斯兰教的一个中心。1517 年，埃及被纳入奥斯曼帝国的版图。1789 年，据称拿破仑入侵埃及时，曾在胡夫金字塔呆了一晚上，他估算说，若把吉萨的这三座金字塔的石块加在一起，可砌一条 3 米高、1 米厚的石墙沿着法国国界围成一圈。1953 年，埃及共和国成立。1979 年，联合国教科文组织将金字塔列入《世界遗产名录》。

4. 旅游资源

埃及金字塔不仅是法老的墓穴，也是古埃及的艺术宝库，其以巨大的规模、精湛的建造工艺和神秘的传说而闻名于世，吸引世界各地的游客来此观光。金字塔屹立于尼罗河岸数千年，见证了埃及的历史变迁和文化交融，成为埃及最有影响力和持久力的象征之一，也是研究埃及古王国时期的重要线索。

参考文献

1. http ://whc.unesco.org/en/list/86.

（二）圣凯瑟琳修道院

1. 地名由来

圣凯瑟琳修道院（Saint Catherine's Monastery）原名西奈圣修道院，由君士坦丁大帝下令，其母海伦娜资助，建于公元 4 世纪。9 世纪，埃及亚历山大殉道的凯瑟琳修女遗体被发现于修道院附近的西奈山，此后其灵柩被供奉在修道院内，修道院也由此更名为圣凯瑟琳修道院。

2. 地理概况

圣凯瑟琳修道院坐落在西奈半岛摩西山北麓峡谷中，外观酷似中世纪的古城堡，长 85 米，宽 75 米，由雅利克教堂、凯瑟琳教堂、欧默尔清真寺、荆棘礼拜堂、修道院博物馆、图书馆、摩西井等建筑构成。

修道院围墙以花岗岩筑造，厚 1.65 米，高 11 米，并设有防止盗贼和敌人侵袭的垛口和望楼。院内设有 7 个祭坛，祭坛的四周是 14 个仅容一二人的小寺。院内主体凯瑟琳教堂是一座长方形的石灰岩建筑，大门由黎巴嫩雪松制成，门楣上刻着希腊铭文："此为通往上帝之门，正义将由此进入。"光洁的大理石地面、金光闪闪的祭坛、金碧辉煌的圣像屏、光彩夺目的吊灯、伸手受戒的摩西壁画以及美丽端庄的凯瑟琳画像将这座教堂装饰得古色古香而又富丽堂皇。祭坛旁边的银匣内放置着凯瑟琳的头骨和手骨，仅于每年 12 月的第一个星期向前来做弥撒的人们展出。

在凯瑟琳教堂大门对面有一座欧默尔清真寺，其建于法蒂玛王朝，现已成为基督教、犹太教、伊斯兰教和睦相处的象征，被赋予一种新的特殊价值。清真寺内挂着一盏由 16 只油灯组成的大吊灯。木制讲坛和座椅因保持着千年前的原貌而倍显珍贵。教堂一端还有一座方形钟塔，塔内悬挂 9 只大小不一的鸣钟。每至周日礼拜和圣餐时间，清脆的钟声在修道院和山间回荡。

修道院内还有一个图书馆，收藏有 5000 余册手抄善本书，包括希腊文、阿拉伯文、拉丁文、波斯文、土耳其文、亚美尼亚文等 12 种文字。馆内还藏有拜占庭和阿拉伯帝国的君主向修道院颁发的诏书、法令等真迹。院内还藏有4世纪希腊文手抄的《圣经》，举世罕见。

3. 历史文化

西奈山又称摩西山、圣山，相传这里是《圣经》所写的摩西第一次同上帝谈话并于烈火丛林中接受“十诫”的圣地。公元324年，一群基督教徒至西奈山的谷底，恳求君士坦丁皇帝的母亲海伦娜（Helena）在“燃烧荆棘”的原址上修建教堂。这所得到海伦娜资助的教堂于334年完工。查士丁尼大帝（527—565年在位）统治时期，修道院被进一步扩建，形成一座由深墙封闭的堡垒式修道院。

公元626年，穆罕默德亲自为修道院颁发了一道印有其手型的保护令，使修道院即使被伊斯兰文明包围，也似鲁殿灵光般岿然屹立。但当时由于阿拉伯人的入侵，西奈半岛的居民或改信伊斯兰教，或被迫离开，至8世纪末，修道院仅存不到30人。而9世纪左右凯瑟琳遗体的发现无疑是教堂内基督教徒的最大慰藉。公元800年左右，西奈修道院的僧侣们在西奈山发现了4世纪殉道的凯瑟琳的遗体，并将其移入院内，建立凯瑟琳教堂进行供

圣凯瑟琳修道院

奉，修道院也由此得名。而这位名为凯瑟琳的姑娘，相传居于亚历山大城。她以学识渊博且笃信基督教而闻名。公元215年，罗马皇帝马克西米努斯（Maximinus）下令清洗和迫害基督教徒时，凯瑟琳为捍卫宗教信仰挺身而出。她以过人的胆识和宗教素养折服了皇帝选取的与之辩论的50位哲学家并说服了皇后信仰基督教。但因此而被惨遭盛怒之下的罗马皇帝下令处死。据说她死后尸体不翼而飞，由天使运回了西奈山。

自6世纪以来，凯瑟琳修道院就一直是基督教东正教的修道中心，此后虽历经阿拉伯人入侵、十字军东征、奥斯曼帝国统治、拿破仑统治以及埃以战争，但却毫发无损，保存至今。2002年，联合国教科文组织将包括修道院和西奈山在内的圣凯瑟琳地区（Saint Catherine Area）列入《世界遗产名录》。

4. 旅游资源

古堡式的外观和雪松木门，使凯瑟琳修道院看起来神秘而古老；院内形式各异的教堂，体现出浓郁的拜占庭建筑的艺术风格；教堂内栩栩如生的古代帝王、圣贤、鸟兽鱼虫、花草水果雕刻则反映了欧洲历代的宗教、历史和民俗。现今这座充满神秘色彩和传说的修道院已被列为世界遗产，以其悠久的历史文化和崇高的宗教地位吸引四面八方的信徒和游客前来朝拜和观光。

参考文献

1. http：//whc.unesco.org/en/list/954.
2. 李晓玲：《西奈圣凯瑟琳修道院》，《世界知识》1982年08期。

（三）法洛斯灯塔

1. 地名由来

法洛斯灯塔又称亚历山大灯塔，由希腊著名建筑师索斯特拉图设计，约建于公元前270年，因建在港口附近的法洛斯岛而得名。在古埃及语中，法洛斯（Pharos）意为“法老之岛”。而在希腊语、意大利语、法语、西班牙语、葡萄牙语等西方语言中，“Pharos”则为“灯塔（pharos）”一词的语源。

2. 地理概况

法洛斯灯塔位于埃及亚历山大港附近的法洛斯岛上，公元 796 年大地震之后不见此塔。据我国南宋著名地理学家赵汝适的《诸蕃志·遏根陀国》记载：法洛斯塔“下凿地为两屋，砖结甚密，一窖粮食，一储器械。塔高二百丈，可通四马齐驱而上，至三分之二。塔心开大井，结渠透大江以防。他国兵侵，则举国据塔以拒敌。上下可容二万人，内据守而外出战。其顶上有镜极大，他国或有兵船侵犯，镜先照见，即预备守御之计”。

据罗马帝国铸币上所刻灯塔图样及有关文献记载显示，这座灯塔由大理石和青铜雕塑而成，塔身分三层，每层渐次向上收缩。第一层是呈方形的底座，高 71 米，底座上四角分别竖有海神波塞冬之子吹海螺号角的青铜铸像，以表示风向位置；第二层为高 34 米的八角形；第三层为圆柱形，高 9 米，高大的圆盖顶是夜间导航的灯室，由 8 根花岗岩石柱支撑，其中一个巨大的火炬昼夜不停地燃烧着。塔顶之上，铸着一个高 7 米、手持鱼叉、威武雄壮的海神波塞冬青铜立像。灯塔三层总高 114 米，若加上塔基和顶部的青铜立像，高度可达 135 米。

法洛斯灯塔建造牢固，其内部从底层至塔顶筑有盘旋的坡道，塔外另设有运送燃料的升降装置。塔内约 300 个房间，分别供观测天象的天文学家及管理人员居住。据说塔顶装置的一个巨大的磨光金属境，昼日可聚集阳光，夜间则于灯室内燃火，由金属境反射的火焰能为 60 千米以内的船只引航。由于亚历山大港绝佳的军事战略位置，灯塔在战时还可作为侦察敌情的平台使用。

3. 历史文化

公元前 332 年，马其顿国王亚历山大率军占领埃及，之后被全埃及的祭司冠为“太阳神阿蒙之子”。亚历山大在前往锡瓦绿洲时，下令在尼罗河三角洲西北端靠近地中海岸的地方营建新都，并将其命名为“亚历山大里亚”，即亚历山大城。亚历山大城扼亚、非、欧三大洲交通要冲，是地中海最大的港口和东西方贸易的集散地。为保证各国航船的安全，托勒密王朝时决定在亚历山大港附近的法洛斯岛上修建一座灯塔。

公元前 3 世纪，托勒密一世在位期间，法洛斯灯塔开始修建。至托勒密二世时方才竣工，耗时 20 年。随着世界各国商船的频繁往来和亚历山大城文化的繁荣，法洛斯灯塔名声远扬至欧、非、亚的许多国家。法洛斯灯塔以 400 英尺的高度当之无愧为当时世界上最高的建筑物，并成为世界上其他灯塔的原型，为暗夜中的水手引航近千年。但是 8 世纪以后，这座举世闻名的灯塔突然消失了。一说是毁于公元 796 年的地震；一说是由于地中海地壳的下降而使法洛斯灯塔被海水淹没。公元 1110 年，亚历山大城再次发生强烈地震，灯塔倒塌，成为一座瞭望台。至中世纪时，阿拉伯人将灯塔改建为一座小清真寺。1166 年，曾至亚历山大城游历的阿拉伯史学家伊本在其所著的《艾列夫・巴》一书中，描绘的法洛斯灯塔底层呈正方形，第二层为八边形，第三层则是圆柱形。

公元 1447 年，统治埃及的马穆鲁克苏丹卡特巴至亚历山大城巡视时，下令将法洛斯灯塔废墟遍地的石块筑起一座城堡，作为海岸防御工事的一部分，并于1480年建成，命名为卡特巴城堡。1966年，埃及政府将卡特巴城堡的二、三层辟为国家航海博物馆，展出船只模型、绘画、实物。1996 年，据说一位潜水员在地中海深处发现了亚历山大灯塔的残骸。2015 年，埃及决定重建亚历山大灯塔。

4. 旅游资源

法洛斯灯塔以其雄伟的身姿矗立于亚历山大港约千年，为众多来往的船只引航，其从上至下结构紧凑、浑然一体，为苍茫的亚历山大港湾平添了一道亮丽的风景。法洛斯灯塔附近的亚历山大城还有庞贝柱、罗马剧场、盖贝依城堡、西・阿布・阿巴斯清真寺、皇家珍宝馆等景点，对到旅行埃及的游客来说无疑是一次极为丰富的体验。

参考文献

1. 令狐若明：《古代世界七大奇迹之一——法洛斯灯塔》，《历史教学》2000 年第 6 期。

（四）努比亚遗址

1. 地名由来

努比亚遗址是尼罗河上游享誉盛名的遗迹群，因其所在地努比亚地区而得名。“努比亚（Nubia）”之名得自于古埃及语“nub（金矿）”，意为“产金之地”。另有说法认为，努比亚之名源于公元4世纪在默罗王国灭亡后定居此地的“诺巴（Nuba）族”。

2. 地理概况

阿布辛拜勒至菲莱的努比亚遗址位于埃及南部与苏丹交界处，包括自菲莱岛上的伊西丝女神神庙至280千米以南的阿布辛拜勒神庙及其之间11个不同遗址的神庙。

阿布辛拜勒神庙地处埃及南部的阿斯旺西南290千米处，由两个以岩石雕刻而成的巨型神庙组成。大神庙是公元前13世纪的埃及法老拉美西斯二世为纪念自己的伟大功绩以及献给阿蒙、拉·哈拉凯悌和普塔神而修建的。神庙依尼罗河西岸的悬崖峭壁而凿，纵深61米，长约37米，宽约33米。4尊高约20米的拉美西斯二世雕像位于正面，其中一座雕像因地震破坏而损伤了头部。石像造型一致，皆为头戴王冠，并膝而坐的威严形象，两耳之间宽达3.9米，嘴宽0.97米。神庙内部有3个相互连接的大厅，入口大厅的通道两旁，有8尊俄赛里斯雕像挺立护卫。神庙内供奉着巴塔荤神、阿蒙拉神、拉美西斯二世和拉赫提神4座神像，其设计吸收了当时最先进的地理、天文和数学知识，创造出独特的“日出奇观”。每年的春分和秋分，随着太阳的升起，第一缕阳光穿过神庙大厅，直射到最里面，照在阿蒙拉神、拉美西斯二世和拉后拉赫提神身上，而主管阴间的巴塔荤神则永远处在黑暗之中。这道大约持续20分钟的阳光也被称为“天堂的火焰”。神庙的顶壁刻满了图画和象形文字，描述了拉美西斯二世当政期间的生活情景、历史事件。

在阿布辛拜勒大神庙的不远处是一座规模略小的神庙，是拉美西斯二世为他的皇后妮菲泰丽修建的。神庙入口处的6座高达10米的石像中，4尊是拉美西斯二世，两尊为妮菲泰丽。在卡特拉克特南端的小岛上还有一座融埃及法老时代的建筑风格和希腊罗马建筑艺术于一体的菲莱神庙。神庙建于公元前4—公元前3世纪之间，是献给女神伊西丝和哈索尔的。除这些神庙之外，努比亚遗址还包括哈瓦墓地、圣·西米恩大修道院及尚未完工的重1150吨的方尖碑等。

3. 历史文化

努比亚地区一般是指埃及尼罗河第一瀑布阿斯旺与苏丹第四瀑布库赖迈

之间的地区。史前的努比亚被分为数个文化期，皆以字母来标志，文化C期与埃及古王朝晚期和中王朝时期对应。至埃及中王国第十二王朝（公元前1937—前1784年）时，埃及向努比亚地区扩张，以获得对北部努比亚贸易路线的控制权，并直接控制和南努比亚的贸易。约公元前1500年，埃及新王国时期的法老占领了努比亚，统治区域一直扩展到尼罗河第五瀑布。

至埃及第十九王朝时，在拉美西斯二世的领导之下，埃及的领土不断扩大，并数次发动了征服叙利亚的战争。公元前1258年，拉美西斯二世与赫梯国王哈图西里三世签订了目前已知最早的和平条约。约定双方停战并结成军事联盟，若某方遇到第三方攻击时，盟友有义务出兵相助。拉美西斯二世除沉醉于征战之外，还好大喜功，修建众多神庙、雕像和纪念碑来夸赞自身的功绩。其中最为著名的当属努比亚地区的阿布辛拜勒神庙。这是一座神庙和祭庙的综合体，除献予阿蒙、拉·哈拉凯悌和普照塔神之外，还雕有众多拉美西斯二世的雕像，以纪念其伟大成就。阿布辛拜勒神庙建成不久之后，在

努比亚遗址

一场地震中，许多石柱和雕像断裂，碎块散落附近。

在拉美西斯逝后的几个世纪里，这座神庙曾一度被滚滚黄沙掩埋，最终仅剩入口处几处巨大雕像的头部和肩膀裸露在外。1813年，瑞士学者约翰·布克哈特（Burckhardt）发现了这座神庙。1817年，意大利人乔丹·贝尔佐尼（Giovan Belzoni）着手对其进行部分清理，使这座古老而辉煌的建筑得以重见天日。20世纪60年代，由于修建阿斯旺水库，由24个国家的考古学者组成的考察团实地勘测了受湖水威胁的地域，并将包括阿布辛拜勒神庙在内的22座庙宇转移到安全地带。1978年，联合国教科文组织将阿布辛拜勒至菲莱的努比亚遗址（Nubian Monuments from Abu Simbel to Philae）列入《世界遗产名录》。

4. 旅游资源

雄伟的神庙建筑、独特的日出景观、色彩艳丽的塑像以及悠远绵长的神话传说构成努比亚遗址的主要内涵，其正如一个露天博物馆，汇集了埃及法老统治时期历史长卷中的诸多文化特点，是埃及古文明的证明。而遗址处的数十处古迹的转移和重建展示了人们保护文化遗产意识的提高和人类对自身历史的尊重，是国际合力保护人类文明财富的见证。

参考文献

1. http：//whc.unesco.org/en/list/88.

（五）底比斯古城

1. 地名由来

底比斯古埃及人称为Waset，新王国末期，称为尼瓦特，即“阿蒙之城”。底比斯之名的来源尚有争议，有人认为是以希腊的底比斯（Thebes）命名，也有人认为是使用了希腊化的古埃及语“最佳处”。现“底比斯”之词多被西方人所用，埃及本地人则多称为“卢克索”（Luxor），意为“王宫”。此外，人们也常以底比斯称呼尼罗河西岸的帝王谷一带，而用“卢克索”称呼尼罗河东岸的神殿及卡奈神殿地区。

2. 地理概况

底比斯位于尼罗河谷的冲积平原之上，在地中海以南800千米处，距开罗670千米。古城占地面积约15.5平方千米，尼罗河穿城而过，东侧是古埃及的政治、宗教中心，分布有卡纳克神庙、卢克索神庙；西侧为王室陵墓所在地，其中尤为著名的是帝王谷和王后谷。

卡纳克神庙由蒙特神庙、阿蒙大神庙、赖特神庙3组建筑物组成，均以砖墙环绕四周。其中的阿蒙大神庙是古埃及法老献予太阳神、月亮神和自然神的庙宇，是世界上现存规模最大的庙宇。卡纳克神庙的大柱厅建筑面积达5000平方米，厅顶由直径4米、高约21米的134根圆形石柱支撑，边廊石柱高达13米，亭柱上刻有许多奇妙的浮雕和铭文。除雄伟的建筑之外，神庙内还有许多妙趣横生的浮雕和彩绘，从不同的角度反映了埃及的古代社会生活。卢克索神庙建于公元前14世纪，是献给阿蒙神的。神庙原长190余米，宽50米，包括庭院、大主厅和诸神庙。神庙南端是一座圣殿，残存的遗迹中有一浮雕，描绘了艾米诺菲斯三世法老由神引导步入圣殿的情景。

尼罗河西岸群山是古埃及法老、王后及达官贵族的墓葬集中之地，即著

底比斯古城

名的“帝王谷”。这些墓穴依山而建，现已发现64座陵墓，其中规模最大的是1817年发现的塞提一世墓。“帝王谷”内墓道起伏曲折，部分洞穴深入地下达百米，墓室内左右的大厅、天花板、墙壁上绘着彩色壁画并配以文字。其中包括各种动物形状的神明肖像以及古代农事、狩猎场景和宫廷欢歌艳舞的场景。“帝王谷”以东数千米还有一座3层的巴哈利庙。殿内满绘的壁画则反映了当时的宗教文化、日常生活以及历史事件。

3. 历史文化

底比斯城始建于埃及古王国时期，起初仅是上埃及通往西奈半岛和彭特的水路以及通往努比亚的陆路的一个商站，此后逐渐发展成为重要的商道中心。底比斯城自第十王朝起日益强盛，后统帅门图荷太普率军南征北战，并最终统一了埃及，建立第十一王朝（约公元前2040年前1991年），底比斯被定为国家的首都。底比斯的辉煌时代是与阿蒙神相联系的，法老定都底比斯以后，将阿蒙神奉为“诸神之王”，此后兴起了为阿蒙神大兴土木的浪潮，底比斯的历史地位就是这样建立起来的。

公元前1991年，阿美涅姆黑特继位，建立了中王国时代最强大的第十二王朝（公元前1991年—前1787年）。该王朝虽然把统治中心迁到了扼南北要冲的列什特，但是仍然没有停止在底比斯为阿蒙神兴建纪念性建筑物。第十三王朝执政时，首都迁至下埃及的塔尼斯。公元前18世纪末，喜克索斯人侵袭埃及北方，他们以铁制的兵器和马拉战车获胜并以尼罗河东部的阿瓦利斯为首都，建立了第十五和十六王朝，统治埃及北方达一个多世纪。底比斯因此经历了其发展史上的首次衰落。

公元前1600年左右，第十七王朝的底比斯诸王联合反抗喜克索斯人。雅赫摩斯一世于公元前1567年攻占阿瓦利斯城，并将喜克索斯人驱逐出埃及，建立第十八王朝，埃及由此进入新王国时期。这一时期，法老们再次选定底比斯作为埃及的宗教、政治中心。门图荷太普三世执政期间，在底比斯为阿蒙神和太阳神修建了雄伟的卡纳克神庙，并为神庙建造了巨门和两旁排列着80尊狮身羊头雕塑的通道。该时期的法老和权贵们还在西底比斯的一个盛产石灰岩的山谷内，为自己修建陵墓，形成了后来的“帝王谷”。门图荷太普四世（约公元前1370—前1352年在位）统治时期，下令取缔对阿蒙神的崇拜，只能崇拜唯一的太阳神阿顿，并营建新都“埃赫那吞”作为崇拜阿顿神的新址。底比斯因而衰落了数十年。

自新王国第二十一王朝以后，随着古埃及统治集团内部矛盾的日益升级以及“海上民族”的不断入侵，新王国逐渐衰落，底比斯也由此走向了终途。公元前663年左右，入侵埃及的亚述军队洗劫并火烧了底比斯。公元前27年，一场大地震最终使底比斯古城沉睡于地下。至19世纪，仅留一堆废墟的底比斯成为盗墓者的乐园。在现今埃及的卢克索和卡纳克一带，人们依稀还能见到底比斯遗址的一些断壁残垣。1979年，联合国教科文组织将底比斯古城及其墓地（Ancient Thebes with its Necropolis）列入《世界遗产名录》。

4. 旅游资源

希腊式柱廊、独具特色的岩雕、色彩繁多的图案、巍峨矗立的方尖碑、辉煌壮丽的庙宇和陵墓作为底比斯古城的历史档案库，使其成为人类建筑史上的瑰宝，被希腊盲诗人荷马赞誉为“百门之城”。底比斯城的沉浮也见证着整个古埃及的兴衰，其中残存的雕刻和彩绘艺术品也为后人研究和考察古埃及文化及当时的社会状况提供了丰富的史料。几千年的岁月不过是白驹过隙，当一切归于沉寂，唯有底比斯古城的遗迹，成为时光的缩影。

参考文献

1. http：//whc.unesco.org/en/list/87.

十二、阿尔巴尼亚

（一）布特林特考古遗址

1. 地名由来

布特林特考古遗址（Butrint）是阿尔巴尼亚境内的一座大型古城遗迹，据说，它的名字来源于临近的布特林特湖。

2. 地理概况

布特林特占据科孚海峡和布特林特湖之间的小半岛，并通过维崴维运河与地中海相连，在阿尔巴尼亚首都地拉那以北约 170 千米处，离科福岛不到 10 千米。古城临海靠湖、气候宜人并拥有着优美的田园风光。它曾是古阿尔巴尼亚国领土的一部分，位于国内的高地上，周围被浓密的植被所覆盖，受到了大自然和古代居民所修建城堡的双重保护。

建于山顶的卫城是布特林特最为雄伟的建筑，由石头墙所环绕，石墙的有些地方高 2 米，宽 3.5 米。城内耸立着 2 座大教堂和 1 座洗礼堂，教堂呈三廊式长方形，洗礼堂由 16 根花岗岩圆柱组成，排成同心圆状支撑着主厅顶，马赛克的动物图案铺满整个地板，这是当时地中海地区最漂亮的建筑。城内的圆形剧场位于阿克鲍里斯山脚下，被两座神庙所环绕，其中一座是纪念阿斯克勒匹俄斯（古希腊药神）而修建的。剧场内阶梯式的观众席是用石块筑成的，拥有 25 行座位，可容纳 2000 名观众同时在此观看戏剧。在神庙的西侧雕刻有大约 30 篇碑文，而这也见证了布特林特的昌盛。此外，在另一座塔上也发现了大约 100 篇碑文，他们大多是以解放奴隶为主题。而一系列的发掘也出土了大量的古代文物，如圆盘、花瓶、陶瓷蜡烛台，还有雕像，其中包括 “布特林特神”，它那近乎完美的造型似乎成了古希腊人心目中理想的形体美的化身。

3. 历史文化

根据古罗马神话《埃涅阿斯纪》，布特林特城市的创始者是特洛伊王普里亚莫斯之子赫勒诺斯。在特洛伊陷落之后，为求栖身之所而在地中海漂泊的埃涅阿斯，在前往意大利时曾造访过这里。关于城市定居者最早的考古证据可追溯到公元前10—前8世纪，这里已发掘了产生于7世纪的科林斯式陶器。优越的地理位置给布特林特的发展提供了良好的环境，古代的建筑师充分利用这些优点，将其建成了古代重要的海运、商贸基地。公元前4世纪，处在希腊殖民之下的布特林特发展到了鼎盛时期，人口更是达到了空前的10000人。公元前2世纪，古罗马军团在亚德里亚海和爱奥尼亚海海岸登陆，在强攻下，布林特林陷落，并成为了罗马帝国的一部分。在罗马人的统治下，布特林特城渐渐衰退。但尽管如此，在盖维斯·屋大维·奥古斯都（公元前63年—公元14年）统治时期依旧重视布特林特的城市价值，并在城中修建了三处巨型喷泉、三处公共浴室和用马赛克装饰的体操馆。而随后基督教的传播又给古城带来了新的活力。

公元3世纪，一场地震摧毁了城镇的大部分地区。5世纪末，城市的城

布特林特考古遗址

墙被重建。7 世纪，在整个地中海古典城市模式下，布特林特已经缩小到一个堡垒，于 9 世纪被拜占庭帝国占领。1204 年，随着第四次十字军东征，拜占庭帝国支离破碎。在接下来的几个世纪里，这片地区曾是拜占庭、意大利南部的安格文斯和威尼斯人之间的冲突之地，也曾多次易手。1386 年，威尼斯共和国从西西里王国手中买下了这片地区（包括科孚岛），但是威尼斯的商人只对科孚岛感兴趣，因此布特林特继续被人忽视，后来威尼斯人虽然在布特林特建造了一座城堡和一个小港口，但此后这个地区只有少数人居住。15 世纪开始，布林特林转入土耳其帝国的统治，然而布特林特并没有焕发出新的生机，随着地下水漫过了城市的地表，繁茂的植被使得这片遗迹不为人知。20 世纪初考古学家对布特林特相继进行了大规模的发掘，而这座掩埋于地下的城市也最终重新面世，并于 1992 年入选为世界文化遗产。

4. 旅游资源

布特林特遗址的古城堡、卫城、古集市、神庙、公共浴室以及私人住宅等保留着布特林特城市发展过程中各个历史时期的风貌，也让后来者能够更加清楚、直接地观察到数千年前的建筑实体，从这个意义上来说，古城的出土价值已超出国界，体现在人类文明史中。而对于现代旅游业而言，布特林特遗址的古代遗迹具有考古和教育价值，其临海靠湖、优美的田园风光又是休闲、养生的好去处。

（二）吉诺卡斯特古城

1. 地名由来

吉诺卡斯特首次被提及是在 1336 年，时称“Argyrocastron”，在希腊语中意为“银色要塞”。阿尔巴尼亚语吉诺卡斯特（Gjirokastra）则是来源于其希腊名字。在奥斯曼帝国时期，吉诺卡斯特还有土耳其名字 Ergiri。

2. 地理概况

吉诺卡斯特古城位于阿尔巴尼亚南部山区的维约萨河支流德里诺河左岸附近，在吉诺卡斯特区首府吉诺卡斯特市中，是一座保存完好的奥斯曼帝国时期城市。古城中现存有中世纪城堡、清真寺、教堂等历史文化遗存及游览景区。古城的建筑极具有地域风情，当地居民用石块依山建起了房屋和街道，用岩石片代替瓦片铺设屋顶，形成了当地民居建筑一大特色，这座城市也因此得名“石头城”。

位于城市最高处的吉诺卡斯特古堡，从远处看犹如一艘巨大的战船，其坚实的墙体和耸立的塔楼给人以威严和敬畏之感。城堡拥有 88 门大炮，城墙厚 8 米，均用巨石砌成。城堡钟楼内的钟声能传遍全城。城堡内还有良好的供水设施，自 10 千米以外的索波特山通过渡槽引来清澈的泉水，供应全城居民饮用。城堡地下室可以容纳 5000 多名士兵，守卫可自由出现而不被敌人发现，现被辟为全国兵器博物馆，陈列着 20 世纪末的各种兵械武器。城堡仅 3 个入口，有 7 个瞭望塔，每塔各高 30 米。

3. 历史文化

从考古发掘来看，早在青铜时代，该地区就生活着一支可能操西北希腊语的早期人类。而关于此地最早记载的定居人类应该是属于伊庇鲁斯的希腊部落。大约在公元 3 世纪，该地逐渐兴盛的聚落建立起了用于防御的一道土墙。从 6 世纪到 12 世纪，一座高石墙慢慢建造起来。也就是在这段时间里，该地区逐渐发展成为了一个繁荣的商业城市，并以 Argyropolis 的名称为世人所知。1336 年，吉诺卡斯特古城作为伊庇鲁斯王国的一部分，第一次以“Argyrokastro”之名被约翰·维·卡塔古诺斯（John VI Kantakouzenos）所提到。而在 14 世纪初，文献中也有了阿尔巴尼亚游牧民族在此地活动的记载。阿尔巴尼亚人利用黑死病在此地肆虐的时机，占领了该地。

1386—1417 年间，伊庇鲁斯的专制者和约翰·齐纳维斯的阿尔巴尼亚人之间发生了冲突。1399 年，吉诺卡斯特城市中的希腊居民加入了伊庇鲁斯反抗阿尔巴尼亚人的斗争。1417 年，吉诺卡斯特成为奥斯曼帝国的一部分，1419 年成为阿尔巴尼亚的桑加克镇。在 1432—1436 年的阿尔巴尼亚叛乱中，吉诺卡斯特被叛军塞尼派斯的部队包围，但随后被图拉罕·贝（Turahan Bey）领导的土耳其军队所击败。157 年，当地的贵族曼妥思·帕帕扬尼斯和皮诺斯·凯斯托利克作为希腊和阿尔巴尼亚的代表，与神圣同盟的首脑讨论了反奥斯曼武装斗争的可能性，但这一倡议并没有任何结果。1670 年，土耳其旅行者伊乌利亚·赛勒彼（Evliya Celebi）访问了这座城市，提到这里有 2000 栋房屋，8 座清真寺，3 座教堂，280 家商店，5 个喷泉和 5 个客栈。从 16 世纪开始，直到 19 世纪初，吉诺卡斯特从一个以基督教为主的城市变成了一个穆斯林占多数的城市，因为大部分城市人口都皈依了伊斯兰教，同时也有大量的穆斯林信徒从周围的乡村皈依伊斯兰教。

1811 年，吉诺卡斯特成为帕夏在亚尼纳的领地。1868 年，巴什利克沦陷后，这座城市成为了埃尔吉里山的首府。1880 年，阿尔巴尼亚同盟会议在此召开，通过了要求摆脱奥斯曼帝国实行完全自治的决议。在阿尔巴尼亚民族觉醒（1831—1912）期间，吉诺卡斯特是该运动的主要中心。1912 年，阿尔巴尼亚独立，吉诺卡斯特也成为其国土的一部分，但在随后的巴尔干战争中，被希腊强行割占，但不久便根据相关的条约重归于阿尔巴尼亚。

4. 旅游资源

对于游客来说，吉诺卡斯特古城中独具特色的房屋建筑无疑是最具有吸引力的一道景观，这些建造于不同时期的老建筑，风格迥异，各具特色，是仅存在吉诺卡斯特古城中的独特建筑艺术。作为一座独特的“博物馆城市”，我们从城堡前面望去，灰色的石板屋顶参差交错，构成了一副别样的风景。由于古堡在相当一段时期曾被用作监狱，因此现在里面还存有一个刑讯室。在一间阴郁沉闷的房子展示着各式各样的武器，同时在古堡城墙上还陈列着

吉诺卡斯特古城

一架 1957 年的美国军事侦察机，也可算得上一道奇观。

（三）哈奇·艾特海姆·培清真寺

1. 地名由来

哈奇·艾特海姆·培清真寺由穆拉·培建造于 18 世纪末，但在 19 世纪 20 年代左右由他的儿子哈奇·艾特海姆·培最终建造完成，清真寺也以其名命名来颂扬他的不朽功绩。

2. 地理概况

哈奇·艾特海姆·培清真寺位于巴尔干半岛国家阿尔巴尼亚境内，处在阿尔巴尼亚首都地拉那中心。清真寺由祈祷大厅、环绕着北方的门廊和宣礼塔组成。北侧是祈祷大厅的入口，入口呈正方形，并采取了独特的建造方式。清真寺被穹顶覆盖，它的圆顶是半球形的，内外都没有窗户。外面和门厅里的壁画描绘了树木、瀑布和桥梁——这在伊斯兰艺术中是罕见的。

3. 历史文化

清真寺所在的地拉那是阿尔巴尼亚的首都。这片地区在旧石器时代就已有居民。公元 2 世纪，地拉那属于罗马帝国统治。3 世纪时，这里建有罗马房屋。1415 年，奥斯曼土耳其占领阿尔巴尼亚地区。在 15 世纪 30 年代，地拉那有了 60 个居民区，近 2028 所房子，7300 个居民。1614 年，一位奥斯曼帝国的将军在此建立城镇，他为了吸引居民，修建了苏莱杰曼·帕夏清真寺、浴池、面包点心店等。由于地拉那位于商队通道上，其地位的重要性日益突出。

1789 年，这位将军的后裔穆拉·培（Molla Bey）开始修建哈奇·艾特海姆·培清真寺，但他在清真寺完成之前就早早去世，随后他的儿子哈奇·艾特海姆·培接手了这一工作。约 1823 年，清真寺最终完成，并很快成为了城中及周边穆斯林的主要朝拜场所。从此直到 20 世纪 70 年代中期，阿尔巴尼亚进入一个新阶段，哈奇·艾特海姆·培清真寺一直都在发挥着它独特的宗教和文化作用。在阿尔巴尼亚社会主义人民共和国时期，清真寺曾一度关闭。后来，清真寺被重新开放，成为阿尔巴尼亚宗教信仰自由的象征。1991 年阿尔巴尼亚的政治风波后，清真寺又重新开放。

4. 旅游资源

作为市内遗存的最为古老的清真寺建筑之一，哈奇・艾特海姆・培清真寺无疑表现了那个时期地拉那建筑师的杰出建造艺术。而在清真寺外面以及门厅之内的壁画更是具有无与伦比的艺术魅力，能给游客极大的文化盛宴。除此之外，哈奇・艾特海姆・培清真寺早在其建造过程中就已经构成了地拉那市内传统建筑的重要组成部分，在其周边还存有诸多其他的清真寺，如苏莱杰曼・帕夏清真寺、卡拉帕奇清真寺等，游客可一并游览。

十三、马其顿

（一）斯科普里要塞

1. 地名由来

斯科普里要塞（Skopje Fortress）又称卡列要塞，因其所在地斯科普里市而得名。Skopje之名来自古拉丁语的斯库皮（scupi）一词，是古希腊和古罗马境内一个要塞城市的名称。

2. 地理概况

斯科普里要塞位于马其顿的首都斯科普里市，在瓦尔达尔河的左岸。要塞牢牢占据城市的天际线，拾级而上，可俯瞰整个斯科普里市。通往要塞的山路有两条：一条是从巴士总站内侧的大街登山，另一条则是从老式大卖场的方向进入。这是一座美丽的绿色公园，还残留有部分11世纪建造的城堡要塞遗迹。城墙有121米长，现保存有正方形、长方形和圆形的塔。

在1660年的关于要塞的描述中提到，要塞的城门和城墙是用细致打磨的石头砌成的，并建有双层墙壁。城墙环绕着城市，达到约50个阿什尼的高度。城市的东南面有70个堡垒和3个门，入口处有许多守卫，入口大厅的门和墙壁上装饰着不同的武器。而现今的要塞则被辟为博物馆，收藏了出土的从新时期时代到奥斯曼帝国时期的各种文物。

3. 历史文化

距今约6000年前，斯科普里地区就已有人类居住，系色雷斯人部族的特里巴利人，他们受斯基泰人、凯尔特人和伊利里亚人的影响很大，之后又有派奥尼亚人居住。公元前3世纪，达达尼亚人占领斯科普里并定都于此。在罗马皇帝奥古斯都统治时期，斯科普里是穆尔西亚行省的一部分。公元395年，斯科普里归属拜占庭帝国，成为贸易中心和军队的驻扎地。公元527年，拜占庭皇帝查士丁尼一世出生于斯科普里东南 20 千米处的陶雷修姆。

公元 6 世纪初，查士丁尼在瓦尔达尔河的左岸，新石器时代和青铜器时代遗址的地方修建了这所要塞，目的是用来抵挡斯拉夫人和波斯人的侵入。要塞以黄色石灰石砌成，围墙所取用的石头来自于昔日古城斯库皮（Scupi），要塞在 518 年遭遇地震完全摧毁后被遗弃。此后由于战争的破坏，如彼得·德连统治时期，保加利亚国王反对拜占庭帝国的起义，这所要塞在 10—11 世纪被重建。但因历史文献中留下的相关信息不多，除了描述城堡外观细小特征的文件之外，人们对要塞的了解少之又少。1346 年，米卢廷之孙乌罗斯四世成立塞尔维亚帝国，定都于斯科普里，并于此要塞加冕成皇帝。1660 年，奥斯曼帝国的编年史作家伊乌利亚·赛勒彼（Evliya Çelebi）在穿越帝国领土的时候，对要塞的出现进行了深入的描述，使我们得以越过尘封的碎石窥见这座城堡昔日壮观的面貌。自 1392 年以来，这座要塞一直是土耳其军队的驻地，直到 1913 年，斯科普里被塞尔维亚当局统治，1913—1953 年，南斯拉夫军队驻守于此。1963 年，斯科普里要塞在一次地震中被部分摧毁，直到最近才着手重建。2007 年左右，马其顿政府资助的要塞研究和发掘工

斯科普里要塞

作开始，研究人员发现了可追溯至公元前3000年的木管乐器和陶土装饰物。2010年5月，考古学家发掘出在马其顿发现的最大的拜占庭硬币。此后，要塞被修复为教堂博物馆。

斯科普里要塞见证了这片地区千年的历史沧桑，现已成为城市的重要标志。要塞被描绘在斯科普里的盾徽上，又进而被纳入城市的旗帜中。每年的5月6日是马其顿的圣乔治节，吉卜赛人穿上节日的盛装在斯科普里要塞和公园里载歌载舞以欢庆春天的到来，因为人们相信圣乔治能给他们带来丰收。

4. 旅游资源

斯科普里要塞在俯瞰瓦尔达尔河的城市最高点，也是地处东南欧交通枢纽的斯科普里市的历史见证者。其附近还有圣庞塔莱翁教堂、马尔科修道院、圣安东雷亚教堂、圣尼基塔教堂等拜占庭时代和奥斯曼帝国时代的宗教建筑以及市中心公园、沃德诺山森林公园等环保公园，是集寻古和休闲于一体的中世纪要塞遗址。

（二）奥赫里德湖

1. 地名由来

奥赫里德湖在古希腊被称为Lacus Lychnitis，即“蔚蓝与极其透明的水”，在中世纪人们也偶尔以它的希腊名字来称呼。公元9世纪左右，湖畔东北部的城市名由希多斯改为奥赫里德，斯拉夫语原意为“峭壁之上”，湖也渐随城市名通称奥赫里德湖。

2. 地理概况

奥赫里德湖位于马其顿共和国西南部与阿尔巴尼亚交界处，是巴尔干半岛的第二大天然湖。湖泊位于一个肥沃盆地的中央，呈椭圆形，盆地的四周是海拔2000余米的高山，东侧一山之隔处还有一座普雷斯帕湖，与奥赫里德湖之间有溶洞相通，蔚蓝的湖水岸边还耸立着马其顿的最高山峰——克拉布山，海拔2764米，此外还有白雪覆盖的连绵山脉。湖畔分布有两座城市，即阿尔巴尼亚的波格拉德茨和马其顿的奥赫里德，是享誉国际的旅游和疗养胜地。

奥赫里德湖一带原是海底，大约500万年前的地壳运动使其隆起成今日之地形，故而，奥赫里德湖又被称为海洋遗迹群。湖面海拔达 695 米，湖水最深处达 304 米，透明度达 22 米。湖水来源于希腊北部卡斯托里亚地区和周围群山的地下水、泉水和山川溪流补给，因此水位变化不大。在南北向延伸的长 30 千米、宽 15 千米左右的范围内，三分之二的地域属于马其顿，三分之一则属于阿尔巴尼亚。

在全球同等大小的湖泊中，奥赫里德湖最具生物多样性，且全年不冻，栖息着本地特有物种达 350 余种，其中的 200 余种特有物种是生活在海底的生物。数量繁多的蜗牛也是湖内的一大特点，种类多达 53 种，且多属远古家族。建于 1935 年的奥赫里德生物水文研究院对湖内生物进行的大量的研究结果表明，湖中现存生物同 5000 万年第三纪的生物几乎类似。湖中的海绵动物、褐鳟、螺、蟹等是欧亚大陆在冰河期前最后残余的水生生物之一，它们的形状与现存化石的形状几乎没有什么差异。这些海绵和湖畔的居住民也表明了一个现象，即与世界上大多数湖泊不同的是，奥赫里德湖从未干涸过。

3. 历史文化

广阔的奥赫里德湖区自新石器时代就已有人类居住，这里最早的居民是古巴尔干布里吉斯人和伊利里亚人的一支恩切莱人，是一个古老的希腊部落。根据考古发掘显示，马其顿国王菲利普二世统治时这里就有城镇。而湖畔的奥赫里德就有一座建于公元前 4 世纪的萨姆勒斯堡垒。在公元前 3 世纪末至

奥赫里德湖

前2世纪初的罗马占领期间，人们提到了古希腊的希多斯城，其与神话传说中的腓尼基王子卡德摩斯有关。相传，卡德摩斯自希腊的底比斯被放逐之后，逃到了恩切莱，并在现在的奥赫里德湖岸建立了希多斯城（即奥赫里德）。这一时期，奥赫里德湖边修建了一条大道，成为东罗马帝国连接亚得里亚海港口都拉斯的通道，并由此发展为一个军事和贸易中心。

公元6世纪，南斯拉夫人到达奥赫里德地区。公元840年，保加利亚人征服了这座城市。990—1015年之间，奥赫里德是保加利亚帝国的首都和要塞，也是东正教保加利亚牧首的所在地。在东罗马皇帝巴兹尔二世于1018年攻占奥赫里德后，保加利亚的东正教教区被降级为奥赫里德教区，处于君士坦丁堡的管辖之下。13—14世纪，奥赫里德城辗转隶属于伊庇鲁斯王国、保加利亚王国、拜占庭、塞尔维亚和阿尔巴尼亚统治者。

1395年，土耳其奥斯曼帝国征服普里莱普公国，占领奥赫里德。18世纪，奥赫里德成为重要商道上的一个贸易中心。19世纪，这里成为斯库台帕夏领地的一部分，由阿尔巴尼亚的布沙蒂家族统治。1929—1941年，奥赫里德是南斯拉夫王国的一部分，也是马其顿首席部长的官邸所在地。奥赫里德地区见证了湖畔城市奥赫里德城的千年沧桑，体现着自然和人文的密切交织，1980年被联合国教科文组织扩展为文化和自然双重遗产。

4. 旅游资源

奥赫里德湖湖水清澈，风景秀丽，周围的群山呈现出一派岩石裸露的粗犷风景，岸边鳞次栉比的别墅与岸上特异的岩石浑然一体，是自然与人文景致的集中体现。同时，深邃的蓝色湖水还给予拜占庭式的壁画艺术家们灵感，成为众多中世纪壁画青睐的美景。湖岸的奥赫里德城还有众多教堂、修道院、壁画、城堡、塔楼等古迹，来此旅游的人一年到头不绝于途。

参考文献

1. 奥赫里德官网（http：//ohrid.com.mk/）。

十四、黑山

（一）杜米托尔国家公园

1. 地名由来

杜米托尔国家公园（Durmitor National Park）是黑山境内的一座大规模的国家自然公园，以其主要景点杜米托尔山之名命名。据说，“Durmitor”之名来源于巴尔干半岛的罗马瓦拉几语，意为“睡觉的地方”。同样的山脉命名方式还出现于南斯拉夫的Visitor、Cipitor中。

2. 地理概况

杜米托尔国家公园位于黑山共和国西北部的拉什卡河谷，面积达350平方千米，包括杜米托尔峰和塔拉河峡谷。它由冰河形成，分地上河和地下河，其中存在着冰川、冰峰、岩洞、峡谷，更多的是山峦起伏的丘陵地带和生长茂盛的各种绿色植被。

公园属迪纳拉高山地带，主要由石灰岩组成，其中的15个高峰超过2000米。高原上的高山草甸和雄伟的山峦映衬着众多高低起伏的山峰，浓密的森林和冰川湖增加了景观的多样性和吸引力。壮观的山景中最引人注目的景色是深深的河流峡谷，其中最著名的是欧洲最深的峡谷——塔拉河谷，长达80千米，深1.31千米。公园拥有丰富的地质和地貌特征，喀斯特地貌的存在使得杜米托尔国家公园内存在着独特的地下世界，大量的溶洞及地下河流带是公园内最独特的景观。

公园最著名的“冰洞”中有令人惊叹的冰钟乳石和石笋，是冰期时代的历史遗存。除此之外，特殊的地理环境使得公园内存在着独特的生态系统，并成为了一些古老珍贵动植物的庇护场所。这里现已发现约700种植物，包括毒鱼草、龙胆草、桔梗、红树、亚麻叶、瑞香、缬草和黄蒿等，其中8

杜米托尔国家公园

个种类和 15 个亚种类是公园特有的。此外，公园内还栖息着褐熊、细嘴松鸡、岩羚羊、鳟鱼、多瑙河鲑鱼等动物。除自然景观之外，杜米托尔国家公园内还拥有着大量的人文景观，包括圣彼得保罗教堂、朱尔杰维斯图普奥维修道院、索波查尼修道院、教堂的壁画等。大部分是中世纪的宗教艺术遗存。

3. 历史文化

巴尔干半岛是斯拉夫人的一个聚集地域，大约在 7 世纪前后，部分斯拉夫人便来到了巴尔干半岛居住，并在此不断繁衍生息。9 世纪，斯拉夫人在黑山地区建立“杜克利亚”国家，并于 12 世纪末并入塞尔维亚，而此后的数个世纪里塞尔维亚一直统治着黑山地区，现在的杜米托尔国家公园内依旧存有不少中世纪塞尔维亚的文化遗迹，比如圣彼得保罗教堂、朱尔杰维斯图普奥维修道院、索波查尼修道院等。塞贝切瓦河和拉什卡河汇合处的堡垒遗址以及其他的考古遗址都证明这一地区与塞尔维亚历史中几乎整整两个世纪的重要事件和关键人物紧密联系在一起。15 世纪，土耳其奥斯曼帝国统治了该地区，新帕扎尔的旧核心和其他的东正教教堂，就是在土耳其的统治下修建的。尽管近代以来，该地区的政权几经转变，但由于杜米托尔国家公园特殊的地理环境使得其很少受到外界的打扰，而旧有的生活方式也显示出了强大的生存能力。

1941 年，意大利侵占了现在的黑山共和国大部分地区，次年，塔拉河峡谷的控制权也被一支意大利军队夺得，后来，一支游击队在桥梁工程师的帮助下，炸毁了大桥，切断了意大利军跨过塔拉河峡谷的唯一通路，1946 年，大桥被重建。1952 年出于对当地自然环境和历史人文的保护，杜米托尔国家公园成立，但对该地正式的保护实际上可以追溯到 1907 年对于黑湖（Black Lake）的保护，只不过当时的面积并不大。1976 年，塔拉河流域成为教科文组织"人与生物圈（MAB）"项目的生物圈保护区。塔拉河谷在 1977 年获得了自然保护区的正式保护地位，并在一年后成为扩建的杜米托尔国家公园的组成部分。1980 年，杜米托尔国家公园正式入选《世界遗产名录》。

4. 旅游资源

杜米托尔国家公园连绵的山川为游人徒步、登山提供了绝好的环境，而欧洲最深峡谷的存在也给人以深深的震撼。在这里，冬季的黑山是滑雪胜地，夏季的扎布里亚克是户外活动中心，18 个冰蚀湖则四季备受游客青睐，除此之外，公园内还有诸多教堂和修道院等中世纪遗迹，在此游览的游人可感受人文与自然的双重体验。

参考文献

1. Durmitor National Park – UNESCO World Heritage Centre http：//whc.unesco.org/en/list/100.

（二）奥斯特罗格修道院

1. 地名由来

奥斯特罗格修道院（Ostrog Monastery）是黑山共和国境内的一座东正教修道院。17 世纪时，塞尔维亚东正教主教、圣人巴索的奥斯特罗格（1610—1671 年）主持修建了这座修道院，并以其名命名为奥斯特罗格修道院。

2. 地理概况

奥斯特罗格修道院（Ostrog Monastery）位于黑山共和国泽塔河河谷，在黑山波德戈里察大约 40 千米处，距尼克区 15 千米。修道院建在一座几乎完全垂直的山崖崖体之中，远远看去仿佛就是完全嵌在山崖之中。17 世纪时，塞尔维亚东正教主教、圣人巴索的奥斯特罗格（Ostrog）主持修建了这座修道院，修道院最初只有一个建于 1665 年的上修道院，建在一个洞穴里，墙上绘有 17 世纪末创作的壁画，供奉着圣十字架和奥斯特罗格的遗物，这里的磐石里还长出了葡萄树，据说这是一个奇迹，因为没有任何东西能从岩石的白面长出。

下修道院始建于 18 世纪，是献给圣母玛利亚的。在修道院的旁边是一个小房间，用来燃烧蜡烛以纪念活着的人和死去的人。房间的一边是为活人点燃的蜡烛，另一边则是为死人点燃的蜡烛。下修道院周围大部分是修士的住宅，也有供朝圣者使用的宿舍，教堂的建筑和美丽的景色交相辉映，使这座修道院周围成为一个适宜居住的地方。

奥斯特罗格修道院

3. 历史文化

塞尔维亚东正教主教、圣人巴索的奥斯特罗格（Ostrog）还未完成教堂的修建就去世了，后来，黑塞哥维那主教瓦西里耶继续主持修建并最终完成。奥斯特罗格（Ostrog）的遗体被安放在教堂里阴凉暗墙内的一个遗物箱里。传说他的遗体有神奇的治愈力量，可以治愈人们的一切伤痛。消息传开后，修道院成为了人们朝拜的中心，不仅东正教基督徒，甚至天主教徒和穆斯林也争相来进行朝拜。20世纪20年代初一场大火毁坏了修道院。但幸运的是，原来的两个洞穴小礼拜堂幸免于难，并保持了原状，它们也是纪念碑的所在地。第二次世界大战期间，一个由斯坦尼斯克（Bajo Stanišić）率领的派遣队在这里避难，一直到1943年10月18日。

奥斯特罗格修道院的朝拜传统一直延续到今天，每天来进行朝拜的教徒以及游玩的游客络绎不绝，尤其是在五旬节举行大型庆祝活动前后，当地的游客数量更是飙升。修道院的一个特色就是，它无论是在白天还是晚上都对所有人开放。参观修道院的游客可以在进入奥斯特罗格的遗体所在的区域之前，把小物品放在入口处的一个篮子里（比如毛巾、肥皂、油和其他小物品）作为礼物送给住在修道院的修士。在上院的入口处有一口水井，井中的水被称为圣水，游客常把圣水带回家作为家庭的保护者。而在圣人的遗物面前，许多人都前来寻求精神和肉体的治疗，游客可以在一小片纸上写下对活人和死者的祝福，牧师会在上帝和圣巴兹尔面前诵读经文。

4. 旅游资源

如果你参观完中国的悬空寺尚觉得意犹未尽的话，可以来黑山再参观一下奥斯特罗格修道院，这个仿佛镶嵌在半山崖中的东正教修道院绝对会给你带来另一种艺术之美。同时作为基督教徒、天主教徒以及穆斯林共同的朝拜之地，修道院有着洗涤人心的信仰之力。在这里你能看到赤脚朝拜的虔诚信徒，那种对于信仰纯洁的追求一定会带给你巨大的精神震撼。

十五、波斯尼亚和黑塞哥维那

（一）莫斯塔尔古城

1. 地名由来

莫斯塔尔（Mostar）是波斯尼亚和黑塞哥维那的一座古老城市，其词源为“mostari”，意为“桥的守护者”。这是因为莫斯塔尔横跨纳雷特瓦河的一个深谷，由斯塔里·莫斯特桥（Stari most）连接两岸，莫斯塔尔也因这座桥而闻名。

2. 地理概况

莫斯塔尔位于波斯尼亚和黑塞哥维那的南部，东北距萨拉热窝约 80 千米。它是在 15 世纪开始发展起来的一个奥斯曼帝国边境城镇，城中现存有中世纪罗马建筑古迹，以及位于城南的波奇泰尔以伊斯兰建筑。

斯塔里·莫斯特桥是莫斯塔尔的重要建筑，其名为“古老桥梁”之意。老桥是一座曾有 427 年历史的石拱桥（始建于 1566 年，毁于 1993 年），横跨流经莫斯塔尔老城市中心的纳雷特瓦河，桥宽 4.55 米，桥长 27.34，桥拱最高端距水面 20 米，桥的两端耸立着塔楼。东岸的塔楼被用作博物馆，分为三区。一区是关于桥梁结构的解说、发展的历史。二区是桥梁再建调查时所发现的之前的两座桥梁的遗迹。三区使用展示板和图像再现桥梁重建时的情形。从塔楼上，还可自正上方俯瞰游人如织的桥梁。

古桥的附近还有科斯基·梅夫梅特·帕夏清真寺和卡拉焦兹·贝戈瓦强清真寺，前者建于 1618 年，寺院中有一处可拍摄斯塔里·莫斯特的最佳场所。后者由奥斯曼王朝的宫廷建筑师——米马尔·斯南建于 1557 年。莫斯塔尔最具历史意义的卡伊塔兹古宅藏身于一堵高墙之后，是 16 世纪土耳其法官修建的宅邸的闺房部分。宅内收藏有很多珍品文物，这栋宅邸现归法官后人

莫斯塔尔古城

所有。古城内还有 17 世纪建造的奥斯曼王朝的传统民居，弥漫着东方气息且展示着当时使用的生活道具。民居建造在内勒特瓦河沿岸，位于二楼的接待室一直通向河边。

3. 历史文化

莫斯塔尔古城处于陆路与河流的交叉口，大约在 15 世纪中期，人们被当地便利的交通以及优越的地理条件所吸引，在此建立了一个定居点，并逐渐发展壮大。据相关资料显示，莫斯塔尔在最初时还存在两座塔，但随着时间的推移消失不见了。大约在 1474 年，莫斯塔尔的名字第一次出现在文献之中。16 世纪开始，莫斯塔尔在奥斯曼帝国的统治之下迎来了大发展时期。莫斯塔尔古城中最为著名的古桥就是建造于这一时期。苏莱曼一世大约于 1557 年下令建造一座新的桥梁来取代原有的稳定性差的木制吊桥。根据记载，桥于 1556 年 7 月 19 日到 1567 年 7 月 7 日之间竣工。关于桥的建造过程外界了解较少，记载并保留下来的多是民间传说和记忆。据说桥的建造者为米玛尔・海鲁丁。作为一座空前规模的桥梁，如果建造失败则建造者会被处以死刑。

1878年，莫斯塔尔归属奥匈帝国管辖，并一直被统治到第一次世界大战结束。当时，它是斯洛文尼亚、克罗地亚、塞尔维亚和南斯拉夫的一部分。在此期间，莫斯塔尔被公认为是黑塞哥维那的非官方首都。莫斯塔尔的第一个塞尔维亚东正教教堂就建于这一时期。1881年，莫斯塔尔成为罗马天主教的主教区。1939年，它成为克罗地亚巴洛维那的一部分。第二次世界大战期间，莫斯塔尔是克罗地亚的一个重要城市。

1992年，波斯尼亚和黑塞哥维那发布独立宣言之后，莫斯塔尔遭到南斯拉夫联邦军队的攻击。波斯尼亚人和克罗地亚人进行了都市的防卫，但是南斯拉夫联邦军和塞尔维亚人从都市的附近开始进行炮轰，莫斯塔尔的象征——一座架在内雷特瓦河上的莫斯塔尔古桥也是在此时被破坏。1994年停战之后，1995年城镇开始复兴，但是敌对的民族居住区开始分离。内雷特瓦河上的莫斯塔尔古桥在2001年开始修复，直到2004年春修复完毕，2005年，斯塔里·莫斯特桥和附近的周边地区被列为世界文化遗产。

4. 旅游资源

斯塔里·莫斯特桥将居住在河两岸的穆斯林和克罗地亚族居民联系在一起，其与周围以古老石头为主体的建筑和大鹅卵石铺砌的古街道和谐呼应，充分展现了16世纪波斯尼亚的古朴风情和艺术风格。除此之外，莫斯塔尔本身也是一个历史悠久的古城，其中存在着不少奥斯曼及南斯拉夫统治时期的历史建筑，具有着厚重的历史文化积淀。

（二）苏捷斯卡国家公园

1. 地名由来

苏捷斯卡国家公园（Sutjeska National Park）是波黑境内的一座大型的国家公园，同时也是该国最古老的国家公园，它得名于苏捷斯卡河谷（Sutjeska river），“Sutjeska”的字面意思就是“峡谷”。

2. 地理概况

苏捷斯卡国家公园位于波斯尼亚和黑塞哥维那共和国东南部的苏捷斯卡河谷，占地175平方千米。这座公园拥有欧洲仅存的两大原始森林之一的佩鲁奇察原始森林，它长6千米，宽1—3千米，占地面积1400公顷。山坡

苏捷斯卡国家公园

上 60 米处分布的山毛榉树以及当地的黑松树保护着这里的原始森林，山上大片的树木似一个绿色的大毯子覆盖了整个山谷。远远望去，还能看到高达 75 米的斯卡卡瓦克（Skakavac）瀑布。苏捷斯卡河缓缓流过山谷，横穿公园的中部，将泽林格拉山（高达 2014 米）分为三部分：马格利奇（Maglić）山（2386 米）、瓦鲁加克（Volujak）山（2337 米）和比奥奇（Bioč）山（2388 米）。其中马格利奇山是波黑的最高山峰，高达 2386 米。森林中的许多古树拥有 300 余年的历史，最古老的树木有 2 万年。斯卡卡瓦克瀑布位于佩鲁奇察森林深处，是苏捷斯卡国家公园的一部分。瀑布高约 75 米，是这个国家最高的瀑布之一。形成于西北边境的德里纳河和皮瓦河是苏捷斯卡国家公园内最大的河流。

公园植被广泛覆盖于山地牧场、草地和森林之上的岩石地面，西北山坡有茂密的针叶树和山毛榉树，海拔 1600 米。而在其他方向，山坡陡峭、贫瘠且以岩石居多。在高原海拔 5200 英尺处还分布有牧场。公园内植物资源丰富，包括 2600 种维管植物和大约 100 种食用菌。动物资源同样可观，有超过 300 种鸟类，包括分布在湖泊和湿地上的金鹰、松鸡、游隼、黑鸟和岩石鹧鸪等。熊、麂、野猪、狼、松貂、野生猫、狐狸、野生山羊等动物也是随处可见。

3. 历史文化

苏捷斯卡国家公园之所以著名，还因为这里曾经是第二次世界大战中本国党派战胜德国占领军的胜利战场，公园里立有“苏捷斯卡战役纪念碑”。纪念碑以白色水泥铸成，在重峦叠嶂之中，被周围的草木映衬着，形似两块山石，各高 19 米，矗立在金吉石特山的顶端。

当时，德意法西斯集中了十二万兵力对南斯拉夫人民武装发动“第五次攻势”，将铁托的最高司令部包围，企图一举歼灭游击队主力，铁托在极端险恶的形势下，率领游击队从敌军重兵扼守的苏捷斯卡谷地突围，经过一个月的浴血奋战，胜利地转移到波斯尼亚东北部，为最终解放南斯拉夫保存了有生力量，是二战史上最惨烈的战役之一。

1962 年，当地政府宣布将当年激战过的地方辟为苏捷斯卡国家公园，公园占地 6 万公顷，规模宏大。两块巨石上刻有多幅表现当时战斗情景的浮雕。纪念碑后面的水泥石阶上有参战部队的名称和番号，前面则有方形的烈士陵墓。山脚下还有苏捷斯卡纪念馆，收藏有关于这次战役的文物。1978 年，苏捷斯卡国家公园曾举行过来自全国各地的 10 万群众参加的盛大集会，以缅怀烈士们的功绩。

不过随着时间的推移，苏捷斯卡国家公园用于自然保护的意义愈发凸显，其实早在 1952 年，当地政府就建立了用以“科学和教育”目的的佩鲁奇察原始森林保护区，从 1952 到 1954 年，公园的面积扩大了 200 公顷。而如今政府计划增加 8331 公顷（20590 英亩）的公园面积，其中包括占地 3500 公顷（8600 英亩）的塔拉河峡谷。而这次公园扩建也将使苏捷斯卡国家公园成为波黑境内最大的自然保护区。

4. 旅游资源

苏捷斯卡国家公园中拥有欧洲两大原始森林之一的佩鲁奇察原始森林，这使得公园内的自然生态环境极其优越，具有着巨大的养生功能，是疗养休假的绝好去处。而塔拉河更是以白水漂流而闻名，给人带来绝佳的游玩体验。另外苏捷斯卡公园内的马格利奇山是波黑的最高山峰，高达 2386 米，山体峻峭，是一处良好的徒步登山场所，泽林格拉山则非常适宜徒步旅行。除此之外，作为著名的二战的战争阵地，苏捷斯卡公园拥有着独特的历史记忆，是缅怀反法西斯英雄之地。

参考文献

1. Strict Nature Reserve – Primeval forest “Perućica” – UNESCO World Heritage Centre http://whc.unesco.org/en/tentativelists/6260.

（三）穆罕默德·巴夏·索科罗维奇大桥

1. 地名由来

穆罕默德·巴夏·索科罗维奇大桥（Mehmed Pasa Sokolovic Bridge in Visegrad）是奥斯曼帝国时期兴建的一座古老桥梁，在奥斯曼帝国大臣穆罕默德·巴夏·索科罗维奇的命令下修建而成，并因之而命名。

2. 地理概况

穆罕默德·巴夏·索科罗维奇大桥横跨波斯尼亚和黑塞哥维那东部的德里那河（Drina River），是奥斯曼帝国纪念性建筑和土木工程的巅峰之作。大桥长 179.5 米，共有 11 座石造桥墩，每个石拱间隔 11—15 米，右侧的入口斜坡有四个拱门，位于德里那河的左岸。

3. 历史文化

穆罕默德·巴夏·索科罗维奇大桥（Mehmed Pasa Sokolovic Bridge in Visegrad）始建于 1566 年，建成于 1571 年，当时的波黑正处于奥斯曼帝国统治之下，而该桥则是连接位于萨拉热窝的奥斯曼帝国分部和土耳其帝国在巴尔干地区控制的其他城市的交通要道。在前南斯拉夫著名的作家依沃·安德里所著的《德里那河上的桥》中，作者提到了穆罕默德·巴夏·索科罗维奇大桥的来历：在 15 世纪末期，当时波黑境内的一个小男孩，被奥斯曼帝国“选中”，由信奉天主教改为信奉伊斯兰教，他在母亲的陪伴下前往现今位于萨拉热窝的奥斯曼帝国城邦服兵役，途经德里那河边，小男孩和其他“被选中”的同伴乘坐小船渡过德里那河继续前进。几十年后，这个小男孩已经当上了苏丹手下的大将军，并且统治他当年服役的地区。这位将军便下令在德里那河上建造一座大桥。这个小男孩就是默罕默德·巴夏·索科罗维奇，德里那河上的这座古桥也因他得名。当时主持大桥修建的建筑师是土耳其和意大利文艺复兴时期最伟大的建筑师和工程师之一米玛尔·科卡·思南（Mimar Koca Sinan），而这座大桥也象征了奥斯曼帝国的纪念性建筑和土木工程的最高峰。这座比例结构优美气势宏伟壮观的古桥也体现了此类建筑风格的独特魅力。

在近代史上，这座古桥作为塞尔维亚与波黑的要道，在第一次世界大战和波黑战争期间都充当过重要角色，也数次成为交战双方激烈争夺的对象。值得庆幸的是，虽然经历数次战火的洗礼，古桥的主体结构并没有受到很大损坏，反而成为了波斯尼亚和黑塞哥维那的主要旅游景点。对于现代人而言，穆罕默德·巴夏·索科罗维奇大桥已不仅仅是连接两岸人们的一座交通设施，更是连接两岸不同文明的桥梁。当年奥斯曼帝国统治区内生活的人们都皈依了伊斯兰教，其他居民以及从周边地区迁徙来的人们则信奉天主教、基督教以及东正教，这座古桥正是融合不同宗教间分歧和不同文化间冲突的真正“桥梁”。它的文化价值也早已超越了国家和文化的边界。2007 年，联合国教科文组织将此桥列为世界文化遗产。

穆罕默德·巴夏·索科罗维奇大桥

4. 旅游资源

穆罕默德·巴夏·索科罗维奇大桥具有着典型的东西文化交融特色，这座古桥的魅力在于，它已经远远超越了一般性的单纯历史建筑，而在漫长的历史中转化为一种文化与精神的象征。对于游客而言，欣赏古桥自身的建筑之美固然不虚此行，但古桥中凝结的历史文明更会令人们慨叹不已。除此之外，大桥上游所存在的两座水电站也是一道独特的游览景观。

参考文献

1. Mehmed Paša Sokolović Bridge in Višegrad - UNESCO World Heritage Centre（http：//whc.unesco.org/en/list/1260）.

十六、克罗地亚

（一）戴克里先宫

1. 地名由来

戴克里先宫（Diocletian's Palace）建于公元 4 世纪左右，是罗马皇帝戴克里先的离宫，并因此而得名。随着时间的推移，在戴克里先宫的基础之上，逐渐形成了斯普利特市。

2. 地理概况

戴克里先宫位于克罗地亚斯普利特市，地处萨洛纳近郊，南临亚德里亚海。宫殿平面呈长方形，南北长 213 米，东西宽 174 米，占地面积 3 万平方米，朱庇特庙、列柱廊、戴克里先陵墓、罗马式的屋顶、安的里亚·不温纳的大门以及尤拉·达马提亚的建筑作品皆保存完好。

宫殿采用罗马军营和海边别墅相结合的布局形式，临海一面修有长列古典式拱廊，东、西、北三面筑有高 17—21 米、厚 2 米的宫墙，四角各有塔楼。宫城内有十字大道交于中心，将城分为四个部分。南部区域是寝宫、陵墓、庙宇和政务机构，北部区域则是仆人、护卫和士兵的住所以及仓库和作坊。大道两旁筑有拱廊，中央大道的尽头有气势威严的拱门，铜门、金门、铁门、银门。铜门即南门，现已成为专售纪念品的场所。金门即北门，是皇帝外出活动的主要通道，北侧宫门外，是巨幅的宁斯基主教像。东门又称银门，门外是一个热闹的市场，与千年宫殿遗迹和谐共存。西门即为铁门，门外是一片咖啡馆和商业区，还有一座亚德里亚海沿岸最古老的钟楼。

皇帝的正宫在道南的正中，所有的官方和宗教仪式都在这里举行，6 根自中东运至的大理石柱支撑着宫殿的正门。中央大殿长约 30 米，宽约 25 米，两侧各有一间面积近似的大厅和很多小厅堂。皇家居室面向伸入亚德里亚海

戴克里先宫

面的拱廊，拱廊现剩余 38 根，长 150 米，长廊之下还有船闸门。宫墙内的列柱广场各有一座院落，一侧是戴克里先的陵墓所在地，一侧是朱庇特神庙。墓地呈八角形，有 24 根装饰华丽的科林斯式圆柱支撑着巨大的穹顶。

3. 历史文化

公元 3 世纪，曾经雄霸四方的罗马帝国，在塞维鲁王朝结束之后，进入了空前混乱时期，统治集团内乱不断，奴隶起义此起彼伏。伊利里亚的奥列良努斯上台之后，开始进行消除内乱、恢复统一的历程。而这一历程的完成则是以戴克里先的上台为标志的。在他的统治之下，元首的称号改为多米努斯，罗马帝国的统治者成为皇帝，他还将东方专制国家的礼节移植到自己的宫廷中，充分享受皇帝的尊严，并以朱庇特神来神化自己。

约公元 295—305 年，罗马帝国政治中心东移，皇帝戴克里先在东西方的连接点——斯帕拉多建造了这座离宫。当时，伊利西亚的中心城市是萨罗纳，所以戴克里先可以说是斯普利特最早的定居者。305 年，为重组帝国政权，远离政治旋涡，戴克里先决定退位，此后就定居在这个宫殿里。316 年，戴克里先去世，葬于宫殿的陵墓中。后来，这座宫殿仍旧作为皇帝居所使用。

475 年，罗马帝国的朱利乌斯·尼波斯（Julius Nepos）皇帝还曾在宫殿中避难。

7 世纪时，萨罗纳因阿瓦尔族的入侵被毁，部分萨罗纳人涌入戴克里先宫。很快，罗马皇帝的宫殿向城市转变，被称为斯帕拉托城（Spalatum），宫殿内的建筑也被赋予了新的功能。如宫殿的中央庭院成为公共广场，戴克里先的陵墓成为主教堂，皇帝的居室、角楼以及其他防御工事和地段内被划分成更小的单元，并以此为基础发展出未来城市的框架。8 世纪时，萨罗纳教区重新组织并给予了这里主教城市的地位，一个新城市孕育出来并发展成为中世纪达尔马尼亚的重要海港。

12—13 世纪，城市扩大到原来宫殿的两倍。14 世纪时，沿西侧的郊区建设了新的城墙，这些城墙也在 16—17 世纪保护了城市免受土耳其的进犯。1806—1813 年，达尔玛西亚归拿破仑统治，在总督马尔蒙的统治下，拆除了西侧的部分棱堡，城市得以进一步扩张。第二次世界大战之后，斯普利特城市通过环路向外扩张，成为一个现代城市和整个亚得里亚海中央地区的重要旅游中心。1979 年，联合国教科文组织将斯普利特历史建筑和戴克里先宫列为世界文化遗产。

4. 旅游资源

戴克里先宫富丽堂皇的宫殿、巍峨耸立的柱廊、庄严肃穆的教堂，展示了从罗马时代向拜占庭时代过渡时期建筑艺术园地异彩纷呈的盛况。同时，它还坐拥碧绿的亚德里亚海水，背靠引人入胜的海岸山峦，历史人文和自然风光和谐统一。由戴克里先宫发展而来的熙熙攘攘、生机勃勃的斯普利特城还将传统和现代完美结合，哥特式的城市旅馆、中世纪住宅、狭窄的街巷皆会带给游人仿佛时光停滞的独特体验。

参考文献

1. 戴克里先宫官网（http：//www.diocletianspalace.org/）。

2. http：//whc.unesco.org/en/list/97.

3. 魏羽力、吴晓：《斯普利特——从宫殿到城市》，《建筑师》2010 年第 1 期。

（二）特罗吉尔古城

1. 地名由来

特罗吉尔（Trogir）城建于公元前 3 世纪，时称“Tragurian”，来源于希腊语，意为“山羊岛”。而在达尔马提亚，这个城市则被称为“Tragur”。

2. 地理概况

特罗吉尔古城位于克罗地亚达尔马提亚海湾中心区域最西部的奥沃岛和陆地之间的一个狭窄海峡内，紧邻沿海高速公路。古城拥有 2300 余年的历史，城内分布着约 10 座教堂和宫殿、塔楼、城堡等建筑。

古城城墙环岛而建，北侧有一座小石桥连接克罗地亚本土，南侧另一座桥跨越特罗吉尔水道，通往奇欧佛岛。卡摩兰格要塞（Kamerlengo Fortress）建于 15 世纪前后，曾与城墙相连。要塞的最南端有一个瞭望台，是法国元帅马尔蒙在拿破仑占领期间修建的，特罗吉尔城夏季会在这里举办音乐会。希腊—罗马讲坛位于城市两条大街的交叉处，成为主要的广场。讲坛始建于 1200 年左右，最初为罗马风格，后来又增添了哥特式和文艺复兴的特点。古城中还有一座市政厅，这里有一个哥特式的庭院，以盾徽作为装饰，楼梯气势恢宏，一尊保存完好的飞狮圣马克格外醒目。

此外，特罗吉尔城内还有很多古教堂，如圣劳伦斯大教堂、圣巴巴拉罗马教堂、圣约翰洗礼教堂等。圣劳伦斯教堂是古城最华美的建筑，教堂正门雕刻着耶稣的诞生以及《新约》中亚当、夏娃的故事，其中的亚当和夏娃雕像还是达尔马提亚最早的裸体雕塑。圣者之下是一个样貌丑陋、扛着门拱的人，虽然人种来源尚不清楚，但一般认为这是特罗吉尔人对于外族入侵者无声的抗议和讥讽。教堂内丰腴可爱的小天使栩栩如生，可以感受到当年文艺复兴后期宗教回归人性的宗旨。教堂的钟楼是小城里最高的建筑，站在塔顶可俯瞰全城，层叠交错的红色和白色瓦片在整个城镇里随处可见。

3. 历史文化

公元前 3 世纪，希腊殖民者在维斯（Vis）岛上定居下来，并将现特罗吉尔称为 Tragurian。罗马统治时期，特罗吉尔人被赋予罗马市民的地位，这里发展成为古代的重要港口。后来，索罗那（Salona）突如其来的繁荣，一度削弱了特罗吉尔的重要性。此后在克罗地亚人移民的过程中，萨罗纳城市被毁，居民逃至特罗吉尔。最初的特罗吉尔是达尔马提亚的城邦之一。9世纪时，这里归属拜占庭帝国统治。公元1000年，威尼斯共和国收到了特罗吉尔市民的倡议书，此后，城市开始与意大利半岛进行商业往来，城市经济和文化得到发展。11世纪，特罗吉尔教区建立。1107年，城市在匈牙利—克罗地亚国王科伦曼的准许下获得自治权，并于此后修建了众多建筑。

1123年，特罗吉尔城几乎被撒克逊人（Saracens）彻底摧毁。然而，由于独特的地理位置和历史基础，城市在很短的一段时间内便恢复并迎来了12—13世纪经济的繁荣。1242年，匈牙利国王贝拉四世（Bela IV，1206—1270年）为躲避蒙古人的进攻，曾在这里避难。13—14世纪，苏比克（Šubić）家族成员屡次被选为特罗吉尔城的大公。其中最杰出的姆拉登三世（Mladen III）于1348年在特罗吉尔大教堂留下被称为“克罗地亚人之盾”的墓碑题词。

在热那亚人和威尼斯人之间的“基奥贾战争”（War of Chioggia，1378—1381年）之后，1381年3月14日，基奥贾与扎达尔、特罗吉尔结盟，共同反对威尼斯，基奥贾于1421年最终成为威尼斯地区的保护者。达尔马提亚中部的希贝尼克垄断了特罗吉尔甚至整个亚得里亚的海盐行业。1420年，威

特罗吉尔古城

尼斯人开始统治这一地区并持续了将近 4 个世纪。佩特洛尼乌斯（Petronius）的《萨蒂利卡》手稿在特罗吉尔被发现，这也是古罗马文学的重要遗存。1797 年秋天，哈布斯堡王朝从威尼斯共和国手中夺下了对特罗吉尔的统治权，直到 1918 年（从 1806 到 1814 年曾短暂被法国占领）。第一次世界大战后，特罗吉尔成为克罗地亚的一部分，与斯洛文尼亚和塞尔维亚并入南斯拉夫王国。二战期间，特罗吉尔被意大利占领，1944 年解放后，加入南斯拉夫联邦共和国，并于 1991 年随克罗地亚独立。1997 年，特罗吉尔古城被列入《世界遗产名录》。

4. 旅游资源

特罗吉尔城希腊—罗马的城市布局、中世纪的防御城堡、仿罗马的教堂、各种形式的宅邸在狭窄的中世纪街道交错着，外围还环绕着宽阔的滨海大道，堪称现代与传统完美结合的城市典范。同时，作为亚得里亚海自古以来的重要港口，商路在这里交织，文化在此处绽放，对于游客而言，无论是漫步古城街巷还是欣赏海滨风光，皆是一次赏心悦目之旅。

参考文献

1. https：//whc.unesco.org/en/list/810.

（三）圣詹姆斯大教堂

1. 地名由来

圣詹姆斯（St. James Cathedral）教堂又称圣雅各布教堂，是献给耶稣门徒詹姆斯的，名字也由此而来。詹姆斯是耶稣的十二使徒之一，是西庇太和撒罗米的儿子，传统上被认为是第一个殉道的门徒。“James” 来自意大利语 “Giacomo”，是它的变体。

2. 地理概况

圣詹姆斯教堂位于克罗地亚达尔马提亚海岸的希贝尼克，是一座建于 15 世纪的圆顶教堂。整座教堂皆以岩石筑成，包括洗礼堂、狮子门、主教之墓、圣法比安和圣塞巴斯蒂安的祭坛画像以及一个 15 世纪哥特风格十字架。

教堂没有使用一般的砖块或木材，也没有卡榫，而是以大型灰白石块直接搭建而成，穹顶的石片全为楔形，彼此之间完美契合。设计师达马提亚所采用的独特的拱顶工程和圆顶技巧使得教堂远观似蓝天下画出的一条伸展自在的优美弧线。教堂最不同寻常的特征在于建筑背面外墙上有71个人头像的带状雕刻。这些人像既非伟人，也非英雄，而是15世纪普通市民的真实面孔，他们或平静、或滑稽、或苦恼、或恐惧，一张张神态各异的面容展现了哥特式艺术与文艺复兴艺术的完美融合。

四叶状洗礼堂建于南半圆形后殿的下面，整个上部空间四周被如蕾丝般细致的雕像包围，混合了文艺复兴与晚期哥特风格。雕像、天使浮雕以及北面外墙上持有题词的男孩，都充满了童年的活力和洒脱。在被贝壳模型覆盖的四个浅壁龛上，有哥特式的网格装饰。网格之间藏着刻有《旧约》人物雕像的四根华盖支柱，其中两根支柱保存着大卫王和耶稣的祖先及先知圣西门的雕像。华盖支柱往上构成拱弧的主脉骨架，最后与刻有神圣上帝的核心石块相遇。位居洗礼堂中央的领洗池，是用巴赖克岛的大理石建造的，它由三个小天使所支撑，这三个小天使姿态自然轻松，相互依靠。教堂北侧的“狮子门”是由达马提亚和波宁大师共同创作的，两只狮子驮着两根分别雕刻有亚当和夏娃的柱子。教堂的圣彼得文艺复兴风格的木像被置于讲道坛的一部分，讲道坛以前位居中央。建于1640年的“流泪之圣母”的主圣坛有创作于15世纪的神奇的圣母画像。

3. 历史文化

希贝尼克是由斯拉夫人建立的，根据当地的圣米夏埃尔堡出土的文物证实，早在克罗地亚人到来之前，这里就有人居住。关于希贝尼克的最早记载是在1066年克罗地亚国王克雷希米尔四世颁发的一个许可证中，期间，希贝尼克也是克罗地亚王国的首都。11—12世纪，希贝尼克被威尼斯共和国、东罗马帝国、匈牙利王国和波斯尼亚王国反复争夺，最终在1116年被威尼斯共和国占领。1298年，希贝尼克被赋予城市地位，拥有自己的教区，也开始建造基督教修道院。

1431年，在奥斯曼帝国的威胁和黑死病瘟疫的双重夹击之下，圣詹姆斯教堂由来自米兰的波宁大师以及威尼斯建筑师建造。在罗马式同名教堂的遗址上，他们首先建造了后哥特式风格的带有大门的北墙和西墙。1441年，尤拉·达马提亚开始指导教堂的修建工程，直到他1473年去世。他将最初的设计扩大，增加了拱顶，并史无前例地使用石板拼接的方法建造了祭坛的下部、洗礼堂及圣器室。他还在洗礼堂以及半圆形后殿外墙上的装饰带上，附加了自己完成的优秀雕塑，这也是达尔马提亚地区最早的前文艺复兴艺术的气息。1475 年，尼科洛 · 菲奥伦蒂尼接替指导圣詹姆斯教堂的修建。他充分发挥了纯粹的托斯卡纳文艺复兴的风格，装饰了教堂的祭坛，并给教堂界定了现今的优雅石拱顶和拱弧的外形。

1536 年，圣詹姆斯教堂在几代建筑师的共同努力之下完工，历时长达 100 余年，祝圣仪式于 1555 年举行。1797 年，随着威尼斯共和国的灭亡，此处成为奥地利哈布斯堡皇室的领地。二战后，这里成为南斯拉夫社会主义联邦共和国的一部分。1991 年，詹姆斯教堂的拱顶在克罗地亚独立战争时被炮弹攻击后受损，后经修复，整座教堂于 2000 年被联合国教科文组织列入《世界遗产名录》。

4. 旅游资源

希贝尼克的圣詹姆斯教堂以石头为材料，采用了令人瞩目的圆形拱顶建造技术，集中展现了 15—16 世纪意大利北部、达尔马提亚和托斯卡纳三地之间艺术领域的充分交流和相互融合，是克罗地亚文艺复兴时期最伟大的作品，即使是希贝尼克的海港景致和旧王宫的光芒都抵挡不住这座教堂的绚丽多姿。同时，希贝尼克古城中还有具有文艺复兴时期凉廊式风格的市政厅，登上城北的圣安娜要塞，还可以俯瞰全城的美景。

参考文献

1. https：//whc.unesco.org/en/list/963.

（四）杜布罗夫尼克古城

1. 地名由来

杜布罗夫尼克（Dubrovnik）在意大利语中称拉古萨（Ragusa），希腊语名称是莱伊亚（Raiyia），历史文献中首次提到杜布罗夫尼克是在 12 世纪杜布罗夫尼克城市与波斯尼亚国王签订的《班库林宪章》中。1918 年，奥匈帝国解体后，城市隶属斯拉夫王国，名称也从拉古萨变为了杜布罗夫尼克。在斯拉夫语中，Dubrovnik 来源于 dubrova，是“橡树林”的意思。

2. 地理概况

杜布罗夫尼克古城位于克罗地亚的达尔马提亚南部，靠近巴尔干半岛，与亚平宁半岛隔海相望，被誉为“亚德里亚海明珠”。古城建于公元 7 世纪，拥有城堡、弗兰西斯科会修道院、卢加广场、总督官邸、海洋博物馆、多米尼克修道院、圣伊格纳乔教堂等建筑。

花岗岩砌成的古城堡建于一块突出海面的巨大岩石上，高 22 米左右、厚约 5 米、长约 2000 米。城墙外环绕着护城河，西面临海，东为陆地，城墙之上修筑着角楼和炮楼。总督官邸建于 15 世纪，是拉古萨共和国最高权力者总督的居住场所，现已演变为文化历史博物馆。博物馆包括洛可可厅、路易十六式样厅等以不同式样家具装点的房间，以及雕刻精美的吊顶和装饰华丽的楼梯，还有武器、硬币、陶瓷壶收藏品等文物展示。斯庞扎宫建于 16 世纪的文艺复兴时期，目前为克罗地亚国家档案馆所在地。

作为东南欧历史悠久的古城，这里还分布着各种教堂和修道院。如位于卢加广场南部的大教堂，据说最初是在 1192 年由英国的理查德国王建造的。教堂内有大理石建造的祭坛，里侧装饰着由意大利的著名画家提香 15 世纪绘制的作品《圣母升天》；圣方济各会修道院藏有 3 万卷图书、22 件羊皮纸手抄卷以及 1500 份极具价值的手写文献。院内还展览有镀银十字架、银质香炉、耶稣受难像以及贝马尔丁・古采蒂奇于 1541 年写下的印刷精美的《殉教史》；多明我会修道院外观酷似城堡，内部包含一座美术博物馆和一座哥特式的教堂，展出大量手稿、手抄本、文献和美术作品。古城内还有很多橘黄色砖瓦屋顶结构的民居，将罗马风格、文艺复兴风格、哥特风格和巴洛克风格融为一体，体现了不加修饰的普通市民生活。

3. 历史文化

杜布罗夫尼克古城的历史可追溯至公元 7 世纪，安东・尼切蒂奇（Antun Ničetić）在他的《杜布罗夫尼克港的历史》一书中提到，杜布罗夫尼克古城由于地处古人希腊人定居点——布德瓦与科尔丘拉之间，而由希腊水手作为停泊处建造起来。东哥特王国灭亡之后，城市处于拜占庭帝国的统治之下。12 世纪时，斯拉夫人在这里建立了独立的“杜布罗夫尼克共和国”，成为塞尔维亚—克罗地亚的文化中心，“斯拉夫的雅典”之称即源于此。1202 年，

杜布罗夫尼克古城

城市承认威尼斯为宗主国。1358 年，匈牙利打败威尼斯，取得整个达尔马提亚，包括杜布罗夫尼克城的所有权。在《扎达尔和平条约》中，杜布罗夫尼克城作为匈牙利王国的附属国，争取到了相对的独立权。

自 14—19 世纪初，城市一度处于自主管理之下。15—16 世纪是杜布罗夫尼克的鼎盛时代。它在欧洲和地中海沿岸的 80 多个城市建立了领事馆，并拥有巴尔干第一个印染作坊，船舶航行于地中海，直至英格兰，成为当时威尼斯海上最强劲的竞争对手。17 世纪，在经历地中海贸易危机和将城市大部夷为平地的 1667 年大地震之后，杜布罗夫尼克古城开始走向衰落。1669 年，城市更是将奈乌姆出海口出售给奥斯曼土耳其帝国，以避免卷入奥斯曼帝国与威尼斯共和国的战争之中。1806 年，拿破仑占领了这座城市，将其纳入法国控制的伊利里亚省的管辖范围。此后，城市又被奥匈帝国吞并，1918 年后归属南斯拉夫。

第二次世界大战期间，杜布罗夫尼克成为纳粹德国傀儡政权克罗地亚独立国的一部分。1944 年，铁托领导的南斯拉夫游击队进入城市，随着南斯拉夫社会主义联邦共和国的建立，城市重新归属南斯拉夫。1991 年，独立后的克罗地亚又将这个城市纳入自己的管辖之下。杜布罗夫尼克古城饱经千年风霜，古迹遍布且兼具海滨风情，马可·波罗曾长期在此居住。1929 年，诺贝尔文学奖得主、英国作家萧伯纳到访杜布罗夫尼克市，发出了这里可与天堂类比的感慨。1979 年，杜布罗夫尼克古城被联合国列为世界文化遗产。

4. 旅游资源

杜布罗夫尼克古城华丽的府邸、庄严的教堂以及珍藏千年的档案馆等古迹，构成城市的气质、灵魂和生命力，展现着罗马式、文艺复兴式、哥特式和巴洛克风格的结合。行至此处的游客可以徜徉于历史博物馆的艺术珍品当中，感受其兴衰沉浮，或者再到新城典雅的剧场、现代化的旅馆和海滨浴场、疗养院体验现代舒适的生活方式，然后在身心疲惫时跳入蔚蓝的大海，畅游一番。每年的艺术节期间，大批国内外知名的艺术家、文学家和诗人会聚于此，艺术和文化的交流更是让人叹为观止。

参考文献

1. https：//whc.unesco.org/en/list/95.

（五）普利特维采湖群国家公园

1. 地名由来

普利特维采（Plitvice）湖群又称十六湖，是以普利特维采河的名字命名的国家公园，有“欧洲九寨沟”之称。普利特维采之名最早是在 1777 年由奥托查茨的牧师多米尼克·武卡索维奇在一份书面文件中提到的，是指湖泊形成的自然现象，即自然形成的浅盆地被水填满。在克罗地亚语中，“plitvak”或“plićina”的意思是“浅滩”。

2. 地理概况

普利特维采湖群国家公园位于克罗地亚普列舍维察山西部山脉峡谷中，由 16 个天然湖泊和周围区域组成，总面积达 194.62 平方千米。整个国家公园呈带状，在山谷中蜿蜒延伸，依地形高低总体上可分为上湖区和下湖区。上湖区共 12 个湖泊，坐落在白云石亚地层的山上，四周环绕着茂密的森林。下湖区在石灰石构成的峡谷之中，有 4 个低湖，两边是高耸的山脉。湖群由

普利特维采湖群国家公园

一系列瀑布相连的 16 个湖泊组成，总长 10 千米，海拔最高的是 639 米的普罗斯湖，海拔最低的是 503 米的诺瓦卡威·布罗德湖。这些湖泊的总面积约 2 平方千米，诸湖之间形成瀑布群，其中最大的瀑布落差达 76 米，并呈梯状飞流而下，湖水经由低湖的萨斯塔威瀑布，流入克罗纳河。湖泊两岸断壁悬垂，湖与湖之间又有蜿蜒的木桥相连，可供行人通过。公园内低湖较少，植被覆盖面积不大，在湖周围的岩石中还有 14 个石灰石洞和 6 个石灰华洞。

这片国家公园属于大陆性气候，四季分明，平均相对空气湿度为 81.8%，年降水量 1500 毫米，夏季平均气温为 20℃，冬季平均气温在 0℃以上，一年四季以春、秋两季最为宜人。因独特的地理环境，普利特维采湖群国家公园还是熊、狼和许多稀有鸟类的避难所。公园景色秀丽，生长着以山毛榉和冷杉为主要树种的原始林及熊、貂、鹿、羚羊、狐、狼、秃鹰、鹰等珍禽异兽。

3. 历史文化

在克罗地亚的历史进程之中，普利特维采湖地区很久以前就有人居住，因处于一条重要的运输线上，它还是东西方文化的交汇地。色雷斯人、伊利里亚人和凯尔特人都曾在湖畔和森林中定居，后来，罗马人、哥特人，亚裔阿瓦尔人和斯拉夫裔克罗地亚人又取而代之。公元前 1 世纪的尤里乌斯・凯撒统治时期，这里作为伊利里亚的一个省被并入罗马帝国。接着，东哥特人接管了罗马的统治。公元 454 年，尼岛（Nedao）战役之后，东哥特人和罗马帝国达成了联邦协定。6 世纪时，阿瓦尔人和克罗地亚人在这一地区定居。中世纪时，蒙古人频繁的袭击对定居人口构成了严重的威胁，这片湖泊成为克罗地亚王国的一部分。1102 年，克罗地亚成为匈牙利的一部分。

在克罗地亚的萨连斯基家族和弗兰科潘家族统治时期，这一地域达到了经济的繁荣。在罗马人聚居地的湖区，修建了一个修道院。据推测，修道院属于圣保罗或圣殿骑士团，这所修道院遗址现今仍有迹可循。1493 年，奥地利和奥斯曼帝国在克罗地亚发生了一场决定性的战役，在卡尔巴瓦战场上，几乎所有的克罗地亚贵族都被杀害了，奥斯曼深入到克罗地亚和匈牙利腹地。1528 年，这片地区被土耳其奥斯曼帝国管辖。由于战争屡次破坏了普利特维采湖畔美丽的风光，此前被视为人间天堂的地方，这时却被斯拉夫居民称为“恶魔之地”。

1862 年，看守边境的卫兵于此修建了住所。1896 年，此处建起了一座有 28 间屋子的旅馆。1949 年，普利特维采湖区建立国家公园，湖区成为一个主要的旅游景点。1979 年，普利特维采湖群国家公园入选《世界自然遗产名录》。20 世纪 90 年代的内战期间，塞尔维亚人占据着这里，将旅馆变为兵营。1995 年 8 月，克罗地亚军队夺回公园，随后，公园内的设施渐被修复。

4. 旅游资源

普利特维采湖群国家公园内湛蓝的湖泊、千姿百态的石笋和石钟乳、茂密静谧的森林、潺潺流水和悦耳鸟鸣在群山之间共奏一曲美妙的乐曲。湖泊之间还有蜿蜒的木桥相连，既便于游人观赏，又给人以小桥流水的幽静之感。同时，这里的美景还随四季而变换，春则万物勃发，夏则草木葱郁，秋则满目枫红，冬则澄湖如练，是一处四季皆宜的旅游景点。

参考文献

1. https：//whc.unesco.org/en/list/98.

十七、斯洛文尼亚

（一）卢布尔雅那城堡

1. 地名由来

卢布尔雅那（Ljubljana）城堡是斯洛文尼亚的一座中世纪城堡，因其所在地卢布尔雅那市而得名。据说，卢布尔雅那源于一位面容俊美的男子之名，是德语和斯洛文尼亚语的混合。

2. 地理概况

卢布尔雅那城堡位于斯洛文尼亚首都卢布尔雅那的城堡山，曾是克恩顿州奥地利公爵的所在地，由宫殿、圣乔治教堂、伊拉兹马斯塔楼、自流井、中世纪监狱、伊拉兹马斯塔楼、炮楼、蓄水池、、博物馆、观光塔楼和五角塔楼等组成。这里没有交通工具可以直达城堡，需要沿陡坡步行才能到达。通往城堡的路线有两条，一条是通过蔬菜水果市场、沃德尼克广场、施图登托夫斯卡街；另一条路线则需要行经雷贝尔街。

城堡入口处的桥由建筑师鲍里斯·科比设计，是在17世纪原始桥的基础上改建而成的。通往城堡庭院入口的右侧，立有一尊由乔·波顿切尔雕刻而成的城市的标志——卢布尔雅那龙。中世纪监狱位于城堡墙和天然岩石之间，只能从天井的平台上才能进入，这意味着囚犯被以绳子和链条捆绑至这个狭小的空间里，等待审判。有传闻说，这里囚禁过土耳其的士兵，他们是新教徒和叛乱的农民。伊拉斯谟塔是一个以侠盗骑士伊拉泽姆而闻名的贵族监狱，墙壁上可以看到刻有信息的手稿和图表。

圣·乔治教堂最初的入口在北侧，有13个台阶，之后被改造成哥特式教堂，教堂的天花板上有一个开口，还有四个哥特式窗户和一个阳台。贵族们在这里聆听神圣的弥撒。五角大楼建于15世纪，是卡提洛庭院的主要入口。

在与外部世界连接之前，居民通过两个穿越防御坑的吊桥进出。塔楼外面是利普尼克山，入口处的侧面是一个蓄水池的遗迹，这里曾作为城堡的蓄水池和秘密出口使用。城堡内还有一棵种于 1990 年 9 月 30 日的葡萄树，是卢布尔雅那市和马里博尔市友谊的象征。除此之外，城堡里还有岩石大厅、庭院、军械库、画廊、全景塔等。

3. 历史文化

根据考古发掘显示，早在公元前 1200 年，就有人类居住在卢布尔雅那城堡所在的城堡山上，现在这里还保留有这一时期的骨灰瓮墓园文化遗存。此后，定居点和防御工事也建立起来。在伊利里亚人和凯尔特人时期，山顶是罗马军队的要塞和据点。据说，卢布尔雅那城堡建于 11 世纪，是一个木质和石头结合的防御工事。最早关于这座城堡的文字记载是在一张保存于乌迪内教堂的羊皮纸上，时间约为 1161 年。这段文字记载提到，阿奎莱亚家族的律师，即塔西托的贵族鲁道夫在卢布尔雅那城堡旁赐予了主教 20 个农庄。根据历史学家彼得·提赫的推论，这件事发生在 1112 年至 1125 年之间。直到 1144 年，这座城堡才成为斯潘哈依姆家族的财产。1256 年，卢布尔雅那城堡

卢布尔雅那城堡

在一份文件中被提到，当时它是克拉尼斯卡统治者的城堡。13 世纪 70 年代末期，这座城堡被波西米亚国王奥特卡二世占领。1278 年，奥托卡战役之后，卢布尔雅那城堡成为哈布斯堡家族的世袭财产，并成为卡尼奥拉省的中心。

15 世纪，在土耳其军队入侵时，城堡的防御功能显得尤为重要，并数次被加固。15 世纪下半叶，哈布斯堡王朝的腓特烈三世公爵（Duke Frederick Ⅲ）在这里新建了一个更大的圆形城堡。此后，他也在此加冕为神圣罗马帝国的皇帝。除在 1489 年被奉为神圣教堂的圣乔治教堂的外墙外，当前城堡的所有其他主要建筑都是建于或重建于 16 和 17 世纪。1797 年，卢布尔雅那城堡被法国占领，在归属伊利里安省的时期里，城堡被用作军营和军事医院。1815 年，城堡回归奥地利帝国后，被用作监狱。第二次世界大战期间，这里关押着意大利和德国的战俘。1905 年，卢布尔雅那城堡被卢布尔雅那当局以 60200 克朗的价格购买，市长伊凡·赫里巴打算在此建立一座城市博物馆，但这个计划并没有执行。相反，城市的贫困家庭一直被安置在这里。20 世纪 60 年代，城堡开始进行大规模的修缮工作。1974 年，一座为纪念斯洛文尼亚农民起义的纪念碑被竖立在城堡附近。20 世纪 90 年代以后，城堡被用作发展文化事业。城堡内的咖啡店成为游客休息的场所，礼拜堂成为市民举行婚礼的会堂。2000 年，城堡归属卢布尔雅那节庆公司管理。

4. 旅游资源

卢布尔雅那城堡耸立于一座绿色山丘之上，山脚下流淌的卢布尔雅尼察河，营造出一种超脱尘世、恬静的美景。城堡完美地协调了自然与艺术，置身其中，美丽的景观让人恍若置身于中世纪。同时，卢布尔雅那城堡作为古老城市的遗存，还见证了卢布尔雅那市的发展和沉浮，是兼具考古内涵和旅游价值的城堡古迹。

参考文献

1. http：//www.ljubljana.info/ljubljana-castle/.

（二）什科茨扬溶洞

1. 地名由来

什科茨扬溶洞（Skocjan Caves）是斯洛文尼亚远近闻名的岩洞群，也是世界著名的地质勘探地，地质学上的“喀斯特”“坡立谷”等名词皆源于此。相传，什科茨扬之名来源于流经斯洛文尼亚的雷卡河上一个名为“kocjan”的村庄。

2. 地理概况

什科茨扬溶洞位于斯洛文尼亚与意大利交界处喀斯特高原的比弗卡河谷最低处，的里雅斯特湾东 13 千米，距离卢布尔雅那 52 千米，是世界最大的溶洞之一。溶洞总长 5000 米，包括西部的格洛巴哈克、南部的索科拉格、北部的沙彭多尔和利赫纳等 4 个坡立谷以及长约 2.5 千米的河滩和马霍茨奇溶洞，占地面积约 2 平方千米。溶洞中有钟乳石、地下河、地下湖以及石笋，生动展示了喀斯特地形的演变过程。溶洞内还有一座“俄国桥”横跨河上，将溶洞分为新、老两洞区。

这里的溶洞是由于石灰岩被地下水长期侵蚀形成的，石灰岩的碳酸钙在水和二氧化碳的共同作用下转化为微溶性的碳酸氢钙，溶有碳酸氢钙的水从溶顶下落至洞底时，由于水分蒸发或压强减小以及温度的变化使得二氧化碳溶解度减小而析出碳酸钙的沉淀。这些沉淀经千万年的积聚，逐渐形成了钟乳石、石笋等，洞顶的钟乳石和地面的石笋相连，便形成了奇特的石柱。

溶洞著名的景点有望点、静默洞、怨声洞等，其中最为引人注目的是白色音乐厅。它是一处面积约为 3000 平方米、高 40 米的大洞，形如一座巍峨的宫殿，可容纳近万人。洞内的音响效果极佳，每年至少于此举行一次岩洞音乐会。此外，什科茨扬溶洞中还有各种各样的鱼，其中的无鳞“盲鱼”和四只脚的“人鱼”是鱼中的极品。

3. 历史文化

什科茨扬溶洞的地质学起源时间是古生代的石炭纪，此外，溶洞内发现的石器时代的人类化石表明，这里在 1 万年前就有人类居住和生活。公元前 2 世纪，什科茨扬溶洞作为世界的一部分，首次出现于阿帕梅亚的波希多尼所制作的古老地图当中，此后被各地图引入，如 1561 年的奥特利乌斯地图和

什科茨扬溶洞

1637 年的麦卡托的地图集。罗马大军征服此地时，曾在溶洞的上方修筑了要塞，作为前哨堡垒。后来，这里出现了村落，村里修建起教堂并将它奉献给圣堪茨亚诺，此后，每当危险来临之时，人们就躲进这个地下溶洞里避难。意大利诗人但丁在《神曲》地狱篇中曾这样警告："来到此地者，请忘掉一切希望"。有一种传说认为，但丁描写的"地狱之门"的灵感就来源于什科茨扬溶洞的入口。

1689 年，卡尼鄂拉的学者约翰·威克哈德·冯·瓦尔瓦夫描述了雷卡河的沉没及其地下水文。为了向里雅斯特提供水，人们尝试着沿雷卡河地下流向前进，于是探测到了喀斯特地貌和斯洛文尼亚的洞穴。1782 年，什科茨扬溶洞出现在法国画家路易斯·弗朗索瓦·卡萨斯的画作中，这也证明了在 18 世纪时，这些坍塌的落水坑就已成为了特里亚斯特内陆区最重要的自然景观之一。1884 年，洞穴探险队开始了一次系统的勘察并于 1890 年到达了姆特沃湖。在姆特沃湖发现将近 100 年后，斯洛文尼亚潜水员发现了 200 米的新洞穴。

据说，什科茨扬溶洞的旅游始于 19 世纪。在一位参观者的书中提到，

1819 年 1 月 1 日是什科茨扬溶洞现代旅游业的开端。第一次世界大战期间，奥匈帝国俘虏的俄国士兵在这里修建了一座 “俄国桥”。1972 年，什科茨扬溶洞内修建了小铁路， 1984 年安装了电灯。近年来又重新整修，安装了电动游览车，还编写了卡通式的教育手册和游览大全，有组织很好的野外路线和导引标志。什科茨扬溶洞内有隧道相连，胜景甚多，蔚为壮观，形成一条宏伟的山洞走廊。1988 年联合国教科文组织将其列入《世界自然文化遗产名录》。

4. 旅游资源

什科茨扬溶洞中的钟乳石、石笋和地下河为我们展现了一个雄浑壮阔而又多姿多彩的地下世界，也是为好奇的人类敞开的一扇扇天窗。溶洞之外还有一座矗立在悬崖上的普利雅玛城堡，周边还有布莱德湖、波斯托伊那溶洞、特里格拉夫国家公园、斯托尔日克山等吸引游客驻足的景观，是一个自然和人文密切结合的旅游地。

参考文献

1. http：//whc.unesco.org/en/list/390.

责任编辑：邵永忠
封面设计：徐　晖

图书在版编目（CIP）数据

一带一路名胜志／王胜三 主编．—北京：人民出版社，2019.11
ISBN 978－7－01－021215－9

Ⅰ．①一… Ⅱ．①王… Ⅲ．①名胜古迹—介绍—世界 Ⅳ．①K917

中国版本图书馆 CIP 数据核字（2019）第 183523 号

一带一路名胜志

YIDAIYILU MINGSHENGZHI

王胜三　主编

人民出版社出版发行

（100706　北京市东城区隆福寺街 99 号）

北京久佳印刷有限公司印刷　新华书店经销

2019 年 11 月第 1 版　2019 年 11 月北京第 1 次印刷

开本：710 毫米×1000 毫米 1/16　印张：51.75

字数：810 千字

ISBN 978－7－01－021215－9　定价：198.00 元（上、下册）

邮购地址　100706　北京市东城区隆福寺街 99 号

人民东方图书销售中心　电话（010）65250042　65289539